아리스토텔레스
분석론 전서

ΑΝΑΛΥΤΙΚΩΝ ΠΡΟΤΕΡΩΝ

아리스토텔레스

분석론 전서

ΑΝΑΛΥΤΙΚΩΝ ΠΡΟΤΕΡΩΝ

김재홍 옮김 / 주석

서광사

아리스토텔레스
분석론 전서

김재홍 옮김/주석

펴낸이 | 이숙
펴낸곳 | 도서출판 서광사
출판등록일 | 1977. 6. 30.
출판등록번호 | 제 406-2006-000010호

(10881) 경기도 파주시 회동길 77-12 (문발동)
대표전화 (031) 955-4331 팩시밀리 (031) 955-4336
E-mail : phil6161@chol.com
http://www.seokwangsa.co.kr | http://www.seokwangsa.kr

제1판 제1쇄 펴낸날 ─ 2024년 7월 20일

ISBN 978-89-306-0646-2   93160

논리학은 철학의 산물이다. 논리학은 다른 학문뿐만 아니라 철학을 위해서 사용된다. 그럼에도 그 자체는 철학의 부분이 아니며, 철학적 탐구의 고유한 대상이 아니었다. 아리스토텔레스는 '논리학'(logikē)이란 말조차 사용하지 않았다. 그는 필요한 경우에 본격 학문을 위한 예비 학문으로서 '논리학'을 가리키는 경우에 '분석하는 훈련', '오르가논'(도구)이란 말을 사용했을 뿐이다.

아직도 아리스토텔레스 논리학을 공부할 필요가 있는가? 논리학의 주제는 '추론'이다. 논리학은 추론을 정의하여 그 타당성과 타당하지 않음, 그리고 그 조건들을 밝힌다. 추론은 전제와 결론으로 구성되므로, 논리학은 명제로서의 전제와 결론을 정의하고, 양자 사이에서 이루어지는 논리적 관계의 개념을 명확하게 밝힌다. 잘 알려져 있다시피, 아리스토텔레스는 『분석론 전서』를 저술하여 형식 과학으로서의 '논리학'을 만들어 내고 성립시켰다. 그래서 이 책을 서양 논리학 사상 최초의 논리학 교과서라고 부른다. 그가 논리학의 창안자요 발견자라는 사실은 널리 알려져 있다. 그럼에도 아리스토텔레스의 논리학의 목적과 그 내용이 무엇인가에 대해서는 논란이 벌어질 수밖에 없다. 게다가 그 내용에 관해 상세하게 묻기 시작하면 좀 심각해질 수 있다.

논리학의 발전에 연관해서 신화처럼 전해지는 두 가지 이야기가 있다. 하나는 칸트(I. Kant)의 말로, "논리학이 아주 오랜 옛날부터 이런 확실한 길을 걸어왔다는 사실은, 그것이 아리스토텔레스 이래로 한 발짝도 후퇴하지 않은 것을 보아도 알 수 있다. … 더욱이 주목할 만한 것은, 논리학은 현재에 이르기까지 한 발짝도 전진할 수도 없었고, 그러므로 여러모로 보아 완결되고 완성된 것으로 보인다는 점이다"(『순수이성비판』 B VIII, 백종현 옮김, 아카넷, 2006)라는 것이고, 다른 하나는 콰인(W. V. O. Quine)의 말로 "논리학은 낡은 주제다. 그리고 1879년[프레게의 *Begriffsschrift*가 출간된 해] 이래로 그것은 위대한 것이 되었다"라는 것이다.

그동안 아리스토텔레스를 공부하면서, 나는 '아리스토텔레스 철학에서 논리학의 지위'에 관련된 여러 글을 썼는데, 그중 『토피카』(서광사, 2021)에 실린 「토포스를 마련하기 위한 시도와 탐구 방법의 모색」은 아리스토텔레스 논리학을 이해하는 데 도움이 되고, 「아리스토텔레스 논리학과 학문 방법론」(『서양고대철학 2』, 길, 2016)은 아리스토텔레스의 '오르가논'이라는 저작을 전반적으로 소개하는 글이다. 그 밖에도 「아리스토텔레스의 변증술과 소피스트적 추론」(『소피스트적 논박에 대하여』, 아카넷, 2020)은 오류론과 변증술과 연관된 아리스토텔레스의 생각을 이해하는 데 도움이 될 것이다.

'나무위키'라는 웹사이트의 '오르가논' 항목에 누군가가 이렇게 적어 놓았다. 한 줄도 바꾸지 않고, 강조점마저 그대로 옮긴다.

"현재 김재홍이 한국어 번역에 도전하고 있다. 김재홍은 아리스토텔레스를 비롯해서 고전 번역을 적지 않게 발표한 사람이다. 변증론과 소피스트적 논박을 90년대 후반에 번역해서 발표했다. 문제는 그가 최소한 이때부터 '분석론 전서와 후서'를 번역할 것이라 공언해 왔으며, 인터뷰필칭 분석론을 번역하겠다고 공언해 왔다는 것이다. 그런데 놀랍게도 현시점(2022년)까지 분석론 전서와 후서는 아직도 나오지 않았다. 많이 알려져 있지 않으나, 김재홍이 번역하겠다고 공언해 왔던 이 분석론 전서, 후서야말로 대한민국 철학계 역대 최대의 베이퍼웨어 중 하나라 할 수 있다. 드디어 23년 5월 8일자로 도서출판 길에서 나온 〈아리스토텔레스 선집〉 내에 전후 분석론 번역이 실렸지만, **발췌역**이다. 그나마도 **김재홍이 아닌** 〈형이상학〉 번역으로 유명한

6

　조대호가 번역한 것이다.”

　게으름에 대한 비판인 줄 알고, 난 '좋은 의미로' 받아들인다. 한국 철학계에 vaperware('하드웨어나 소프트웨어 분야에서 아직 개발이 되지 않은 가상의 제품을 지칭하는 말')를 생산해 낸 장본인으로 '무척' 반성하겠다. 궁금해 찾아보니, 베이퍼웨어는 'IT산업이 한창 확대되고 있을 때, 대개는 개발조차 되지 않은 하드웨어나 소프트웨어를 마치 완성을 앞둔 것처럼 부풀리는 식의 마케팅 전략을 빗대어 언급한 용어로, 당장 구할 수 있는 경쟁업체의 제품을 사지 못하도록 한다'라고 설명되어 있다(네이버, '시사상식사전'). 난, 베이퍼웨어를 통해 누군가를 공부 못하게 한 일도 없으며, 남이 번역본을 내는 일에 어떤 지장을 초래한 적도 없음을 밝힌다. 아마 도움이 되면 됐지, 방해는 되지 않았을 것이다. 논리학에 관련된 책을 오랜 시간 많은 수고를 기울여 생산해 내도 그걸 출판할 출판사도 많지 않고, 또 출판사 입장에서도 잘 팔리지 않는 논리학 책을 출판할 이유는 없다. 이게 작금의 우리의 학계와 출판계의 현실이다. 빈곤의 악순환이다.

　언젠가, 아리스토텔레스 논리학에 관련된 책(존 우즈, 『아리스토텔레스의 초기 논리학』, 경문사, 2023)을 번역한 박우석 교수(한국과학기술원)가 출판사를 구하느라 애를 먹었다는 얘기도 들었다. 당장 교보문고를 비롯해 '논리학'에 관련된 책들이 어떤 판매 상태인지를 확인해 보시라. 출판사를 탓할 이유도 없다. 시험 참고서용 '실용 논리학' 저작은 예외다. 그런 류의 책을 말하는 게 아니다. 어느 출판사라고 맨입으로 사업할 수 있겠는가? 자선 사업하는 것도 아니고, 게다가 요즘 대학마다 도서관에서 전공 서적을 구입하는 책 부수마저 줄인다고 한다. 서울대학교마저 구입 분량을 2권에서 1권으로 줄였다는 말을 전해 들었다.

　앞서 시작했던 얘기를 마무리하겠다. 저·역자의 수고만큼 책이 나오면 아리스토텔레스의 논리학에 관련된 책도 사서 열심히 읽고, 면밀하게 공부나 했으면 좋겠다. 나로서는 '지금도' 읽으면서 '언제나처럼' 정말 어려운 작품이라는 것을 절감하고 있는데, 이런 아리스토텔레스 논리학 책을 읽겠다고 나선 사람들이 여럿이라니, 존경스럽다!

아리스토텔레스 논리학을 공부한 과정을 되돌아본다. 독일에서 막 공부를 마치고 돌아온 이태수 교수의 나이가 30대 후반이었을 것이다. 내가 그분을 만난 것은 그 무렵으로, 군대를 마치고 철학과에 복학한 바로 다음 해(1982년)였다. 79년 말에 일어난 사건(박정희 피살 사건)과 80년의 '광주 민주화 운동'은 미군 부대에서 겪었다. 미군의 우편낭을 각 부대에 배달하는 동료로부터 광주 소식도 가장 먼저 접했다. 당시 젊은 이태수 교수는 자신이 공부한 최신 지식을 가득 짊어지고 그걸 학생들에게 열정적으로 배달했다. 젊은 학생들에게는 고전에 대한 학적 호기심을 불러일으켰다. 그 시절 그분의 활동적인 강의 모습이 지금도 눈에 생생하게 떠오른다. 일주일 내내 그분의 되돌아오는 강의 시간을 맞이하는 기대감으로 지냈다. 처음으로 아리스토텔레스를 접한 것도 이 무렵이었고, 이것이 나의 평생의 업(業)이 되었다. 어쩌면 '철학 공부해서 무엇 먹고 사니?'라고 걱정해 주시던 어머님의 뜻을 거스른 계기도 아리스토텔레스와의 만남이었을 것이다. 『범주론』과 『명제론』을 한 줄 한 줄 읽어 나가며, 이태수 교수가 설명하던 한마디 말도 놓치려 않으려 열심으로 노력했다. 그다음 학기엔 '서양철학사'로 고대와 중세 시대 초에 이르는 강의였다. 그리고 4학년 마지막 학기에 프레게(G. Frege)의 'Sinn und Bedeutung'을 읽었다. 이 강의에서 스토아 철학의 이른바 'Lekta 이론'을 처음으로 접했다. 프레게는 명확히 밝히고 있지 않지만, 프레게도 당시 그리스 논리학을 소개하고 해석한 책을 통해서 스토아 논리 체계를 읽고 배웠을 것으로 생각된다. 또 스토아 논리학을 바탕으로 자신의 논리학의 체계도 발전시켰을 것으로 판단된다. 일견하기로는 프레게와 스토아의 언어 철학, 논리학 사이에는 상당한 유사성이 있다(특히 Chrysippos의 철학적 논리학). 스토아 언어 이론에서 말하는 Lekta theory가 대표적이라 할 수 있다. 그걸 두고 '아주 순수한' '표절'이라고 한다면 어떤 문제가 있을까? 프레게가 직간접적으로

8

'스토아 논리학' 문헌을 접했을 가능성은 얼마든지 있다. 어쩌면 1855년에 출간된 프란틀(Carl Prantl)의 『서양 논리학사』(*Geschichte der Logik im Abendland*, Vols. 4)를 읽었을 것이다. 이 책의 401-496쪽에 스토아 논리학이 자세하게 서술되어 있다. 프레게 당시 스토아 철학의 연구가 대륙에서는 어느 정도 진행됐으니, 프레게도 '어떤 의미에서' 표절했을 수도 있다. 이에 관련된 시대적 상황과 자세한 내막에 대해서는 보친(Susan Bozien)의 'Frege plagiarized the Stoics'(Fiona Leigh (ed.), *Themes in Plato, Aristotle, and Hellenistic Philosophy*, Keeling Lectures 2011-2018. University of Chicago Press. pp. 149-206, 2021)라는 글을 읽어보기 바란다.

다시 본래 이야기로 돌아가자. 그 후 난 대학원 시절에 플라톤의 몇몇 대화편(『테아이테토스』, 『파르메니데스』)을 읽었다. 석사 학위 논문으로 학부 시절 이태수 선생님으로부터 배운 것을 바탕으로 『명제론』 제9장의 '해전의 문제'를 중심으로 해서 양상 논증을 구성하는 논문을 작성했다. 그 제목은 「아리스토텔레스 양상 개념에 관한 연구」(A Study on Aristotle's Modal Concepts)였다. 당시에 필요한 책을 구하기 힘들어 이태수 교수를 통해서 힌티카(J. Hintikka)의 *Time and Necessity*(Oxford, 1973)를 빌려 꼼꼼하게 읽었다. 그리고 앤스콤(Anscombe), 윌리엄과 마사 닐(W & M. Kneale, *The Development of Logic*, Oxford, 1978; 박우석 외 옮김, 『논리학의 역사』, 한길사, 2015), 하크(S. Haack)의 양상에 관련된 논의 등을 중심으로 아리스토텔레스의 양상 개념(modality)에 대한 분석에 집중했다. 『명제론』 제9장의 주제인 이른바 '미래 우연 명제'(futura contingentia)가 논문의 주요 논제였다.

박사 과정 시절에 이윤일 교수(가톨릭 관동대)와 함께 학기마다 이종권 교수(중앙대 철학과)의 세미나를 통해 고급 논리학(advanced logic)을 공부했고, 클린(S. C. Kleene)의 *Introduction To Metamathematics*에 이르기까지 여러 책을 두루 섭렵할 수 있었다. 영미권의 최신의 언어 철학, 분석 철학 공부는 덤으로 얻을 수 있었다. '분석 철학' 세미나에 참여할 수 있었던 것은 당시 대학원 규정이 한 사람 이상이어야 세미나를 개설할 수 있었기 때문이다. 이종권 교수는 본래 공대에서 공부한 다음 철학과로 넘어오신 분이라 '수리 논리학'의 '증명 풀이'가 워낙 탁월해서 누구도 따라갈 수 없었다. 난 이종권 교수가 칠판 가득 수식을 푸는 증명 과정을 따라가며 면밀히 살피고 이해하려고 했지, 전혀 그 풀이를 기록하려고 하지 않았다. 그분을 통해서 논리적 기호(symbol)와 수학에 대한 거부감을 없앨 수 있었다.

그 후 박사 학위 논문으로 아리스토텔레스의 『토피카』에 관련된 「아리스토텔레스의 학문 방법론에서 변증술의 역할에 관한 연구」라는 논문을 제출했다. 학위 논문을 심사해 준 고 권창은 교수(고려대 철학과)와 논문을 놓고 교수실에 앉아 아리스토텔레스 철학적 해석의 차이로 오랜 시간 동안 (아마 11월 어느 날, 날이 어둡던 오후 내내) 팽팽한 긴장을 겪다가, 어두움이 밀려올 때쯤 끝나고 나서 고려대 후문 어디에선가 그분이 저녁과 맥주를 사 주셨다. 그분이 했던 말을 아직도 기억하고 있다. "로스(W. D. Ross)가 아리스토텔레스 철학 해석의 대가(大家)이긴 하지, 큰 틀에서는 그 사람 해석이 맞아. 하지만 작은 부분에서는 아직도 새롭게 해석할 여지가 많아"라고 말을 건네며, "강사 시절은 가능한 한 짧게 하는 게 좋아"라고 하던 말이 생각난다. 그분은 내 박사 학위 논문에다 빨간 줄을 쳐 가며 꼼꼼하게 수정해 주고, 여러 가지 아이디어를 전해 주시기도 했다. 훗날, 오래된 필요한 논문과 고전 철학의 자료를 마음껏 볼 수 있었던 토론토 대학에서 박사 학위 논문을 쓸 때 부족하다고 느꼈던 부분을 수정 보완해서, 최근의 『토피카』판(수정판, 서광사, 2021)에다 「토포스를 마련하기 위한 시도와 탐구 방법의 모색」이라는 다소 긴 글을 해제로 첨가했다. 큰 틀에서 변증술에 대한 내 해석을 바꾼 것은 본질적으로는 전혀 없지만, 여러 부분에서 다소 내 주장을 완화시키기는 했다. 『소피스트적 논박에 대하여』(아카넷, 2020)도 수정판을 다시 내놓았다.

논리학 책을 내놓는다는 것은 여러 사람에게 민폐를 끼칠 수 있다. 중요한 것은 독자가 없다는 것이다. 이건 치명적인 것으로 출판사의 존립과도 문제가 직결된다. '연구 재단'의 연구비를 받을 만한 재주도 못 된다. 물론 연구비 신청하는 '페이퍼 워크' 하는 것도 싫지만, 번거로운 일을 하는 것은 딱 질색이다. 이 책을 번역하는데, 오랜만에 본격적으로 논리학을 읽게 되어서 그런지 이해 속도가 그리 빠르지 못했다. 그래서 『분석론 전서』에 관련된 여러 책과 논문을 옆에 두고 이해가 안 될 때마다 찾아 읽곤 했다. 그런 도움을 준 책들이, 로스(Ross)를 비롯해서 스미스(R. Smith), 스트라이커(G. Striker)의 책이었다. 그리고 이와나미 서점(岩波書店)의 『아리스토텔레스 전집 (2)』에 실린 『분석론 전서』(2014)로부터 '매우' 귀중한 도움을 받았음을 밝혀 둔다. 곧 『분석론 후서』도 마무리할 예정이다. 아리스토텔레스 전집 중에서 우리말로 아직 출판되지 않은 책을 골라 옮겨 왔지만, 기존에 번역된 책이라도 공부해야겠다는 생각이 들면 손을 댈 생각이다.

다시 언급하거니와, 논리학 책을 사서 열심히 공부하고, 그리고 그에 관련된 글들을 쓰기 바란다. '쓸모없는 생각과 배움으로'(achrēsta matēmata, 『국가』 527d6) 시간을 낭비하지 말기를!

일러두기

1. 이 책은 아리스토텔레스의 *Ta protera analutika*(라틴어: *Analytica Priora*)를 우리말로 옮기고 주석을 단 것이다. 내가 대본으로 삼은 헬라스어 원전 텍스트는 아래 로스(Ross)의 비판본이다. 로스판을 따르지 않았을 경우에는 그 전후 사정을 각주를 통해 적절히 밝혀 놓았다.

* W. D. Ross, *Aristotelis, Analytica Priora et Posteriora*, praefatione et appendice avxit L. Minio-Paluello (Oxford Classical Texts), Oxford, 1949.

2. 아리스토텔레스 저작을 표시하는 관례에 따라, 벡커(Berlin 판)의 텍스트 표시를 사용한다. 이를테면 43a42는 '벡커판 43쪽 왼쪽 난(欄: column) 42행'을 표시한다. b는 '오른쪽 난'을 가리킨다. 『분석론 전서』 제1권 제2장(A 2)을 보다 정확히 오늘날의 언어적 용법으로 표시하면 '제1장 2번째 항목'이 된다. 아리스토텔레스 저작의 편집자에 따라서는 다른 장(章)과 절의 구분을 사용하기도 한다.

3. 원칙적으로 헬라스어 원전에 충실해서 옮기되, 우리말로 매끄럽지 않을 경우에는 어느 정도 의역을 가해 번역했다. 가능한 한 맥락이 연결될 수 있도록 옮긴 이 해석에 맞춰 옮기려 노력했다.

4. 이 책에서 사용된 기호 표시에 대해서는 해제(『분석론 전서』를 읽기 위한 예비적 공부)를 참조.

5. 원문에 생략된 말이나 본문에 나와 있지 않은 말들로 인해서 원문만으로 충분

13

한 의미가 전달되지 않는다고 판단될 경우에는 [   ] 기호를 사용하여 원문을 이해하는 데 도움이 될 수 있는 방향으로 의미를 보충했다. 혹은 원어에 대한 부가적 설명을 담고 있다. 물론 다른 풀어쓰기가 요청되는 경우에는 각주에서 논의했다. (   )는 우리에게 익숙한 철학 용어로 된 헬라스어라든가 혹은 원문에 괄호 표시된 말의 번역을 표시한다. 따라서 원문으로 읽어도 무방하다. [[   ]]는 원문의 삭제를 표시한다.

6. ē와 ō는 헬라스어 장모음 에타(eta)와 오메가(omega)를 표시한다. χ는 로마자로 ch로, υ는 u로 표기하며, 헬라스어의 우리말 표기는 원음에 가깝게 표기하고. υ는 일관적으로 '위'로 읽어서 Phusis는 '퓌시스'로 표기했다. 후대의 이오타시즘(iōtakismos)은 따르지 않는다. 꼭 필요한 경우를 제외하고는, Iota subscript(hupogegrammenē)를 밖으로 드러내 표기하지 않았다.

차례

제1권

서론

정언적 전제의 추론

추론의 성립과 연구

16

제2권

추론의 파생 형태

『분석론 전서』를 읽기 위한 예비적 공부

'추론의 환원 분석'

『분석론 전서』, 『분석론 후서』를 한데 묶어서 '분석론'이라고 불러 왔다. 왜 『분석론』(*ta analutika*)이란 말을 사용했을까? 아리스토텔레스는 『분석론 전서』를 '추론에 관한 것들'(ta peri sullogismou)이라고 불렀으며, 『분석론』을 '전서'(protera)와 '후서'(hustera)로 나누어 부르게 된 것은 나중의 일이다. 『분석론 후서』에서는 "추론의 격에 대한 분석에서 말했듯이"(kathaper en tē peri ta schēmata eirētai)라고 말하고 있다(제2권 제5장 91b13-14).

아리스토텔레스는 제1권 제32장 첫머리에서 이렇게 말한다.

"그렇다면 우리는 추론을 앞에서 언급한 격으로 **환원할** 수 있는 방법을, 이것 다음으로 논의해야 한다. 왜냐하면 이 부분에 대한 고찰이 아직 남아 있기 때문이다. 그것은 우리가 추론의 성립을 연구하고, 또 추론을 발견하는 능력을 몸에 익히고, 나아가 이미 성립된 추론을 이전에 언급한 격으로 **분석할** 수 있다면, 최초의 목적은 달성될 것이기 때문이다. 이는 동시에 지금 논의될 것임에 따라 이전에 논의된 것이 더욱 확실해지고, 그것이 바로 그 사

21

실임이 더욱 분명해질 것이기도 하다. 왜냐하면 모든 것이 참인 것은 모든 면에서 그 자체와 일치해야 하기 때문이다."(47a1-9)

이 책에서 anagein(환원하다)이란 동사는 제1권 제7장 29b1에서 처음으로 나타난다. 그에 앞서 아리스토텔레스는 '모든 불완전한 추론은 첫째 격에 의해 완전한 것이 된다'(29a30-31)라고 말한다. 그는 계속해서 '게다가 모든 추론을 제1격에서의 전칭 추론으로 환원하는 것 또한 가능하다. 제2격에서의 추론은 그것들에 의해서 완전한 것이 된다는 것은 분명하며 …'라고 말한다. 요컨대 추론 S가 다른 추론 S2를 통해 완전한 것이 될 수 있다면 S2로 환원될 수 있다고 주장한다.

제1권은 세 부분으로 이루어진다. 즉 서론(제1-3장)에 이어, 1부 '추론의 성립 연구'(제4-6장), 2부 '추론을 만드는 방법'(제27-31장), 3부 '추론의 환원 및 분석'(제32-46장)이다. 제1권에서 '추론의 성립 연구'의 제4-6장에서 무양상 추론 체계가, 제8-22장에서 양상 추론 체계가 논의된다. 그리고 제7장에서는 앞서 논의된 14식의 무양상 추론 체계가 2개의 제1격 전칭 추론(Barbara, Celarent)으로 환원되는 것, 그리고 제23장에서는 모든 추론이 동일하게 제1격 전칭 추론에 의해 완전한 것이 되어 그러한 추론으로 환원된다는 것을 '메타정리'로서 논의하고 있다. 모든 추론식이 제1격을 통해 완전해지기 때문에, '환원하다'와 '완전해진다'(teleioun, epitelein)라는 두 말은 동의어라고 말할 수 있다. 여기서 환원의 동의어인 분석(analuein)은 맥락에 따라 조금 다른 의미로 사용되기도 한다. 추론의 표준 형식으로 말해지지 않은 주어진 논의를 **분석하는 것**은, 그것이 그 격들 중 하나에 포섭된다는 것을 보여주기 위해 그것을 완전화하거나 재형식화하는 것을 의미한다. 더 나아가 『분석론 후서』에서는, 우리가 받아들이고 있는 결론으로 이끄는 명확하지 않은 원인과 근거를 나타내는 전제를 탐구한다는 의미에서 '분석'이라는 말을 사용하고 있다.

어쨌든 아리스토텔레스는 '분석'(analusis)과 '환원'(anagōgē)을 일반적으로 동일한 의미로 사용한다. 엄밀히 따져 보면, 이 용어 간에도 어느 정도 의미상의 차이는 있다(제1권 제32장 참조). 환원과 분석이 무엇인지를 이 책을 읽어 나가다 보면 이해할 수 있을 것이다. 『분석론 전서』를 한마디로 정리하면, **추론의 환원 분석**'이라고 말할 수 있다. 논증(apodeixis)과 변증술에서 이루어진 추론 형식을 『분석론 전서』 제1권에서 증명된 제1-3격 총 14식 추론 형식으로 전환해서, 그 논리 형식을 밝혀 보려는 시도라고 말할 수 있다. 바꾸어 말하면, 이것은 논증이나 변증술의 언어에서 비형식적으로 표현되고 있는 각각의 추론을 제1권의 '형식적 추론 언어'로 번역하여, 환원하려는 시도이다. 이 책의 제목인 『분석론』에서 '분석'이란 말은 추론을 위한 인공 언어로의 번역과 환원을 의미하는 것으로 붙여진 것이다.

기호의 표기에 대하여

이 책에서 사용하는 '기호 표기'(symbol notation)는 다음과 같은 방식으로 사용한다. 먼저 전통적으로 '무양상 혹은 정언 명제'(Nonmodal or Assertoric Proposition)로 알려진 네 명제, 즉 전칭 긍정(universal affirmative), 전칭 부정, 특칭 긍정, 특칭 부정(particular negative) 명제는 관례에 따라 각각 로마자 대문자 A, E, I, O로 표시한다('나는 긍정한다'[**Affirm**], '나는 부정한다'[**Nego**]에서 뽑아낸 4개의 모음이다). 경우에 따라서는 소문자 a, e, i, o를 사용한다. 이것들은 전제와 결론의 질(긍정과 부정)과 양(전칭과 특칭)을 나타낸다. 이 명제들은 일상 언어에서는 양화된 주어-술어 문장이지만, 이 책에서는 아리스토텔레스의 생각에 따라 동사 huparchein('…는 …에 [술어로] 있다')의 사용을 통해 주술의 순서가 '역전된' 형태로 표현된다. 명제를 구성하는 주어-술어의 두 항 중 **술어항을 X, 주어항을 Y**라고 한다면, 네 가지 명제는 다음과 같이 표현된다.

(1) 전칭 긍정(A): X는 모든 Y에 [술어로] 있다

(2) 전칭 부정(E); X는 어떤 Y에도 [술어로] 없다

(3) 특칭 긍정(I); X는 어떤 Y에 [술어로] 있다

(4) 특칭 부정(O); X는 어떤 Y에 [술어로] 없다

이로부터 네 명제는 XY의 이름 사이에 로마자 소문자 a, e, i, o를 적는 형태로 각각 ‘XaY’, ‘XeY’, ‘XiY’, ‘XoY’로 나타낸다. 한편, ‘XaY’와 ‘XoY’, ‘XeY’와 ‘XiY’ 사이에는 모순(contradictories) 대당 관계가 성립된다.

타당한 논식과 4격의 추론식

추론은 일반적으로 두 개의 전제와 하나의 결론으로 구성되고, 또 3개의 항, 그중에서도 두 전제에서 나타나는 항을 ‘중항’이라고 부르는 체계로 이루어진 타당한 연역 논증이라고 할 수 있다. 추론식, 즉 이 책에서 증명되는 세 격에서의 타당한 14식의 추론과 제4격 추론은 다음과 같다. 또한 전통에 따라 중세 이래로 ‘격식을 외우는 노래’ 중 가장 일반적으로 사용되는 명칭으로 표시한다. 제1격은 완전 추론(perfect syllogism)이라고 부른다.

제1격; Barbara, Celarent, Darii, Ferio

제2격; Cesare, Camestres, Festino, Baroco

제3격; Darapti, Felapton, Disamis, Datisi, Bocardo, Ferison

제4격; Bramantip, Camenes, Dimaris, Fesapo, Fresison

여기서 낱글자(‘문자들’)들 각각은 일정한 의미와 규칙을 나타낸다. 첫 글자 B, C, D, F는 증명이 의존하는 제1격의 형태를 말한다. 즉, 각 정식의 ‘첫 자음’은 그 식과 동일한 첫 글자를 가진 제1격의 식으로 ‘환원’되는 것을 나타낸다. 각 식의 처음 ‘세 모음’의 조합(aaa, eae, aii, eio 등)은 추론을 만드는 세 명제의 ‘질’과 ‘양’을 나타낸다. 이것이 만들어 낸 명제가

a, e, i, o이다. 즉 전칭 긍정, 전칭 부정, 특칭 긍정, 특칭 부정이다. 모음 바로 뒤에 오는 's'는 해당 명제(e, i)가 '단순 환위'(conversio simplex)됨을 나타내고, a 다음에 오는 위치에 있는 'p'는 해당하는 보편 명제가 부분적으로 또는 우연적으로 환위됨(conversio per accidens, '제한 환위')을 나타낸다. 즉 a→i, e→o이다. 정식의 처음 두 모음 사이의 'm'은 전제들이 바뀌는 것을 나타낸다. 처음 두 모음 중 하나 뒤에 'r'은 해당 전제의 '불가능에 의한' 환원을 통한 증명을 나타내며, 그 목적으로 결론의 부정으로 대체됨을 나타낸다. 다른 문자들(l, n)은 아무런 의미가 없다.

예를 들어 Camestres는 e결론이 대전제 a와 소전제 e로부터 따라 나오는 것으로, 그 증명은 첫 번째 전제를 단순 환위하고 또 전제들을 서로 바꾸어서, 제1격의 Celarent식을 주게 되며, 그런 다음 결론을 단순 환위함으로써 구성되는 것을 말한다. 또한 '불가능에 의한 증명'도 가능하다(Camestres). 아리스토텔레스는 그 증명을 "대전제가 전칭 긍정, 소전제가 전칭 부정인 조합(AE)의 추론 Camestres(MaN, MeO⊢NeO)의 성립이 증명된다. 증명은 소전제를 단순 환위하여(MeO⊢OeM), 대전제와 조합하면 제1격 Celarent(OeM, MaN⊢OeN)가 성립하고, 그 결론을 단순 환위하는 것(OeN⊢NeO)에 의한다"(제1권 제5장 27a9-14)라고 기술하고 있다.

여기서 제시된 시구는 격의 구분과 정확히 일치하지 않는다는 결함이 있으며, 이후의 많은 저자들이 독창성을 발휘하여 개선 사항을 나름대로 제안한 바 있다. 양상에 대한 관심과 『분석론 전서』에 대한 지식에도 불구하고, 윌리엄(Williams)은 양상 삼단논법을 다루려는 어떤 시도도 하지 않고 있다.

이 정식들은 추론식으로 대전제, 소전제, 추론 기호 '⊢', 결론 순으로 표시된다. 예를 들어 제1격 Barbara는 큰 항을 'X', 중항을 'Y', 작은 항을 'Z'라고 하면, XaY, YaZ⊢XaZ로 표기된다.

A, B, C를 변항(variables)으로 놓으면,

제1격; AB, BC; 중항이 한 전제에서는 주어로, 다른 전제에서는 술어로 있다.

제2격; BA, BC; 중항이 두 전제에서 술어이다.

제3격; AB, CB; 중항이 두 전제에서 주어이다.

제4-6장에서 '결론'은 항상 항-순서가 AC로 되어 있는데, 결론의 술어항은 '큰 항'(akron), 그 주어는 '작은 항'(elatton)으로 불린다. '큰 항'은 추론식의 첫 번째 전제에서 나타나며, '작은 항'은 두 번째 전제에서 나타난다. 이 전제들을 대전제(major), 소전제(minor)로 기술한다. 제7장에서는 어떤 경우에 결론이 CA로 역전된 순서로 추론되기도 한다. 이렇게 초래된 식들은 나중에 제4격으로 불리게 되었다. 격의 분류는 고정된 순서로 전제와 결론을 기반으로 하고 있다. 그래서 BC, AB⊢CA 형식의 식은 제1격에 속하는 것으로 간주할 수 없었다.

게다가 양상 추론(modal inference)은 추론식으로서는 대소 두 전제나 결론에 양상('가능'과 '필연'의 양상어) 명제를 취하는 것이다. 이외에는 무양상 추론과 동일하게 기록된다. 무양상(nonmodal)은 '양상어'(modal words)가 결여된, 즉 가능, 필연의 양상어가 없는 '정언적' 문장을 말한다. 아리스토텔레스는 이것을 huparchein으로 표현하는데, Striker는 무양상을 표현하는 huparchein을 'actual belonging'으로 옮긴다. 따라서 예를 들어 대소(大小) 두 전제와 결론이 함께 필연 양상으로 성립하는 제1격 Barbara는 LXaY, LYaZ⊢LXaZ로 표현되는데, 이것은 다시 'BarbaraLLL'의 명칭으로 표시한다. 이 Barbara 뒤에 붙어 있는 세 개의 기호 'L'은 순서대로, 대전제가 필연 양상, 소전제가 필연 양상, 결론이 필연 양상임을 나타낸다. 또 예를 들어 대전제와 결론이 필연 양상, 소전제가 무양상(nonmodal)으로 성립하는 제1격 Barbara는 LXaY, YaZ⊢LXaZ가 되며, 다시 이것은 'BarbaraLXL'의 명칭으로 표시된다.

'Barbara' 뒤에 붙어 있는 기호 'X'는, 소전제가 '무양상'임을 나타낸다. 또 가능 양상 명제의 '상보 환위'에 의해 성립하는 가능 양상 추론에 대해서는 대소 두 전제와 결론의 조합을 A, E, I, O로 나타내고, 그 후에 각각의 양상 기호를 적음으로써 그 명칭으로 삼는다. 예를 들어 대전제가 '가능 양상 전칭 긍정', 소전제가 '가능 양상 전칭 부정', 결론이 '가능 양상 전칭 긍정'으로 성립하는 제1격의 추론은 'AEAQQQ'의 명칭으로 표시한다.

이것들은 양상 추론이 성립하는 경우의 표기인데, 이에 반해 양상 추론이 성립하지 않는 경우에는 결론에 붙는 양상 기호 대신 기호 'U'를 붙여 그 명칭으로 삼는다. 따라서 예를 들어 대소 두 전제가 가능 양상으로 놓이고, 결론이 어떤 양상으로도 성립하지 않는 제2격 Cesare는 추론식으로서는 QXeY, QXaZ⊢UYeZ로 적고, 이것을 'CesareQQU'라는 명칭으로 표시한다.

또 추론에 앞서 행할 수 있는 환위(conversion, antistrephein), 예를 들어 전칭 부정(XeY)의 '단순 환위'에 대해서는 추론과 마찬가지로 XeY⊢YeX로 표기한다. 환위식은 조건문으로 적을 수도 있으나, 환위가 추론 규칙으로 증명되고 있다는 점에 비추어 추론식의 하나로 취급한다. 이 점은 양상 명제의 환위에 대해서도 마찬가지이다.

이와 더불어 다음과 같은 약간의 논리 기호를 보태서 사용한다. 변항(variables)은 A, B, C, D로, 부정(nagation)을 'ㄱ', 연언(conjunction)을 '∧', 선언(disjunction)을 '∨'로, 조건문(conditional sentence)을 '→', 쌍조건문(biconditional sentence, 동치)을 '≡', 전칭 양기호(universal Quantifier)를 '(X)', 같음을 '='로 표기하겠다.

환위(conversion)

아리스토텔레스는 제1권 제2장에서 3개의 환위 규칙의 타당성을 증명하며 도입하고 있다.

(1) 전칭 부정 전제의 환위(e-conversion); 'A가 어떤 B에도 있지 않다면, B는 어떤 A에도 있지 않다.' AeB⊢BeA; e-환위는 ekthesis(추출법, 치환, 설명[Mignucci])에 의해 증명된다.

(2) 전칭 긍정 전제의 환위(a-i-conversion); 'A가 모든 B에 있다면, B는 어떤 A에 있다.' AaB⊢BiA

(3) 특칭 긍정 전제의 환위(i-conversion); 'A가 어떤 B에 있다면, B는 어떤 A에 있다.' AiB⊢BiA

단 특칭 부정 전제(AoB)는 환위되지 않는다. 그런데 AaB⊢BiA는 어떤 문제점을 가진다. 어떤 B도 존재하지 않을 경우에도('모든 유니콘[일각수]은 동물이다⊢어떤 동물은 유니콘이다'; 그러나 '유니콘인' 어떤 동물도 존재하지 않는다), AaB는 BiA가 거짓일 때에도 참일 수 있다. 아리스토텔레스는 이 점에 대해 언급하고 있지 않다. 그는 어떤 항도 '빈 것'(empty set, 공집합)일 수 없다고 가정하는 것처럼 보인다.

환위 규칙을 위한 **증명**(proof)이 의존하는 두 개의 규칙 중 하나인 **추출법**(치환, ektithenai 혹은 ekthesis)에 대해서는 제1권 제2장과 해당 각주를 참조하라. 그리고 다른 하나인 간접증명법(indirect proof)인 **귀류법**(reductio ad impossibile), 즉 '만일 추론에서 사용된 가정이 모순으로 이끌린다면, 그 가정은 거짓이며 그 모순이 참이다'에 대해서는 제1권 제5-6장을 참조하라.

양상 명제; '가능 양상'과 '필연 양상'의 관계에 대하여

또한 양상 명제는 정언 명제 앞에 '양상 기호'(modal notation)를 붙임으로써 나타난다. 양상 기호에 대해서는 '필연 양상' 기호를 'L'(혹은 N), 넓은 의미의 '가능 양상' 기호를 'M', 좁은 의미의 가능 양상 기호를 'Q'로 한다. 예를 들어 '필연 양상의 전칭 긍정 명제'는 LXaY, '가능 양상의 전칭 긍정 명제'는 'MXaY'로 나타낸다.

각 양상은 다음과 같이 규정된다. '넓은 의미'의 가능 양상과 필연 양상은 기본 명제가 긍정이냐 부정이냐에 따라 둘로 구별된다. 또한 p, q는 명제 변항(variables)을 나타낸다. L, M은 각각 필연과 가능의 연산자(operator)이다(『명제론』 제12장과 제13장에서 가능과 필연의 양상 논리에 관한 분석에 대해서는 김재홍, 「아리스토텔레스 양상 개념에 관한 연구」 참조). 가능과 필연의 논리적 관계를 간략히 정리하면 다음과 같다.

① **필연 양상**: $Lp \equiv \neg M \neg p$('p는 필연적이다'$\equiv$'p가 아닌 것은 가능하지 않다'$\equiv$'반드시 p여야 한다')

② **필연 양상**: $L \neg p \equiv \neg Mp$('p가 아닌 것은 필연이다'$\equiv$'p가 가능하지 않다'$\equiv$'p이어서는 안 된다')

③ **넓은 의미의 가능 양상**: $M \neg p \equiv \neg Lp$('p가 아닐 수 있다'$\equiv$'p가 필연이 아니다')

④ **넓은 의미의 가능 양상**: $Mp \equiv \neg L \neg P$('p일 수 있다'$\equiv$'p가 아닌 것은 필연이 아니다')

⑤ **좁은 의미의 가능 양상**: $Qp \equiv Mp \wedge M \neg P \equiv Q \neg P$('p일 수 있다'$\equiv$'p일 수도 있고 p가 아닐 수도 있다'$\equiv$'p가 아닐 수도 있다')

①-⑤를 도식화하면 다음과 같다.

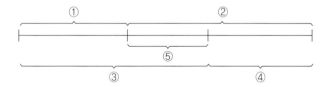

* ①과 ②, ③과 ④는 각각 모순 대립의 관계
* ①과 ④는 반대 대립 관계
* ③은 ①과 ⑤의 선언, ②는 ④와 ⑤의 선언

특칭 전제의 구별과 부정성(不定性)에 대하여

아리스토텔레스는 제1권 제1장 24a17-22에서 전제(명제)를 전칭(보편적)과 특칭(부분적), 부정칭(不定稱, 무한정적인 것, adioriston)으로 나누고 각각의 전제의 규정을 내리고 있다. 부정칭의 전제란 전칭도 특칭도 아닌 '쾌락은 좋음이 아니다'와 같은 아무런 한정 조항이 덧붙여지지 않은 진술을 말한다.

특칭 부정(否定) 전제는 24a19에서 '[무언가가 무언가의] 있는 것에 없다'와 '[무언가의] 모두에 있는 것은 아니다'의 두 가지로 구분되고 있다. 여기서 후자는 이른바 '부분 부정'이고, '무언가가 어떤 것에는 있지만, 어떤 것에는 없다'라는 사태를 드러내며, **양면 특칭**으로 분명히 특칭 긍정을 함의한다. 이에 반해 전자는 특칭 부정의 일반적 표현이다. 따라서 이것은 후자를 의미하는 경우도 있지만, 또한 '전부 부정' 즉, '무엇인가는 어떤 것에도 없다'라는 사태를 배제하지 않고, 따라서 전칭 부정을 함축하는 **'단면 특칭'**을 의미하는 경우도 있다. 이와 같이 양자는 동일한 특칭 부정이라고는 하지만 전체와 부분의 관계에 있으며, 일상 언어의 쓰임새를 바탕으로 전자에서 후자가 도출되는 형태로 구별되고 있다.

사실, 이러한 두 가지 의미가 있다는 것은 특칭 긍정에 대해서도 마찬가지이다. 왜냐하면 '무엇인가가 어떤 것에 있다'(24a19)는 특칭 긍정의 일반적 표현이라고 볼 수 있기 때문이다. 따라서 이것은 어떤 경우에는 '부분 긍정', 즉 '무언가가 어떤 것에는 없는, 그러나 어떤 것에는 있다'라는 사태를 나타내며 특칭 부정을 함축하는 **'양면 특칭'**을 의미한다. 또 어떤 경우에는 '전부 긍정' 즉, '무엇인가는 무엇인가의 모든 것에 있다'라는 사태를 배제하지 않고, 전칭 긍정을 함축하는 **'단면 특칭'**을 의미한다 (24a19)(이 둘이 구별되지 않은 것은 '부분 긍정'을 표현하는 일상 언어의 쓰임새가 '부분 부정'인 경우만큼 명확하지 않기 때문일 것이다). 게다가 특칭 전제는 긍정이든 부정이든 양면 특칭과 단면 특칭 두 가지를 의미하며, 따라서 그 진리 조건이 하나로 정해져 있지 않으며, '부정칭'(不定稱)(adioriston, 제1권 제4장 26b14-15)인 것이다. 이 진리 조건의 '부정성'(不定性)이라고 하는, 특칭 전제의 성질은 추론 불성립의 증명법의 하나인 **부정성으로부터의 증명**'(제1권 제5장 27b20-21, 28, 제6장 28b28,

29a6, 제15장 35b11 참조)의 근거인 동시에 이것은 부정칭(不定稱) 전제
가 갖는 성질 그 자체이기 때문에(『명제론』 제7장 17b29-37, 『토피카』 제
3권 제6장 120a14-20), 추론의 성립과 불성립의 증명에서 부정칭 전제가
특칭 전제와 동치인 것으로서 취급되는 근거이기도 하다(예를 들면, 제
1권 제4장 26a28-30 참조). 이러한 점들은 아리스토텔레스의 추론 체계
에서 큰 특징이라고 할 수 있다.

동사 huparchein에 대하여

'(…가) …에 있다' 혹은 '…에 속한다'라고 옮겨지는 동사 huparchein
에 대해 살펴보자. 이 말은 아리스토텔레스가 주술 문장(subject-pred-
icate sentence)에서 주어와 술어 간의 관계를 위해 사용하는 기술적 용
어이다. 아리스토텔레스의 추론 언어가 논리학의 언어로서, 일상 언어가
아닌 일종의 인공 언어(artificial language)임을 잘 나타내는 것 중 하나
가 이 말이다. 전제가 되는 주어-술어 문장은 일상 언어에서는 주로 계사
(copula)인 '있다'(einai)를 사용해 표현되지만, 『분석론』의 추론 언어에
서는 huparchein을 사용해, 주어-술어의 순서가 역전된 형태로 표현된
다. '모든 백조는 희다'와 '어떤 사람이 뛴다'를 (1) '흼은 모든 백조에 있
다', (2) '뜀은 어떤 인간에 있다'라는 식으로 일상 언어에서는 좀 거북한
표현으로 사용한다.

그래서 헬라스 일상 언어에서, 예를 들어 **모든 무언가[X]는 무엇인
가[Y]이다**'(einai)라고 표현되는 전칭 긍정 전제는 **무엇인가[Y]가 무엇
인가[X]의 모든 것에 있다**'(huparchein)라고 표현된다. 이것은 einai에
서는 명시되지 않는 주어-술어의 구분을 명시하는 것과 두 개의 '무엇인
가'(X와 Y)는 모두 일반어이며, 원래 술어이기 때문에(『명제론』 제7장
17a39-b1) 논리학에서 술어를 표현하는 것을 목적으로 하고 있다.

huparchein을 '…가 …에 [술어로] 있다'로, '술어로'를 보충해서 번역
할 수도 있지만, 단적으로 '…가 …에 있다'라고 말할 수도 있다. 이 책에

서는 임의의 편리성을 위해 후자를 사용하기로 하겠다. 또 huparchein과 비슷한 말로 akolothein과 hepasthai라는 다른 두 단어가 더 있다. 두 말은, 예를 들어 '무엇인가가 무엇인가의 모든 것에 [술어로서] 부수한다'를 의미하는데, 여기서도 이것을 '[술어로서]'를 보충하지 않고, '…가 …에 부수한다'라고 옮기기로 한다.

추론(sullogismos)이란 무엇인가?

아리스토텔레스는 형식 논리학의 출발을 이 책에서 이렇게 설명한다. 제1권 제1장에서는 먼저 '전제'에 대한 기술로부터 시작한다. 전제에는 긍정과 부정(질), 그리고 전칭과 특칭(양), 부정칭의 구별이 있음을 말한 후(24a16-22), 논증과 변증술의 두 전제의 구별을 기술한다(24a22-25, 24a30-b12). 전제는 서로 다르지만, 추론(sullogismos)이 성립하는 것에 대해서는 양자 사이에 아무런 차이가 없으므로(24a25-28) 제3의 전제로서 '추론의 전제'를 도입한다. "따라서 추론의 전제는 논증이나 변증이라는 한정을 빼고 앞에서 말한 방법으로 무언가에 대해 긍정하거나 부정하는"(24a28-30) 것이다.

요컨대 '추론의 전제'란 논증이나 변증술의 전제의 '내용'을 제거하고, 양자에게 공통적인 긍정과 부정의 '형식'만을 표현하는 명제 형식이라는 것이다. 이러한 전제의 형식화는 당연히 양자 추론의 형식화를 수반하므로, 그 자체에는 **내용이 없는 형식적 개념으로서의 추론의 개념**이 성립하게 된다. 이것이 순수 논리학의 성립 과정이며, 논리학의 탄생이란 이 형식적 개념으로서의 추론학, 즉 형식 논리학의 탄생이라고 말할 수 있다. 제1장의 논의를 통해서 우리가 파악할 수 있는 바는, 아리스토텔레스가 논리학을 논증과 변증술의 양자로부터 생성하며, 양자 추론의 형식화에 의해 성립하게 되었다고 이해한다는 것이다. 물론 논리학은 그 발전 과정에 있어서 그 근원에는 추론의 형식화가 핵심이지만, 당시의 기하학을 비롯한 논증 학문의 발달과 변증술에 연관된 다양한 문화 전통이라는 고대 헬라스의 정치, 재판의 분야를 비롯한 여러 사회 문화적 배경이 깔려 있음을 명심해야 한다.

'추론'은 넓은 의미로 '논의, 변증술적 추론, 귀납 추론, 쟁론적 추론, 설득 추론(수사 추론)' 등을 포함한다. 아리스토텔레스에게는 오늘날 우리가 알고 있는 **삼단논법**에 정확히 해당하는 말은 없다. 그런 '개념'은 부차적으로 표현될 수 있을 뿐이다. 그렇다면 엔튀메마('설득 추론')는 '생략 삼단논법'으로 부를 수 없으며, 그런 용어법은 엔튀메마에 대한 올바른 이해를 반영하지 못한다. 엔튀메마는 '어떤 종류의(tis) 추론'이다.

아리스토텔레스가 제시한 추론의 정의에 따르면, 추론은 이렇게 정리된다. 즉 '추론은 타당한 연역적 논증(valid deductive argument)으로 적어도 2개의 전제를 가지며, 그 전제는 결론과 달라야 하고, 그 전제들 모두는 결론을 도출하는 데 사용되어야 한다.' 이 점을 이해하기 위해, 『분석론 전서』에서 제시한 가장 고전적이고, 전형적인 추론의 정의부터 살펴보자. 나는 아래에서 아리스토텔레스 자신이 여러 저서에서 추론의 정의에 관련해서 밝히고 있는 중요한 대목을 뽑아 정리했다.

(1) "추론이란, 거기에서 무언가 어떤 것이 규정(놓이게)된다면, 이 규정된 것들과 다른 무언가가 이것들이 있음으로써(tō tauta einai) 필연적으로 따라 나오는 논의(로고스)이다"(① sullogismos de esti logos en hōi tethentōn tinōn heteron ti tōn keimenōn ② ex ana[n]gkēs sumbaine // tō[i] tauta einai ; 『분석론 전서』 제1권 제1장 24b18-20).

(2) "그러나 필연적인 것은 추론보다는 [적용 범위가] 더 크다. 추론은 모두 필연적이지만, 필연적인 것이 모두 추론적인 것은 아니기 때문이다."(epi pleon de to ana[n]gkaion ē sullogismos. ho men gar sullogismos pas ho ana[n]gkaion, to d' ana[n]gkaion ou pan sullogismos. 『분석론 전서』 제1권 제32장 47a33-35)

(3) "추론이란, 거기에서 몇 가지 것이 규정됨으로써 그 규정된 것들과 다른 무언가가 필연적으로 그 규정된 것들을 통해 따라 나오는 논의이다." (esti dē sullogismos logos en hōi tethentōn tinōn heteron ti tōn keimenōn ex ana[n]gkēs sumbainei // dia tōn keimenōn : 『토피카』 제1권 제1장 100a25-27)

'필연적 전제'란 '그것에 의해 추론이 성립하는' 것을 말한다. 『분석론 전서』에 나오는 tō taut' einai는 불필요한 잉여의 전제들을 분명하게 배제하지만, 『토피카』에서 sullogismos의 정의에 나오는 dia tōn keimenōn("규정된[물어졌던] 것들을 통해서")은 그렇지 않은 것 같다.

(4) "어떤 사안을 내놓고(tinōn ontōn), 보편적으로나 혹은 대개의 경우에 (hōs epi to polu), 그것들이 그 경우임에 의해서(tō tauta einai) 그것들 이외에(para tauta) 다른 무언가가 [그것들 때문에(dia tauta)] 따라 나올 때, 거기서는 쉴로기스모스이고 여기서는 엔튀메마라 부른다."(『수사학』 1356b 16-18.)

(5) "**추론(연역)**이 규정된 몇 가지 명제들로부터 전제된 것들을 통해서 필연적으로 전제들과 다른 것을 말하도록 이끌어 내는 논의인 데 반해, **논박**은 [상대방이 이끌어 낸] 그 결론의 모순을 동반하는(met' antiphaseōs tou sumperasmatos) 추론이기 때문이다."[1](『소피스트적 논박에 대하여』 164b 27-165a2, 168a21-22)

---

1 『분석론 전서』 제2권 제20장 66b11 아래에서는 논박과 '추론' 간의 연관 관계를 논의하고 있다. 『분석론 전서』에 따르면, 규정된 것 즉 승인된 전제와 그 결론이 반대되는 경우에 논박이 생겨난다. 왜냐하면 논박은 그 모순되는 결론을 증명하는 추론이기 때문이다. 만일 논박이 가능하다면, 반드시 추론(연역)도 가능해야만 한다. 그러나 추론이 가능하다고 해서 반드시 논박이 가능한 것은 아니다.

위에서 주어진 여러 추론의 정의에서 공통적으로 끄집어낼 수 있는 규정과 원칙을 요약하자. '추론하다'(sullogizesthai)와 '추론'(sullogismos)으로 번역되는 대목들은 원칙적으로『분석론 전서』에서 개진된 고전적이면서도 형식화된 정의에 따라서 이해된다. '추론'의 원형이라고 할 수 있다. 이 정의의 뒷부분에 나오는, 문법적으로 여격(dative)을 취하는 **tō tauta einai**는 여러 가지로 옮겨진다. 즉 '이것들이 그 경우라는 것으로부터'(바그너와 랍), 'because of their being so', 'because these things are so'(R. Smith, G. Striker), 'from their being so'(A. J. Jenkinson), 'in virtue of **exactly** these'(M. Frede [1987], p. 116) 등이다.

이 쉴로기스모스의 정의는 이 말의 '**넓은 의미**'에서 표준적으로 규정된 것이다.『분석론 전서』의 쉴로기스모스의 정의는 현대 논리학에서 말하는 연역(deduction)의 규정('Y와 Z가 참일 때 X가 거짓임이 불가능하다면, X가 Y와 Z로부터 필연적으로 따라 나온다')과 정확히 일치한다. 그렇다면 쉴로기스모스는 현대의 논리학적 기준에 따르면 '연역적으로 타당한 논증'(a deductively valid argument)에 정확히 해당한다. 단, 아리스토텔레스에게서 전제와 결론은 달라야만 하기 때문에(『토피카』 제8권 제11장) 'A로부터 A'와 같은 직접 추리(immediate inference)는 배제된다.

『토피카』 제8권 제11장에서 아리스토텔레스가 비판하고 있는 관점으로부터 암묵적으로 함축하고 있는 흠결 없는 '좋은' 추론이 가지고 있어야 할 유용한 조건의 목록은 다음과 같다(알렉산드로스, 567.8-569.8 참조; Smith, pp. 141-142 참조).

(1) 추론이 있어야만 한다. 즉 전제들은 어떤 결론을 함축해야만 한다.

(2) 전제들은 의도된('내세우고 싶어 하는') 결론을 함축해야만 한다. 즉 결론은 입론(thesis)의 반대이다.

(3) 결론을 위한 어떤 필연적 전제도 빠뜨려서는 안 된다.

(4) 불필요한(잉여의) 전제(exōthen horos)가 있어서는 안 된다(tō taut' einai).

(5) 전제가 결론보다 더 통념에 따른 것이어야 한다.

(6) 전제가 결론보다 더 확립하기 어려워서는 안 된다. 전제는 결론보다 더 통념적이어야만 한다.

(1)~(4)는 결론에 대한 좋은 추론이 되는 필요조건이다. (4)와 (5)는 추론의 전제에 대한 인식론적 조건이다. (2)는 (1)을 함의하며, (3)과 (4)는 각각 (2)를 함의하고, (3)과 (4)는 독립적이다. 이 6가지 조건들에 대응하는 '나쁜' 논의는 다음과 같다(헤리미누스 주석).

⟨1⟩ 어떤 추론도 없다(1 실패). 어떤 결론도 전제로부터 따라 나오지 않는다.

⟨2⟩ 추론이지만 잘못된 결론의 추론이다(2 실패, 1은 아님). 즉 결론은 입론의 반대가 아니다.

⟨3.1⟩ 올바른 결론의 추론이지만 필요한 전제를 빠뜨리고 있다(3 실패, 1과 2는 아님).

⟨3.2⟩ 올바른 결론의 추론이지만 불필요한 전제를 가지고 있다(4 실패, 1 혹은 2는 아님). 즉 어떤 전제는 결론을 위해 필요한 것이 아니다.

⟨4⟩ 결론보다 덜 통념에 따르는 전제를 가진 좋은 추론(5 실패, 1, 2, 3, 혹은 4는 아니다)이다.

⟨5⟩ 결론에 못지않게 통념에 따르는 전제를 가진 좋은 추론이나 결론보다 확립하기는 더 어렵다(6 실패).

그런데 추론이 빠진 ⟨1⟩은 도대체 논증이라고 할 수 없다. 알렉산드로스는 ⟨3.1⟩과 ⟨3.2⟩를 별도로 다루고, ⟨4⟩와 ⟨5⟩를 하나로 묶고 있다.

추론의 몇 가지 특징과 성격

게다가, 추론의 정의에서 '필연적으로 따라 나오는'(ex ana[n]gkēs sum-bainein)이란 표현은 현대 논리학의 논증(argument)에서 '논리적 필연성', '타당성'을 확보해 주는 것으로 이해된다. 즉, '필연적으로'가 보여주는 '의미'는 '전제들이 참이면 그 결론이 거짓이라는 것이 불가능하다'는 것이다. 그러므로 주어진 전제로부터 결론이 필연적으로 따라 나온다. 인용 (2)에서 확인되듯이, 일반적으로 ex ana[n]gkē가 쉴로기스모스보다 외연이 더 넓다. 그러나 『분석론 전서』는 흔히 형식화된 추론 형식인 '정언 삼단논법'(categorical syllogism)으로 번역되는 쉴로기스모스란 말의 '좁은 의미'를 그 탐구 영역으로 하고 있다. 아리스토텔레스는 그곳에서 모든 타당한 논증은 '중항'의 위치에 따른 어떤 유형의 추론 형식들 중 하나로 분석될 수 있음을 확립하고자 노력했다. 그는 이 형식들을 '격들에서의 추론'이라고 부른다. 그리고 그는 모든 타당한 논의는 하나의 쉴로기스모스로 '환원'될 수 있음을 주장한다.

물론 오늘날 대학의 논리학 시간에 '아리스토텔레스의 삼단논법'이라고 가르치는 'A=B, B=C, 그러므로 A=C'와 같은 구성적 추론 형식을 다루고 있지는 않다. 이는 아리스토텔레스의 논리학에 대한 오해에서 비롯되었을 뿐이다. 그가 말하는 추론이란, '만일 A가 모든 B에(속한다면 혹은) 술어가 되고 그리고 B가 모든 C에 대하여 술어가 된다면, A는 모든 C에 대하여 술어가 되어야만 한다'(『분석론 전서』 25b37)는 것이다. 이 정의와는 달리 '전통 삼단논법'은 형식적으로는 분리된 세 명제로 구성된 추리 형식이다. 또한 그것은 내세워진 두 명사들이 나중의 세 번째 명사를 함의(含意)하도록 관련되어 있다. 그래서 세 번째 명제인 결론은 처음 두 명제로부터 이끌린다.

아리스토텔레스의 정의에 따르면, 삼단논법은 오히려 '만일 …이라면, 그렇다면'(If-then) 형식으로 된 단칭의 복합 명제이다. 그는 그것을 두 개의 분리된 명제들과 '그러므로'에 의해 도입되는 결론의 형식이라기보다는, 오히려 '만일-그렇다면'이란 방식으로 반복적으로 추론을 언급하고 있다. 그렇다면 그것은 하나의 추리가 아니라, 하나의 함축 내지는 수반(implication or entailment)으로 해석되어야 한다. 그것은 구체적인 명사로 표현되었든지 혹은 변항으로 표현되었든지 간에 단칭 명사로서 참이거나 혹은 거짓이어야만 한다. 여하튼 아리스토텔레스가 제시해 주고 있는 바처럼, 추론은 단순히 형식적 요구사항을 말하고 있는 까닭에, 그것을 참 혹은 거짓을 전달하는 것으로서 생각하기란 어려운 노릇이다. 아리스토텔레스의 용어로는 '참'이 아니라 '필연적'이다. 그리고 한 논증이 타당하지 않다고 말하는 아리스토텔레스의 대개의 표현 방식은 '거기에는 추론이 없을 것이다' 혹은 '우리는 추론할 수 없다'이다.

추론의 정의에서 '규정된'이라고 번역된 말의 원어는 tethetōn, keimenōn이다. 아리스토텔레스는 흔히 논의의 전제에 대해 tithenai(놓다), keisthai(tithenai 동사의 완료 수동) 동사를 사용한다. 그 논리적 의미는 '논의의 전제로서 받아들여진, 놓인, 세워진 것들', '그것들로부터 필연적으로 따라 나오기 위해 주어진 것들' 정도로 새겨질 수 있다. 이 정의에서 "규정된 것들(놓인 것들)을 통해서"(dia tōn keimenōn)란, '그 결론이 그 전제들을 기초로 해서 나온다는 것'과 '그 전제들이 그 결론을 위해 충분하다'라는 것을 의미한다. "이 규정된 것들과 다른 무언가"란 표현은 전제와 결론은 달라야 한다는 것을 보여준다. 그러니까 그 밖의 다른 그 어떤 '잉여의 항'(exōthen horos)이 필요하지 않다는 말이겠다. tithenai 동사는 『토피카』에서 질문자가 제시한 전제를 '인정하다' 혹은 '승인하다'란 의미로 사용되고 있다.

이 말의 복수적 표현에 주목하면 직접 추리를 하기 위한 '단칭 전제 명제'는 배제된다는 것을 알 수 있다. 아리스토텔레스는 '단칭 전제로부터는 필연적으로 아무것도 따라 나오지 않는다'라고 주장한다(제1권 제15장 34a17-18, 제23장 40b35, 제2권 제2장 53b18-20). 아리스토텔레스 주석자들은 '규정된 것들'(tethentōn, keimenōn)이란 복수 표현에 주목해서 직접 추리와 같은 것은 배제된다고 생각해 왔다(알렉산드로스 18.1-2, 필로포노스 33.10, 암모니오스 27.14). 그래서 적어도 '두 개 이상의 전제들로부터 쉴로기스모스가 성립되는 것'으로 보았다(『분석론 전서』제1권 제23장 41a17-20, 제27장 43b35, 제2권 제18장 66a17-18).

하지만 아리스토텔레스는 '환위'와 같은 '하나의 전제 추론'을 전적으로 배제하지는 않는다(AiB⊢BiA). 그러나 'P→P'('그는 숨 쉬고 있다. 그러므로 그는 살아 있다')나, 'p∧q⊢q'와 같은 직접 추리 형식은 배제한다. 이런 형식은 전제를 이미 증명된 것으로 받아들이는 petitio principii를 범한다는 것이다.

그렇다면 아리스토텔레스는 '논리적으로 타당한 명제 추리'(스토아 논리학)가 아니라 '타당한 논의(추론)에서 사용될 수 있는 추리의 올바른 형식들'에만 관심을 갖고 있었는가? 그런데 알렉산드로스는 아리스토텔레스가 lēphthentōn(확보된 것들)이 아니라, tethentōn이란 말을 사용했으므로 'categorical premises'로 구성되는 추론'만'이 쉴로기스모스라고 생각하는 주석자들도 있다고 보고하고 있다(17.5-10). 즉 가언적 전제들은 배제한다는 것이다. 요컨대 '완전한 가언적 쉴로기스모스'는 쉴로기스모스일 수 없다는 것이다. 왜냐하면 무언가를 확립하거나 '보인다'('증명한다'; deiknunai, dexis)는 것은 '무언가가 그 경우라는 것을 보이는' 것이기 때문이다. 즉 쉴로기스모스는 하나의 증명(proof)이기 때문이다.

『토피카』에서의 추론

하지만 『토피카』에는 꼭 두 개의 전제와 세 개의 명사(名辭)가 있어야만 한다는 언급은 전혀 나오지 않는다. 또 격과 식을 갖는 추론에 대해서도 아무런 언급이 없다. 이는 아마도 『토피카』가 '격과 식의 추론'을 발견하기 이전에 쓰였기 때문일 것으로 추정된다.

덧붙이자면, 『분석론 전서』에는 직접 추리를 명확히 배제하고 있다(제1권 제23장 40b35-36, 제2권 제2장 53b16-20). 그러나 아리스토텔레스는 『분석론 전서』에서 '전칭 부정 판단'(E명제)의 환위 추리를 사용하고 있으며, 『토피카』 제2권-제7권에서도 하나의 전제를 갖는 많은 추론 형식을 사용하고 있다. 또 그는 연역과 귀납이라는 추리 형식을 문답을 통한 변증술적 논의에 포함시키고 있다(제1권 제12장 105a10-19 참조). 이런 측면에서 보면, 아리스토텔레스에게는 '쉴로기스모스들이 아닌 타당한 논증에 대한 별도의 용어는 없다고 보아야 한다(Smith, p. 43 참조). 어쨌거나 『토피카』에서는 『분석론 전서』보다 더 일반적이고, 넓은 의미로 그 말을 사용하고 있다. 『토피카』에서의 쉴로기스모스는 '묻고 답하는' 논의 과정 가운데 상대방의 주장에 모순되는 주장을 이끌어 내든가, 혹은 상대방의 전제들로부터 명백한 자기모순을 이끌어 내는 '추론' 방식을 의미한다. 따라서 쉴로기스모스에 관련된 『분석론 후서』에서의 논의까지 고려해 보면 이 말은 '연역 추론' 내지는 '연역'으로 번역될 수도 있다. 『토피카』에서의 이 말은 '연역'을 포함하는 넓은 의미의 '추론'이란 의미로 사용되고 있다는 점을 기억해 두기로 하자.[2]

이 책에서는 sullogismos를 '추론'이라고 옮겼는데, 영어에서는 deduction 즉, '연역'으로 번역되기도 한다(Barnes, Smith). 하지만 아리스토텔레스의 추론은 논리학이나 논증 과학의 연역에 한정되지 않고, 넓게 변증술(문답법)이나 수사술의 영역도 포괄하므로(제2권 제23장 68b9-14 참조) '추론'이라는 번역어를 택했다.

추론의 증명

아리스토텔레스는 제1격에 나오는 4개의 추론을 완전한 추론으로 받아들인다. 그리고 제1격의 4개 추론은 제2격과 제3격에서의 10개 추론에 대한 환원을 통한 증명(proof)의 역할(기능)을 담당한다. 즉 제1격의 4개의 추론이 추론 체제의 공리(axiom)와 같은 기능을 수행한다. Barbara의 성립 근거에 대하여 아리스토텔레스는 이렇게 설명하고 있다.

"세 개의 항이 서로 관계되어 있고, 마지막 항이 전체로서 중항[중간의 항]

.

2 김재홍, '아리스토텔레스의 술어 이론과 쉴로기스모스의 연관성 — 쉴로기스모스의 학문적 해명', 『철학논집』 제24집, 2011, pp. 141-176 참조.

.

.

.

.

.

.

.

.

.

.

.

.

.

.

.

.

.

.

.

안에 있고, 중항이 전체로서 최초의 항 안에 있거나 있지 않을 때에는, 두 끝항[처음 항과 마지막 항]에 대한 완전한 추론이 성립하는 것이 필연적이다. 여기서 내가 중항이라고 부르는 것은 그 자신도 어느 항[처음 항] 중에 있지만, 다른 항[마지막 항]도 그 안에 있는 항을 말하는 것이며, 위치의 점에서도 [두 끝항의] 중간이 되는 것이다. 이에 대하여 두 끝항이라고 내가 부르는 것은 그 자신이 있는 항[중항] 중에 있는 항[마지막 항]과 어느 항[중항]이 그 안에 있는 바의 항[처음 항]을 말한다. 즉, 만일 A가 모든 B에 대해, 또 B가 모든 C에 대해 술어가 된다면, A가 모든 C에 대해 술어가 되는 것은 필연이다. 왜냐하면 '[무언가가 무언가의] 모든 것에 대해 술어가 된다'라고 우리가 말하는 것이 어떤 의미인지는 앞에서 말해졌기 때문이다."
(제1권 제4장 25b32-39)

이것을 정리하자면, 추론의 성립 주장(제1권 제4장 25b32-35) 안에서 이야기된 '두 끝항에 대한 완전한 추론'은 '다른 쪽의 것이 한쪽 것의 모든 것에 대해 술어 된다'라는 표현과 기호 ABC를 사용해 정식화된다는 것이다(25b37-39). 이때 '한쪽의 것이 전체적인 다른 쪽의 것 중에 있다'와 '다른 쪽의 것이 한쪽의 것의 모든 것에 대해 술어가 된다'라는 두 표현에서는 '한쪽의 것'과 '다른 쪽의 것'의 순서가 역전되므로, '만일 A(처음 항)가 모든 B(중항)에 대해 [술어가 되고], 또 B가 모두 C(마지막 항)에 대해 술어 된다면, A가 모든 C에 대해 술어 되는 것은 필연적이다'(AaB, BaC⊢AaC)라고 이야기된다. 이것이 제1격 Barbara이다. 이 추론 성립의 근거는 '다른 쪽의 것이 한쪽의 것의 모든 것에 대해 술어 된다'라고 하는 이 주술의 관계가 갖는 추이성(推移性, transitivity, 또는 이행성)에 있으며, 게다가 이것은 앞의 주장에서와 마찬가지로 세 항의 상호 관계가 지금 이야기된 것과 같은 순서로 표시되었을 경우에 가장 잘 이해된다. 그리고 이 관계의 추이(推移), 즉 '술어항이 주어항의 전체에 대해서 술어가 된다면, 그 부분에 대해서도 술어가 된다'(dictum de omni et nullo)라는 것이다. 이 조건문의 전건은 Barbara의 대전제(AaB)를, 후건은 그 결론(AaC)을 분명하게 나타내 주고 있다.

제1격: AaB, BaC ⊢ AaC(Barbara)

AeB, BaC ⊢ AeC(Celarent)

AaB, BiC ⊢ AiC(Darii)

AeB, BiC ⊢ AoC(Ferio)

제2격: MaN, MeO ⊢ NeO(Camestres)

MeN, MaO ⊢ NeO(Cesare)

MeN, MiO ⊢ NoO(Festino)

MaN, MoO ⊢ NoO(Baroco)

제3격: PaS, RaS ⊢ RiS(Darapti)

PeS, RaS ⊢ PoR(Felapton)

PaS, RiS ⊢ PiR(Datisi)

PiS, RaS ⊢ PiR(Disamis)

PoS, RaS ⊢ PoR(Bocardo)

PeS, RiS ⊢ PoR(Ferison)

Camestres에 대한 아리스토텔레스의 증명을 예로 들어 보자

예; "게다가, 만일 M이 N의 모든 것에 있고, O의 어떤 것에도 없다면, O 또한 N의 어떤 것에도 없는 것이 될 것이다(왜냐하면 만일 M이 어떤 O에도 없다면, O 또한 M의 어떤 것에도 없을 것이기 때문이다. 그런데 M은 모든 N에 있는 것이다. 그러므로 O는 어떤 N에도 없을 것이다. 그 이유는 제1격이 다시 성립되었기 때문이다). 그런데 부정은 환위되므로, N 또한 어떤 O에도 없게 될 것이다. 따라서 [전칭 부정을 결론으로 하는] 동일한 추론이 성립할 것이다.³"(제1권 제5장 27a9-14)

＊ **나는 이 대목을 이렇게 해석한다**; "대전제가 전칭 긍정, 소전제가 전

칭 부정인 조합(AE)의 추론 Camestres(MaN, MeO⊢NeO)의 성립이 증명된다. 증명은 소전제를 단순 환위하여(MeO⊢OeM), 대전제와 조합하면 제1격 Celarent(OeM, MaN⊢OeN)가 성립하고, 그 결론을 단순 환위하는 것(OeN-NeO)에 의한다."

이것을 다음과 같이 보다 쉽게 '형식적 추론'으로 풀면 아래와 같다.

형식적 추론	아리스토텔레스의 텍스트
1. MaN(전제)	만일 M이 N의 모든 것에 있고,
2. MeO(전제)	O의 어떤 것에도 없다면,
3. NeO(추론됨)	O 또한 N의 어떤 것에도 없는 것이 될 것이다
4. OeM(2, 환위)	(왜냐하면 만일 M이 어떤 O에도 없다면, O 또한 M의 어떤 것에도 없을 것이기 때문이다.
5. MaN(전제 1)	그런데 M은 모든 N에 있는 것이다.
6. OeN(4, 5=Celarent)	그러므로 O는 어떤 N에도 없을 것이다. 그 이유는 제1격이 다시 성립되었기 때문이다).
7. NeO(6, 환위)	그런데 부정은 환위되므로, N 또한 어떤 O에도 없게 될 것이다. 따라서 [전칭 부정을 결론으로 하는] 동일한 추론이 성립할 것이다.

또 다른 증명의 예

"이번에는 만일 M이 N의 모든 것에 있고, O의 어떤 것에는 없다고 한다면, N은 어떤 O에 없는 것이 필연이다. 즉 만일 N이 모든 O에 있고, M 또한 모든 N에 대해 술어가 된다면, M이 모든 O에 있는 것이 필연적이다. 그러나 M은 O의 어떤 것에는 없다고 가정되었다."(제1권 제5장

---

3 Cesare와 Camestres는 귀류법에 의해서도 증명된다. 이 경우, 예를 들어 Cesare는 제1격 Ferio에 기초하고 Camestres는 제1격 Darii에 기초하여 증명된다.

27a36–b1)

* **나는 이 대목을 이렇게 해석한다** : "대전제가 전칭 긍정, 소전제가 단면 특칭 부정인 조합(AO)의 추론 Baroco(MaN, MoO ⊢ NoO)의 성립이 귀류법에 의해 증명된다. 증명은 증명해야 할 결론을 부정하고, 대전제와 조합시키면 제1격 Barbara(MaN, NaO ⊢ MaO)가 성립하고, 소전제와의 사이에 모순이 발생함에 따른다."

형식적 추론	아리스토텔레스의 텍스트
1. MaN(전제)	만일 M이 N의 모든 것에 있고,
2. MoO(전제)	O의 어떤 것에는 없다고 한다면,
3. NoO(추론됨)	N은 어떤 O에 없는 것이 필연이다.
4. NaO(가정＝3의 모순)	즉 만일 N이 모든 O에 있고
5. MaN(전제 1)	M 또한 모든 N에 대해 술어가 된다면,
6. MaO(4＋5＝Barbara)	M이 모든 O에 있는 것이 필연적이다.
7. MoO(6＝2의 모순)	그러나 M은 O의 어떤 것에는 없다고 가정되었다.

제1권

제1장

먼저, (1) 이 연구가 무엇을 주제로 삼고 또 무엇을 대상으로 하고 있는 24a10
지를 말해야 한다.[1] 그것은 논증에 관한 것이고, 논증적 지식을 대상으로
한다는 것이다.[2]

---

1 "추론과 논증에 대해서 각각이 무엇이고, 또 어떻게 생겨나는지 하는 점, 또 그와
동시에 논증적 지식에 대해서도 그것이 무엇이며, 또 어떻게 생겨날 것인가 하는 점
은 이제 명백하다. 그것들은 동일하기 때문이다."(『분석론 후서』 제2권 제19장
99b15-17)『분석론 후서』 제2권 제19장의 이 대목은 '외견상으로는' '추론'에 대해서
는 『분석론 전서』에서, '논증'에 대해서는 『분석론 후서』에서 논했다는 말로 『분석론』
전체를 정리하는 형식을 취하고 있다.

2 전통적으로 첫 문장은 『분석론』 전체가 『분석론 후서』를 중심 목적으로 하고, 『분
석론 전서』는 이를 위한 수단으로서의 예비적 연구임을 나타낸다고 해석되어 왔다.
'논증을 주제로 하고 논증적 지식을 대상으로 하고 있다'는 것은 『분석론 후서』이고
『분석론 전서』는 논증(apodeixis, '학적 증명')에 대한 것이 아니라 '추론에 대한
책'(『분석론 후서』 제1권 제3장 73a14, 제11장 77a34-35)이라고 알려져 있기 때문이
다. 이렇듯, 이 문장의 이해에는 『분석론 전서』와 『분석론 후서』 사이의 관계 문제도
포함되어 있으며, 현대에 와서도 그 해석이 연구자들 사이에서 논의의 대상이 되고
있다. 또한 『분석론』 전체 속에서 추론과 논증에 관한 논의가 어떻게 전개되고 있는가

다음으로, (2) 전제란 무엇이고, (3) 항(項)은 무엇인지, (4) 추론이란 무엇인지, 그리고 (5) 어떤 추론이 완전하고, 어떤 추론이 불완전한 것인지, 또 이것 다음에는 (6) 이것[X]이 전체로서의 이것[Y] 안에 있거나 없는 것은 무엇인지, 또 (7) '모든 것에 대해 술어가 된다'라거나 '어떤 것에 대해서도 술어가 되지 않는다'라고 우리가 말하는 것은 무엇인지를 규정해야 한다.

[15]

그런데 전제[3]란 무엇인가에 대해 긍정하거나 부정하는 문장이다.[4] 그리

하는 점에 대해서는 『분석론 전서』 제1권 제4장 25b26-31 및 『분석론 후서』 제2권 제19장 99b15-17 참조.

3 '전제'(premiss)라고 번역된 헬라스어 protasis는 아리스토텔레스 이전에는 없는 표현으로(『명제론』 및 『토피카』에서 나타난다), 아마도 플라톤의 학원 아카데미아에서 사용되었다고 생각되는 물음과 답변을 통한 논의인 '변증술의 논의에서 사용된 용어'일 것이다. 즉, 변증술적 문답에서 묻는 자가 대답하는 자에게 '앞으로' 물음을 '내민다'(proteinein)에서 온 말이다. proteinesthai([전제를] 제기하다)란 동사는 『토피카』 제8권 제14장 164b4에 나온다. 즉 '변증술'에서는 그 말은 추론의 '전제'라기보다는 변증가가 질문의 형태로 상대방에게 제기하고, 상대가 승인한다면 자신의 논의를 확립시켜 주는 '주장'을 의미한다. '명제'로도 옮길 수 있다. 요컨대, 문답을 행하는 변증술에서 '전제'는 답변자에게 질문자가 제시한 물음이다. 그 물음에 대한 답으로 변증술적 논의를 구성하는 것으로 『토피카』 제1권 제4장 101b15-16 및 제10장 참조. 일반적으로는 모순 대립하는 두 명제의 한쪽(antiphaseōs mias morion)을 가리켜 '[전제]명제' 또는 '문제'로 번역된다(『명제론』 제11장 20b23-24). 이 책에서는 추론이 주제이므로 추론을 구성하는 것으로서 '전제'를 말한다. 추론의 구성 요소인 추론의 '결론'은 protasis라고 말하지 않는다. 오늘날 명제(proposition)란 말의 유래인 라틴어 propositio는 protasis의 직접 번역어이다. 『토피카』(김재홍 옮김, 2021) 34쪽 각주 51 참조.

4 전제로서의 문장(logos, 24a16)이 무엇인가에 대해서 무엇인가를 긍정하거나 부정하는 주어 술어 문장으로 파악되고, 일반 명제가 전칭, 특칭, 부정칭의 세 가지로 구분되는 것에 대해서는 『명제론』 제6-7장 참조. 여기에서 주어진 '전제'의 정의는 『명제론』 제5장에서 말하는 '참과 거짓을 갖는 문장'인 apophantikos logos(선언문, 명제)의 정의와 유사하다. "왜냐하면 이 [변증술적] 논의는 전제[명제]들로부터 구성되는 것이지만, 반면에 추론이 관계하는 주제는 '문제들'(problēma)이며, 모든 명제

46

고 이 문장은 전칭이거나, 특칭이거나 부정칭이다. 여기서 내가 전칭이라고 하는 것은 무엇인가가 무엇인가의 모든 것에 있는가, 또는 어떤 것에도 없는가 하는 것이며, 특칭이라고 하는 것은 무엇인가가 어떤 것에 있는가, 또는 어떤 것에 있지 않은가,[5] 또는 모든 것에 있는 것이 아닌가 하는 것이며,[6] 부정칭(不定稱)이라고 하는 것은 전칭이거나 특칭인지를 빼고, 무엇인가가 무엇인가에 있는지 없는지 하는 것이며, 예를 들어 '반대의 것에는 동일한 지식이 있다'[7]라거나, '쾌락은 좋음이 아니다'라는 것이다.[8]

[20]

───────────────

와 모든 문제는 고유속성이나 유 또는 부수적인 것 중 하나를 나타내기 때문이다. [종차를 언급하지 않은 것은] 종차는 유에 속하는 것이므로 유와 같은 계열 아래에 놓아야만 하니까."(『토피카』 제1권 제4장 101b17-19 참조) 어쨌든 protasis는 '전제'로 보존하는 것이 최선으로 보인다. '문제'와 protasis의 차이에 대해서는 『토피카』 제1권 제4장 101b30-37 참조.

5 아리스토텔레스는 단칭 명제(singular proposition)를 왜 빠뜨리고 있을까? 전통적으로는 학문은 일반 명제를 포함하며, 추론은 학적 논증의 연구를 위한 예비적인 것으로 생각해서 단칭 명제가 빠지고 있다고 생각해 왔다. 실상 '추론'은 논증보다 더 넓은 영역을 포함한다. 변증론적 추론, 수사적 논증도 포괄한다. 실제로 아리스토텔레스는 단칭 전제(예를 들어 '소크라테스는 인간이다')를 갖는 추론의 예를 사용하고 있다(제1권 제33장 47b24-25, 32-33, 제2권 제27장 70a16-20, 『분석론 후서』 제1권 제13장 78b4, 제2권 제8장 93a30-b7 참조). 오히려 고유명사는 술어로서 사용될 수 없기 때문에 환위하지 못한다는 사실에 기인하는 것으로 보는 것이 더 그럼직하다. 그래서 아리스토텔레스는 단칭 명제를 전칭 명제의 특별한 경우로 생각했을 것이다(Striker, p. 76 참조).

6 여기서 특칭 부정이 두 종류로 구별되고 있는데, 특칭 전제에 관한 이러한 구별과 그 부정성(不定性)에 대해서는 옮긴이의 「해제」 참조.

7 '반대되는 것에는 동일한 지식이 있다'라는 문장은 존재 명제인데, 이것이 부정칭이라고 불리는 이유는 그 논리적 주어인 '반대되는 것'에 '모든' 혹은 '어떤' 등의 '양화적 한정 표현'이 붙어 있지 않기 때문이다. 또 이 명제의 '전칭적' 해석에 대해서는 제1권 제36장 48a40-b9 참조. 아래의 제4장 26a27-30에서는 '특칭'으로 취급되기도 한다.

8 24a16-b15는 『토피카』(제1권 제1장 100a27-b23, 제1권 제4장 101b11-36)에서 논의된 '변증술적 토론'에 대한 간결한 요약이다.

24a

그런데 논증의 전제는 변증술의 전제와 다음과 같은 점에서 다르다. 즉, 논증의 전제는 모순 대립의 두 명제 중 어느 한쪽을 받아들이는 것이지만(논증하는 사람은 전제를 묻는 것이 아니라, 그것을 받아들이기 때문이다), 변증술의 전제는 모순 대립의 두 명제를 묻는 것이다. 그러나 두 사람 각각의 추론이 성립하는 것에 대해서는 아무것도 차이가 없을 것이다. 왜냐하면 논증하는 사람도 또 묻는 사람도 무언가가 무언가에 대해 있는지 있지 않은지⁹ 중 하나를 받아들여 추론하기 때문이다. 따라서 추론의 전제는 논증이나 변증이라는 한정을 빼고 앞에서 말한 방법으로 무언가에 대해 긍정하거나 부정하는 것이며, 논증의 전제는 그것이 참이고 최초의 가정으로부터 받아들여지고 있는 경우이며, 변증술의 전제는 묻는 사람 입장에서는 모순 대립의 두 명제를 묻는 것이지만, 추론하는 사람 입장에서는 세상 사람들의 견해나 통념을¹⁰ 받아들이는 것이며, 이에 대해서는 『토피카』에서 말한 바와 같다.¹¹

그래서 전제란 무엇인가, 또 추론의 전제, 논증의 전제, 변증술의 전제는 어떤 점에서 다른가 하는 것은, 따라 나오는 다음의 것에서¹² 더 정확

[25]

[30]
24b10

---

9 혹은 '속하는지 속하지 않는지'.
10 원어로는 phainomenon kai endoxon. 엔독사(endoxa, '일반적으로 그렇다고 생각하는 것')의 철학적 의미에 대해서는 『토피카』 제1권 제1장 100b21-23 참조("엔독사는 (a) 모든 사람에게 혹은 (b) 대다수의 사람에게 그렇다고 생각되는 것, 혹은 (c) 지혜로운 사람들에게 그렇다고 생각되는 것이지만 ─ 요컨대 (c1) 그들 모두에게 혹은 (c2) 그 대다수에게 혹은 (c3) 가장 유명하고 평판이 높은 지혜로운 사람들에게 그렇다고 생각되는 것이다.") 문자적으로 endoxon은 '명성과 평판을 누리는 것'을 의미한다. 엔독사에 대한 보다 자세한 설명은 『토피카』(김재홍, 2021) 24-25쪽, 각주 18 참조.
11 『토피카』 제1권 제1장 100a27-30, 제10장 104a8-11 참조.
12 이것이 무엇을 지시하는 것인가? 아프로디시아스의 알렉산드로스의 지적처럼 (14.18-21) 『분석론』 이후의 변증술적 전제를 다루는 『토피카』를 말하는 것일까? Ross는 논증적 전제와 변증술적 전제를 구별하는 논의가 『분석론 후서』(제1권 제4-12장)라고 언급하고 있는데, 거기에서도 논증의 전제를 다루고는 있지만 여러 종류의 전제들 간의 구분은 거의 다루고 있지 않다.

하게 설명하겠지만, 우리의 당면한 필요를 위해서는 지금은 이것으로써 [15]
충분히 규정된 것으로 해 두자.

다음으로, 내가 항으로[13] 부르는 것은 전제가 그것으로 분해되는 부분
의 것, 즉 무엇인가에 대해 술어 되는 것[술어항]과 이것이 그것에 대해
술어 되는 부분의 것[주어항]이며, 전제로서는 이러한 두 항에 '있다'거나
'있지 않다' 중 하나의 표현이 부가되어 있다.[14]

또, 추론이란, 거기에서 무언가 어떤 것이 규정(놓이게)된다면, 이 규정
된 것들과는 다른 무언가가 이것들이 있음으로써 필연적으로 따라 나오는
논의이다.[15] 여기서 '이것들이 있음으로써 따라 나온다'[16]라고 내가 말하는 [20]

---

13 '항'(項, term)으로 번역되는 horos는 원래 사물의 경계를 나타내며, 토지의 경계
나 그 경계를 나타내는 '표지'나 '표석'을 의미한다. 음악 이론에서는 음계의 음정을
그리는 두 음('음악적 비례')을, 수학의 비례 이론에서는 비(比, ratio)를 나타내는 양
의 크기를 의미한다. 아리스토텔레스는 이들 이론과 관련해서 전제를 구성하고, 한계
를 부여함과 동시에 전제가 그것으로 '분해되는' 두 가지 요소, 즉 주어와 술어를 '항'
이라고 부른다. 이것은 아리스토텔레스 이전에 사용되지 않았던 그의 독창적인 언어
용법이지만 사물의 경계는 동시에 다른 것으로부터 그 자체를 나누는 경계이기도 하
므로, horos는 일반적으로 사물의 '본질'(to ti ēn einai)을 나타내는 부분인 '정의'를
의미한다(『토피카』 제1권 제4장 101b22 참조).
14 주어와 술어 양항에 제3의 것으로 붙이는 표현으로서의 '계사(繫辭)'에 대해서는
『명제론』 제10장 19b19-30, 제12장 21b27-28 참조. '부가 표현'(prosrēsis)이란 주술
문장의 주어(항)와 술어(항)의 두 가지에 대해서 '제3의 것'으로서 그것들에 부가되는
계사를 말하는데, 이에 대해서는 아래의 각주 27 참조. 24b17-18의 ē diairoumenou
는 삭제한다(Ross).
15 '추론'(연역, sullogismos)은 '추론하다'(sullogizesthai, 문자적으로는 '모으다',
'더하다', '셈하다')로부터 유래했다. 이미 플라톤도 '추론하다', '결론을 짓다'라는 의
미로 그 말을 사용했다. 추론에 대한 자세한 설명은 이 책의 '해제' 참조. 이 밖에도
쉴로기스모스의 정의는 『토피카』(제1권 제1장 100a25-27), 『수사학』(제1권 제2장
1356b16-18), 『분석론 후서』 제1권 제10장 76a38, 제2권 제5장 91b14, 『소피스트적
논박에 대하여』(제1장 164b27-165a2, 제6장 168a21-22) 등에서도 언급되고 있다.
쉴로기스모스에 연관된 문제에 관해서는 김재홍, "아리스토텔레스의 술어 이론과 쉴

49

것은 '이것들 때문에 따라 나온다'라는 것이고, '이것들 때문에 따라 나온다'라고 말하는 것은 추론의 필연성이 생기려면 어떤 항도 바깥에서 덧붙일 필요가 없다는 것이다.[17]

그리고 (1) 완전한 추론이라고 내가 부르는 것은, 추론의 필연이 밝혀지기 위해서는 이미 받아들인 것 외에 다른 어떤 것도 덧붙일 필요가 없는 추론이고,[18] 또 (2) 불완전한 추론이라고 내가 부르는 것은, 하나 또는 하

[25]

로기스모스의 연관성 — 쉴로기스모스의 학문적 해명", 『철학논집』 제24집, 2011, pp. 141-176 참조.

16 즉 『토피카』의 추론의 정의(100a25-27)에서는 "규정된 것들을 통해"(dia tōn keimenōn)로 말해진다. 결론을 이끌어 내는 데 필요한 전제들이 명확하게 진술되어야 한다는 것을 말한다. 즉 불필요한(잉여) 전제들을 가진 것으로부터는 결론이 따라 나오지 않는다는 것이다.

17 그 밖에도 『분석론 전서』의 추론의 정의에서(24b18-20) '그 명제들이 생겨남〈성립됨〉으로써'(161b30, tō taut' einai)가 『토피카』에도 동일하게 나타나고 있다. 거의 동일한 언어로 sullogismos의 정의가 등장하는 『토피카』(제1권 제1장 100a25-27)에서는 tō taut' einai 대신에 dia tōn keimenōn("그 규정된 것들을 통해서")이 나온다. 이것은 『토피카』에서 문답을 바탕으로 하는 변증술에서 sullogismos의 기능이 『분석론 전서』의 학적 기능으로서의 그것과 다르기 때문인 것으로 추정된다. 『분석론 전서』에 나오는 tō taut' einai는 불필요한 잉여의 전제들을 분명하게 배제하지만, 『토피카』에서 sullogismos의 정의에 나오는 dia tōn keimenōn("규정된[물어졌던] 것들을 통해서")은 그렇지 않은 것 같다. 아리스토텔레스는 잉여(剩餘)의 전제들을 포함하는 경우에는, "따라서 그 명제들이 성립됨으로써 추론이 성립되는 것은 아니기 때문이다"라고 주장한다(『토피카』 제8권 제11장 161b28-30).

18 완전한 추론(teleios sullogismos)이란 전제가 처음에 놓인 그대로의 형태(2전제)로 아무런 변형 없이 결론을 얻을 수 있고, 추론의 필연이 밝혀지는 추론이다(제1권 제4장 26b30, 제5장 27a16-18). 이것은 구문론적인 규정이지만, 의미론적으로 말하면 전제가 되는 전칭 긍정이나 전칭 부정의 정의에 의해 결론이 도출되고, 추론의 필연이 밝혀지는 추론이다(제1권 제4장 25b37-26a2, 23-28 참조). 이것으로부터, 완전한 추론의 증명이란 각각의 전제의 행과 결론의 행을 차례로 적는 것으로 완결되어, '다른 어떤 것도 덧붙일 필요가 없다'라는 것이 된다. 이는 완전한 추론이 동시에 추론 규칙으로 기능함을 의미하며, 그리하여 이 추론은 아리스토텔레스의 추론 체계의 근

나보다 더 많은 것을 덧붙여야 하는 추론이며, 이러한 것들은 가정된 항 때문에 필연적이지만 전제를 통해서 아직 받아들여지지는 않았다.[19]

또, [두 개의 것 중] 한쪽의 것(A)이 전체로서 다른 쪽의 것(B) 안에 있다는 것과, 다른 쪽의 것(B)이 한쪽의 것(A)의 모든 것에 대해 술어가 된다는 것은 동일한 것이다.[20]

그리고 '다른 쪽의 것(B)이 한쪽(A)의 모든 것에 대해 술어가 된다'라고

간을 형성하고, 다른 추론, 즉 불완전한 추론이 그것에 의해 완전한 것으로 증명되며, 그것으로 '환원되는'(제1권 제7장 29b1-2, 24-25 참조) 종착점(telos)으로서의 원리가 된다. 여기에 완전한 것을 원리로 세우는 그의 철학의 초기 예를 보는 것은 결코 기이한 일이 아닐 것이다.

19 불완전한 추론(ateleios sullogismos)이란 처음에 놓인 전제가 환위 규칙에 의해 변형되고, 거기에 '추론 규칙'이 적용되어 결론이 따라 나옴으로써 결론의 필연성이 밝혀지는 추론이다. 이것은 '가능한 것'(dunatos, 제1권 제5장 27a2)이라고도 한다. 고대에는 놓인 그대로는 타당하지 않고, 제1격의 식에 의해서 완전한 추론이 될 수 있는 것을 불완전한 추론으로 생각했다. 이 문제에 대한 고대의 논쟁에 대해서는 Lee(이태수, 1984), p. 120 아래, Striker(1996) 참조. 아리스토텔레스는 "하나 또는 하나보다 더 많은 것을 덧붙여야 하는 추론이며, 이러한 것들은 가정된 항 때문에 필연적이지만, 전제를 통해서 아직 받아들여지지는 않았"던 것이라고 말하고 있다. 아마 아리스토텔레스는 BeA⊢AeB의 환위 단계를 추론의 행에 덧붙이는 것과 같은 '환위에 의한 증명'을 염두에 두고 있는 듯하다. 이것은 BeA≡AeB(동치)이기 때문에 새로운 '가정'을 끌어들인 것은 아니다. 그럼에도 '간접 증명법'(귀류법)은 결론의 모순을 가정으로 도입하고 있다. 이 경우에도 '바깥에서' 새로운 항이 덧붙여진 것은 아니다.

20 '전체적으로 안에 있는 것'과 '모든 것에 대해 술어가 되는 것'이란 '동일한 것'이라고 주장한다. 즉, "B가 '전체로서' A 안에 있다" = 'A는 모든 B에 대해 술어 된다' 혹은 'A는 B 전체에 대해 이야기된다'. 여기서 중요한 것은 '한쪽의 것'과 '다른 쪽의 것'의 순서가 양자 사이에서 거꾸로 된다는 점이다. 즉, '전체적으로 안에 있는 것'에서는 부분으로서의 '한쪽의 것'이 표현상으로는 먼저 오고, 전체적으로는 '한쪽의 것'이 뒤에 오지만, '모든 것에 대해 술어 되는 것'에서는 술어(항)로서의 '한쪽의 것'이 표현상으로는 먼저 오고, 주어(항)로서의 '한쪽의 것'이 뒤에 온다는 점이다. 이 점은 자명하고 사소한 것으로 여겨지더라도 '완전한 추론', 특히 제1격 Barbara가 갖는 추론의 필연성을 보여주는 점에서 무시할 수 없는 조건이다.

24b

우리가 말하는 것은, 다른 쪽의 것이 그것에 대해서는 말할 수 없는 한쪽
[30] 의 것[의 부분]²¹을 아무것도 받아들일 수 없을 때의 일이다. 또 '다른 쪽
의 것이 한쪽의 것의 어떤 것에 대해서도 술어가 되지 않는다'라고 우리가
말하는 것도 이와 동일한 것이다.²²

제2장

25a   모든 전제는 (1) 무언가가 무언가에 있다[무양상]²³거나, (2) 무언가가
무언가에 필연적으로 있다[필연 양상]거나, 또는 (3) 무언가가 무언가에
있을 수 있다[가능 양상]거나, 이것들 중 하나에 속하는데, 이들 중 [주어
술어의 두 항에 붙여진] 각각의 덧붙여진 표현에²⁴ 따라 어떤 것은 긍정의

---

21 24b29의 tou hupokeimenou는 삭제한다(Ross). 로스는 알렉산드로스가 읽지 않
는다는 점에서 삭제할 것을 주장했지만, Striker는 사본에 나와 있는 것으로 보아 그
대로 삭제하지 않고 읽는다.

22 'A는 어떤 B에도 있지 않다' = '어떤 B도 A가 술어가 되는 것에 있지 않다'. 전칭
긍정과 전칭 부정이 여기서 다루어지고 정의되는 까닭은 앞서 언급되었듯이, 완전한
추론이란 이 두 가지 정의에 의해 그 추론의 필연성이 분명해지는 추론이기 때문이
다. 또한 전칭 긍정의 정의에 따라서, 전칭 부정, 즉 '다른 쪽의 것이 한쪽 것의 어떤
것에 대해서도 술어가 되지 않는다'를 정의한다면, 그것은 '다른 쪽의 것이 그것에 대
해 말할 수 있는 한쪽의 것[의 부분]을 아무것도 받아들이지 않는다'라는 것이 된다
(dictum de omni et nullo). 이 점은 '오일러의 도형'(Euler diagram)을 통해서 확인
할 수 있다.

23 무양상(nonmodal)을 나타내는 아리스토텔레스의 표현은 huparchein이다. 양상
전제(modal premises)에 대해서는 아래의 제2-3장에서, 양상 전제를 갖는 추론은 제
1권 제8-22장에서 다루어진다.

24 '부가 표현'(prosrēsis, 『명제론』제5장 17a12, 제12장 21b6, 27)이란 주술(主述)
문장의 주어(항)와 술어(항) 두 가지에 대해서 '제3의 것'으로서 그것들에 부가되는 계
사(繫辭), 즉, '있다'와 '있지 않다'를 말한다. 따라서 추론의 전제에서는 '[…는] …에

52

전제이고, 어떤 것은 부정의 전제로 있는 것이다. 게다가 이러한 긍정과 부정의 전제 중 어떤 것은 전칭의 전제이며, 어떤 것은 특칭의 전제이며, 어떤 것은 부정칭의 전제이다. [5]

그래서 우선, 무언가가 무언가에 있는 [무양상의] 경우에서의 (a) 전칭 부정 전제는[25] 주어 술어의 두 항에 대해서 환위되는[26] 것이 필연적이다. 그러므로 예를 들어 어떤 쾌락도 좋음이 아니라면, 어떤 좋음 또한 쾌락이 아닐 것이다.[27] 하지만 (b) 전칭 긍정 전제는 환위되기는 하지만 전칭이 아니라 특칭으로 환위되는 것이 필연적이다. 예를 들어 모든 쾌락이 좋음 이라면, 어떤 좋음 또한 쾌락이 되는 것이 필연적이다.[28] 또 특칭 전제 중 [10] (c) 긍정 전제는 특칭으로 환위되는 것이 필연적이다(왜냐하면 어떤 쾌락 이 좋음이라면 어떤 좋음 또한 쾌락이 될 것이기 때문이다).[29] 하지만 (d) 부정 전제는 필연적으로 환위되지는 않는다(왜냐하면 만일 인간이 어떤 동물

있다'와 '[…는] …에 없다'를 가리킨다. 여기서 양상 표현(modal words)이 덧붙여질 경우에 필연 양상에서는 '[…가] …에 있는 것은 필연이다'와 '[…가] …에 있는 것은 필연이 아니다'를, 또 가능 양상에서는 '[…가] …에 있을 수 있다'와 '[…가] …에 있을 수 없다'를 가리킨다(『명제론』 제12장 21b24-32, 22a8-13 참조).

25 kataphatikos/apophatikos(긍정과 부정)와 katēgorikos/sterētikos(긍정과 결성 [缺性]) 간의 의미 차이가 다른 맥락에서는 중요하나, 추론에서는 그 구분이 유의미하지 않다. 이 책에서는 모두 '긍정과 부정'으로 옮긴다.

26 '환위되다'라고 번역된 antistrephein은 순서나 방향 등을 반대로 바꿔 그러한 관계를 전환 내지 변환하는 것을 말한다. 전제의 환위와 그에 따른 '주어항과 술어항 사이의 환위'(제3-4장), 또 가능 양상 전제의 '상보 환위'(제13장), 나아가 '추론의 전환'(제2권 제8-10장) 등 논리적으로 다양한 의미로 사용된다.

27 무양상 전칭 부정 전제가 마찬가지로 무양상 전칭 부정 전제로 환위되는, 즉 단순 환위되는 것이 예시되어 있다(AeB ⊢ BeA).

28 무양상 전칭 긍정 전제가 무양상 특칭 긍정 전제로 환위되는, 즉 전칭에서 특칭으로 환위되는 것이 예시되어 있다(AaB ⊢ BiA).

29 무양상 특칭 긍정 전제가 동일하게 무양상 특칭 긍정 전제로 환위되는, 즉 단순 환위되는 것으로 나타났다(AiB ⊢ BiA). .

에게 있지 않다면, 동물 또한 어떤 인간에게 있지 않다는 것은 되지 않기 때문이다).[30]

[15] 그럼, 먼저 ① 전제 AB[31]가 부정으로 전칭이라고 하자. 그렇다면 ② 만일 A가 어떤 B에도 없다면, 또 B는 어떤 A에도 없는 것이 될 것이다. 왜냐하면 ③ 만일 A의 무언가에, 예를 들어 C에 B가 있다면, A가 어떤 B에도 없는 것은 참이 아닐 것이기 때문이다. 왜냐하면 ④ C는 B인 것의 어떤 것이기 때문이다.[32] 하지만 만일 모든 B에게 A가 있다면, B 또한 어떤

---

30 무양상 특칭 부정 전제가 무양상 특칭 부정 전제로 환위되지 않는(AoB⊢BoA), 즉 단순 환위되지 않는 것이 예시되어 있다.

31 전칭 부정 전제가 '전제 AB'로서 처음 '기호'를 이용해 표현되었다. 아래에서 알 수 있듯이 이런 종류의 표기에서는 항상 먼저 기록되는 'A'가 술어항을, 'B'가 주어항을 나타낸다. 이 점은 『토피카』와 비교해서 새로운 중요한 혁신으로 생각된다. 아리스토텔레스 자신은 '기호'의 사용에 대해 설명하고 있지만, 고대의 주석가들은 추론의 타당성이 '질료', '구체적 항들'에 의존하는 것이 아니라, '전제의 형식'에 의존한다는 점을 보여준다고 생각했다(알렉산드로스 53.28-54, 필로포노스 46.29-47.3 참조). 아리스토텔레스는 헬라스 기하학에서 이러한 생각을 취했을 것이고, 당시 교육받은 청중들은 기하학적 증명에 익숙했을 것이다. 현대 논리학에 따라, 추론을 '공리적 연역 체제'(axiomatic deductive system)로 이해한다면, 문자 기호는 '변항'이고, 공리에서의 양화사(quantifiers)에 의해 한정되는 것으로 생각할 수 있다(루카치비치, G. 파치히, 톰의 해석). 정식 Barbara는 (A, B, C)(AaB∧BaC⊃AaC)로 표기된다. 추론을 '규칙에 기반한 자연 연역 체제'(a rule-based natural deduction system)로 생각하는 경우에는 추론은 구체적 항을 가진 타당한 논증일 것이고, 기호는 구체적 항들에 대한 'placeholders'로서 '증명에서만' 나타날 것이다.

32 무양상 전칭 부정 전제의 단순 환위(AeB⊢BeA)가 귀류법에 의해 증명되고 있다. 즉, BeA의 부정인 BiA가 가정되면, 그것에서 AiB가 귀결되고, 따라서 전제 AeB가 이것과 모순되어, '참이 아니게 될 것이다'라는 식으로 증명되고 있다. 다음과 같은 추론 과정을 밟고 있다.

(1) AeB 전제(A는 술어, B는 주어)
(2) BiA 가정: BeA의 모순
(3) AaC (2), ekthesis: C는 'A인 것의 어떤 것'
(4) BaC (2), ekthesis: C는 또한 'B인 것의 어떤 것'

A에 있는 것이 될 것이다. 왜냐하면 만일 B가 어떤 A에도 없다면, A 또한 어떤 B에도 없는 것이 될 것이지만, A는 모든 B에 있다고 가정되었기 때문이다.[33] 또한 전제가 특칭이라 하더라도 이와 마찬가지이다. 그 이유는 만일 A가 어떤 B에 있다면, B 또한 어떤 A에 있는 것이 필연적이니까. 왜냐하면 만일 B가 어떤 A에게도 없다면, A 또한 어떤 B에게도 없는 것이 될 것이기 때문이다.[34] 그러나 만일 A가 어떤 B에 없다면, B 또한 어떤 A에 없는 것이 필연적인 것은 아니다. 예를 들어 B가 '동물'이고 A가 '인간'인 경우가 그것이다. 인간이 모든 동물에게 있는 것은 아니지만, 동물은 모든 인간에게 있기 때문이다.[35]

[20]

[25]

---

(5) AiB (3), (4), Darapti

(6) BeA (5)는 (1)과 모순되므로, 따라서 (2)는 거짓일 것이다.

이 증명에서는 BiA가 가정되면, AiB가 귀결된다는 특칭 긍정 전제의 단순 환위가 사용되고 있는데, 이 환위는 BiA가 성립하는 A의 부분으로서, 예를 들어 C를 추출하게 되면, C는 B의 부분이기도 하므로 AiB가 성립한다는 '추출법'('설명', ektithenai 혹은 ekthesis, 제1권 제6장 28a22-26, b14-15, 20-21 및 제8장 30a7-14)이라 불리는 증명법에 의해 증명되고 있다. 덧붙여 아리스토텔레스는 '추출법'에 대해 특별히 설명하고 있지 않다. 하지만 이것이 특칭 긍정과 특칭 부정의 정의 그 자체에 근거하고 있기에, 따라서 그 이상의 정당화가 필요하지 않은 것으로 간주되고 있다. i와 o에 관련된 ekthesis의 절차와 방법에 대해서는 Smith(1989), XXIII-XXV의 설명 참조. 또 현대 논리학의 관점에서 보면, 추출법은 '존재 예화'(existential specification)로서 이해된다. 즉 'A는 C에 있다'와 'B는 C에 있다'에서 'AiB'로의 이행이다.

33 무양상 전칭 긍정 전제의 제한 환위(AaB⊢BiA)가 귀류법에 의해 증명되고 있다. 즉, BiA의 부정인 BeA가 가정되면 AeB가 귀결되고, 전제 AaB가 이와 양립할 수 없다는 방식으로 증명되고 있다. 단, A, B의 항이 '공집합'이어서는 안 된다. AaB가 AeB와는 모순 대립하지 않고, 반대 대립으로 양립할 수 없다는 점에 대해서는 『명제론』 제7장 17b20-24 및 제10장 20a16-18 참조.

34 무양상 특칭 긍정 전제의 단순 환위(AiB⊢BiA)가 귀류법에 의해 증명되고 있다. 이 환위가 전칭 부정 전제의 단순 환위와 논리적으로 동치인 것은 분명하다.

35 무양상 특칭 부정 전제의 단순 환위의 불성립은 A를 '인간', B를 '동물'로 해석하여, 앞서 나온 것과 같은 반례(counterexample, 25a12-13 참조)를 제시함으로써 증

제3장

전제의 환위에 대해서는 필연 양상의 전제인 경우에도 무양상의 경우와 같을 것이다. 왜냐하면 전칭 부정 전제는 전칭으로 환위되고, [전칭과 특칭의] 두 긍정 전제는 각각 특칭으로 환위되기 때문이다. 즉, (a) 만일 A가 어떤 B에도 없는 것이 필연이라면, B 또한 어떤 A에도 없는 것이 필연적이다. 왜냐하면 만일 B가 어떤 A에 있어도 된다면, A 또한 어떤 B에 있을 것이기 때문이다.[36] 또 만일 A가 필연적으로 (b) 모든 B에게, 또는 (c) 어떤 B에 있다면, B 또한 어떤 A에 있는 것이 필연적이다. 왜냐하면 만일 B가 어떤 A에게 있는 것이 필연이 아니라면, A 또한 어떤 B에게 필연적으로 있게 되지 않을 것이기 때문이다.[37] 하지만 (d) 특칭 부정에 대해서는, 우리가 앞서 말한 것과 같은 이유에 의해서 환위되지 않는다.[38]

[30]

[35]

명되고 있다. 이것은 의미론적인 방법이며, '예시법'이라고 하는 반증(反證) 방법의 하나이다.

36 MP('P가 가능하다')≡¬N¬P(P가 아님이 필연적이지 않다). NP('P는 필연적이다')≡¬M¬P('P가 아님이 가능하지 않다'). 필연 양상의 전칭 부정 전제의 단순 환위(LAeB⊢LBeA)가 귀류법에 의해 증명되고 있다. 하지만 근거가 되고 있는 것은 필연 양상 전제와 모순 대립하는 '가능 양상 전제', 즉 넓은 의미의 가능 양상의 특칭 긍정 전제의 단순 환위(MBiA⊢MAiB)이며, 아래에서 보듯이(25a40-b3) 후자는 전자에 의해서 증명되고 있으므로 양자가 순환 증명이 되고 있다는 것은 분명하다. 그래서 아래의 a29-34와 b2-3을 삭제할 것을 제안하기도 한다(Becker, p. 90).

37 필연 양상의 전칭 긍정 전제의 제한 환위(LAaB⊢LBiA)와 필연 양상 특칭 긍정 전제의 단순 환위(LAiB⊢LBiA)가 귀류법에 의해 동시에 증명되고 있다. 근거가 되는 것은 넓은 의미의 가능 양상의 전칭 부정 전제의 단순 환위(MBeA⊢MAeB)인데, 이 단순 환위는 아래에서 보듯이(25b10-13) 후자의 단순 환위에 의해서 증명되고 있으므로, 양자가 순환 증명이 되고 있다는 것은 분명하다. 또한 전자의 제한 환위는 LAaB→LAiB라는 조건문을 인정하면, LAiB와 MAeB 사이에 모순이 발생함으로써 귀류법이 성립한다.

38 필연 양상의 특칭 부정 전제의 단순 환위가 성립하지 않는 것이 '앞에서 말한 것

가능 양상의 전제인 경우에는, '있을 수 있다'가 여러 방식으로 이야기 되므로(필연적인 것도, 필연적이 아닌 것도, 가능한 것도 '있을 수 있다'라고 우리는 말하기 때문이다),[39] 긍정의 경우에는 이들 모든 경우에 환위에 관 해서는 다른 양상의 경우와 같을 것이다. 즉, 만일 A가 (a) 모든 B에, 또 는 (b) 어떤 B에 있을 수 있다면, B 또한 어떤 A에 있을 수 있다. 왜냐하 면 만일 어떤 A에도 있을 수 없다면, A 또한 어떤 B에도 있을 수 없기 때 문이다. 그것은 앞서 증명된 것이기 때문이다.[40]

한편, 부정의 경우에는 다른 양상의 경우와 같은 것은 아닐 것이다. 즉, (c) 무언가가 무언가에 필연적으로 있지 않거나, 또는 무언가가 무언가에 필연적으로 있는 것은 아님으로써,[41] 무언가가 무언가에 없을 수도 있다 고 말하는 것에 대해서는 마찬가지일 것이다. 예를 들어 어떤 사람이 인간

과 같은 이유에 의해서' 증명된다고 한다. 여기서 말하는 '같은 이유'란 앞 장의 마지 막에 제시된 예시법(25a24-26)을 말한다. '인간은 필연적으로 어떤 동물에 있지 않 다' = '인간이 아닌 어떤 동물이 반드시 있어야만 한다'(de dicto) 혹은 '필연적으로 인 간이 아닌 어떤 동물이 있다'(de re).

39 일단 endechesthai와 dunaton의 의미를 구별하지 않고 '가능하다', '있을 수 있 다'로 옮긴다. '있을 수 있다'(endechesthai)가 여러 방식으로, 즉 동명이의적으로 이 야기된다. Mp(p는 가능하다)≡¬N¬impP(P의 불가능함이 필연적이 아니다)를 제 외하고, 아리스토텔레스가 '가능한'의 세 가지 다른 의미로 구별하는 것을 기호로 표시 하면, '필연적인 것'에 대해서는 'Lp(P는 필연적이다)→Mp(P는 가능하다)'로(제1권 제13장 32a20-21 참조), '필연적이 아닌 것'에 대해서는 ¬Lp(p가 필연적이 아니다) ≡M¬p(p가 아님이 가능하다)(『명제론』제9장 19a9-11), '가능한 것'(dunaton)에 대해서는 'Mp∧M¬p(p가 가능하고 또 p가 아님이 가능하다)=Qp'가 된다. 양상어 의 서론 간의 논리적 관계에 대한 논의는 Ross, Hintikka, Striker 참조.

40 가능 양상 전칭 긍정 전제의 제한 환위와 가능 양상 특칭 긍정 전제의 단순 환위 두 가지가 제1권 제3장 25a40-b3에서 귀류법으로 동시에 증명되고 있다. 그 근거가 되는 것은 필연 양상 전칭 부정 전제의 단순 환위(LBeA⊢LAeB)이다.

41 Ross판이 아닌 많은 사본에 따라서 부정사 mē를 25b4에 넣고 25b5의 두 번째 mē를 삭제한다. 즉 tō[i] ex ana[n]gkēs mē huparchein ē tō[i] mē ex ana[n]gkēs huparchein으로 읽는다(Striker 참조).

은 말이 아닐 수 있다거나, 흼은 어떤 겉옷(히마티온)에도 없어도 된다고 말하는 경우가 그것이다[42](이들 중 한쪽은 필연적으로 없는 경우이고, 다른 쪽은 있는 것이 필연이 아닌 경우이며, 어느 쪽의 전제도 또한 다른 양상의 경우와 마찬가지로 환위되기 때문이다. 왜냐하면 만일 어떤 사람에게도 말이 없어도 된다면, 인간 또한 어떤 말에도 없어도 되기 때문이다. 또 만일 흼이 어떤 겉옷에도 없어도 된다면, 겉옷 또한 어떤 흼에도 없어도 되기 때문이다. 왜냐하면 만일 겉옷이 어떤 흼에 있는 것이 필연이라면, 흼 또한 어떤 겉옷에 필연적으로 있는 것이 될 것이기 때문이다. 이것은 앞에서 증명된 것이니까). 또한, (d) 특칭 부정 전제의 경우도 다른 양상의 경우와 동일할 것이다.[43]

이에 비해 '대개의 경우에 그렇다'거나, 그러한 것이 '자연 본성적으로 있을 수 있다'고 말해지는 것에 대해서는(이러한 방식으로 우리는 있을 수 있는 것을 정의하는데[44]), 부정 전제의 환위는 다른 양상의 경우와 동일한 것은 아닐 것이다. 즉, (e) 전칭 부정 전제는 환위되지 않고, (f) 특칭 부정

---

42 넓은 의미의 가능 양상의 전칭 부정 전제의 단순 환위(MAeB⊢MBeA)가 불가능의 의미에서의 '필연적인 것'과 '없어도 된다'는 의미에서의 '필연'이 아님을 예로서 증명되고 있다. 전자의 예는 '인간-말', 후자의 예는 '흼-겉옷'이다. 하지만 후자에서는 귀류법이 채택되어 필연 양상의 특칭 긍정의 단순 환위(LBiA⊢LAiB)가 근거가 되어 증명이 이루어지고 있다. 이로부터 앞에서 말했듯이(각주 40), 이들 두 단순 환위의 증명이 순환하고 있다는 것은 분명하다.

43 넓은 의미의 가능 양상의 특칭 부정 전제의 환위 불성립이 증명 없이, '다른 양상의 경우와 같을 것이다'라고 말해지고 있다. 만일 이 환위가 성립된다면, 필연 양상의 전칭 긍정 전제의 단순 환위(LAaB⊢LBaA)가 성립하게 되는데, 이미 증명되었듯이 이에 대해서는 제한 환위(limited conversion)밖에 성립하지 않는다.

44 제1권 제13장 32a18-20에서 논의되는 좁은 의미의 가능 양상('필연'을 배제하는 것과 그렇지 않은 것에 따른 '양면적 가능성')에 대해서는 처음으로 언급이 이루어지고, 그 전칭 부정 전제의 단순 환위는 성립하지 않으며, 특칭 부정 전제의 단순 환위가 성립한다는 것을 알 수 있다. 전자의 환위 불성립은 제1권 제17장에서 상세히 논해진다.

전제가 환위되는 것이다. 이 일은 우리가 있을 수 있는 것에 대해 논할 때 밝혀질 것이다.[45]

하지만, 지금은 말해진 것에 더해서 다음과 같은 점만은 분명한 것이라고 해 두자. '무언가가 어떤 것에도 또는 어떤 것에는 없을 수 있다'라는 전제는 형식상으로는 긍정이고[46](왜냐하면 '있을 수 있다'라는 표현은 '있다'(혹은 '이다')라는 표현과 단어의 정렬 방식이 동일하며,[47] '이다'는 그것이 무엇인가에 부가적으로 술어가 되면 그 무언가를 항상 긍정으로 하기 때문이다. 예를 들어 '좋지 않은 것이다'라든가, '하얗지 않은 것이다'라든가, 일반적

---

45 이 증명(QAeB⊢QBeA)은 제1권 제17장 36b35 아래에 나온다. QAoB⊢QBoA 는 증명되고 있지 않지만, 이것의 증명은 QAiB⊢BiA의 환위와 같이 넓은 의미의 가능 양상의 '상보 환위'(complementary conversion) 규칙으로부터 따라 나온다. 즉, 아리스토텔레스에 따르면 QAoB와 QAiB는 동치이고, 다시 QBiA와 QBoA는 '동치'(equivalence)이다(제1권 제13장 32a29-b1 참조).

46 좁은 의미의 가능 양상의 전칭 부정 전제와 특칭 부정 전제는 형식상으로는 긍정의 표현임이 지적된다. 이유는 아래에서 설명되지만, 이것은 '없을 수도 있다'를 '없는 것이다'라고 바꾸어 말함으로써도 이해된다.

47 '있을 수 있다'(to endechetai)와 '있다'(to einai)는 부가 표현이므로, 각각의 단어의 배열 방식, 즉 구문론적 형식이 같다는 것이다. 즉, '있다'는 주술문의 주어항과 술어항의 두 가지에 부가되어 'esti(n)＋술어항(보어)＋주어항'이라는 구문론적 형식을 가지며(『명제론』제10장 19b19-30), '있을 것이다' 또한 일반적으로 말해서 일반 동사를 이용한 주술문의 경우에는 'endechetai＋술어항＋주어항', 나아가 '있다'를 이용한 주술문의 경우에는 'endechetai＋einai＋술어항(보어)＋주어항'이라는 구문론적 형식을 가진다(『명제론』제12장 21b23-32). '있다'에 대해서는 아래에서 구체적으로 논하듯이, 이들 부가 표현의 앞이 아니라 뒤에 '부정사'가 붙을 때에는 형식상으로는 '긍정'이지 '부정'이 아니라는 것이다(A possibly belongs to no B). 그래서 부정사가 나타나는 문장에서 그 구문론적 위치가 문제가 되는 이유다. 요약하면 'X is F'의 모순은 'X is not-F'가 아니라 'X is not F'이고 'X may be F'의 모순은 'X cannot be F'이지, 'X may be not-F'가 아니라는 것이다. 아리스토텔레스의 양상어 표현의 특이성에 대해서는 제1권 제13장, 『명제론』제12장 22a8-13 참조. 또한 김재홍, 「아리스토텔레스 양상 개념에 관한 연구」 참조.

25b

으로 '이것이 아닌 것이다'⁴⁸라고 하는 경우가 그것이다. 이것 또한 이어지는
[25] 것을 통해 증명될 것이다⁴⁹). 환위에 관해서는 다른 긍정의 전제와 동일할
것이다.⁵⁰

제4장

이러한 것들이 규정되었으므로, 우리는 이제 모든 추론이 무엇에 의해,
언제, 어떻게 성립되는지를 논하기로 하자.⁵¹ 그런 다음 논증에 대해 이야
기해야 한다. 논증에 대해서보다 먼저 추론에 대해 논해야 하는데, 추론이
[30] 더 일반적이기 때문이다. 논증은 추론의 하나이지만,⁵² 추론이 모두 논증

---

48 이 표현에 대해서는 제1권 제46장 51b7 및 51b5-35 논의 참조.

49 제1권 제46장 51b8-35 참조.

50 좁은 의미의 가능 양상의 전칭 부정 전제와 특칭 부정 전제가 모두 형식상으로는
긍정의 표현이라는 지적에 따라, 그러한 환위가 좁은 의미의 가능 양상의 전칭 긍정
전제와 특칭 긍정 전제의 환위와 '동일하다'고 말한다. 즉, 전칭 전제는 제한 환위되고
(QAeB⊢QBoA；QAaB⊢QBiA), 특칭 전제는 단순 환위된다(QAoB⊢QBoA；
QAiB⊢QBiA). 이것은 '상보 환위'(제1권 제13장 32a29-b1 참조)의 규정에 따른다
면 분명하지만, 전칭 부정 전제는 '환위되지 않는다'(25b16-17)라는 주장과 대립되는
것처럼 보인다. 전칭 부정 전제가 '환위되지 않는다'는 것은 '단순 환위되지 않는다'라
는 뜻이다.

51 이 문장은 제1권이 고찰해야 할 세 가지 사항 중 첫 번째로 추론의 성립에 대한
연구(제1권 제27장 43a22-23, 제32장 47a2-3 참조)가 구체적으로 시작되고 있음을
말하고 있다. 이것이 연구 대상으로 하는 '모든 추론'(25b27, 제1권 제26장 43a16)이
란 직접적으로는 제1격에서 제3격까지의 총 14식의 '모든 추론'(제1권 제7장 29b1,
24-25)을 의미하지만, 동시에 이에 국한되지 않고 모든 추론, 즉 무조건적인 의미에
서의 '모든 추론'(제1권 제23장 40b20, 21, 41b3-4)도 포함한다. 이 책의 '추론 성립
연구'는 본래 이러한 구상에 따라 전개되고 있다.

52 '논증은 추론의 하나'에 대해서는 제1권 제1장 24a30-31, 『분석론 후서』 제1권 제
2장 참조.

인 것은 아니니까.[53]

그런데 세 개의 항이 서로 관계되어 있고, 마지막 항이 전체로서 중항[중간의 항] 안에 있고,[54] 중항이 전체로서 최초의 항 안에 있거나 있지 않을 때에는, 두 끝항[처음 항과 마지막 항]에 대한 완전한 추론이 성립하는 것이 필연적이다.[55] 여기서 내가 중항이라고 부르는 것은 그 자신도 어느 항[처음 항] 중에 있지만, 다른 항[마지막 항]도 그 안에 있는 항을 말하는 것이며, 위치의 점에서도 [두 끝항의] 중간이 되는 것이다. 이에 대

---

53 추론은 '논증'의 유개념으로 논의의 순서에서 논증보다 앞서야 한다. 이것이 전체를 부분에 우선시하는 아리스토텔레스의 근본적 태도이다.

54 여기서는 '…에 대해 술어가 된다'라는 표현 대신에 '전체로서 무언가에 있다'를 사용하고 있다. '전체로서 무언가에 있다'라는 표현에 대해서는 제1권 제1장 24b26-28 참조.

55 항과 추론과 완전한 추론, 그리고 '한쪽의 것이 전체로서 다른 것 중에 있는 것(또는 없는 것)'의 정의가 제1권 제1장에서 이루어졌기는 하지만, 제4장 25b32에서 돌연히 '3개 항'에 대한 언급이 나오면서, 순서대로 '마지막 항'(eschaton), '중항(meson)', '처음 항'(prōton)의 세 항이 25b32-34에서 기술된 것과 같은 상호관계에 있을 때, 두 끝항에 대한 완전한 추론이 필연적으로 성립한다고 주장한다. 그것은 마지막 항이 전체로서의 중항 안에 있고, 중항이 전체로서의 처음 항 안에 있다면 새로운 것으로서 마지막 항이 전체적으로 처음 항 안에 있음이 필연적인 것, 즉 '한쪽의 것이 전체로서 다른 쪽의 것 안에 있다'라는 관계가 갖는 추이성(推移性, transitivity)을 보여준다. 게다가 이 추이성은 세 항의 상호관계가 지금 기술한 것과 같은 순서로 기록되었을 때 가장 분명하게 이해되고 파악된다는 것이다. 이 점은 중항이 전체적으로 처음 항 안에 없는 때에도 같다. 왜냐하면 그 경우 중항은 처음 항의 부정(否定)항 전체 혹은 처음 항의 여집합(Complementary Set) 전체 안에 있고, 따라서 새로운 것으로서 마지막 항이 그 전체 안에 있음이 필연이며, 또 이 추이성은 세 항의 상호관계가 이러한 순서로 기록되었을 때 가장 분명하게 이해되기 때문이다. 아리스토텔레스는 이 '추이성 내지는 이행 관계'를 가장 분명하게 보여주는 '형식에 직관으로 호소'하고 있는 셈이다. 이 관계의 추이성을 일반적으로 적는다면, 'X가 Y의 부분이며, Y의 Z의 부분이라면, X는 Z의 부분이다'라는 것이다. 이렇게 볼 때, 아리스토텔레스의 추론이 성립하는 근거는 전체와 부분 사이의 **관계의 추이성**이라는 성질인 셈이다. 알렉산드로스는 이것을 학생에게 '가르치는 방식'을 위해 사용된 것으로 말한다(59.19-25).

하여 두 끝항이라고 내가 부르는 것은 그 자신이 있는 항[중항] 중에 있는 항[마지막 항]과 어느 항[중항]이 그 안에 있는 항[처음 항]을 말한다.⁵⁶

즉, (a) 만일 A가 모든 B에 대해, 또 B가 모든 C에 대해 술어 되다면, A가 모든 C에 대해 술어 되는 것은 필연적이다.⁵⁷ 왜냐하면 '[무언가가 무언가의] 모든 것에 대해 술어가 된다'라고 우리가 말하는 것이 어떤 의미

[40] 인지는 앞에서 말해졌기 때문이다.⁵⁸ 마찬가지로, (b) 만일 A가 어떤 B에

---

56 세 항과 그들 상호의 관계가 '하나의 것이 전체로서 다른 것 안에 있는 것'을 기준으로 규정되고 있다. 이것은 제1격에서의 규정이지만, 제2격, 제3격의 규정에서는 세 항 간의 주술 관계를 기준으로 하고 있으므로(제1권 제5장 26b36-39, 제6장 28a12-15 참조), 이 점에서는 다르다. 또 여기에서는 두 끝항이 일괄적으로 규정되어 있으며, 후에 '큰 끝항'과 '작은 끝항'의 규정이 개별적으로 부가된다(26a21-23). 세 항은 전체적으로 중항을 가운데 두는 상하관계로서 파악되는데, 예를 들어 항의 외연의 크고 작음 등이다. 이 규정들의 일반적 타당성에 대해 의문을 제기하는 것은 쉽다. 하지만 Barbara를 모델로 해서 규정되어 있다는 것이 이 규정의 요점이다.

57 '두 끝항에 대한 완전한 추론'(25b34-35)의 최초의 것으로서, 제1격 Barbara의 성립이 이야기된다(AaB, BaC⊢AaC). 앞선 추론 성립 주장(제1권 제4장 25b32-35) 안에서 기술된 '두 끝항에 대한 완전한 추론'이 '다른 쪽의 것이 한쪽 것의 모든 것에 대해 술어 된다'는 표현과 기호 ABC를 사용해 정식화된다(25b37-39). 이때 '한쪽의 것이 전체적인 다른 쪽의 것 중에 있다'와 '다른 쪽의 것이 한쪽의 것의 모든 것에 대해 술어 된다'의 두 표현에서는 '한쪽의 것'과 '다른 쪽의 것'의 순서가 역전되므로, '만일 A(처음 항)가 모든 B(중항)에 대해 [술어 되고], 또 B가 모든 C(마지막 항)에 대해 술어 된다면, A가 모든 C에 대해 술어 되는 것은 필연적이다'(AaB, BaC⊢ AaC)라고 말해진다. 이것이 제1격 Barbara이다. 이 추론 성립의 근거는 '다른 쪽의 것이 한쪽의 것의 모든 것에 대해 술어 된다'라는 이 주술 관계가 갖는 추이성(이행성)에 있고, 게다가 이것은 앞의 주장에서와 마찬가지로 세 항의 상호 관계가 지금 이야기한 것과 같은 순서로 표시되었을 경우에 가장 잘 이해된다. 이 관계의 추이성은, 즉 술어항이 주어항의 전체에 대해서 술어가 된다면, 그 부분에 대해서도 술어가 된다는 것이다. 이 조건문의 전건은 Barbara의 대전제(AaB)를, 후건은 그 결론(AaC)을 확실히 나타내고 있다.

58 완전한 추론으로서의 Barbara 성립의 의미론적인 근거는 제1권 제1장 말미에서 '다른 쪽 것이 한쪽 것의 모든 것에 대해 술어가 된다'라는 전칭 긍정의 정의(24b28-

대해서도 술어 되지 않고, B가 모든 C에 대해 술어 된다면 A가 어떤 C에 [26a]
도 있지 않게 될 것이라는 점 또한 필연적이다.[59] 하지만, (c) 만일 처음
항이 중항의 모든 것에 부수되지만, 중항이 마지막 항의 어떤 것에도 있
지 않다면, 양 끝항에 대한 추론은 성립하지 않을 것이다.[60] 왜냐하면 이
것들[두 전제]이 있는 것에 따라서는 어떠한 필연적인 것도 [결론적으로]
따라 나오지 않기 때문이다. 즉, 처음 항은 마지막 항의 모든 것에 있어도 [5]
되고, 또 그 어떤 것에도 없어도 되는 것이어서, 따라서 특칭이든, 전칭이
든, 필연적인 것은 성립하지 않기 때문이다. 그리고 어떠한 필연적인 것도
이 두 전제에 의해 성립되지 않는 한, 추론은 성립하지 않을 것이다. [결
론이] 전칭 긍정이 되는 [세 개의] 항은 '동물-인간-말'이며, 전칭 부정
이 되는 [세 개의] 항은 '동물-인간-돌'이다.[61] 또 (d) 처음 항이 중항에, [10]

---

30)에 있음이 언급되었다. 이 정의에 근거하여, '주술의 관계 추이성'이 성립하기 때
문이다. 이 대목에서 완전한 추론 Barbara가 최초로 아리스토텔레스의 표준적 형식화
로 제시되고 있다.

59 '두 끝항에 대한 완전한 추론'의 두 번째 것으로서, 제1격의 Celarent(AeB, BaC⊢
AeC)의 성립이 이야기된다. 이 추론 성립의 의미론적 근거는 '마찬가지로'(25b40)가
보여주듯이, '다른 쪽의 것이 한쪽 것의 어떤 것에 대해서도 술어 되지 않는다'(제1권
제1장 24b30)에 전칭 부정의 정의에 근거해서, Celarent로 표현되는 주술 관계의 추
이성이 성립하는 것이다. 즉 술어항이 주어항의 전체에 대해서 술어가 되지 않는다
면, '그 부분'에 대해서도 술어가 되지 않는다. 이 조건문의 전건은 Celarent의 대전제
(AeB)를, 후건은 그 결론(AeC)을 나타내고 있다. Barbara와 Celarent에서 표현되고
있는 주술의 관계 추이성은, 중세 논리학에서 이른바 'dictum de omni et nullo'(전
체와 무의 원리)로서 알려진 것과 같은 것이다. 따라서 아리스토텔레스의 추론 체계
가 이 원리에 의존하고 있다고 해석할 수 있다.

60 Barbara와 Celarent의 성립과 관련해서 추론의 불성립이 되는 최초의 경우로서
대전제가 전칭 긍정, 소전제가 전칭 부정인 조합(AE)이 거론된다. 또한 '왜냐하면' 아
래의 문장(26a4-5)은 '이것들[두 전제]이 있는 것에 따라서는'이라는 표현을 비롯하
여 전체적으로 제1권 제1장에서의 추론의 정의(24b19-20)가 밑에 깔려 있음은 분명
하다.

61 즉, AaB, BeC 형식의 전제는 AaC, AeC, AiC, AoC 형식의 어떤 것도 결론으로

중항이 마지막 항에, 그 어떤 것에도 각각이 없을 때에는,[62] 이러한 방식으로 추론은 성립하지 않을 것이다. [결론이 전칭] 긍정이 되는 [세 가지] 항은 '지식-선분-의술'이며, [전칭] 부정이 되는 [세 개의] 항은 '지식-선분-단위'이다.[63]

그래서 [양 끝의] 항이 [중항과] 전칭으로 관계되어 있을 때에는, 이 격[64]

함의할 수 없다. AE(전칭 긍정과 전칭 부정) 조합의 추론의 불성립이 '대조 예시에 의한 증명'(proof by contrasted instances, Ross)이라고 불리는 의미론적인 방법에 의해 증명되고 있다. 이 방법은 한편으로 두 전제를 참으로, 결론을 전칭 긍정으로 하는 세 항의 항 해석인데, 여기에서는 '동물-인간-말'(제1격에서는 '동물'이 처음 항으로 큰 항, '인간'이 중항, '말'이 마지막 항 또는 작은 항이 된다)을 제시함으로써 부정의 결론의 성립을 반증하고, 한편 두 전제를 참으로 하고, 결론을 전칭 부정으로 하는 세 항의 항 해석은, 여기에서는 '동물-인간-돌'을 제시함으로써, 긍정 결론의 성립을 반증하고, 모든 결론의 성립을 반증하는 것이다. 이것은 반증 방법으로 아리스토텔레스가 가장 빈번하게 사용하는 것이다. 아리스토텔레스가 구체적인 '경험적 명사(예)들'을 통한 반증 사례를 제시하는 것에 대한 반대는 Ross, Lukasiewicz(1957, 1972), Geach(1972) 등에 의해 제기되었다. 논리적 전제를 통하지 않고, 비-논리적 절차를 사용하고 있다는 것이다. 그럼에도 아리스토텔레스는 구체적인 '반증 예시'를 드는 방법을 사용하는 것을 선호하며, 그가 행한 '절차'에는 아무런 논리적 결함은 없다. 또한 오일러의 도형으로도 증명할 수 있다. 사실상 반증 모델은 현대 논리학자들 사이에서도 '타당하지 않음'을 증명하는 전형적인 수단이기도 하다. 이에 관련된 논의에 대해서는 Patzig(1968), pp. 168-192 참조.

62 즉, 처음 항이 중항에, 중항이 마지막 항 어떤 것에도 속하지 않을 때.

63 대전제와 소전제가 모두 전칭 부정인 조합(EE)으로 추론의 불성립은 앞에서와 마찬가지로 '대조 예시에 의한 증명'에 의해 증명되고 있다.

64 원어로는 schēma(형태, 형). 기하학에서 삼각형, 사각형 등을 schēmata라고 부르는데, 아리스토텔레스가 그의 여러 기술적 명사를 기하학에서 빌려오고 있음은 분명하다. 중세 논리학과 달리 아리스토텔레스는 격을 이야기할 경우 전제에서의 '중항'의 위치만을 고려하고 있을 뿐이다. 또한 4개의 격이 아니라, 3개의 격만을 언급한다. 1격에서는 중항이 하나에서는 주어, 다른 하나에서는 술어의 위치, 2격에서는 두 전제에서 술어의 위치, 3격에서는 두 전제에서 주어의 위치(제1권 제23장 41a14-16 참조). 전통적인 4개의 격과 3격에 관련해서는 Patzig(1968), 제4장 참조.

에서 추론이 언제 성립하고 언제 성립하지 않을지 하는 것은 분명하다. 또 추론이 성립한다고 하면, [3개의] 항이 우리가 말한 방식으로 관련되어 있 [15] 다는 것이 필연적이며, [3개의] 항이 이러한 방식으로 관련되어 있다면, 추론이 성립할 것이라는 것도 분명하다.[65]

　[양 끝]항의 한쪽이 전칭이며, 다른 쪽이 특칭이고, 다른 항[중항]과 관계하고 있다면, 전칭이 긍정이든 부정이든 큰 끝항과 관계해서 놓이고, 특칭이 작은 끝항과 관계하여 긍정으로 놓일 때에는 완전한 추론이 성립하는 것이 필연이다. 그러나 〈전칭이〉 작은 끝항과 관계해서 놓이거나 [양 [20] 끝]항이 다른 어떤 방식으로든 [중항과] 관련되어 있을 때에는 추론이 성립하는 것은 불가능하다. 여기서 내가 '큰 끝항'이라고 하는 것은 중항이 그 안에 있는 곳의 항을 말하며, '작은 끝항'이라고 하는 것은 중항 아래에 있는 항을[66] 말한다. 즉, (a) A가 모든 B에 있고, B가 어떤 C에 있다고 하자. 그러면 [무언가가 무언가의] 모든 것에 대해 술어가 되는 것이 처음에 말한 것이라면, A는 어떤 C에 있는 것이 필연적이다.[67] 또한 (b) A가 어 [25] 떤 B에도 없고, B가 어떤 C에 있다면, A는 어떤 C에 없는 것이 필연적이다.[68] 왜냐하면 '[무언가의] 어떠한 것에 대해서도 술어가 되지 않는다'라

---

65 제1격의 두 전제가 전칭이 되는 4개의 조합(AA, EA, AE, EE)의 추론 성립과 불성립의 결과를 정리한다. 아리스토텔레스의 논의는 먼저 이 네 가지 조합, 다음으로 두 전제 중 한쪽이 전칭이고 다른 쪽이 특칭이 되는 여덟 가지 조합(AI, AO, EI, EO, IA, OA, IE, OE), 또한 두 전제가 모두 특칭이 되는 4개의 조합(II, IO, OI, OO), 이렇게 모두 16가지의 조합에 대해 차례로 진행되고 있다.

66 중항 아래에 있는 항, 일반적으로 어느 항의 '아래에 있는' 항이란 예를 들어 유와 종의 관계에 있는 두 항의 경우로 말하자면, 유에 포섭되는 종에 해당하는 '항'을 말한다. 따라서 아래에 있는 항이란 전체적인 상위 항의 부분이라고 말할 수 있다.

67 대전제가 전칭 긍정, 소전제가 특칭 긍정인 조합(AI)의 추론 Darii(AaB, BiC⊢ AiC)가 정식화된다. 이것은 Barbara와 같은 이유, 즉 대전제의 전칭 긍정의 정의 (26a24)와 그에 기초한 주술 관계의 추이성에 의해 성립하는 완전한 추론이다.

68 대전제가 전칭 부정, 소전제가 특칭 긍정인 조합(EI)의 추론 Ferio(AeB, BiC⊢

고 우리가 말하는 것이 어떤 의미인지가 또한 정의되었기 때문이다. 따라서 완전한 추론이 이루어질 것이다. (c) [소전제] BC가 긍정이고 부정칭이라고 해도 또한 마찬가지다. 왜냐하면 BC가 부정칭(不定稱)으로 받아들여진다고 해도, 또 특칭으로 받아들여진다고 해도 동일한 추론이 성립할 것이기 때문이다.[69]

[30]   하지만 전칭이 긍정이든 부정이든 작은 끝항과 관계하여 놓이는 경우에는 [큰 끝항과 관계해서 놓인다] 부정칭 또는 특칭이 긍정일 때도, 부정일 때도 추론은 성립하지 않을 것이다. 예를 들어 A가 어떤 B에 (a) 있거나 있지 않으며, (b) 또 B가 모든 C에 있는 경우가 그것이다. [결론이 전

[35]   칭] 긍정이 되는 [3개의] 항은 '좋음-성향-사려(지혜)'이고, [전칭] 부정이 되는 [3개의] 항은 '좋음-성향-무지'이다.[70] 또, B가 어떤 C에도 없고, A가 어떤 B에 (c) 있거나, 또는 (d) 없거나, 또는 (e) 모든 B에 있는 것은 아니라면, 이러한 방식에서도 추론은 성립하지 않을 것이다. [결론이 전칭 긍정과 전칭 부정이 되는 세 가지] 항은 '흼-말-백조'와 '흼-말-까마

AoC)가 정식화된다. 이것은 Celarent와 같은 이유, 즉 대전제의 전칭 부정의 정의 (26a27)와 그것에 근거하는 주술 관계의 추이성에 의해서 성립하는 완전한 추론이다.

69 Darii와 Ferio의 소전제 BC가 특칭 긍정이 아니라 부정칭 긍정으로 놓인다고 해도 같은 추론이 성립한다는 것이다. 이는 특칭 전제에는 전칭을 거부하는 '양면 특칭'과 전칭을 거부하지 않는 '단면 특칭'의 두 가지 의미가 있는데, 또한 양을 표시하는 것('모든', '어떤')이 없는 부정칭 전제에도 이에 대응한 두 가지 의미, 즉 양면 부정칭과 단면 부정칭이 있어(『명제론』 제7장 17b29-37), 양자는 서로 동치인 것으로서 취급되는 것에 근거하고 있다. 해제의 '특칭 전제의 구별과 부정성(不定性)에 대하여' 참조.

70 대전제가 특칭 긍정 또는 특칭 부정이고, 소전제가 전칭 긍정인 조합(IA, OA)의 추론의 불성립(부정이나 긍정의 결론)이 '대조 예시법'에 의해 증명되고 있다. 즉, '어떤 성향은 좋음이다'(I), '어떤 성향은 좋음이 아니다'(O), '모든 사려는 성향이다'(A). 사실상 '모든 사려는 좋음이다.' 또 '어떤 성향은 좋음이다'(I), '어떤 성향은 좋음이 아니다'(O), '모든 무지는 성향이다'(A). 사실상 '어떤 무지도 좋음이 아니다.'

귀'이다.⁷¹ (f) 이상의 것은 [대전제] AB가 부정칭이라고 해도, [마찬가지로 추론은 성립하지 않고, 결론이 전칭 긍정과 전칭 부정이 되는 세 개의] 항은 같을 것이다.⁷²

또한 큰 끝항(전제)과의 관계가 긍정이든 부정이든 전칭으로 여겨지며, 작은 끝항(전제)과의 관계가 부정이고, 특칭으로 여겨지는 때에도, 추론은 성립하지 않을 것이다.⁷³ 예를 들어 (a) A가 모든 B에 있고, B가 어떤 C에 있지 않거나, 또는 모든 C에 있는 것이 아닌 경우가 그것이다.⁷⁴ 왜냐

26b

[5]

---

71 대전제가 특칭 긍정 또는 특칭 부정이고, 소전제가 전칭 긍정인 조합(IE, OE)의 추론 불성립(부정이나 긍정의 결론)이 '대조 예시'에 의한 증명에 의해 증명되고 있다. 즉 '어떤 말은 희다', '어떤 말은 희지 않다', '어떤 백조도 말이 아니다.' 사실상 '모든 백조는 희다', '어떤 말은 희다', '어떤 말은 희지 않다', '어떤 까마귀도 말이 아니다.' 사실상 '어떤 까마귀도 희지 않다.'

72 대전제 AB가 특칭이 아니라 부정칭(不定稱)으로 조정된다고 해도 마찬가지로 추론이 성립하지 않는다는 점에 대해서는 각주 69 참조. 이 단락의 (a), (b)의 경우 즉, 두 전제의 조합이 IA, OA인 경우(26a33-36)와 (c), (d), (e)의 경우, 즉 두 전제의 조합이 IE, OE인 경우(26a36-39) 사이에는 마찬가지로 추론이 성립하지 않는다는 점에서는 차이가 없다.

73 26b3의 adioristou te kai en merei lēphthentos를 26a30의 반복으로 보고 삭제했다(Ross).

74 대전제가 전칭 긍정, 소전제가 특칭 부정인 조합(AO)의 추론 불성립이 일반적인 세 항 방식이 아닌 약간 변형된 '대조 예시 증명법'에 의해 증명된다. BoC 형식의 명제가 일반적으로 C의 전부는 아니지만, 적어도 일부인 B인 경우에만 사용되기 때문에 어려움이 발생한다. 즉 이것은 소전제의 특칭 부정이 양면 특칭으로서 해석되어 (26b4-5. BoC와 BiC), 특칭 긍정도 동시에 성립한다고 하면, Darii(AaB, BiC⊢ AiC)가 성립해 버리기 때문에 취해진 조치이다. AeC는 참일 수 없다. 마찬가지로 AeB, BiC⊢AoC(Ferio)가 성립하므로 AaC는 참일 수 없다. 즉 예를 들어 세 항의 항 해석을 '동물-인간-휨'이라고 하면, 소전제 '인간-휨'은 양면 특칭으로 해석되지만, 인간은 술어가 되지 않는 것의 휨으로서 백조와 눈의 두 가지를 취하고, 각각에 대해 '동물-인간-백조'와 '동물-인간-눈'의 항 해석을 한다면 대조 예시 증명법이 성립되어 추론의 불성립이 증명되기 때문이다. 이때 각각의 소전제 '인간-백조', '인간-눈'은 전칭 부정이며, 소전제의 특칭 부정이 양면 특칭이 아니라 단면 특칭으로 해석되고

하면 중항이 그것의 무언가에 없는 것의 그 무엇인가가 무엇이든 간에, 그 것의 모든 것에 처음 항이 부수될 수도 있고, 그것의 어떤 것에도 부수되 지 않을 수도 있을 것이기 때문이다. '동물-인간-흼'이라는 항들이 가정 된다고 하자. 그리고 또 인간이 그 흼에 대해서는 술어가 되지 않는 것의 그 흼들이 백조와 눈으로서 받아들였다고 하자. 그러면 동물은 한쪽[백 조]에게는 그 모든 것에 대해 술어가 되지만, 다른 쪽[눈]에는 그 어떤 것 [10] 에 대해서도 술어 되지 않으며, 따라서 추론은 성립하지 않을 것이기 때문 이다. (b) 다음으로, 이번에는 A는 어떤 B에도 있지 않고, B는 어떤 C에 없다고 하자.[75] 또 [세 가지] 항은 '무생물-인간-흼'이라고 하자. 그리고 인간이 그 흼에 대해서는 술어 되지 않는 것의 흼으로서 백조와 눈을 받 아들였다고 하자. [그렇다면 추론은 성립하지 않을 것이다.] 왜냐하면 무생물은 한쪽[눈]에는 그 모든 것에 대해 술어 되지만, 다른 쪽[백조]에 [15] 는 그 어떤 것에 대해서도 술어 되지 않기 때문이다. (c) 게다가 'B가 어떤 C에 없다'[특칭 부정]는 [진리 조건이] 부정칭(不定稱)이며, ─B가 C의 어떤 것에도 없다[단면 특칭 부정=전칭 부정]고 해도, 또 C의 모든 것에 있는 것은 아니[양면 특칭 부정]라고 해도, B가 어떤 C에 없는 것은 참이 고, ─또 B가 C의 어떤 것에도 없는 것으로서 [3개의] 항을 받아들일 때 에는 추론은 성립하지 않으므로(그렇다는 것은 앞에서 말한 것이니까), [3개 의] 항이 이와 같은 방식으로 관계하고 있는 것에 따라서는 추론이 성립 하지 않을 것이라는 것은 분명하다.[76] 왜냐하면 [만일 추론이 성립되었다

있음이 밝혀진다.

75 대전제가 전칭 부정, 소전제가 특칭 부정인 조합(EO)의 추론의 불성립이 지금 말 한 것과 같은 변형된 대조 예시 증명법에 의해 증명된다. 이것은 소전제의 특칭 부정 이 양면 특칭으로서 해석되어 특칭 긍정도 동시에 성립된다고 하면, Ferio가 성립해 버리기 때문에 취해진 조치이다. 대전제가 전칭 부정이며, 3개의 항 해석이 '무생물-인간-흼'이라는 점 이외에는 앞의 불성립 증명과 동일하다.

76 두 번째 증명(26b14-21)은 보편 전제 BeC가 참인 경우에 BoC 형식의 특칭 전제

[20]

면] 이 경우에도 또한 추론은 성립되었을 것이기 때문이다. (d) 전칭이 부정으로 놓인다고 해도 [추론이 성립하지 않는 것은] 마찬가지로 증명될 것이다.[77]

또 양쪽 '항 간격'[78]이 긍정이든 부정이든 모두 특칭인 경우에는 또는 한쪽이 긍정이고 다른 쪽이 부정으로 진술되는 경우에는, 또는 한쪽이 부정으로, 다른 쪽이 [특칭으로서] 한정되어 있는 경우에는,[79] 또는 양쪽이 부정칭인 경우에는 추론은 전혀 성립하지 않을 것이다.[80] [결론이 전칭 긍정

가 참일 것이라는 고려에 기초하고 있다. 즉, 두 전제가 AO인 조합 추론의 불성립이 소전제의 특칭 부정을 처음부터 단면 특칭으로서 해석함으로써 재차 증명되고 있다. 따라서 아리스토텔레스가 앞서 보여준 것처럼 그 근거는 AE인 조합 추론의 불성립에 있으며(26a2-13), 다시 말해 전제 쌍 AaB, BeC 및 AeB, BeC가 성립하지 않는 경우 AaB, BoC 및 AeB, BoC도 성립하지 않을 것이다. 아리스토텔레스는 이 증명(특칭 전제 BoC)을 다음 장에서 '부정성(不定性)으로부터의 증명'(제5장 27b20-21, 28 참조)이라고 말한다.

77 두 전제가 EO인 조합 추론의 불성립도 마찬가지로, 두 전제가 EE인 조합 추론의 불성립에 근거하여(26a9-13) 증명된다.

78 즉 전제. '항 간격'(interval)으로 번역되는 diastēma는 일반적으로 두 개의 것 사이의 '틈', '벌어짐'을 의미하지만, 음악의 음정(두 음 높이의 틈)이나 수학의 비(ratio, 두 양의 크기의 틈)를 뜻하는 용어이기도 하다. 아리스토텔레스는 이러한 음악 이론이나 수학 이론과의 관련으로 전제의 주어와 술어를 horos, 즉 '항'이라고 부른 것처럼 **전제 그 자체를** diastēma, 즉 간격, 다시 말해 두 항의 상하 위치의 간극(間隙)이라고 부른다.

79 '한정되어 있다'는 부정칭(不定稱)에 대하여 그 '부정'(不定)을 부정(否定)하는 것을 의미한다. '특칭으로서'를 보충한 이유이다. '어떤 쾌락에는 좋은 것이 있지만, 어떤 쾌락에는 속하지 않는다'라고 주장하면, '모든 쾌락은 좋다'라거나 '모든 쾌락은 좋은 것이 아니다'라는 것을 보여줌으로써 제안된 명제는 파기될 것이다. 또 '부정'(adioriston)과 '한정'(diōrismenon)에 대해서는, 예를 들어 제1권 제27장 43b14-15 및 『토피카』 제3권 제6장 120a6, 20-27 참조.

80 부정칭도 포함하여 두 전제가 특칭인 조합 II, IO, OI, OO의 추론의 불성립이 대조 예시 증명법에 의해 증명된다.

26b

[25]   과 전칭 부정으로 되어] 이들 모든 것에 공통적인 [세 가지] 항은 '동물-
흼-말'과 '동물-흼-돌'이다.

그런데 앞서 말했던 것으로부터 추론이 이 격에 있어서 특칭으로 성립
한다면, [3개의] 항은 우리가 말한 대로의 방식으로 관계하고 있음이 필연
적인 것은 분명하다. 왜냐하면 [3개의] 항이 다른 방식으로 관계되는 때
에는 추론은 전혀 성립하지 않기 때문이다.[81] 또한 이 격에서 추론은 모두
[30]   완전하다는 것(왜냐하면, 모든 추론이 처음에 받아들인 것에 의해서 완전한
것이 되기 때문이다), 또 모든 문제(입론)[82]가 이 격에 의해서 증명된다는
것도 분명하다. 그것은 전칭 긍정도 전칭 부정도 특칭 긍정도 특칭 부정도
증명되기 때문이다. 나는 이런 격을 제1격이라고 부른다.

제5장

[세 항 중] 동일한 항이 [다른 두 항의] 한쪽에는 그 모든 것에 있고, 다

---

81 이 장의 26a5-6 참조.

82 '문제'라고 번역된 problēma는 protasis와 마찬가지로 원래는 '변증술'에서 사용
되는 용어이다. Striker는 'all kinds of theses'('입론')로 옮긴다. 이 용어는 변증술적
인 문답에서 묻는 자가 대답하는 자에게 '앞으로 던지다', '방어로서 앞에 내놓
다'(proballein, problēma)를 말하는 것으로, 그것을 둘러싸고, 또 그것을 목표로 하
여, 변증술의 논의가 전개되는 물음을 말한다(『토피카』 제1권 제4장 101b16[김재홍
(2021), p. 34 각주 52 참조] 및 제11장 참조). "모든 변증술적 문제들(problēmata)
이 입론(thesis)"이라고 불린다(『토피카』 제1권 제11장 101b34-36). '문제'와 '입론'
은 아무런 차이가 없이 사용된다. 문제는 'A는 B인가, 아닌가?'라는 물음으로 제기된
다(『토피카』 제1권 제4장 101b28-34). 이것은 26b32-33에서 말하는 바와 같이 추론
에 의해 '증명해야 할 것'('최초의 논점', 제1권 제23장 40b32)인 동시에 추론에 의해
증명되어, 그 결론이 되는 것으로서의 네 종류의 명제, 즉 전칭 긍정, 전칭 부정, 특칭
긍정, 특칭 부정, 이른바 '정언 명제'를 의미한다. 『토피카』에서 언급된 4개의 술어형
식들(praedicabilia)에 따른 전제의 선택을 논하는 제1권 제27장 43b6-8 참조.

른 한쪽에는 그 어떤 것에도 없을 때, 또는 양쪽의 각각의 모두에 있거나, [35]
또는 어떤 것에도 없을 때, 나는 이러한 격을 제2격이라고 부르며, 양쪽
에 대해 술어가 되는 항을 이 격에서의 중항, 이것[중항]이 그것들에 대
해 술어가 될 수 있는 것의 그 항들을 두 개의 끝항, [이 두 개의 끝항 중]
중항 근처에 놓여 있는 항을 큰 끝항, 중항으로부터 더 멀리 있는 항을 작
은 끝항이라고 한다. [세 항 중에서] 중항은 두 끝항의 바깥쪽에 놓여 있
으며, 위치라는 점에서 첫 번째 것이다.[83] 이 격에서 추론은 완전한 것으 27a
로서는 전혀 성립하지 않으며, 두 끝항이 [중항과] 전칭으로 관계하고 있
을 때도, 전칭으로 관계하고 있지 않을 때도 '가능한 것'으로서 성립할 것
이다.[84]

　　그런데 (1) 두 끝항이 [중항과] 전칭으로 관계하고 있는 경우에는 중항
이 [두 끝항의] 한쪽 모두에 있고, 다른 쪽의 어떤 것에도 없을 때에는, 이
부정이 [두 끝항의] 어느 쪽 항에 관계되어 있든 추론이 성립하겠지만, 세

---

83 제2격의 추론의 성립과 불성립을 논함에서, 세 항과 그것들의 상호 관계가 주술
(主述)의 관계를 기준으로 하여 설명된다. 제2격에서는 중항이 두 끝항과 함께 술어
가 되는 술어항으로서 최상위에 위치하고, 그 아래에 큰 끝항, 또한 그 아래에 작은
끝항이 온다는 형태로 세 항의 상하관계를 포착하고 있다. 즉, 위치 순서상 중항, 큰
끝항, 작은 끝항이며, 아리스토텔레스는 다소 이상스럽게 "[세 항 중에서] 중항은 두
끝항의 **바깥쪽에 놓여 있으며**, 위치라는 점에서 첫 번째 것"이라고 말하고 있다.
84 완전한 추론에 대해서 불완전한 추론을 여기서는 '가능한 것'(dunatos, 제1권 제
6장 28a16 및 제24장 41b33)으로 말하고 있다. 아마도 두 추론의 관계를 '완전 실현
상태'(energeia)와 '가능 상태'(dunamis)라는 형이상학적 개념으로 파악하여 불완전
한 추론이 완전한 추론에 의해서 '결론 내려진다'(perainesthai), 즉 '완전한 것으로
되다'(teleiousthai)라는 논리적 과정(흔히는 '완전화', '환원')을, 자연의 운동을 정의
하는 두 개념(『자연학』 제3권 제1장 201a27-29, b4-5)의 적용하는 예로서 파악하는
아리스토텔레스의 통찰이 작용하고 있는 듯하다. 완전화는 '논리적 필연성'의 명료성
을 확보한다는 것을 말한다. '완전화'와 '환원'의 차이에 대해서는 아래의 제7장 29b
1-5 참조. 또 아리스토텔레스는 모든 3개의 격에서 서로 다른 격으로의 식(mood)의
전환을 환원이 아닌 '분석'이라고 부른다(제1권 제45장 참조).

항이 다른 방식으로 관계되어 있을 때에는 추론은 전혀 성립하지 않을 것
[5] 이다. 즉, M이 N의 어떤 것에 대해서도 술어가 되지 않고, O의 모든 것
에 대해 술어가 된다고 하자.[85] 그러면 [전칭] 부정은 환위되므로, N은
M의 어떤 것에도 없는 것이 될 것이다. 그런데 M은 모든 O에 있다고 가
정되었다. 따라서 N은 어떤 O에도 없을 것이다. 이것은 앞에서 증명되었
으니까.[86]

　게다가 만일 M이 N의 모든 것에 있고, O의 어떤 것에도 없다면, O 또
[10] 한 N의 어떤 것에도 없는 것이 될 것이다[87](왜냐하면 만일 M이 어떤 O에
도 없다면, O 또한 M의 어떤 것에도 없을 것이기 때문이다. 그런데 M은 모
든 N에 있는 것이다. 그러므로 O는 어떤 N에도 없을 것이다. 그 이유는 제
1격이 다시 성립되었기 때문이다). 그런데 부정은 환위되므로, N 또한 어
떤 O에도 없게 될 것이다. 따라서 [전칭 부정을 결론으로 하는] 동일한
[15] 추론이 성립할 것이다.[88] 더구나 이러한 추론은 '불가능으로 이끌림으

---

85 여기서 다른 격(2격)의 항을 M, N, O라는 다른 문자로 나타내고 있다. 헬라스어
로 '중간'(meson)이라는 말이 M으로 시작한다. 대전제가 전칭 부정, 소전제가 전칭
긍정인 조합(EA)의 추론 Cesare(MeN, MaO⊢NeO)의 성립이 증명된다. 그 증명은
대전제를 단순 환위하여(MeN⊢NeM) 소전제와 조합하면, 제1격 Celarent(NeM,
MaO⊢NeO)가 성립하는 것이다. 즉 (1) MeN(대전제) (2) MaO(소전제) (3) NeM
(1, 전칭부정의 환위) (4) MaO(2, 소전제) (5) NeO(3, 4 Celarent).

86 제4장 25b4–26a2 참조.

87 대전제가 전칭 긍정, 소전제가 전칭 부정인 조합(AE)의 추론 Camestres(MaN,
MeO⊢NeO)의 성립이 증명된다. 증명은 소전제를 단순 환위하여(MeO⊢OeM), 대
전제와 조합하면 제1격 Celarent(OeM, MaN⊢OeN)가 성립하고, 그 결론을 단순 환
위하는 것(OeN⊢NeO)에 따른다.

88 Cesare(EAE)와 Camestres(AEE)는 귀류법에 의해서도 증명된다. 이 경우, 예를
들어 Cesare는 제1격 Ferio에 기초하고 Camestres는 제1격 Darii에 기초하여 증명된
다. 귀류법에 의한 증명은 다음과 같다(자세한 증명 절차는 '해제' 참조). (1) MaN(전
제) (2) MeO(전제) (4) OeM(2, 환위) (5) MaN(전제 1) (6) OeN(4, 5＝Celarent)
(7) NeO(6, 환위).

로써'[89]도 증명할 수 있다. 그런데 이것보다 [세] 항이 이러한 방식으로 관계되어 있을 때에는 추론이 성립하는 것은 분명하지만, 그러나 그것은 완전한 것은 아니다. 왜냐하면 처음에 받아들인 것으로부터만이 아니라, 또 다른 것을 [덧붙이는 것]으로부터 필연적인 것이 [결론적으로] 완전한 것이 되기 때문이다.

하지만 M이 모든 N과 O에 대해 술어가 되는 경우에는, 추론은 성립하지 않을 것이다.[90] [결론이 전칭] 긍정이 되는[세 개의] 항은 '본질 존재(ousia)-동물-인간'이며, [전칭] 부정이 되는 [세 개의] 항은 '본질 존재-동물-수'이며,[91] 본질 존재가 중항이다. 또 M이 N에 대해서도, O에 대해서도 그 어떤 것에도 술어가 되지 않을 때에도, 추론은 성립하지 않을 것이다.[92] [결론이 전칭] 긍정이 되는 [세 개의] 항은 '선분-동물-인간'이며, [전칭] 부정이 되는 [세 개의] 항은 '선분-동물-돌'이다.[93] 그런데 [세 개의] 항이 [서로] 전칭으로 관계되어 있을 때에는 추론이 성립한다고 하면,

---

89 eis to adunaton agontas(=by reduction to the impossible). 여기서 처음으로 간접 증명인 귀류법이 언급되었다. 귀류법에 대해서는 제23장 41a22-26, 제2권 제14장 62b29-31 참조. 아리스토텔레스는 귀류법에 의한 증명보다 '환위'를 통한 직접적인 추론을 선호한다(『분석론 후서』 제1권 제26장 참조).

90 대소의 두 전제가 전칭 긍정인 조합(AA) 추론의 불성립이 대조 예시 증명법에 의해 증명된다. 거기서 거론되고 있는 세 항의 항 해석, 예를 들어 '본질 존재-동물-인간'은 27a20에서 지적하고 있는 바와 같이, '본질 존재'가 중항이며, '동물'이 큰 항, '인간'이 작은 항이다.

91 '모든 수는 본질 존재이다'라는 전제가 생기는데, 아리스토텔레스 자신은 받아들이지 않는, 퓌타고라스주의자이거나 그 계열의 아카데미아 구성원의 주장이었을 것이다.

92 대소 두 전제가 전칭 부정 조합(EE)인 추론의 불성립이 대조 예시 증명법으로 증명된다.

93 '모든 동물은 실체이다. 모든 인간은 실체이다. 그리고 모든 인간은 동물이다.' 또, '모든 동물은 실체이다. 모든 수는 실체이다. 그러나 어떤 수도 동물이 아니다.' 이처럼 AA는 아무것도 증명하지 못한다.

27a

[25] [세 개의] 항은 우리가 처음에 말한 대로의 방식으로 관계되어 있는 것이 필연이다. 왜냐하면 [세 개의] 항이 다른 방식으로 관계되어 있는 때에는 필연적인 것이 [결론으로] 성립하지 않기 때문이다.

[30] 하지만 (2) 중항이 [두 끝항의] 한쪽과 전칭으로 관계하고 있는 경우에는, 중항이 긍정이든 부정이든 큰 항과 전칭으로 관계하고, 작은 항과는 특칭으로, 게다가 이 전칭과 모순 대립의 방식으로 관계하고 있을 때에는(여기서 내가 모순 대립의 방식으로 관계하고 있다는 것은, 전칭이 부정이라면 특칭은 긍정이고, 전칭이 긍정이라면, 특칭은 부정이라는 것이다), 특칭 부정의 추론이 성립하는 것은 필연이다. 즉, 만일 M은 N의 어떤 것에도 없고, O의 어떤 것에는 있다고 하면, N은 어떤 O에 없는 것이 필연이다.[94] 부정은 환위되므로, 어떤 M에도 N은 없는 것이 될 것이다. 그런데 [35] M은 어떤 O에 있다고 가정되었던 것이다. 따라서 N은 어떤 O에 있을 수 없게 될 것이다. 왜냐하면 제1격에 의해 추론이 성립하기 때문이다.

이번에는 만일 M이 N의 모든 것에 있고, O의 어떤 것에는 없다고 한다면, N은 어떤 O에 없는 것이 필연이다.[95] 즉 만일 N이 모든 O에 있고, M 또한 모든 N에 대해 술어가 된다면, M이 모든 O에 있는 것이 필연적 27b 이다. 그러나 M은 O의 어떤 것에는 없다고 가정되었다.

또한 만일 M이 N의 모든 것에 있고 O의 모든 것에 있는 것은 아니라고 하더라도, 모든 O에 N이 있는 것은 아니라는 추론이 성립할 것이다.[96]

---

94 대전제가 전칭 부정, 소전제가 특칭 긍정인 조합(EI)의 추론인 Festino(MeN, MiO⊢NoO)의 성립이 증명된다. 증명은 대전제를 단순 환위하고(MeN-NeM) 소전제와 조합하면 제1격 Ferio(NeM, MiO⊢NoO)가 성립함에 따른다.
95 대전제가 전칭 긍정, 소전제가 단면 특칭 부정인 조합(AO)의 추론 Baroco(MaN, MoO⊢NoO)의 성립이 귀류법에 의해 증명된다. 증명은 증명해야 할 결론을 부정하고, 대전제와 조합시키면 제1격 Barbara(MaN, NaO⊢MaO)가 성립하고, 소전제와의 사이에 모순이 발생함에 따른다.
96 대전제가 전칭 긍정, 소전제가 양면 특칭 부정인 조합(AO)의 추론 Baroco(MaN, MoO⊢NoO)의 성립이 앞과 같은 귀류법에 의해서 증명된다.

그 논증은 앞의 것과 같다.

하지만 M이 O의 모든 것에 대해 술어 되지만, N의 모든 것에 대해 술어가 되는 것은 아니라고 한다면, 추론은 성립하지 않을 것이다.[97] [결론이 전칭 긍정과 전칭 부정이 되는 세 개의] 항은 '동물-본질 존재-까마귀'와 '동물-흼-까마귀'이다.[98] 또 M은 O의 어떤 것에 대해서도 술어가 되지 않지만, N의 어떤 것에 대해서는 술어가 될 때에도 추론은 성립하지 않을 것이다. [결론이 전칭] 긍정이 되는 [세 개의] 항은 '동물-본질 존재-단위'이며, [전칭] 부정이 되는 [세 개의] 항은 '동물-본질 존재-지식'이다.[99] [5]

또한 M이 O의 어떤 것에 대해서도 술어 되지 않으며, N의 어떤 것에 대해서는 술어 될 때에도 추론은 성립하지 않을 것이다. [결론이 전칭] 긍정이 되는 [세 개의] 항은 [동물-본질 존재-단위]이며, [전칭] 부정이 되는 [세 개의] 항은 [동물-본질 존재-지식]이다.

그런데 [두 전제의 한쪽의] 전칭이 [다른 쪽의] 특칭과 모순 대립의 방식으로 관계되어 있는 경우에는 추론이 언제 성립하고, 언제 성립하지 않을지 하는 것이 이상으로 논의되었다. 이에 대해 두 전제가 [긍정과 부정에 관련해] 같은 형식일 때에는, 즉 함께 부정이거나, 동시에 긍정일 때에는 추론은 전혀 성립하지 않는다. [10]

---

97 대전제가 특칭 부정, 소전제가 전칭 긍정인 조합(OA)의 추론의 불성립이 '대조 예시 증명법'에 의해 증명된다.

98 즉, 어떤 실체(우시아, 본질 존재)는 동물이 아니다. 모든 까마귀는 동물이다. 그러나 사실상 모든 까마귀는 실체이다. 다른 한편, 어떤 흰 것은 동물이 아니다. 모든 까마귀는 동물이다. 사실상 어떤 까마귀도 희지 않다. 그러므로 이 격에서 OA는 아무것도 증명하지 못한다.

99 어떤 실체는 동물이다(I), 어떤 단위도 동물이 아니다(E). 사실상 모든 단위는 실체이다. 다른 한편, 어떤 실체는 동물이다. 어떤 지식도 동물이 아니다. 사실상 어떤 지식도 실체가 아니다. 그러므로 이 격에서 IE는 추론의 불성립을 '대조 예시법'에 의해 증명한다.

즉, 먼저 두 전제가 부정이고, 또 전칭이 큰 끝항과 관계해서 놓인다고

[15] 하자.[100] 예를 들어 M은 N의 어떤 것에도 없으며 O의 어떤 것에 있지 않

을 것이다. 그러면 [추론은 성립되지 않고] N은 O의 모든 것에 있어도 되

고, 또 그 어떤 것에도 없어도 된다. [결론이 전칭] 부정이 되는 [세 개의]

항은 '검음-눈-동물'이다.[101] 하지만 만일 M이 O의 어떤 것에는 있지만,

어떤 것에는 없다고 한다면, [결론이 전칭] 긍정이 되는 [세 가지] 항을 받

아들일 수 없다. 왜냐하면 만일 모든 O에 N이 있고, M이 어떤 N에도 없

다면, M은 어떤 O에도 없는 것이 될 것이나, M은 어떤 O에 있다고 가정

[20] 되었기 때문이다. 그래서 [결론이 전칭 긍정이 되는 세 가지] 항을 이러

한 방식으로 받아들일 수 없으며, 거기서 [특칭 전제의] 부정성(不定性)

으로부터 증명해야[102] 한다. M이 어떤 O에 없는 것은 M이 어떤 것에도

없다고 해도 참이고, M이 어떤 O에도 없을 때에는 추론은 성립하지 않

았으므로,[103] 지금도 또한 추론이 성립하지 않을 것이라는 것은 분명하기

---

100 대전제가 전칭 부정, 소전제가 특칭 부정인 조합(EO)의 추론의 불성립이 부정
성(不定性)으로부터의 증명법에 의해 증명된다. 증명은 우선 '대조 예시 증명법'이 적
용되지 않음을 귀류법에 의해 보여준다. 즉, 세 항의 항 해석 '검음-눈-동물'에 의해
긍정 결론의 성립을 반증할 수는 있어도, 소전제의 특칭 부정 MoO가 양면 특칭 부정
이며, 특칭 긍정 MiO도 성립한다고 하면, 부정의 결론의 성립을 반증하는 세 항의 항
해석의 결론 NaO와 대전제 MeN에서 제1격 Celarent(MeN, NaO⊢MeO)가 성립해
서, 결론 MeO가 MiO와 모순이 되어 버리기 때문이다. 그래서 '부정성으로부터의 증
명'(ek tou adioristou : '특칭 명제의 모호성으로부터의')이 적용된다. 이것에 의하면,
두 전제가 EE(NeM, OeM)인 조합의 추론은 이미 그 불성립이 증명되었기 때문에
(27a20-23 참조), 이 경우도 불성립이다.
101 '어떤 눈도 검지 않다. 어떤 동물은 검은 것이 아니다. 어떤 동물도 눈이 아니다.'
102 헬라스어 원어 deikteon(보여준다, 가리키다)은 강한 의미에서는 '증명하다'를
의미한다. 이 책에서는 '증명하다'(apodeiknusthai)란 말과 상호 교환해서 사용할 수
있다.
103 불완전 과거 시제(ēn)의 사용은 이 책에서는 공통적으로 앞서 그 결과가 확립되
었다는 것을 보여준다.

때문이다.

이번에는 두 전제가 긍정적이고, 전칭 또한 마찬가지로 [큰 끝항과 관계해서] 놓여 있다고 하자.[104] 즉 M은 N의 모든 것에 있으며, O의 어떤 것에 있다고 하자. 그러면 [추론은 성립되지 않고] N은 O의 모든 것에 있어도 되고, 또 그 어떤 것에도 없어도 된다. [결론이 전칭] 부정이 되는 [세 개의] 항은 '흼-백조-돌'이지만,[105] [전칭] 긍정이 되는 [세 개의] 항은 앞과 동일한 이유에 의해 받아들여질 수 없으며, 이 추론의 불성립은 [특칭 전제의] 부정성으로부터 증명해야 한다. 또한, 전칭이 작은 끝항과 관계되어 있고, M은 O의 어떤 것에도 없으며, N의 어떤 것에 없다면, [추론은 성립되지 않으며,] N은 O의 모든 것에 있어도 좋고, 또 O의 그 어떤 것에도 없어도 되는 것이다.[106] [결론이 전칭] 긍정이 되는 [세 개의] 항은 '흼-동물-까마귀'이고,[107] [전칭] 부정이 되는 [세 개의] 항은 '흼-돌-까마귀'이다. 또한 두 전제가 긍정이라면 [추론은 성립하지 않고 결론이

[25]

[30]

---

104 대전제가 전칭 긍정, 소전제가 특칭 긍정인 조합(AI) 추론의 불성립이 '부정성으로부터의 증명'에 의해 증명된다. 증명은 우선 '대조 예시 증명법'이 적용되지 않음을 귀류법에 의해 보여준다. 즉, 세 항의 항 해석 '흼-백조-돌'에 의해 긍정 결론의 성립을 반증할 수는 있어도, 소전제의 특칭 긍정 MiO가 양면 특칭이며, 특칭 부정 MoO도 성립한다고 하면, 부정 결론의 성립을 반증하는 세 항의 항 해석의 결론 NaO와 대전제 MaN으로부터, 제1격 Barbara(MaN, NaO⊢MaO)가 성립하고 결론 MaO가 MoO와 모순이 되어 버리기 때문이다. 그래서 부정성으로부터의 증명이 적용된다. 이에 따르면, 두 전제가 전칭 긍정(AA)인 조합의 추론은 이미 그 불성립이 증명되었으므로(27a18-20 참조), 이 경우도 불성립이다.

105 모든 백조는 희다. 어떤 돌은 희다. 그러나 어떤 돌도 백조가 아니다. 제2격에서 AI는 긍정의 결론을 보장하지 않는다.

106 대전제가 특칭 부정, 소전제가 전칭 부정인 조합(OE)의 추론의 불성립이 '대조 예시 증명법'에 의해 증명된다.

107 어떤 동물은 희지 않다. 어떤 까마귀도 희지 않다. 사실상 모든 까마귀는 동물이다. 한편, 어떤 돌은 희지 않다. 어떤 까마귀도 희지 않다. 그러나 어떤 까마귀도 돌이 아니다. 따라서 제2격에서 OE는 아무것도 증명하지 않는다.

전칭] 부정이 되는 [세 개의] 항은 '흼-동물-눈'이고, [전칭] 긍정이 되는 [세 개의] 항은 '흼-동물-백조'[108]이다. 그래서 이상에서 두 전제가 [긍정과 부정에 관련해서] 동일한 형식이며, 그 한쪽은 전칭이고, 다른 쪽이 특칭일 때에는 추론이 전혀 성립하지 않음은 분명하다.

[35]

　(3) 또 [중항이] 두 끝항의 각각의 어떤 것에 있는지, 또는 없다고 하더라도, 또는 한쪽이 있는 것에는 있지만, 다른 한쪽이 있는 것에는 없다고 하더라도, 또는 두 끝항의 어느 것의 모두에 있는 것은 아니라고 하더라도, 또는 부정칭(不定稱)이라고 하더라도 추론은 성립하지 않을 것이다.[109] [결론이 전칭 긍정과 전칭 부정이 되어] 이들 모두에 공통적인 [세 가지] 항은 '흼-동물-인간'과 '흼-동물-무생물'이다.[110]

　그런데 앞서 말했던 바로부터 분명한 것은, [3개의] 항이 우리가 언급한 대로의 방식으로 서로 관계하고 있는 경우에는 추론은 필연적으로 성립하고, 또 추론이 성립한다면, [3개의] 항이 이러한 방식으로 관계하고 있는 것이 필연이라는 것이다. 또 분명한 것은, 이 격에서의 추론은 모두 불완전하다는 것이고(왜냐하면 [3개의] 항 중에 필연적으로 있는 것이나, 혹은 예를 들어 우리가 불가능에 의해서 증명할 때와 같이 가정으로서 놓이는

28a

[5]

---

108 대전제가 특칭 긍정, 소전제가 전칭 긍정인 조합(IA)의 추론의 불성립이 '대조 예시 증명법'에 의해 증명된다. 즉, 어떤 동물은 희다. 모든 눈은 희다. 그러나 사실상 어떤 눈도 동물이 아니다. 한편, 어떤 동물은 희다. 모든 백조는 희다. 사실상 모든 백조는 동물이다. 그래서 제2격에서 IA는 아무것도 증명하지 않는다.

109 양화사가 없는 부정칭(不定稱)도 포함하여(제1권 제4장 26a28-30) 두 전제가 특칭인 조합(II, IO, OI, OO) 추론의 불성립이 대조 예시 증명법에 의해 증명된다. MiN와 MiO, MoN와 MoO, MiN와 MoX, MoN와 MiX 등.

110 어떤 동물은 희다. 어떤 동물은 희지 않다. 어떤 인간은 희고 희지 않다. 사실상 모든 인간은 동물이다. 한편, 어떤 동물은 희다. 어떤 동물은 희지 않다. 어떤 생명이 없는 것은 희고 또 어떤 생명이 없는 것은 희지 않다. 그러나 사실상 어떤 생명이 없는 것은 동물이 아니다. 이렇듯 이 격에서의 (II, IO, OI, OO)는 아무것도 증명하는 것이 없다.

것이 무엇인가 더 받아들여짐으로써 모든 추론이 완전한 것으로 되기 때문이다), 또 이 격을 통해서는 긍정의 추론은 성립하지 않으며, 전칭의 추론도, 특칭의 추론도 모두 부정이라는 것이다.

제6장

[세 항 중] 동일한 항에 [다른 두 항의] 한쪽은 그 모두에 있지만 다른쪽은 그 어떤 것에도 없는 경우 또는 양쪽이 그 모두에 있거나 그 어떤 것에도 없는 경우, 나는 이러한 격을 제3격이라고 부르며, 양쪽 술어 되는 항이 그것에 대해 말해지는 바의 그것을 이 격에서의 중항, [이 중항에 대하여] 술어 되는 [양쪽의] 항을 양 끝항, [이 양 끝항 중] 중간에서 더 멀리 있는 항을 큰 끝항, 더 가까이 있는 항을 작은 끝항이라고 한다. [세 항 중에서] 중항은 두 끝항의 바깥쪽에 놓여 있으며 위치에서 마지막인 것이다.[^111] 그런데 이 격에서도 추론은 완전한 것으로는 성립되지 않으며, [두 끝] 항이 중항과 전칭으로 관계하고 있을 때도, 전칭으로 관계하고 있지 않을 때도 가능한 것으로서 성립할 것이다.

(1) 그런데 [두 끝항이 중항과] 전칭으로 관계되어 있는 경우에는, 또 P도 R도 모든 S에 있을 때에는,[^112] 어떤 R에 P는 필연적으로 있게 될 것이다[^113][라는 추론이 성립한다]. 즉 [전칭] 긍정은 환위되므로, S는 어떤

[10]
[15]
[20]

---

[^111]: 제3격 추론의 성립과 불성립을 논함에 있어서, 제2격의 경우와 마찬가지로 세 항과 그들의 상호 관계가 주술 관계를 기준으로 해서 설명된다. 제3격에서는 중항은 두 끝항이 함께 그에 대해서 술어 되는 주어항으로서 맨 끝에 위치하고(S), 그 위에 작은 끝항(R), 나아가 그 위에 큰 끝항(P)이 오는 형태로 세 항의 상하관계가 포착되고 있다.
[^112]: P, R, S는 순서대로 큰 끝항, 작은 끝항, 중항이다.
[^113]: 대소 전제가 모두 전칭 긍정인 조합(AA)의 추론 Darapti(PaS, RaS⊢PiR)의 성

79

28a

R에 있게 될 것이다. 따라서 P는 S의 모든 것에 있고, S는 어떤 R에 있으므로, P는 어떤 R에 있는 것이 필연적이다. 그 이유는 제1격에 의해 추론이 성립하기 때문이다. 이것은 또한 불가능에 의해서도,[114] 항을 추출함으로써도(kai tō[i] ekthesthai)[115] 논증을 행할 수 있다. 그것은 두 끝항이 모두 모든 S에 있다고 하면, S인 것의 무언가, 예를 들어[116] N을 받아들인다

[25] 면, 이것[N]에는 P도 R도 있게 되고, 따라서 어떤 R에 P가 있게 될 것이기 때문이다.

또한 R이 모든 S에 있고, P가 어떤 S에도 없는 경우에는, P는 어떤 R에 필연적으로 없다는 추론이 성립할 것이다.[117] 왜냐하면 전제 RS가 환위된다면, 앞과 동일한 방식의 논증이 성립하기 때문이다. (이것은 또한 앞서의 경우와 마찬가지로 불가능에 의해서도 증명될 것이다.)[118]

[30] 하지만, R이 어떤 S에도 없고, P가 모든 S에 있는 경우에는 추론은 성립하지 않을 것이다.[119] [결론이 전칭] 긍정이 되는 [세 개의] 항은 '동물-말-인간'이고, [전칭] 부정이 되는 [세 개의] 항은 '동물-무생물-한 인

립. 그 증명은 소전제를 제한 환위하고(RaS⊢SiR), 대전제와 조합시키면 제1격 Darii (PaS, SiR⊢PiR)가 성립함에 따른다.

114 Darapti는 귀류법에 의해서도 증명된다. 이 경우 귀류법은 예를 들어 제1격 Celarent에 근거한다.

115 Darapti는 아래에 설명된 바와 같이 항의 추출법(ekthesis)에 의해서도 증명된다(제2장 25a14-17 참조). 모든 추론이 ekthesis에 기초할 수 있으나, 아리스토텔레스는 환위나 귀류법의 대안으로만 사용한다.

116 S인 것들 중의 하나의 N.

117 대전제가 전칭 부정, 소전제가 전칭 긍정인 조합(EA)의 추론 Felapton(PeS, RaS⊢PoR)의 성립. 증명은 소전제를 제한 환위하고(RaS⊢SiR), 대전제와 조합시키면 제1격 Ferio(PeS, SiR⊢PoR)가 성립함에 따른다.

118 Felapton은 Darapti와 마찬가지로 귀류법에 의해서도 증명된다. 이 경우, 귀류법은 예를 들어 Barbara에 근거한다.

119 대전제가 전칭 긍정, 소전제가 전칭 부정인 조합(AE) 추론의 불성립. 증명은 대조 예시 증명법에 따른다.

간'이다. 또한 두 끝항이 어떤 S에 대해서도 말해질 수 없을 때에도 추론은 성립하지 않을 것이다.[120] [결론이 전칭] 긍정이 되는 [세 개의] 항은 '동물-말-무생물'이고, [전칭] 부정이 되는 [세 개의] 항은 '인간-말- [35] 무생물'이며, 무생물이 중항이다. 그래서 이 격에서도 [두 끝]항이 [중항과] 전칭으로 관계하고 있는 경우에는 추론이 언제 성립하고, 언제 성립하지 않을지 하는 것은 분명하다. 왜냐하면 [두 끝]항이 함께 긍정으로 관계되어 있는 때에는 [큰] 끝항은 [작은] 끝항이 어떤 것에 있다는 추론이 성립하지만, 모두 부정으로 관계되어 있는 때에는 추론은 성립하지 않을 것이기 때문이다. 또 [두 끝]항의 한쪽이 부정이고, 다른 쪽이 28b 긍정이며, [중항과] 관계되는 때에는 큰 항이 부정이고, 다른 항이 긍정이 될 때에는, [큰] 끝항이 [작은] 끝항의 어떤 것에는 없다는 추론이 성립하지만, 순서가 반대인 경우에는[121] 추론은 성립하지 않을 것이기 때문이다.

하지만 (2) [두 끝]항의 한쪽이 전칭으로, 다른 쪽이 특칭으로 중항과 [5] 관계하고 있는 경우에는, 두 끝항이 모두 긍정일 때에는 그중 어느 쪽이 전칭으로 관계하고 있든 추론이 성립하는 것이 필연이다.[122] 즉, (a) 만일 R이 모든 S에, P가 어떤 S에 있다면, P는 어떤 R에 있는 것이 필연이기 때문이다. 즉, [특칭] 긍정은 환위되므로, S는 어떤 P에 있게 될 것이다. 따라서 R은 모든 S에, S는 어떤 P에 있으므로, R 또한 어떤 P에 있게 [10] 될 것이다. 따라서 P는 어떤 R에 있게 될 것이다. (b) 이번에는 만일 R이

---

120 대소 전제가 전칭 부정인 조합(EE) 추론의 불성립. 증명은 대조 예시 증명법에 따른다.

121 큰 끝항이 긍정, 작은 끝항이 부정.

122 대전제가 특칭 긍정, 소전제가 전칭 긍정인 조합(IA)의 추론 Disamis(PiS, RaS⊢PiR)의 성립. 증명은 대전제를 단순 환위하여(PiS⊢SiP), 그 결론과 소전제를 조합시켜 Darii(RaS, SiP⊢RiP)가 성립하고, 그 결론을 단순 환위하는 것(RiP⊢PiR)에 의한다.

3

28b

어떤 S에, P가 모든 S에 있다고 하자. 그렇다면 P는 어떤 R에 있는 것이 필연이다.[123] 왜냐하면 [앞과] 동일한 방식의 논증이 성립되기 때문이다. 더욱이 이러한 추론은 앞의 경우와 마찬가지로 불가능에 의해서도, 또는 [항의] '추출에 의해서도' 논증할 수 있다.[124]

[15]   다음으로 [두 끝]항의 한쪽이 긍정이고, 다른 쪽이 부정이며, 게다가 긍정의 항이 전칭으로 [중항과] 관계하고 있는 경우에는 작은 항이 긍정일 때에는 추론이 성립할 것이다. 즉, (c) 만일 R이 모든 S에 있고, P가 어떤 S에 없다면, P는 어떤 R에 없는 것이 필연이다.[125] 왜냐하면 만일 P가 모든 R에 있고, R 또한 모든 S에 있다면, P 또한 모든 S에 있는 것이 될 것
[20] 이다. 그러나 P는 모든 S에 있는 것은 아니었으니까. 이 추론은 S인 어떤 것 중 P가 거기에는 없는 것의 무언가를 받아들인다면, [불가능으로의] 환원에 의하지 않고도 또한 증명된다.[126]

---

123 대전제가 전칭 긍정, 소전제가 특칭 긍정인 조합(AI)의 추론 Datisi(PaS, RiS⊢PiR)가 성립한다. 증명은 Disamis의 경우와 마찬가지로 소전제를 단순 환위하여(RiS⊢SiR) 대전제와 조합하면 Darii(PaS, SiR⊢PiR)가 성립함에 따른다.

124 Disamis와 Datisi는 Darapti와 마찬가지로 귀류법과 추출법에 의해서도 증명된다. 그 경우, 귀류법은 예를 들어 Disamis는 Celarent, Datisi는 Ferio에 근거한다. 또 추출법은 Disamis에서는 S의 어떤 부분, 예를 들어 N을 취하면 N에는 P도 R도 술어 되므로 PiR이 성립함에 의한다. Datisi에 대해서도 마찬가지이다.

125 대전제가 특칭 부정, 소전제가 전칭 긍정인 조합(OA)의 추론 Bocardo(PoS, RaS⊢PoR)가 성립한다. 증명은 귀류법에 의한다. 증명해야 할 결론을 부정하고 (PoR⊢PaR), 소전제와 조합시키면 Barbara(PaR, RaS⊢PaS)가 성립하여 대전제 사이에 모순이 발생함에 따른다.

126 '환원에 의하지 않고도'라는 말은 아리스토텔레스가 직접 추론을 선호하고 있음을 보여준다. 『분석론 후서』 제1권 제26장 87a1-30에서는 직접 증명이 인식론적 이유로 간접 증명보다 더 낫다고 주장한다. 제1권 제23장에서도 모든 추론식이 직접 증명에 의해 타당성이 증명될 수 있음을 보이는 데 아리스토텔레스가 관심이 있음을 표명하고 있다. PoS, RaS⊢PoR. 추출법(ekthesis)에 의한 Bocardo의 성립. 증명은 S 중에서 P가 술어 되지 않는 어떤 부분, 예를 들어 N을 취하면 N은 R이 있는 부분

82

한편, (d) 큰 항이 긍정일 때에는 추론은 성립하지 않을 것이다. 예를 들어 P가 모든 S에 있고, R이 어떤 S에 없는 경우가 그것이다.[127] [결론이 전칭] 긍정이 되는 [세 가지] 항은 '생물-인간-동물'이다. 그러나 [결론이 전칭] 부정이 되는 [세 개의] 항은, 만일 R이 S가 있는 것에는 있지만 [25] 어떤 것에는 없다고 한다면, 받아들일 수 없다. 왜냐하면 만일 P는 모든 S에 있고 R은 어떤 S에 있다면, P 또한 어떤 R에 있게 될 것이나, P는 어떤 R에도 없다고 가정했기 때문이다. 그래서 앞의 경우와[128] 마찬가지로 [전제 RS를 단면 특칭 부정=전칭 부정으로서] 받아들여야 한다. 왜냐하면 [R이 S가 있는 것에 없다]는 [진리 조건은] 부정(不定)이며,[129] [무엇인가] 어떤 것에도 없는 것을 [그 어떤] 것에 없다고 말하는 것은 참이기 때문이다.[130] 그리고 [R이 S의] 어떤 것에도 없을 때에는 추론은 성립하지 [30] 않는 것이었다. 따라서 [이 경우에도] 추론이 성립하지 않을 것임은 분명하다.

이에 대하여 [두 끝]항의 부정 항이 전칭으로 [중항과] 관계되어 있는 경우에는, 큰 항이 부정이고, 작은 항이 긍정인 때에는, 추론이 성립할

이기도 하므로 PoR이 성립함에 따른다.

127 대전제가 전칭 긍정, 소전제가 특칭 부정인 조합(AO) 추론의 불성립은 '부정성으로부터의 증명'에 의해 증명된다. 증명은 우선 대조 예시 증명법이 적용되지 않음을 귀류법에 의해 보여준다. 즉, 세 항의 항 해석인 '생물-인간-동물'에 의해 부정 결론의 성립을 반증할 수는 있지만, 소전제의 특칭 부정 RoS가 양면 특칭 부정이며, 특칭 긍정 RiS도 성립한다고 하면, 대전제 PaS로부터 제3격 Datisi(PaS, RiS⊢PiR)가 성립하고, 결론 PiR은 PeR과 모순되어 긍정 결론의 성립을 반증하는 세 항의 항 해석을 받아들일 수 없기 때문이다. 그래서 부정성으로부터의 증명으로 바뀐다. 이에 따르면, 두 전제가 (AE)인 조합의 추론은 이미 그 불성립이 증명되었으므로(28a30-33 참조), 이 경우도 성립하지 않는다.

128 26b14-20, 27b20-23, 26-28 참조.

129 직역하면, '어떤 것에 있지 않은 것은 부정칭이므로(adioriston)'.

130 즉, true(No S is R → Some S is not R).

것이다.[131] 즉, (e) 만일 P가 어떤 S에도 없고 R이 어떤 S에 있다면, P는

[35] 어떤 R에 없는 것이 될 것이다. 왜냐하면 전제 RS가 환위된다면, 다시 제1격이 성립될 것이기 때문이다. 그러나 (f) 작은 항이 부정일 때에는, 추론은 성립하지 않을 것이다.[132] [결론이 전칭] 긍정이 되는 [3개의] 항은 '동물-인간-야생'이고, [전칭] 부정이 되는 [3개의] 항은 '동물-지식-야생'이다. 이 두 경우에 '야생'이 중항이다.

또한 두 끝항이 모두 부정으로 놓이고, 한쪽이 전칭으로, 다른 쪽이 특칭으로 [중항과] 관계되어 있을 때에도 추론은 성립하지 않을 것이다.

29a (g) 작은 항이 중항과 전칭으로 관계되어 있을 때에는,[133] [결론이 전칭 부정과 전칭 긍정이 되는 세 가지] 항은 '동물-지식-야생'과 '동물-인간-야생'이다. 또 (h) 큰 항이 중항과 전칭으로 관계되어 있는 경우에는,[134] [결론이 전칭 부정이 되는 세 가지] 항은 '까마귀-눈-흼'이다. 그러나 [결론이 전칭] 긍정이 되는 [3개의] 항은, 만일 R이 S의 어떤 것에는 있지만

---

131 대전제가 전칭 부정, 소전제가 특칭 긍정인 조합(EI)의 추론 Ferison(PeS, RiS⊢PoR)의 성립. 증명은 소전제를 단순 환위하여(RiS⊢SiR), 대전제와 조합하면, Ferio(PeS, SiR⊢PoR)가 성립함에 따른다.

132 대전제가 특칭 긍정, 소전제가 전칭 부정인 조합(IE) 추론의 불성립. 증명은 대조 예시 증명법에 따른다.

133 대전제가 특칭 부정, 소전제가 전칭 부정인 조합(OE) 추론의 불성립. 증명은 대조 예시 증명법에 따른다.

134 대전제가 전칭 부정, 소전제가 특칭 부정인 조합(EO)의 추론의 불성립이 '부정성으로부터의 증명'에 의해 증명된다. 증명은 우선 대조 예시 증명법이 적용되지 않음을 귀류법에 의해 보여준다. 즉, 세 항의 항 해석 '까마귀-눈-흼'으로 긍정 결론의 성립을 반증할 수는 있지만, 소전제의 특칭 부정 RoS가 양면 특칭 부정이며, 특칭 긍정 RiS도 성립한다고 하면, 부정 결론의 성립을 반증하는 세 항의 항 해석의 결론 PaR에서 제1격 Darii(PaR, RiS⊢PiS)가 성립하고, 결론 PiS가 대전제 PeS와 모순되어 버리기 때문이다. 그래서 부정성으로부터의 증명이 적용된다. 이것에 의하면, 두 전제가 EE인 조합의 추론은 이미 그 불성립이 증명되었기 때문에(28b33-36 참조), 이 경우도 성립되지 않는다.

어떤 것에는 없다고 한다면 받아들일 수 없다. 왜냐하면 만일 P는 모든 [5]
R에 있고 R은 어떤 S에 있다면, P 또한 어떤 S에 있게 될 것이지만, P는
어떤 S에도 없다고 가정되었기 때문이다. 그래서 [특칭 전제의] 부정(不
定)임으로부터 증명해야 한다.

(3) 또한 두 끝항의 각각이 중항의 어떤 것에 있거나 또는 어떤 것에 있
지 않거나, [두 끝항의] 한쪽은 [중항의] 어떤 것에 있지만 다른 쪽은 어떤
것에 없거나, [[또는 한쪽은 어떤 것에 있지만 다른 쪽은 모든 것에 있는
것은 아니거나,]][135] 또는 부정칭일 때에는 추론은 전혀 성립하지 않을 것
이다.[136] [결론이 전칭 긍정과 전칭 부정이 되어] 이들 모두에게 공통적인
[세 가지] 항은 '동물-인간-힘'과 '동물-무생물-힘'이다.[137] [10]

그런데 이 격에서도 추론이 언제 성립하고 언제 성립하지 않을지 하는
것, 그리고 [3개의] 항이 이미 말한 바대로의 방식으로 관계하고 있을 때
에는 추론은 필연적으로 성립하고, 또 추론이 성립한다면 [3개의] 항은 이
러한 방식으로 관계하고 있다는 것이 필연적이라는 것 또한 명백하다. 더
욱이 이 격에서 추론은 모두 불완전한 것이라는 것(모든 추론은 무엇인가 [15]
가 더 받아들여지게 됨으로써 완전한 것이 되는 것이니까), 또 이 격에 따라
서는 부정이든 긍정이든 전칭[의 결론]을 추론할 수는 없을 것이라는 점
또한 명백하다.

---

135 Striker는 [[ ]]에 넣는다.

136 부정칭도 포함하여 두 전제가 특칭인 조합(II, IO, OI, OO)의 추론의 불성립 증
명은 대조 예시 증명법에 따른다.

137 어떤 흰 것은 동물이고 어떤 것은 아니다. 어떤 흰 것은 인간이고 어떤 것은 아
니다. 사실상 모든 인간은 동물이다. 한편, 어떤 흰 것은 동물이고 어떤 것은 아니다.
어떤 흰 것은 무생물이고 어떤 것은 없다. 그러나 사실상 어떤 생명이 없는 어떤 것도
동물이 아니다. 제3격에서 두 전제가 특칭인 조합(II, IO, OI, OO)은 아무것도 증명
하지 못한다.

제7장

　(1) 또 분명한 것은,[138] 모든 격에서 추론이 성립하지 않을 때에는
(a) [두 끝] 항이 함께 긍정이거나 부정이라면 어떤 필연적인 것도 [결론
적으로] 전혀 성립하지 않지만, 또 (b) [두 끝] 항이 긍정과 부정으로,[139]
게다가 부정이 전칭으로 받아들여지게 될 때에는 항상 작은 끝항이 큰 항
과 관계하는 결론을 취하는 추론이 성립한다는 것이다.[140] 예를 들어 A가
모든 B에 또는 어떤 B에 있고, B가 어떤 C에도 없는 경우가 그것이다.[141]

---

138 이 문장은 앞에서 논의된 것에 대한 요약을 계속하는 것으로 보인다.

139 (a) 전제들이 질적으로 같은 경우 (b) 전제가 질적으로 다른 경우.

140 제1격부터 제3격까지의 추론의 성립과 불성립에 대한 검토가 끝난 시점에서 마
치 앞선 논의의 부록에 해당하는 듯한 내용을 다루고 있다. 즉, 추론이 불성립인 경우
라도 대전제가 전칭 긍정 또는 특칭 긍정이고, 소전제가 전칭 부정인 조합(AE, IE)인
경우에는 항상 '작은 끝항이 큰 끝항과 관계되는 추론'이 성립된다고 말한다. '작은 끝
항이 큰 끝항과 관계된 추론'이란 결론을 구성하는 두 끝항의 주어-술어의 위치가 통
상적인 것과 반대가 된 추론이며, 이에 해당하는 것은 제1격과 제3격의 AE의 조합,
제1격부터 제3격까지의 IE의 조합 모두를 합해서 5가지이다.

141 제1격인 AE 조합과 IE 조합의 구체적인 예가 제시된다. 예를 들어 AE의 조합의
경우에는 대전제 AaB와 소전제 BeC가 받아들여지고, 두 전제가 각각 환위되면, 제1격
Ferio(CeB, BiA⊢CoA)에 의해, 또 대전제가 제한 환위되면 제2격 Festino(BeC,
BiA⊢CoA)에 의해 결론 CoA가 도출된다. 따라서 '작은 끝항이 큰 끝항과 관계하는
추론'(AaB, BeC⊢CoA)이 성립한다. IE 조합의 경우도 마찬가지이며, 예를 들어 두
전제가 각각 단순 환위되면 제1격 Ferio에 의해 동일한 결론 CoA가 도출된다. 따라
서 '작은 끝항이 큰 끝항과 관계하는 추론'(AiB, BeC⊢CoA)이 성립한다. 이 두 추론
은 두 끝항의 주어와 술어가 역전되어 있으므로, 두 전제의 순서를 거꾸로 하게 되면
각각 'BeC, AaB⊢CoA', 'BeC, AiB⊢CoA'가 되어 이른바 '제4격 추론 형식'이 된다.
전자는 Fesapo이고 후자는 Fresison인데, 이를 포착하여 아리스토텔레스가 독립된
격으로 제4격을 인정하지 않지만, Fesapo나 Fresison 등 제4격의 식을 모두 인정하는
것으로 전통적으로 해석되어 왔다(Ross, p. 314). Ross는 제2권 제1장 53a9-14에서,
아리스토텔레스가 나머지 제4격의 Bramantip, Camenes, Dimaris의 타당성을 환위

왜냐하면 두 전제가 환위된다면 [작은 끝항] C가 [큰 끝항] A의 어떤 것 [25]
에 없는 것이 필연이기 때문이다. 이는 다른 격의 경우에도 마찬가지이
다.[142] 항상 환위에 의해 추론이 성립되는 것이니까. 그리고 부정칭의 전
제가 특칭 긍정 전제 대신에 놓인다고 하더라도, 모든 격에서 동일한 추론
이 성립될 것이라는 것 또한 분명하다.[143]

(2) 더욱 분명한 것은, 모든 불완전한 추론은 첫 번째 격에 의해 완전한 [30]
것이 된다는 것이다.[144] 모든 추론은 (a) 직접적이거나[145] (b) 또는 불가능

를 통해 실질적으로는 인정하고 있는 것으로 본다. 제4격의 취급과 관련한 논란에는
오랜 역사가 있고 복잡한 문제가 얽혀 있는데, 이러한 전통적 해석에 대해서는 제4격
을 인정하지 않는 것으로 알려진 아리스토텔레스가 어떻게 제4격의 식을 인정할 수
있느냐는 물음을 제기할 수 있을 것이다.

142 다만 제1격과 제2-3격 사이에는 한 가지 점에서만 차이가 있다. 그것은 후자의
경우 각각의 격에서의 세 항의 규정에 의해, '작은 끝항이 큰 끝항과 관계하는 추론'의
두 전제의 순서를 교환해도 다른 격의 추론이 되지는 않는다는 것이다. 예를 들어 제2
격의 IE 조합에서는 'AiB, AeC⊢CoB'의 추론이 성립하면, 두 전제의 순서를 교환해
도 제2격 Festino(AeC, AiB⊢CoB)가 성립할 뿐이다. 이것이 제2격과 제3격에서는
'제4격'의 문제가 발생하지 않는 이유이다.

143 이것은 제1격부터 제3격까지의 IE 조합 추론에 대해 말한 것이다.

144 제2격과 제3격의 불완전한 추론이 모두 제1격의 추론에 의해 결론지어지고, 완
전한 것으로 되는 것을 말한다(제5-6장).

145 deiktikōs. Striker는 ostensively로, Smith는 probatively로 옮긴다. 원어 deikti-
kos(복수, deiktikois)는 '[무언가를] 보일(증명할) 수 있다', '지시하다'를 의미하는
데, 논리학에서는 '추론에서 직접적으로 전제로부터 결론이 따라 나올 수 있는 것'을
의미한다. 아리스토텔레스 자신은 어디에서도 이 말을 정의하지 않는다. 몇몇 대목에
서(제29장 45a25, b8, b14, 제2권 제14장 62b29, b39) '불가능에 의한' 추론과 대조
해서 사용하고 있다. 즉, 직접 증명과 간접 증명의 구별인 셈이다. 제1권 제23장에서
는 "모든 논증이나 모든 추론은 무엇인가가 [무엇인가에] 있는지 또는 없는지를, 이것이
전칭인지 또는 특칭인지를, 게다가 더 직접적인 방식으로이거나 또는 가정으로부터
증명해야 한다. 또 불가능에 의한 것은 가정으로부터의 추론의 일부분이다"(40b23-
26)라고 말하고 있다. 이 경우에 '직접적 추론'을 '가정으로부터의 추론'과 대조해 사
용하고 있다. 종합하자면, '직접 증명'은 '불가능에 의한 환원'(reductio ad impossi-

에 의해 결론지어지기[146] 때문이다. 어느 방식에 의해서든 제1격이 성립하지만, (a) 직접적으로 완전한 것으로 되는 경우에는 환위에 의해서 모든 추론이 결론지어지고, 이 환위가 제1격을 성립시켰기 때문이다. (b) 이에 대해서 불가능으로 인해서 증명되는 경우에는, 거짓이 놓이게 되면 제1격에 의해 추론이 성립하기 때문이다. 예를 들어 마지막 격에서 A와 B가 모든 C에 있다고 하면, A는 어떤 B에 있다는 추론의 경우가 그것이다. 그것은 만일 A가 어떤 B에도 없고 B가 모든 C에 있다면, A는 어떤 C에도 없는 것이 될 것이나 A는 모든 C에 있었기 때문이다.[147] 다른 경우에도 마찬가지이다.

[35]

29b

(3) 게다가 모든 추론을 제1격에서의 전칭 추론으로 '환원하는' 것 또한 가능하다.[148] 왜냐하면 먼저, (a) 제2격에서의 추론은 그것들에 의해서 완

---

bile)과 어떤 직접적 추론을 포함하는 기술적 용어를 말한다고 볼 수 있다.

146 원어인 perainontai('결론으로 이끄는')는 아리스토텔레스에게서 '결론'(sumperasma)을 나타내는 말의 어원이 되는 동사이다. '추론 과정'과 결론으로서 이끌어지는 '명제'에도 사용되는 말이다(제26장 42b30, 제32장 47b10, 13 참조).

147 예시된 것은 제1격 Celarent(AeB, BaC⊢AeC)에 기초한 제3격 Darapti(AaC, BaC⊢AiB)의 귀류법 증명이다. 더구나 다음 문장에서 '다른 경우에도 마찬가지이다'(29a39)라고 말하고 있지만, Baroco와 Bocardo를 제외한 제2격과 제3격의 모든 추론이 환위에 의해서뿐만 아니라, 귀류법에 의해서도 제1격의 추론에 근거해 증명된다는 것을 아리스토텔레스가 의식하고 있다. 이러한 추론 상호의 관계에 대해서는 제2권 제8-13장 참조.

148 anagein('환원하다')이란 동사는 이 책에서 제1권 제7장 29b1에서 처음으로 나타나고 있다. 그 단어가 나오기에 앞서 아리스토텔레스는 '모든 불완전한 추론은 첫째 격에 의해 완전한 것이 된다'(29a30-31)라고 말한다. 다음 단락에서 그는 계속해서 '게다가 모든 추론을 제1격에서의 전칭 추론으로 환원하는 것 또한 가능하다. 제2격에서의 추론은 그것들에 의해서 완전한 것이 된다는 것은 분명하며 ⋯'라고 말한다. 요컨대 추론 S가 다른 추론 S2를 통해 완전한 것이 될 수 있다면 S2로 환원될 수 있음을 주장한다. 제6장의 모든 식이 첫 번째 격을 통해 완전해지기 때문에 '환원하다'와 '완전해진다'(teleioun, epitelein)는 동의어라고 말할 수 있다. 따라서 아프로디시아스의 알렉산드로스를 비롯해서(113.5-9) 후세의 철학자들(Patzig)은 첫 번째 격의 두

전한 것으로 된다는 것은 분명하며, 단 모든 추론이 동일한 방식으로 완
전한 것이 아니라, 전칭 추론은 부정 [전제]가 환위됨으로써,[149] 또 특칭
추론 2가지 각각은 불가능으로의 환원(apagōgē)에 의해서[150] 완전한 것으

개의 특칭 식들(Darii 및 Ferio)이 전칭 추론(Barbara 및 Celarent)으로 환원될 수 있
다고 가정했다. 전칭 추론은 특칭 추론보다 어떻게든 더 완전해야 하며, 더 엄격한 의
미에서 완전해야 한다. 그러면서도 그는 다음 문장에서 '그 특칭 추론(Darii와 Ferio)
은 그 자체에 의해서도 완전하다'라고 선언하지만, 제2격에 의해서도 간접적으로 증
명할 수도 있다고 주장한다. 즉, 그 자체로 완전한 추론식(Darii와 Ferio)이 불완전한
식으로 환원될 수 있다는 것이다. 그렇다면 환원의 모든 격이 완전한 격일 수 없다는
것을 보여준 것일까? 어쨌든 '제1격의 전칭 추론으로 환원하는 것이 가능하다'라는
것은 아리스토텔레스의 '추론의 성립의 연구'의 최초의 [현대의 논리적 용어로 하나
의] '메타정리' I(meta-theorem)이다(Smith, Striker).— 제23장 첫머리에서도 "이러
한 격에서의 추론이 제1격에서의 전칭 추론에 의해서 완전한 것으로 되어, 이러한 추
론으로 환원된다는 것은 지금까지 말한 것으로부터 명백하다"라고 주장한다. 아마도
양상 추론을 다루는 제8-22장은 나중에 아리스토텔레스 자신에 의해 삽입된 것으로
생각된다(Bocheński [1970], pp. 43-44).— 그 메타정리란, 제1격부터 제3격까지의
14식 가운데 완전한 추론인 제1격 Darii와 Ferio를 포함해 12개 추론이 모두 제1격인
두 가지 전칭 추론 Barbara와 Celarent에 의해 완전한 것이 되고 그것들로 환원
(anagein['to lead back'])된다는 것이다. 이 장에서 '환원한다'라는 말의 의미는 주
어진 식의 타당성을 타당한 것으로 이미 알려진 다른 식의 타당성으로 '되돌림으로
써', '정당화한다', '증명한다'라는 것이다. 이 말은 제1권 제32-45장에서 '분석하다'
(analuein)와 동의어이다. 물론 어떤 경우에는 다른 의미를 갖고 있긴 하지만(제32장
첫머리 46b40 참조), 기본적으로 동일한 의미다. 우리는 이러한 논리적 방법을 현대
논리학의 관점에서 일종의 '추론의 공리적 모델'(axiomatic models of syllogistic)이
라고 부를 수 있다. 그러나 Striker는 아리스토텔레스가 논리적 이론의 문제를 다루
고 있다는 부정할 수 없는 사실이, 곧 그가 그의 추론을 공리적 학문으로 생각하고 있
었음을 충분하게 보여주는 것은 아니라고 해석한다(Striker, p. 109). Striker(1996)
참조.

149 제2격 Cesare와 Camestres는 전칭 부정의 환위에 의해 Celarent로 환원된다
(27a5-9, 9-14).

150 apagōgē는 문자적으로 'leading away'('…로 이끌어 가다')이다. 제2격 Baroco
(27a36-b3)와 Festino는 귀류법에 의해 각각 Barbara와 Celarent로 환원된다. Festi-

로 되기 때문이다. 다음으로 (b) 제1격에서의 추론, 즉 그 특칭 추론은 한편으로 그 자체에 의해서도 완전한 것으로 되지만, 다른 한편으로는 불가능으로 환원시켜, 제2격에 의해서도 증명할 수 있다. 예를 들어 A는 모든 B에, B는 어떤 C에 있다면, A는 어떤 C에 있다는 추론의 경우가 그것이다.[151] 왜냐하면 만일 A가 어떤 C에도 없지만, B에게는 그 모든 것에 있다면, B는 어떤 C에도 없는 것이 될 것이기 때문이다. 우리는 이를 제2격을 통해 알고 있기 때문이다. 부정 추론의 경우에도 논증은 동일하게 성립할 것이다.[152] 즉, 만일 A가 어떤 B에도 없고, B가 어떤 C에 있다면, A는 어떤 C에 없는 것이 될 것이다. 왜냐하면 만일 A가 모든 C에 있고 B에게는 그 어떤 것에도 없다면, 어떤 C에도 B는 없는 것이 될 것이기 때문이다. 이는 중간의 격이었다. 따라서 제2격에서의 추론은 모두 제1격에서의 전칭 추론으로 환원되고, 제1격에서의 특칭 추론은 중간의 격에서의 추론으로 환원되므로, 이 특칭 추론도 또한 제1격에서의 전칭 추론으로 환원될 것이라는 것은 분명하다.[153] (c) 게다가 제3격에서 추론은 [두 끝]항이 전칭으로 [중항과] 관계되어 있을 때에는, 저들 [제1격에서의 전칭] 추론에 의해서 즉시 완전한 것으로 되지만,[154] [두 끝]항이 특칭으로 받아들여질 때에는 제1격에서의 특칭 추론에 의해서 완전한 것으로 된다.[155] 그런

[10]

[15]

[20]

---

no의 증명, 즉 'No P is M, Some S is M, therefore Some S is not P.' 결론의 모순인 '모든 S가 P'라면, 제1격의 Celarent 추론을 갖는다. 즉, 'No P is M, All S is P, therefore no S is M.'(Celarent) 이것은 애초의 소전제와 모순된다.

151 제1격 Darii(AaB, BiC⊢AiC)는 Camestres(AaB, AeC⊢BeC)에 기초한 귀류법에 의해 증명된다.

152 제1격 Ferio(AeB, BiC⊢AoC)는 Cesare(AeB, AaC⊢BeC)에 기초한 귀류법에 의해 증명된다.

153 Darii와 Ferio 각각은 Camestres와 Cesare를 거쳐서 Celarent로 환원된다.

154 제3격 Darapti와 Felapton은 각각 Celarent와 Barbara에 기초한 귀류법에 의해 증명된다.

155 제3격인 특칭 추론 Disamis와 Datisi는 Darii에 의해(28b7-11, 11-14), 또한

데 이들 [제1격에서의 특칭] 추론은 저들 [제1격에서의 전칭] 추론으로 환원되었던 것이다. 따라서 제3격에서의 추론, 즉 이 특칭 추론 또한 하나의 [제1격에 있어서의 전칭] 추론으로 환원되는 것이다. (d) 이상으로 모든 추론이 제1격에서의 전칭 추론으로 환원될 것이라는 것은 분명하다.[156]   [25]

이렇게 해서, 추론들 중 어떤 것은 [무언가가 무언가에] 있다는 것[양상이 없는 긍정]이나 없는 것[양상이 없는 것의 부정]을 증명하지만, 이러한 [양상이 없는] 추론[157]이 어떤 관계에 있는지, 즉 동일한 격으로부터의 추론이 그 자체에서 어떤 관계에 있는지,[158] 또 다른 격으로부터의 추론은 서로 어떤 관계에 있는지[159] 하는 것이 논의된 것이다.

제8장

(1) 무언가가 무언가에 있는 것[양상이 없는 것]과 무언가가 무언가에 필연적으로 있는 것[필연 양상]과 무언가에 있을 수 있는 것[가능 양상]은   [30]
다른 것이므로(많은 것이 [무엇인가에] 있지만 필연적으로 있는 것은 아니니까. 또 어떤 것은 필연적으로 있는 것도, 또 있는 것도 전혀 아니지만, 있을 수 있는 것이기 때문이다), 이러한 것들의 각각을 결론으로 하는 추론 또한 다르고, [세 가지] 항이 [양상에 관해서] 동일한 방식으로 관계하고 있는

Ferison은 Ferio에 의해 각각 환위를 통해 증명된다(33-35). 하지만 Darii와 Ferio는 Celarent로 환원되므로, 결국 이 세 추론도 Celarent로 환원된다. 덧붙여 Bocardo(16-20)는 귀류법('불가능으로 환원')에 의해서 Barbara로 환원된다.

156 요컨대 제1격에서 제3격까지의 12식은 모두 Barbara와 Celarent로 환원된다.

157 이것을, 즉 nonmodal syllogism(무양상 추론)을 '정언적 추론'(assertoric syllogism)으로 부른다.

158 타당과 타당하지 않음에 관련해서 각 격에서 추론의 위치에 대해서는 제4-6장에서.

159 다른 격으로의 추론의 환원에 대해서는 제7장에서.

것이 아니라, 어떤 추론은 필연 양상으로, 또 어떤 추론은 무양상으로, 또 어떤 추론은 가능 양상으로 관계하고 있는 항으로부터 성립할 것이라는 점은 명백하다.

[35] 　그런데 [세 개의] 항이 필연 양상으로 관계하고 있는 경우에는, 그것들이 무양상으로 관계하고 있는 경우와 거의 같다. 왜냐하면, 두 전제가 무양상 긍정 또는 부정인 경우도, 필연 양상 긍정 또는 부정인 경우도 [세 가지] 항이 같은 방식으로 놓여 있다면, 마찬가지로 추론은 성립하고 또 성립하지 않을 것이기 때문이다. 다만, '[무언가가 무언가에] 필연적으로 있다' 또는 [필연적으로 없다]는 표현이 항에 부가된다는 점이 다를 것이다. 왜냐하면 부정 [전제]는 동일한 방식으로 환위되어,[160] [무언가가] 전체로서의 [무언가의] 안에 있는 것도, [무언가의] 모든 것에 대해 술어 되는 것도, 앞과 동일한 방식으로 우리는 규정할 것이기 때문이다.[161]

[5] 　(2) 그래서 아래에서 말해진 것 이외의 경우에는 결론은 무양상의 경우와 마찬가지로 환위에 의해 필연 양상으로 증명될 것이다. 그러나 중간의 격에 있어서, 전칭이 긍정이고 특칭이 부정일 때, 또 이번에는 제3격에서 전칭이 긍정이고 특칭이 부정일 때, 그 논증은 [무양상의 경우와] 마찬가지로 성립하지는 않을 것이다.[162] 오히려 우리는 두 가지 [특칭 부정 전

---

160 여기서 부정 전제의 환위만을 언급하고 있는 것은 긍정 전제에서는 세 양상 사이에 환위 방식에 대해 아무런 차이가 없지만, 부정 전제에서는 무양상과 필연 양상의 두 양상과 좁은 의미의 가능 양상 사이에 차이가 있기 때문이다. 즉, 이미 제1권 제3장에서 이야기한 바와 같이 전자에서는 그렇다면, 전칭은 단순 환위되고 특칭은 환위되지 않지만, 후자에서는 전칭은 단순 환위되지 않고, 특칭이 환위되기 때문이다.

161 이 점에 대해서는 제1권 제1장 24b26-30 참조.

162 제2격 Baroco와 제3격 Bocardo는 무양상 추론에서는 각각 환위에 의해서가 아니라, 귀류법에 의해서 증명되었으므로(제1권 제5장 27a36-b3, 제6장 28b15-20), 필연 양상 추론에서도 BarocoLLL과 BocardoLLL은 환위에 의해 증명되지 않는다. 또한 귀류법에 의해서도 증명되지 않는다. 그 경우에는 결론에서 필연 양상 명제의 부정, 즉 넓은 의미의 가능 양상 명제가 새로운 전제로서 가정되지만, 아리스토텔레

제의] 술어항의 각각이 그 주어항의 무엇인가에 없는 곳의 그 무엇인가를 추출하여 그것에 대하여 추론을 성립시켜야 하는 것이다.[163] 왜냐하면 그 [10]

스의 가능 양상 추론에서는 본래 그런 명제가 전제로서 인정되는 것은 없으며, 좁은 의미의 가능 양상 명제만이 인정되기 때문이다. 그래서 '추출법'이 채택되는 것이다.

163 Baroco(제2격)와 Bocardo(제3격)는 환위에 의해 증명되지 않고, 귀류법에 의해 증명되었다(제1권 제5장 27a36 아래, 제6장 28b16 아래) 여기서 BarocoLLL과 BocardoLLL은 '추출법'(ekthesis)에 의해 증명된다(제1권 제8장 30a6-14). Baroco LLL(LMaN, LMoO⊢LNoO)의 추출법에 의한 증명은 먼저 중항 M이 작은 항 O에 대해 술어 되지 않는 부분 중의 어떤 것을, 예를 들어 X로 '추출'하고, 그다음에 이 X를 작은 항으로 하는 추론 CamestresLLL(LMaN, LMeX⊢LNeX)을 통해 결론 LNeX를 이끌어 내고, 이것을 LOaX와 조합한 추론, 즉 FelaptonLLL(LNeX, LOaX⊢LNoO)을 행하면, 원하는 결론 LNoO를 얻을 수 있다. 따라서 여기에서는 추출된 X에 대한 추론(30a9-10)이란 CamestresLLL을 가리킨다. 덧붙여 이 증명에서는, X에 대해 양화(量化)를 행하고 있지만 추출법의 해석에 근거해, 보다 단순한 방식으로 결론을 내리는 것도 가능하다. 즉, M은 필연적으로 X에 술어 되지 않으며, 따라서 그 부분인 N도 필연적으로 X에 술어 되지 않는다. 그런데 X는 필연적으로 어떤 O이며, 따라서 N은 필연적으로 어떤 O에 술어 되지 않는다(LPoR). 간략화하면,

(1) LMaN 전제
(2) LMoO 전제
(3) LMeX 추출, X는 중항 M이 작은 항 O에 대해 술어 되지(속하지) 않는 부분 중의 어떤 것
(4) LNeX (1), (3) Camestres
(5) LNoX (4): X는 중항 M이 작은 항 O에 대해 술어 되지 않는 부분 중의 어떤 것
다음으로 BocardoLLL(LPoS, LRaS⊢LPoR)의 추출법에 의한 증명은 먼저 큰 항 P가 중항 S에 대해 술어 되지 않는 부분 중의 어떤 것을, 예를 들어 X로 '추출'하고, 그다음에 이 X를 작은 항으로 하여 추론 BarbaraLLL(LRaS, LSaX⊢LRaX)을 통해 결론 LRaX를 이끌어 내고, 이를 LPeX와 조합한 추론, 즉 FelaptonLLL(LPeX, LRaX⊢LPoR)을 행하면 원하는 결론 LPoR을 얻을 수 있다. 따라서 여기서 추출된 X에 대한 추론이란, 말 그대로 BarbaraLLL을 가리키는데, 이것은 큰 항 P와는 관계되어 있지 않기 때문에 X가 P와 관계하고, 두 전제 모두 이 X를 주어항으로 하는 FelaptonLLL을 가리킨다고 이해되며, 이 증명에서도 X에 대해 양화를 행하고 있지만, 앞과 마찬가지로 보다 단순한 추론을 행하여 결론을 내리는 것도 가능하다. 즉, S는 필연적으로

경우에는 추론은 필연 양상으로 성립될 것이기 때문이다. 그리고 만일 추출된 것에 대해 추론이 필연 양상으로 성립한다면, 그것은 저것[결론의 주어항]의 무엇인가에 대해서도 또한 필연 양상으로 성립한다. 왜냐하면 추출된 것은 바로 그것인 곳의 무언가와 다름없기 때문이다.[164] 이러한 각각의 추론은 그 특유의 격으로 성립하는 것이다.[165]

제9장

[15]   (1) [두 전제 중] 한쪽 전제만이 필연 양상이라 하더라도, 때로는 추론이 필연 양상으로 성립하게 되는 경우가 있다.[166] 단, 어느 쪽의 전제라

X에 술어가 되며, 따라서 S의 전체인 R도 필연적으로 X에 술어 된다. 따라서 X는 R의 부분, 즉 어떤 R이다. 그런데 P는 필연적으로 X에 술어 되지 않는다. 따라서 P는 필연적으로 어떤 R에 술어 되지 않는다(LPoR).

  (1) LPoS 전제
  (2) LRaS 전제
  (3) LPeX 추출: X는 중항 S에 대해 술어 되지(속하지) 않는 부분 중의 어떤 것
  (4) LPoR (2), (3) Felapton

164 '바로 그것인 곳의 무언가'(hoper ekeino ti)라는 표현에 대해서는 『분석론 후서』 제1권 제22장 83a24-25 참조. 예를 들자면, X is hoper Y와 X is essentially a Y는 동치라는 것이다. 즉 '추출된 것은 본질적으로 그러그러한 어떤 것(개별자)'을 말한다. 여기서 이것이 말하는 바는, 결론이 추출된 하나의 X에 타당하다면, 결론은 X가 추출된 애초의 어떤 것에 대해서도 타당해야만 한다는 것이다. 왜냐하면 X는 그것의 부분의 하나이니까. 달리 표현하면, 술어가 추출된 그 항에 필연적으로 속한다면 마찬가지로 그것은 '추출된 것'이 부분으로서 받아들여진 애초의 항의 어떤 것에 필연적으로 속해야만 한다.

165 '이 추론들'이란 BarocoLLL의 증명에서 CamestresLLL과 BocardoLLL의 증명에서 FelaptonLLL, 이 두 가지를 가리킨다. 각각 제2격과 제3격에 대응한다.

166 두 전제가 필연 양상인 추론에 대한 논의(앞 장)를 이어받아, 한쪽 전제가 필연 양상, 다른 쪽 전제가 무양상(nonmodal)인 추론에 대한 논의가 제1권 제3장에서도

도 좋다는 것은 아니고, 큰 끝항과 관계된 전제가 필연 양상인 경우이다. 예를 들어 A가 B에 필연적으로 있거나 또는 없는 것으로 받아들여지고, B가 C에 단순히 있다고 받아들여진 경우가 그것이다.[167] 이는 두 전제가 이러한 방식으로 받아들여진 경우, A는 필연적으로 C에 있거나 없는 것 이 될 것이기 때문이다. 왜냐하면 A가 모든 B에 필연적으로 있거나 또는 없는 것이고, C는 B의 어떤 것이므로, C 또한 필연적으로 이것들[A가 있 거나 없거나] 중 어느 한쪽이 성립할 것이라는 것은 분명하기 때문이다.

하지만 만일 AB가 필연 양상이 아니라, BC가 필연 양상이라면, 결론 은 필연 양상으로는 성립하지 않을 것이다.[168] 그것은 만일 필연 양상으로

[20]

[25]

논의된다. 이 장에서는 제1격인 4식에 대하여 그 추론의 성립과 불성립이 논의된다.

167 BarbaraLXL(LAaB, BaC⊢LAaC)과 CelarentLXL(LAeB, BaC⊢LAeC)의 성립 이 이야기된다. 양자 성립의 근거는 모두 대중소 세 항에서의 주술 관계의 추이성, 말 하자면 '전체 및 무의 원리'(dictum de omni et nullo)에 있다고 알려져 있으며 (30a21-23), 이로부터 양자가 완전한 추론임은 '분명'하다(30a22). 하지만 Bar-baraLXL의 성립에 대해서는(논리적으로는 CelarentLXL의 성립에 대해서도 마찬가 지이지만) 고대로부터 현대에 이르기까지 많은 논의가 이루어져 왔다. 테오프라스토 스와 에우데모스의 추종자들은 BarbaraLXL이 증명되지 않는다는 일련의 반증 사례 를 제안한다(알렉산드로스 124.21-125.2).

168 BarbaraXLX(AaB, LBaC⊢AaC)의 성립과 BarbaraXLL(AaB, LBaC⊢LAaC) 의 불성립이 증명된다. 후자의 증명은, 만일 이것이 성립한다고 하면 그 소전제를 제 한 환위하고(LBaC⊢LCiB) 결론과 조합시키면, 제1격 Darii(LAaC, LCiB⊢LAiB)가 성립하고, LAiB가 이끌린다. 혹은 그 결론과 소전제를 조합하면 제3격 DaraptiLLL (LAaC, LBaC⊢LAiB)이 성립하고, 마찬가지로 LAiB가 이끌린다. 그런데 이것은 거 짓이다. 왜냐하면 중항 B는 큰 항 A가 그것과 좁은 의미의 가능 양상 전칭 부정 (QAeB)의 관계에 있어도 되는 것으로, LAiB와 QAeB와는 모순되기 때문이라는 것 이다. 그리고 여기서 말하는 '거짓'이란 어떤 명제, 여기에서는 대전제 AaB에게서 그 것과 모순되는 것은 아니지만, 동시에 반드시 그것에 의해서 포함되는 것도 아닌 것이 라는 의미에서의 거짓이다. 또한 좁은 의미의 가능 양상에 대한 설명은 제1권 제13장 에서 이루어지는데, 그 전칭 부정 QAeB는 넓은 의미의 가능 양상 전칭 부정 MAeB 와 전칭 긍정 MAaB와의 연언(MAeB ∩ MAaB)으로 정의된다.

성립한다고 하면, 제1격에 의해서도, 또 제3격에 의해서도 A는 어떤 B에게 필연적으로 있게 될 것이기 때문이다. 그러나 이는 거짓이다. 왜냐하면 B는 A가 그것의 어떤 것에도 없어도 되는 것이기 때문이다.[169] 게다가 [세 가지] 항에서도 결론이 필연 양상으로 성립하지 않을 것이라는 것은 분명하다.[170] 예를 들어 A가 '운동', B가 '동물', C에 해당하는 것이 '인간'인 경우가 그것이다. 인간은 필연적으로 동물이지만, 동물이 운동하는 것은 필연이 아니며, 인간이 운동하는 것 또한 그렇지 않기 때문이다. AB가 부정이라고 해도 마찬가지일 것이다. 왜냐하면 동일한 논증이 성립될 것이기 때문이다.[171]

[30]

  (2) 특칭 추론의 경우에는 전칭(전제)이 필연 양상이라면, 결론 또한 필연 양상으로 성립하겠지만, 특칭(전제)이 필연 양상이라면 전칭 전제가

[35]

---

169 'All B is A. All C is necessarily B'부터 'All C is necessarily A'가 추론되지 않는다. '거짓이다'(pseudos)라는 것은 전제로부터 추론이 성립하지 않는다는 것을 말한다(제17장 37a2 참조). '거짓이지만 불가능하지 않다'(제15장 34a15 아래 참조).

170 BarbaraXLL의 불성립이 세 항의 항 해석 '운동(A)-동물(B)-인간(C)'에 근거한 예시법으로부터 증명된다. 이에 따르면, 대전제는 '운동-동물', 결론은 '운동-인간'이라는 좁은 의미의 가능 양상 명제로 해석되며 필연 양상의 결론 LAaC의 성립이 반증된다. 즉 "모든 인간은 필연적으로 동물이지만(LBaC), 동물이 운동하는 것은 필연이 아니며[즉 AaB이지만 notL(AaB)], 인간이 운동하는 것 또한 그렇지 않기 때문이다 [¬L(AaC)]." 이것이 보여주는 바는 AaB(운동이 모든 인간에 속한다)와 LBaC(동물은 필연적으로 모든 동물에 속한다)는 ¬L(AaC)(운동은 필연적으로 모든 인간에 속하지 않는다)와 양립할 수 있다는 것이다.

171 CelarentXLX(AeB, LBaC⊢AeC)의 성립과 CelarentXLL(AeB, LBaC⊢LAeC)의 불성립이 이야기된다. 후자의 불성립은 그 소전제를 제한 환위하고(LBaC⊢LCiB), 결론과 조합하면 FerioLLL(LAeC, LCiB⊢LAB)이 성립하고 LAoB가 따라 나온다. 그 결론과 소전제를 조합하면 FelaptonLLL(LAeC, LBaC⊢LAoB)이 성립하며, 마찬가지로 LAoB가 따라 나온다. 그런데 이것은 거짓이라는 증명에 의한다. 또 이 불성립은 앞서와 같은 세 항의 항 해석 '운동-동물-인간'에 기초한 대조 예시법에서도 증명된다.

부정이든 긍정이든 결론은 필연 양상으로 성립하지 않을 것이다. 먼저, (a) 전칭이 필연 양상이고, A는 모든 B에 필연적으로 있고, B는 단지 어떤 C에 있다고 가정해 보자. 그러면 A는 어떤 C에게 필연적으로 있는 것이 필연이다.[172] 왜냐하면 C는 B의 밑에 있었고,[173] A는 모든 B에 필연적으로 있었기 때문이다. (b) 추론이 부정이라고 하더라도 마찬가지일 것이다.[174] 왜냐하면 동일한 논증[175]이 성립될 것이기 때문이다. 하지만 (c) 만일 특칭이 필연 양상이라면, 결론은 필연 양상으로는 성립하지 않을 것이다[176](아무것도 불가능한 일이 생기지 않으니까). 이는 전칭 추론의 경우에

---

172 DariiLXL(LAaB, BiC⊢LAiC)의 성립이 이야기된다. 그 성립의 근거는 BarbaraLXL의 경우와 마찬가지로 대중소 세 항에서의 주술 관계 추이성, 즉 '전체 및 무의 원리'('모든 것에 술어 되고 또 어떤 것에도 술어 되지 않는')에 있다고 알려져 있으며(30a40-b1), 이는 이 추론이 완전한 추론임을 보여준다. 하지만 DariiLXL의 성립에는 최근에 의문이 제기되었다(Hintikka[1973], pp. 135-146).

173 '밑에(hupo) 있다'(제1권 제4장 26a21-23 참조)는 일반적으로 '…의 외연 안에'를 의미. 여기서는 'B 아래에 포섭되는 C의 부분'을 말한다.

174 FerioLXL(LAeB, BiC⊢LAoC)의 성립이 DariiLXL의 그것과 같은 근거에 기초하는 것으로서 이야기된다. 이는 이 추론이 완전한 추론임을 보여준다.

175 여기서 '논증'은 'C가 B 중의 하나'라는 것을 보여준다는 것을 의미한다('전체 및 무의 원리').

176 DariiXLX(AaB, LBiC⊢AiC)의 성립과 DariiXLL(AaB, LBiC⊢LAiC)의 불성립이 이야기된다. 후자의 증명은 귀류법이 성립하지 않음에 근거한다. 하지만 이 문장(30b4)이 어떤 귀류법을 여기서 고려하고 있는지, 또 그것이 어떤 이유에서 불성립으로 되는지에 대해서는 아리스토텔레스 주석가들에게 많은 논란과 어려움을 야기했다(Ross, pp. 320-321). 그러나 Striker(와 Smith)도 말했듯이, 이것들은 '불필요한 어려움'이었다고 말할 수 있다(p. 118). 귀류법의 불성립이란 세 항의 항 해석에 의한 예시법의 성립과 논리적으로 완전히 등가(等價)이며, 만일 예시법이 성립한다면 귀류법은 성립하지 않는다고 해도 아무런 상관이 없기 때문이다. 실제로 앞에 기술된 BarbaraXLL의 불성립의 증명 예시법(30a28-32)에 의해서, 또 다음에 기술되는 FerioXLL의 불성립의 증명 예시법(30b5-6)에 의해서 DariiXLL의 불성립을 증명할 수 있다.

도 성립하지 않았던 것과 같다. (d) 부정 추론의 경우도 마찬가지다.[177]

[5] [결론이 필연 양상이 되지 않는 세 가지] 항은 '운동–동물–힘'이다.

제10장

(1) 제2격의 경우에는 부정 전제가 필연 양상이라면 결론 또한 필연 양상으로 성립하겠지만, 긍정 전제가 필연 양상이라면 결론은 필연 양상으로는 성립하지 않을 것이다. 즉, 우선 (a) 부정 전제가 필연 양상이며,[178] [10] A는 B의 그 어떤 것에도 있어서는 안 되며, C에게는 [그 모든 것에] 단지 있다고 하자.[179] 그러면 [전칭] 부정은 환위되므로, B 또한 A의 어떤 것에도 있어서는 안 된다. 그러나 A는 모든 C에 있고, 따라서 B가 어떤 C에도 있어서는 안 되는 것이 된다. 왜냐하면 C는 A의 밑에 있기 때문이다. (b) 부정이 C와 관계하여 놓인다고 해도 마찬가지일 것이다.[180] 즉, 만일 [15] A가 어떤 C에도 있어서는 안 된다고 한다면, C 또한 어떤 A에도 있어서는

---

177 FerioXLX(AeB, LBiC⊢AoC)의 성립과 FerioXLL(AeB, LBiC⊢LAoC)의 불성립이 이야기된다. 후자의 증명은 세 항의 항 해석 '운동–동물–힘'에 기초한 예시법에 따른다. 대전제는 '운동–동물', 결론은 '운동–힘'이라는 좁은 의미의 가능 양상 명제로 해석되며, 필연 양상의 결론 LAoC의 성립이 반증된다.

178 아리스토텔레스는 전칭 전제를 염두에 두고 있다. "만일 부정이 특칭으로 받아들여지고 필연 양상이라면, 결론은 필연 양상으로는 성립하지 않을 것이다."(아래의 31a15-17)

179 CesareLXL(LAeB, AaC⊢LBeC)의 성립. 증명은 대전제를 단순 환위하여(LAeB⊢LBeA), 소전제와 조합하면 CelarentLXL(LBeA, AaC⊢LBeC)이 성립함에 따른다.

180 CamestresXLL(AaB, LAeC⊢LBeC)의 성립. 증명은 소전제를 단순 환위하여 (LAeC⊢LCeA), 대전제와 조합하면 CelarentLXL(LCeA, AaB⊢LCeB)이 성립하고, 그 결론을 단순 환위하는 것(LCeB⊢LBeC)에 의한다.

안 된다. 그러나 A는 모든 B에 있고, 따라서 C는 어떤 B에도 있어서는 안 되는 것이다. 왜냐하면 제1격이 다시 성립하기 때문이다. 그러므로 B 또한 [어떤] C에도 있어서는 안 되는 것이 된다. 왜냐하면 [전칭 부정은] 동일한 방식으로 환위되기 때문이다.

긍정 전제가 필연 양상이라면, 결론은 필연 양상으로 성립하지 않을 것이다.[181] 즉, (c) A는 모든 B에 필연적으로 있고, C에는 그 어떤 것에도 단지 없다고 하자. 그러면 [전칭] 부정이 환위되고, 제1격이 성립된다. 게다가 제1격에서는, 큰 항과 관계하는 부정 전제가 필연 양상이 아닐 때에는, 결론 또한 필연 양상에서는 성립하지 않을 것이라는 것이 이미 증명되었다. 따라서 이 경우에도 결론은 필연 양상으로는 성립하지 않을 것이다. [20]

게다가 만일 결론이 필연 양상으로 성립한다면, C는 어떤 A에는 필연적으로 없다는 것이 귀결된다. 왜냐하면 B가 어떤 C에도 필연적으로 없다면, C 또한 어떤 B에도 필연적으로 없는 것이 될 것이기 때문이다. 그러나 만일 A가 모든 B에게 필연적으로 있었다고 한다면, 적어도 B는 어떤 A에게 [필연적으로] 있는 것이 필연이다. 따라서 C는 어떤 A에게 [필연적으로] 없는 것이 필연이다. 그러나 A는 C가 그것의 모든 것에 있어도 되는 것으로서 받아들여진다고 해도 아무런 지장이 없는 것이다.[182] [25]

[30]

---

181 CamestresLXX(LAaB, AeC⊢BeC)의 성립. 증명은 소전제를 단순 환위하여 (AeC⊢CeA), 대전제를 소전제로 하여 조합시키면 CelarentXLX(CeA, LAaB⊢CeB)가 성립하고, 나아가 그 결론을 단순 환위하는 것(CeB⊢BeC)에 의한다. 덧붙여 CesareXLX(AeB, LAaC⊢BeC)도 대전제를 단순 환위하면(AeB⊢BeA), Celarent XLX(BeA, LAaC⊢BeC)가 성립함이 증명되지만, 직접적으로는 언급되지 않는다. 이 장 및 이 단락의 첫 문장(30b9, 18-19)에서 이미 말한 것으로 간주되고 있었을 것이다.

182 결론이 필연 양상인 CamestresLXL(LAaB, AeC⊢LBeC)의 불성립. 이 논증은 앞 장의 30a25-28에 상응한다. 증명은 결론을 단순 환위하고(LBeC⊢LCeB), 대전제를 제한 환위하여(LAaB⊢LBiA) 조합시키면 FerioLLL(LCeB, LBiA⊢LCoA)이 성

또한 [3개의] 항을 추출하여 결론은 무조건적인 의미에서의 필연[양상으로서의 필연]이 아니라, 이것들이 그럴 때만[조건적] 필연[추론의 필연]으로서 성립함을 증명할 수도 있을 것이다.[183] 예를 들어 A가 '동물', B가 '인간', C가 '흼'. 또한 두 전제가 모두 동일한 방식으로 받아들여졌다고 하자.[184] 동물은 어떤 흼에도 없어도 되기 때문이다. 그렇다면 인간 또한 어떤 흼에도 없는 것이 되겠지만, 필연적으로 없는 것은 아니다. 왜냐하면 인간은 희게 변해도 되지만, 동물이 어떤 흼에도 있지 않는 한 희지 않기 때문이다. 따라서 결론은 무조건적인 의미에서의 필연이 아니라 이

[35]

립하고 LCoA가 이끌리는데, 이것은 거짓이다. 왜냐하면 A는 C가 그것의 모두에 있어도 되는 것으로서 즉, QCaA가 성립하는 것으로서 받아들여졌다고 해도 아무런 지장이 없기 때문이다. 기호적으로 간략화해서 풀이하면, 결과적으로 아래에서 보듯이 전제들이 (6)의 모순인 QCaA와 양립할 수 있다. 따라서 LBeC가 성립할 수 없다. 실제로 (3), (5)로부터 FestinoLLL에 의해 (6)을 추론할 수 있다. 그렇다면 (4)는 불필요하다. 아리스토텔레스가 이 점을 간과한 것인가?(Striker)

(1) LAaB 전제
(2) AeC 전제
(3) LBeC 가정
(4) LCeB (3), 단순 환위
(5) LBiA (1), 제한 환위
(6) LCoA (4), (5) FerioLLL

183 CamestresLXL(LAaB, AeC⊢LBeC)의 불성립이 예시법에 의해서도 증명된다. '동물-인간-흼'이라는 세 항의 해석을 정리하면 결론이 '인간-흼'이라는 좁은 의미의 가능 양상 명제에서 해석되며, 그 필연이 '무조건적 의미에서의 필연'(30b39-40), 즉 결론 LBeC에 표현되는 양상으로서의 필연이 아니라 '조건적 필연'(30b38-39), 즉 전제와 결론 사이에 이루어지는 추론의 필연임이 밝혀진다. 즉 '조건적 필연'이란 논리적 필연으로서 '(P1 & P2)⊃Q' 명제가 논리적으로 참일 때, 전제 P1, P2가 결론 Q를 함의하는 것(imply)을 말한다.

184 '동물은 필연적으로 모든 인간에 속한다'(LAaB, 전제 1)와 '동물은 어떤 흰 것에도 속하지 않는다'(AeC, 전제 2). 아리스토텔레스는 LAiC와 QAeC라는 두 모순 명제의 양립 가능성을 인정하기도 한다.

것들이 그러할 때 [즉, 조건적] 필연으로 성립될 것이다.

(2) 특칭 추론의 경우도 마찬가지일 것이다. 즉, 부정 전제가 전칭이고 필연 양상일 때에는, 결론도 필연 양상으로 성립할 것이다. 그러나 긍정 전제가 전칭이고[185] 부정 전제가 특칭일 때에는, 결론은 필연 양상으로 성립하지 않을 것이다. 우선, (a) 부정 전제가 전칭이고 필연 양상이며, A는 B의 그 어떤 것에도 있어서는 안 되며, A는 어떤 C에는 있는 것으로 하자.[186] 그러면 [전칭] 부정은 환위되므로, B 또한 A의 어떤 것에도 있어서는 안 되는 것이 될 것이다. 그런데 A는 어떤 C에 있다. 따라서 B는 필연적으로 어떤 C에 없는 것이 될 것이다. 이번에는 (b) 긍정 전제가 전칭이고 필연 양상이며, 긍정이 B와 관계해서 놓였다고 하자.[187] 그렇다면 만일 A가 모든 B에게 필연적으로 있고, C의 어떤 것에는 없다면, B는 어떤 C에 없는 것이 될 것이라는 점은 분명하다. 하지만 필연적으로 없는 것은 아니다. 왜냐하면 전칭 추론의 경우와 같은 [3개의] 항이 그 논증을 위해 성립할 것이기 때문이다.[188] 그러나 (c) 만일 부정이 특칭으로 받아들여지고 필연 양상이라면, 결론은 필연 양상으로는 성립하지 않을 것이다.[189] 왜냐하

[31a]

[5]

[10]

[15]

---

185 '전칭 필연'을 말할 것이다.

186 FestinoLXL(LAeB, AiC⊢LBoC)의 성립. 증명은 대전제를 단순 환위하면(LAeB ⊢LBeA), FerioLXL(LBeA, AiC⊢LBoC)이 성립함에 따른다.

187 BarocoLXX(LAaB, AoC⊢BoC)의 성립과 BarocoLXL(LAaB, AoC⊢LBoC)의 불성립. 후자의 증명은 CamestresLXL의 불성립 증명(30b31-40)과 마찬가지로, 세 항의 항 해석 '동물-인간-흼'에 근거한 예시법에 따른다.

188 모든 인간이 필연적으로 동물이고, 어떤 흰 것들은 동물이 아니라면, 어떤 흰 것은 인간이 아니지만, 그것들이 필연적으로 인간이 아니라는 것이 따라 나오지 않는다.

189 BarocoXLX(AaB, LAoC⊢BoC)의 성립과 BarocoXLL(AaB, LAoC⊢LBoC)의 불성립. 후자의 증명은 CamestresLXL의 불성립 증명과 같은 예시법에 따른다. 덧붙여 FestinoXLX(AeB, LAiC⊢BoC)의 성립은 대전제를 단순 환위하면(AeB⊢BeA) FerioXLX(BeA, LAiE⊢BoC)가 성립하는 것으로부터 증명되지만, 본문에 언급되어 있지 않다. 이것은 제1권 제4-22장의 논술에서 제1-3격까지의 14식 중에서 성립하는

31a

면 동일한 [3개의] 항에 따라서 논증이 성립하기 때문이다.[190]

제11장

[20] (1) 마지막 격에 있어서는 두 끝항이 중항과 전칭으로 관계되고, 두 전제가 모두 긍정이라면, 그중 어느 쪽이든 한쪽이 필연 양상인 경우에는 결론 또한 필연 양상으로 성립할 것이다. 하지만 한쪽이 부정이고 다른 쪽이 긍정인 경우에, 부정이 필연 양상일 때에는 결론 또한 필연 양상으로 성립하겠지만, 긍정이 필연 양상일 때에는 결론은 필연 양상으로 성립하지 않을 것이다.

[25] 즉, 먼저 (a) 두 전제가 모두 긍정이고, A도 B도 모든 C에 있는 것이며, AC가 필연 양상이라고 하자.[191] 그러면 B는 모든 C에 있는 것이고, 전칭은 특칭으로 환위됨으로써 C 또한 어떤 B에 있게 될 것이다. 따라서 만일 A가 모든 C에 필연적으로 있으며, C 또한 어떤 B에 있다면, A 또한 어떤 [30] B에 있는 것이 필연이다. B는 C 아래에 있으니까. 따라서 제1격이 성립한다. (b) 이는 BC가 필연 양상이라 하더라도 마찬가지로 증명될 것이다.[192] 왜냐하면 C는 어떤 A에 있다고 환위되고, 따라서 만일 B가 모든 C에 필연적으로 있다면 B는 어떤 A에도 또한 필연적으로 있게 될 것이기 때문

추론으로서는 유일하게 언급되지 않는다.
190 모든 인간이 사실상 동물이고, 어떤 흰 것은 필연적으로 동물이 아니라면, 그 사실로부터 그것들이 필연적으로 인간이 아니라는 것이 따라 나오지 않는다.
191 DaraptiLXL(LAaC, BaC⊢LAiB)의 성립. 증명은 소전제를 제한 환위하면 (BaC⊢CiB), DariiLXL(LAaC, CiB⊢LAiB)이 성립함에 따른다.
192 DaraptiXLL(AaC, LBaC⊢LAiB)의 성립. 증명은 대전제를 제한 환위하고 (AaC⊢CiA), 소전제를 대전제로 하여 조합하면 DariiLXL(LBaC, CiA⊢LBiA)이 성립하고, 그 결론을 단순 환위하는 것(LBiA⊢LAiB)에 따른다.

102

이다.

이번에는 (c) AC가 부정이고 BC가 긍정이며, 부정 전제가 필연 양상이라고 하자.[193] 그러면 C는 어떤 B로 환위되고, A는 어떤 C에도 필연적으로 없으므로, A는 또한 어떤 B에 필연적으로 없게 될 것이다. B는 C 아래에 있는 것이니까.

[35]

하지만 (d) 긍정[전제]이 필연 양상이라면, 결론은 필연 양상으로 성립하지 않을 것이다.[194] 즉, BC가 긍정이고 필연 양상이며, AC가 부정이며 필연 양상은 아니라고 하자. 그러면 [전칭] 긍정은 환위되므로, C 또한 어떤 B에 필연적으로 있게 될 것이다. 따라서 만일 A는 어떤 C에도 없고, C는 어떤 B에 [필연적으로] 있다면, A는 어떤 B에 없는 것이 될 것이다. 하지만 필연적으로 없는 것은 아니다. 왜냐하면 제1격에서 부정 전제가 필연 양상이 아닐 때에는, 결론 또한 필연 양상으로는 성립하지 않을 것이라는 점이 증명되었기 때문이다. 게다가 이것은 [3개의] 항에 의해서도 분명할 것이다.[195] 즉, A가 '좋음', B에 해당하는 것이 '동물', C가 '말'이라고 하자. 그러면 좋음은 어떤 말에도 없어도 되지만, 동물은 모든 말에 있는 것이 필연적이다. 하지만 만일 모든 동물이 좋을 수 있다면 어떤 동물이 좋음이 아닌 것은 필연이 아니다. 혹은 만일 이것이 가능하지 않다고 한다면, '깨어 있다'거나 '잠자고 있다'를 항으로서 놓아야 한다. 왜냐하면 모

[40]

31b

[5]

---

193 FelaptonLXL(LAeC, BaC⊢LAoB)의 성립. 증명은 소전제를 제한 환위하면 (BaC⊢CiB), FerioLXL(LAeC, CiB⊢LAoB)이 성립함에 따른다.

194 FelaptonXLX(AeC, LBaC⊢AoB)의 성립과 FelaptonXLL(AeC, LBaC⊢LAoB)의 불성립. 전자의 증명은 소전제를 제한 환위하면(LBaC⊢LCiB), FerioXLX(AeC, LCiB⊢AoB)가 성립함에 따른다. 후자의 증명은 FerioXLL의 불성립에 의한다.

195 FelaptonXLL의 불성립이 세 항의 항 해석 '좋음-동물-말' 혹은 '깨어 있는(또는 잠든)-동물-말'에 근거한 예시법에 의해 재증명된다. 이에 따르면, 결론은 '좋음-동물' 혹은 '깨어 있다(혹은 잠을 자고 있다)-동물'이라는 좁은 의미의 가능 양상 전칭 긍정 명제로 해석되며 필연 양상의 결론이 부정된다.

[10] 든 동물이 이것들을 받아들일 수 있기 때문이다.[196]

그런데 양 끝항이 중항과 전칭으로 관계되어 있다면, 결론이 언제 필연 양상으로 성립될 것인가 하는 것이 이상으로 논의되었다. 이에 반해, (2) 양 끝항의 한쪽이 전칭이고, 다른 쪽이 특칭으로 [중항과] 관계하고 있다면, 양 끝항이 모두 긍정인 경우에는 (a) 전칭이 필연 양상으로 성립

[15] 할 때에는, 결론 또한 필연 양상으로 성립하게 될 것이다.[197] 논증은 앞서 행해진 것과 같다.[198] 왜냐하면 특칭 긍정 또한 환위되기 때문이다. 따라서 만일 B가 모든 C에 있는 것이 필연이고, A가 C 아래에 있다면, B는 어떤 A에 있는 것이 필연이다. 그리고 만일 B가 어떤 A에게 있는 것이 필연이라면, A 또한 어떤 B에 있는 것이 필연이다. 왜냐하면 특칭 긍정은 환위되기 때문이다. (b) AC가 전칭으로 필연 양상이라 하더라도 마찬가지

[20] 이다.[199] B는 C 아래에 있으니까.

하지만 특칭이 필연 양상으로 성립한다면, 결론은 필연 양상으로는 성립하지 않을 것이다.[200] 즉, (c) BC가 특칭이고 필연 양상이며, A가 모든 C에 있지만, 필연적으로 있는 것은 아니라고 하자. 그러면 BC가 환위된

[25] 다면 제1격이 성립하지만, 그 전칭 전제는 필연 양상이 아니라 특칭 전제

---

196 '좋음'이 모든 동물에게 참일 수 있는 어떤 항에 의해 대체될 수 있음을 지적한다.

197 DisamisXLL(AiC, LBaC⊢LAiB)의 성립. 증명은 앞의 DaraptiXLL(31a31-33)의 경우와 마찬가지로 대전제를 단순 환위하여(AiC⊢CiA), 소전제를 대전제로 조합시키면 DariiLXL(LBaC, CiA⊢LBiA)이 성립하고, 그 결론을 단순 환위하는 것(LBiA⊢LAiB)에 따른다.

198 31a24-37 참조.

199 DatisiLXL(LAaC, BiC⊢LAiB)의 성립. 증명은 앞의 DaraptiLXL(31a24-30)의 경우와 마찬가지로 소전제를 단순 환위하면(BiC⊢CiB), DariiLXL(LAaC, CiB⊢LAiB)이 성립함에 따른다.

200 DatisiXLX(AaC, LBiC⊢AiB)의 성립 및 DatisiXLL(AaC, LBiC⊢LAiB)의 불성립. 전자의 증명은 소전제를 단순 환위하면(LBiC⊢LCiB), DariiXLX(AaC, LCiB⊢AiB)가 성립함에 따른다. 후자의 증명은 DariiXLL의 불성립에 의한다.

가 필연 양상이다. 게다가 두 전제가 이러한 방식으로 관계되어 있을 때에는, 결론은 필연 양상으로는 성립하지 않았던 것이다. 따라서 이 경우에도 또한 결론은 필연 양상으로는 성립하지 않을 것이다. 게다가 이것은 [3개의] 항에서도 분명하다.[201] 즉 A가 깨어 있음, B가 두 발, C에 해당하는 것이 동물이라고 하자. 그러면 B는 어떤 C에 있는 것이 필연적인데, A는 [모든] C에 있어도 되지만, 또 A가 B에 있는 것은 필연적이 아니다. 어떤 두 발의 것이 잠을 자고 있거나 깨어 있는 것은 필연적이 아니기 때문이다. (d) 이는 또한 AC가 특칭이고 필연 양상이라 하더라도 동일한 [3개의] 항에 의해 동일하게 증명될 것이다.[202]

[30]

하지만 두 끝항의 한쪽이 긍정이고 다른 쪽이 부정인 경우, 전칭이 부정이고 필연 양상일 때에는 결론 또한 필연 양상으로 성립할 것이다.[203] 즉, (e) 만일 A가 어떤 C에도 있어서는 안 되고 B가 어떤 C에 있다면, A는 어떤 B에 없는 것이 필연적이다. 하지만 긍정[전제]이, (f) 전칭이든[204] (g) 특칭이든,[205] 필연 양상으로 놓이거나, 또는 (h) 부정이 특칭으로 필연

[35]

---

201 DatisiXLL의 불성립이 세 항의 항 해석, '깨어 있음-두 발-동물'에 기초한 예시법에 의해 재증명된다. 이것에 의하면, 결론은 '깨어 있음-두 발'이라고 한다. 좁은 의미의 가능 양상 명제로 해석되며 필연 양상의 결론이 부정된다.

202 DisamisLXX(LAiC, BaC⊢AiB)의 성립과 DisamisLXL(LAiC, BaC⊢LAiB)의 불성립. 전자의 증명은 대전제를 단순 환위하여(LAiC⊢LCiA), 소전제를 대전제로 조합시키면, DariiXLX(BaC, LCiA⊢BiA)가 성립하고, 그 결론을 단순 환위하는 것 (BiA⊢AiB)에 따른다. 후자의 증명은 세 항의 항 해석 '두 발-깨어 있음-동물'에 기초한 대조 예시법에 따른다.

203 FerisonLXL(LAeC, BiC⊢LAoB)의 성립. 증명은 전제를 단순 환위하면(BiC⊢CiB), FerioLXL(LAeC, CiB⊢LAoB)이 성립함에 따른다.

204 BocardoXLX(AoC, LBaC⊢AoB)의 성립 및 BocardoXLL(AoC, LBaC⊢LAoB)의 불성립. 전자의 증명은 귀류법에 의한다. 결론을 부정하고, 소전제와 조합하면 BarbaraXLX(AaB, LBaC⊢AaC)가 성립하여, 대전제 사이에 모순이 발생함에 따른다. 후자의 증명은 세 항의 항 해석 '깨어 있음-동물-인간'에 기초한 예시법에 따른다.

양상으로 놓일 때에는, 결론은 필연 양상으로는 성립하지 않을 것이다.[206]

[40] 이러한 증명은 다른 것에 대해서는, 앞의 경우에서도 말한 것과 동일한 것을 우리는 말할 수 있겠지만, [3개의] 항에 대해서는 (f) 긍정이 전칭이고 필연 양상일 때에는 '깨어 있음-동물-인간'이며, '인간'이 중항이다.

32a 하지만 (g) 긍정이 특칭으로 필연 양상일 때에는, '깨어 있음-동물-흼'이다. 왜냐하면 동물은 어떤 흰 것에 있는 것이 필연이지만, 깨어 있는 것은 어떤 흰 것에도 없어도 되고, 어떤 동물에게 깨어 있음이 있지 않은 것은

[5] 필연이 아니기 때문이다. 또 (h) 부정이 특칭이며 필연 양상일 때에는 [세 항은] '두 발-운동하고 있음-동물'이며, '동물'은 중항이다.

제12장

그런데 두 전제가 모두 무양상이 아닌 경우에는 무양상의 추론은 성립하지 않지만, 필연 양상의 추론은 한쪽 전제만이 필연 양상이라도 성립한다는 것은 분명하다.[207] 하지만 이 두 경우에, 모든 추론이 긍정이든 부정

---

205 FerisonXLX(AeC, LBiC⊢AoB)의 성립과 FerisonXLL(AeC, LBiC⊢LAoB)의 불성립. 전자의 증명은 소전제를 단순 환위하면(LBiC⊢LCiB), FerioXLX(AeC, LCiB⊢AoB)가 성립함에 따른다. 후자의 증명은 세 항의 항 해석 '깨어 있음-동물-흼'에 근거한 예시법에 따른다.

206 BocardoLXX(LAoC, BaC⊢AoB)의 성립 및 BocardoLXL(LAoC, BaC⊢LAoB)의 불성립. 전자의 증명은 귀류법에 의한다. 결론을 부정하고 소전제와 조합하면 Barbara(AaB, BaC⊢AaC)가 성립하여 대전제 사이에 모순이 생기는 것에 의한다. 후자의 증명은 세 항의 항 해석 '두 발-운동하고 있음-동물'에 기초한 예시법에 따른다.

207 앞선 논의에서 귀결된 결과를 말하고 있다. 무양상(단언적, 정언적) 추론과 필연 양상 추론에 대한 논의가 끝나고, 이들 전제와 결론 사이에 이루어지는 양상 관계가 고찰된다(제1권 제16장, 제19장, 제22장).

이든, 한쪽의 전제는 결론과 동일해야 한다는 것[208]은 필연적이다. 여기서 [10] 내가 '비슷한 것'이라고 말하는 것은, 결론이 무양상이면 전제도 무양상이고, 결론이 필연 양상이면 전제도 필연 양상이라는 것이다.[209] 따라서 다음과 같은 사실 또한 분명하다. 즉, 전제가 필연 양상이거나 무양상으로 받아들여지지 않는 한, 결론이 필연 양상으로도, 무양상으로도 성립할 수 없을 것이라는 것이다.

이렇게 해서 필연 양상[의 추론]에 대해서, 그것이 어떻게 성립하는지, [15] 또 무양상[의 추론]에 대해서, 어떠한 차이가 있는지 하는 것이 이상으로 거의 충분히 말해진 셈이다.

제13장

다음으로, 우리는 가능한 것[가능 양상]에 대해 추론이 언제, 어떻게, 또 무엇에 의해 성립될 것인가를 논하기로 하자. (1) 내가 '있을 수 있다'라거나 '있을 수 있는 것'이라고 말하는 것은 필연은 아니지만, [뭔가에] 있다고 받아들여지더라도, 그것 때문에 아무런 불가능한 일이 일어나지 않을 것임을 의미한다.[210] 그것은 필연적인 것도 '있을 수 있다'라고 우리 [20]

---

208 즉 '같은 양상'을 가져야만 한다는 것.

209 여기서 huparchein은 부정과 긍정 명제를 구별하는 것이 아니라, 양상과 정언 (단언) 명제를 구분하는 것으로 사용된 말이다. en tō[i] huparchein(제1권 제17장 37a39)과 huparchousa protasis는 'nonmodal'(무양상) 전제를 말한다. (1) 무양상 (단언적인)의 결론은 두 개의 무양상의 전제를 요구한다. (2) 필연 양상의 결론은 하나의 필연 양상의 전제와 무양상의 전제로부터 따라 나온다. (3) 이 두 경우에, 결론과 같은 동일한 양상인 하나의 전제가 있어야 한다.

210 이것이 가능 양상 추론의 전제가 되는 엄밀한 의미에서의 '가능'(endechesthai, to endechomenon) 양상, 즉 좁은 의미의 가능 양상의 정의이다. 이것은 필연은 아니지만, 어떤 것으로 놓인다고 해도, 불가능한 그 어떤 것을 함축하지 않는다는 것, 따

는 말하지만, 그것은 동명이의적으로(homonumōs)[211] 그렇게 말하는 것에 지나지 않기 때문이다.[212]

[25] [[이 일이 '있을 수 있는 것'은 모순 대립하는 부정과 긍정으로부터 명백하다. 왜냐하면 '있을 수 없다'와 '어떤 것은 불가능하다'와 '없는 것이 필연이다'라는 것은 같거나 서로 부수되기 때문이며, 따라서 이들과 모순 대립하는 것, 즉, '있을 수 있다'와 '어떤 것은 불가능하지 않다'와 '없는 것이 필연적이지 않다'라는 것은 동일하거나 서로 부수되기 때문이다. 왜냐하면 모든 것에 대해 긍정 또는 부정 중 하나가 성립하기 때문이다. 그렇기에 '있을 수 있는 것'은 필연이 아니며, 또 '필연이 아닌 것'은 '있을 수 있는 것'이다.]][213]

[30] (2) 이것으로부터, 가능 양상의 전제는 모두 서로 환위된다는 것이 따라 나온다.[214] 여기서 내가 의미하는 바는 긍정의 전제가 부정의 전제로

라서 필연은 아니지만 불가능하지 않은 것(not necessary but entailing anything impossible), 달리 표현하면 **두 측면에서의 가능**(two-sided possibility; neither necessary nor impossible)으로 정의된다. 가능 개념에 대해서는 『형이상학』 제9권 1047a24-26 참조.

211 『범주론(카테고리아)』 제1장 1a1-2("공통적으로 그 이름만 갖지만, 그 이름에 대응하는 실체의 정의는 다른 것") 참조.

212 제1권 제3장 25a38-39 참조.

213 이 부분(32a21-29)은 Becker(1933) 이래로, 『명제론』 제12-13장의 논의에 친숙한 누군가가 나중에 삽입한 것으로 보고 Ross를 비롯한 대부분의 편집자에 의해서 삭제된다. 즉 『명제론』 제12장의 넓은 의미의 정의와 여기서 규정된 '가능의 정의'를 화해하려는 구상을 가지고 삽입한 것으로 본다. 『명제론』 제13장의 논의(22b22-37)에 따라, 처음에 가능, 불가능, 필연의 세 양상 간의 동치관계를 정식화하고(이때의 가능은 단면 가능[one-sided possibility, 약한 의미의 '가능']으로서의 넓은 의미의 가능 양상이다), '그렇기에'(ara, 32a28) 있을 수 있는 것(가능)은 필연이 아닌 것과 동치라고 주장하여 좁은 의미의 가능 양상과 필연 양상의 모순 관계를 말하고 있다. 이는 논리의 비약 외에 아무것도 아니다(Striker, pp. 128-129 참조).

214 좁은 의미의 가능 양상 정의의 요점은 '필연이 아니다'라는 점에 있다. 따라서 있

환위된다는 것이 아니라, 형식상으로는 긍정의 전제끼리 상반된 방식으로 환위된다는 것이다. 예를 들어 '있을 수 있다는 것'은 '없을 수도 있는 것'으로, 또 '모든 것에 있을 수 있는 것'은 '어떤 것에도 없을 수 있는 것'이거나 혹은 '모든 것에는 없을 수 있는 것'으로, 또 '어떤 것에 있을 수 있는 것'은 '어떤 것에 있을 수 없는 것'으로 환위되는 것이다.[215] 다른 전제의 경우도 마찬가지다.[216] 그것은 가능한 것은 필연이 아니며, 필연이 아닌 것은 없을 수도 있는 것이기 때문에, 만일 A가 B에 있을 수 있다면, A는 또한 B에 없을 수도 있고, 게다가 만일 A가 B의 모든 것에 있을 수도 있다면, A는 또한 B의 모든 것에 없을 수도 있다는 것은 분명하기 때문이다. 이는 특칭 긍정 전제의 경우에도 마찬가지이다. 왜냐하면 동일한 논증이 성립하기 때문이다. 그런데 이러한 전제는 [형식상으로는] 긍정이 [35] [40] 32b

---

을 수 있는 일은 없을 수 있는 일이고, 없을 수 있는 일은 있을 수 있는 일이며, 긍정과 부정이 동치가 되어 서로 환위되게 된다. Ross는 이것을 '상보 환위'라고 불렀다. 'A는 B에 속할 수 있다'는 2가지로 해석할 수 있다. (1) 모든 B는 A임이 필연적인 것도 또 불가능한 것도 아니다(de dicto). (2) 모든 B에 대하여, 그것이 A임은 필연적인 것도 불가능한 것도 아니다(de re). Becker는 상보 환위가 단지 de re 해석에만 성립된다고 주장한다.

215 QAaB⊢QAeB, QAaB⊢QAoB / QAiB⊢QAoB.

216 좁은 의미의 가능 양상 전칭 긍정을 QAaB라고 표기하자. 예를 들면 이것은 전칭 부정과 특칭 부정의 두 가지로 환위되고(QAaB⊢QAeB, QAaB⊢QAoB), 또 특칭 긍정은 특칭 부정으로 환위된다(QAiB⊢QAoB). 이 점은 전칭 부정과 특칭 부정에 대해서도 마찬가지다. 또 전칭 긍정과 전칭 부정, 특칭 긍정과 특칭 부정은 각각 동치가 된다. 그리고 좁은 의미의 가능 양상은 넓은 의미의 가능 양상을 포함하므로, 앞의 양자는 넓은 의미의 가능 양상 전칭 긍정과 전칭 부정의 연언(MAaB ∧ MAeB)으로, 뒤의 양자는 넓은 의미의 가능 양상 특칭 긍정과 특칭 부정의 연언(MAiB ∧ MAoB)으로서 정식화된다. 즉 QAeB⊢QAiB, QAoB⊢QAiB, 따라서 QAiB와 QAoB처럼, QAaB와 QAeB는 동치이다. 전칭 명제는 각각의 특칭 명제를 함의한다. 그리고 좁은 의미의 가능 양상에 관한 독특한 이러한 환위를, Ross에 따라서 '상보 환위'(complementary conversion)라고 부른다(p. 298).

지 부정이 아니다. 그 이유는 앞에서 설명한 바와 같이, '…임이 가능하다' 라는 표현은 '[…로] 있다'라는 표현과 말의 배열 방식이 동일하기 때문이다.[217]

[5] (3) 이런 것들이 규정되었으니, 우리는 더 나아가 '…임이 가능하다'가 두 가지 방식으로 말해질 수 있음을 논하기로 하자.[218] 즉, (a) 한 가지 의미에서는 대개의 경우에 그렇게 되지만 필연까지는 이르지 않는[219] 것으로, 예를 들어 인간이 흰머리가 된다든가, 성장하거나 쇠약해진다든가 하는 등 일반적으로 그렇게 있는 것이 자연 본성에 속하는 일이다(이것은 인간이 항상[영원히] 존재하는 것이[220] 아니기 때문에 '연속된 필연성'을 갖지는 [10] 않지만, 인간이 존재하는 한 필연적으로 또는 대부분의 경우에 일어나기 때문이다).[221] (b) 또 다른 의미에서는 부정칭(不定稱)한 것, 다시 말해 그렇게 있을 수도, 그렇게 있지 않을 수도 있는 것으로, 예를 들어 동물이 걷는다든가, [그것이] 걷고 있을 때 지진이 일어난다든가 하는 등, 일반적으로 우연에 의해 생기는 것이다. 왜냐하면 아무것도 그렇게 있는 것이 그 반대에 있는 것보다 자연 본성의 것이 아니기 때문이다. 그래서 양쪽이 있을

---

217 제1권 제3장 25b21-22 참조.

218 아래에서 좁은 의미의 가능 양상에 관한 존재론적인 규정을 두 가지로 들고 있다. 하나는 '대부분의 경우에 있는 것', '자연 본래의 것'이고, 다른 하나는 '부정칭(不定稱)한 것', '우연에 의해 생기는 것'이다.

219 문자적으로는 '사이에 간격을 남긴다'(dialeipein). 그 반대는 '연속된'(sunech-es, 32b8)이다. 자연적 변화는 필연적으로 일어나지만, 한 종의 모든 개별자에게 일어나지는 않는다. 모든 인간은 필연적으로 나이가 들면 백발(白髮)이 된다는 것은 참이 아니다. 어떤 사람은 그에 앞서 죽을 수 있기 때문이다. 그럼에도 우리는 인간이 충분히 오래 살면 백발이 되는 것은 필연적이라고 말할 수 있다. 이것은 '불연속적인 필연성'의 경우일 것이다.

220 인간의 존재가 아니라 인생의 길이.

221 '대부분의 경우에 그런 것'과 '필연적으로 그런 것'에 대해서는 『토피카』 제2권 제6장 112b9-15 참조. 사람들이 대부분의 경우에 나쁘다고 해도, 인간이 자연 본성적으로 나쁘다는 것이 따라 나오는 것은 아니다.

수 있는 것은 각각 반대의 전제에 의해서도 환위되지만,[222] 그러나 그것은 [15]
동일한 방식에 의해서가 아니라, 그렇게 있는 것이 자연 본성적인 것은,
그렇게 있는 것이 필연이 아닌 것에 의해서(이러한 방식으로 인간은 흰머
리가 되지 않아도 되기 때문이다), 또 부정칭(不定稱)한 것은, 아무것도 그
렇게 있는 것이 저렇게 있는 것보다 자연 본성의 일이 아님에 의해서 환위
되는 것이다.[223]

(c) 그리고 지식이나 논증 추론은 부정칭(不定稱)한 것에 대해서는 중
항이 불확정이기 때문에[224] 성립하지 않지만, 자연 본성의 것에 대해서는
성립한다. 그리고 대부분의 논의와 탐구는 이러한 방식으로[즉 후자의 의 [20]
미] 가능한 것에 대해서 성립할 수 있다.[225] 전자의 의미에서 있을 수 있는
것에 대해서는, 추론이 성립하는 일도 있을 수 있지만, 탐구되지 않는 것

---

222 양쪽이 있을 수 있는 것은 각각 '반대의 전제에 의해서도 환위된다'(32b13-15)
라는 것은, 이것들이 제1권 제3장(25a37-b19)에서 주장된 좁은 의미의 가능 양상 전
제의 환위(단, 전칭 부정 전제는 환위되지 않으며 제외된다)에 더해서, 이 장에서 주
장된 '상보 환위에 의해서도 환위된다'는 것을 말하는 것으로 이해된다.

223 양쪽이 있을 수 있는 것은 모두 '반대의 전제에 의해서도 환위되지만', 좁은 의미
의 가능 양상에서는 전칭 긍정과 전칭 부정이 동치이고, '상보 환위'된다는 것은 분명
히 둘 중에서도 세계의 우연성이라는 부정칭(不定稱)한 것 쪽을 따른 정식화라고 해
야 할 것이다.

224 논증 추론에서는 '중항'은 결론의 그 주어에 속하는 술어가 속하는 원인을 보여
주는 것이다(『분석론 후서』 제1권 제13장 78a22-31, 제6장 74b26-39 참조). 우연한
사태는 규칙성이 없이 드물게 일어나는 것들이기 때문에, 그들의 원인은 우연적일 수
밖에 없다. 따라서 그러한 사태에 대해서는 학적 설명(원인)이 있을 수 없다. 그래서
우연적 사태에 대해서는 논증적 지식이 없다. 우연적 사태에 대해서는 『자연학』 제2권
제4-6장, 『형이상학』 제6권 제2장 1026b27-1027a28 참조, 또 학적 지식에 대해서는
『분석론 후서』 제1권 제30장 87b19-27 참조.

225 학적 논증이 자연적인 것과 대부분의 경우에 일어난 것에 대해서 가능할 수 있다
는 주장은, 『분석론 후서』에서의 '학적 지식과 논증'은 필연적 사실과 필연적 전제에
근거해서만 가능하다는 주장과 모순되는 것처럼 보인다(『분석론 후서』 제1권 제30장
87b20-25).

이 흔히 있는 일이다.[226]

그런데 이러한 것들은 아래의 논의에서 한층 더 잘 규정될 것이다.[227] (4) 지금은 언제, 어떻게, 어떤 추론이 가능 양상의 전제로부터 성립될 것인가를 우리가 논하기로 하자.[228]

[25] 그런데 '이것[X]이 이것[Y]에 있을 수 있다는 것'은 두 가지 방식으로 이해할 수 있다.[229] 즉, '이것[Y]이 [무양상으로] 그것에 있다'[그런데 그것에 이것[X]이 있을 수 있다], 또는 '이것[Y]이 [가능 양상으로] 그것에 있을 수 있다'[그런데 그것에 이것[X]이 있을 수 있다] 중 하나이다. (왜냐하면 'A가 B가 있는 것에 있을 수 있다'라는 것은 다음의 두 가지 중 어느 하나를, 즉, 'A가 [무양상으로] B가 말해지는 것에 있을 수 있다' 또는 'B가 [가능 양상으로] 그것에 대해 말해지는 곳의 그것에 A가 있을 수 있다'라는 것 중 하나를 표시하는 것이기 때문이다.) 그런데 'B가 그것에 대해 있는 것에

[30] A가 있을 수 있다'와 'A가 모든 B에 있을 수 있다'라는 것은 아무런 차이가 없기 때문이다. 따라서 'A가 모든 B에 있을 수 있다'가 두 가지 방식으

---

226 다음 장에서 전개되는 가능 양상 추론, 특히 두 전제가 모두 좁은 의미의 가능 양상 추론의 의미를 떠올리게 하는 문장이다.

227 이에 대한 본격적인 논의는 어디에도 볼 수 없으나, 제1권 제27장 43b32-36, 『분석론 후서』제1권 제8장 75b33-36, 제30장 87b19-27, 제2권 제12장 96a8-19에서 다시 언급되고 있다.

228 가능 양상 전제의 추론을 다루는 논의로 옮겨 갈 것이라는 대목은 이 책의 장 구분상, 제13장 말미에 놓여야 할 것으로 보인다. 제13장 첫머리에서도 "다음으로, 우리는 가능한 것[가능 양상]에 대해 추론이 언제, 어떻게, 또 무엇에 의해 성립될 것인가를 논하기로 하자"라는 언급이 나온다.

229 누군가의 질문에 대한 답변으로 주어지는 것으로 보인다. 이 문제와 비슷한 논의가 이루어지는 제1권 제41장 참조. Striker는 QAaB 형식의 명제는, (1) '모든 실제적 B들이 A일 수 있는 경우'와 (2) 'A가 B일 수 있는 모든 것에 대해 참일 수 있는 경우'를 의미하는 것으로 이해하고, 잠자는 사람 모두는 아무도 잠들지 않는다고 하더라도 꿈을 꿀 수도 있다는 것이 참일 수 있다는 예를 들고 있다. 가능 양상 전칭 긍정 전제(QAaB)의 두 가지 정식화에 관한 논의가 32b25-32에서 전개된다.

로 말해질 것이라는 점은 분명하다.

그래서 우선, 우리는 C가 그것에 대해 있을 수 있는 것에, 그것에 B가 있을 수 있고, 또 B가 그것에 대해 있어도 되는 것에, 그것에 A가 있을 수 있다고 하면,[230] 추론으로서 어떤 것이고, 또 어떤 성질의 것이 성립할 것인가를 말하기로 하자.[231] [[왜냐하면 이와 같은 방식으로 하면, 두 전제가 모두 가능 양상의 의미로 받아들여지게 되지만,[232] B가 [무양상으로] 그것에 대해 어떤 부분의 그것에 A가 있을 수 있다고 하는 경우에는, 한쪽의 전제는 무양상이고, 다른 쪽의 전제는 가능 양상이기 때문이다.[233]]] 따라서 다른 경우에서와 마찬가지로,[234] [양상에 관하여] 동일한 형식의 두 전제로 시작해야 한다.[235]

[35]

---

230 가능 전제에 대한 또 다른 구분이 이루어지는데, 아리스토텔레스가 사용한 말이 모호하기도 하지만, 이해하기도 어렵다. 원어로는 'ei kath' hou to Γ to B endechetai, kai kath' hou to B to A'이다.

231 32-33행("그래서 우선, 우리는 C가 그것에 대해 있을 수 있는 것에…")은 24-25행 다음에 와야 할 것으로 보인다.

232 이 경우 대전제(QAaB)는

(X)(QBaX → QAaX)로서,

또 소전제(QBaC)는

(X)(QCaX → QBaX)로 표현된다.

'X'는 항 변항을 나타낸다.

233 이 경우에 대전제(QAaB)는

(X)(BaX → QAaX)로서,

또 소전제(BaC)는 정언적 전제로

(X)(CaX → BaX)로 표현된다.

234 이는 무양상 추론(제1권 제4-6장)에 대해서는 당연하지만, 필연 양상 추론에서 우선 두 전제가 필연 양상인 추론을 제1권 제8장에서 논하고, 다음으로 두 전제의 한쪽이 필연 양상, 다른 쪽이 무양상인 추론을 제9-11장에서 논한 것을 말한다.

235 Striker는 이 부분이 아리스토텔레스의 동료인 누군가가 제기한 질문에 대한 대답으로 추가되었을 수 있는 것으로 생각하면서, 전칭 긍정 명제(전제)에 대한 2가지 다른 해석에 관한 논의의 벗어남으로 인해 논의가 지연된 것으로 본다. 32-33행("그래

제14장

[40]

33a

그런데 (1) A가 모든 B에 있을 수 있고, 또 B가 모든 C에 있을 때에는, A는 모든 C에 있을 수 있다는 완전한 추론이 성립할 것이다.[236] 이것은 [가능 양상 전칭 긍정 전제의] 정의에서 명백하다. 왜냐하면 '[뭔가가 어떤] 모든 것에 있을 수 있다'라고 우리가 말하는 것은 이런 의미였기 때문이다. 마찬가지로 또한, A가 어떤 B에도 없을 수도 있고, B가 모든 C에 있다고 하면, A는 어떤 C에도 없을 수 있다는 완전한 추론이 성립할 것이다.[237] 왜냐하면 B가 그것에 대해 있을 수 있는 것에 대해 **A가 없을 수 있는 것**[이라는 가능 양상 전칭 부정 전제],[238] 이것은 [가능 양상으로] B 아래에 있을 수 있는 것들 중 [A가 그것에는 없어도 될 것을] 아무것도 남기지 않았다는 것[239]이었기 때문이다.

서 우선, 우리는 …")은 이러한 설명이 삽입되기 전에 단순히 24-25행을 따른 것으로 추정한다. Becker는 나중에 추가한 것으로 보고 전체 구절을 삭제할 것을 제안한다. 그러나 모든 사본(MSS)에서 발견되며 보편적 전제의 해석에 대한 언급은 Becker 자신이 지적한 것처럼 실제로 14장과 관련이 있다. 어쨌든 Striker는 34-36행([[…]]) 만이 끔찍할 정도로 혼란스럽다고 지적하고 있다.

236 무양상 제1격의 추론에서의 완전한 추론에 대해서는 25b39-40, 26a24 참조. 아리스토텔레스는 제8-12장에서 완전한 추론과 불완전 추론을 명확하게 언급하지 않았다. BarbaraQQQ(QAaB, QBaC⊢QAaC)의 성립. 이것은 완전한 추론이며, 앞 장에서 언급된 '가능 양상 전칭 긍정'의 정의(32b25-37 참조)로부터 따라 나오는 것으로 주장하고 있다.

237 CelarentQQQ(QAeB, QBaC⊢QAeC)의 성립. 이것도 완전한 추론이며, 가능 양상 전칭 부정의 정의와 그 추이성에서 분명하다. 완전한 추론인 BarbaraQQQ, CelarentQQQ 이외의 식들은 '상보 환위'를 통해 이 2개의 완전한 추론에 의해 증명된다.

238 즉, 'A가 어떤 B에 속하지 않는 것이 가능하다'.

239 이것은 무양상 전제에 대한 '모든 것에 속한다'[술어가 된다] 혹은 '어떤 것에도 속하지 않는다'[술어가 되지 않는다]라는 정의(24b28-30)와 연관되고 있다(앞 장의

그러나 A가 모든 B에 있을 수 있고, B가 어떤 C에도 없어도 될 때에 [5] 는, 받아들여진 전제에 따라서는 어떤 추론도 성립되지 않지만, 전제 BC 가 가능 양상에 따라 환위된다면 앞에 성립한 것과 동일한 추론이 성립 한다.[240] 왜냐하면 B는 어떤 C에도 없을 수 있으므로, B는 또한 모든 C에 [10] 있을 수 있기 때문이다. 이것은 앞에서 말한 것이다.[241] 따라서 B가 모든 C에 있어도 되고, A가 모든 B에 있어도 된다면, 다시 동일한 추론이 성립 되기 때문이다. 또, 두 전제와 관계하여 부정이 '있을 수 있다'[라는 부가 표현]와 함께 놓인다고 해도 마찬가지이다.[242] 여기서 내가 말하는 것은, 예를 들어 A가 어떤 B에도 없을 수 있고, 또 B가 어떤 C에도 없을 수 있 게 되는 경우이다. 받아들여진 그대로의 전제에 따라서는 어떤 추론도 성 [15] 립되지 않지만, 두 전제가 환위된다면 앞에서도 성립했던 것과 같은 추론 이 다시 성립될 것이기 때문이다.

그래서 부정이 작은 끝항과 관계하여 놓이거나 또는 두 전제와 관계하 여 놓인다면 추론은 성립하지 않거나, 성립하지만 완전한 것이 아니라는 것은 분명하다. 왜냐하면 환위에 의해서 [추론의] 필연이 완결되기[243] 때 [20] 문이다.

(2) 두 전제의 한쪽이 전칭으로, 다른 쪽이 특칭으로 받아들여지는 경 우에는, 전칭의 전제가 큰 끝항과 관계하여 놓인다면 완전한 추론이 성립

32b35-37 참조).

240 AEAQQQ(QAaB, QBeC⊢QAaC)의 성립. 증명은 소전제를 '상보 환위'하면 (QBeC⊢QBaC), '앞에 성립한 것'(33a9)인 BarbaraQQQ(QAaB, QBaC⊢QAaC)가 성립함에 따른다.

241 가능 양상 전칭 전제의 상보 환위에 대해서는 제1권 제13장 32a29-b1 참조.

242 EEAQQQ(QAeB, QBeC⊢QAaC)의 성립. 증명은 두 전제를 상보 환위하면 (QAeB⊢QAB, QBeC⊢QBaC), '앞에서도 성립했던 것'(33a17)인 BarbaraQQQ (QAaB, QBaC⊢QAaC)가 성립하는 것에 따른다.

243 perainetai 대신에(Ross) ginetai(생긴다)로 나오는 사본도 있다.

될 것이다.[244] 즉, 만일 A가 모든 B에 있을 수 있고, B가 어떤 C에 있을 수 있다면, A는 어떤 C에 있을 수 있다. 이것은 [무언가가 무언가의 모든 것에] '있을 수 있다'는 정의로부터 명백하다. 게다가 만일 A가 어떤 B에도 없을 수 있고, B가 어떤 C에 있을 수 있다면, A는 어떤 C에 있지 않을 수 있음은 필연적이다.[245] 논증은 앞과 동일하다. 하지만 특칭 전제가 부정이고, 전칭 전제가 긍정으로 받아들여지고, 두 전제가 배열에서 앞과 마찬가지로 관계되어 있는 경우에는,[246] (즉, A가 모든 B에 있을 수 있고, B가 어떤 C에 없을 수 있는 경우에는[247]) 받아들여진 두 전제에 의해 명백한 추론[248]이 성립되지 않지만, 특칭 전제가 환위되어 B가 어떤 C에 있을 수 있는 것으로 놓인다면, [이 장의] 최초의 경우와 마찬가지로,[249] 앞에서도 성립한 것과 동일한 [추론의] 결론이 성립될 것이다.

큰 끝항과 관련된 전제가 특칭이고, 작은 항과 관련된 전제(소전제)가 전칭으로 받아들여진 경우에는, 두 전제가 모두 긍정으로 놓이든, 모두 부

---

244 DariiQQQ(QAaB, QBiC⊢QAiC)의 성립. 이것은 BarbaraQQQ와 마찬가지로 '있을 수 있다'. 즉 가능 양상 전칭 긍정의 정의에서 분명하고 완전한 추론이다. Ross가 삭제한 33a23의 teleios(완전한)를 사본대로 읽는다.

245 FerioQQQ(QAeB, QBiC⊢QAoC)의 성립. 증명은 DariiQQQ와 마찬가지로 대전제로서의 가능 양상 전칭 부정에 의한다. 그 정의에 따른 것이며 완전한 추론이다.

246 앞의 DariiQQQ나 FerioQQQ와 마찬가지로 대전제가 전칭으로, 소전제가 특칭으로 관계되어 있는 것을 말한다.

247 AOIQQQ(QAaB, QBoC⊢QAiC)의 성립. 증명은 소전제를 상보 환위하면 (QBoC⊢QBiC), '앞에서도 성립되었던'(33a33-34) DariiQQQ(QAaB, QBiC⊢QAiC)가 성립함에 따른다. 또한, 대전제가 전칭 부정인 EOIQQQ(QAeB, QBoC⊢QAiC)도 성립한다. 증명은 두 전제를 상보 환위하면(QAeB⊢QAaB, QBoC⊢QBiC), DariiQQQ(QAaB, QBiC⊢QAiC)가 성립함에 따른다.

248 '명백한 추론'(phaneros sullogismos, 33a31)이란, 두 전제가 처음에 받아들여진 대로 추론의 필연성이 명백해지는 추론, 즉 '완전한 추론'(perfect syllogism)을 의미한다(제1권 제1장 24b22-24, 제9장 30a22 참조).

249 상보 환위에 의한 증명에 대해서는 이 장의 첫 AEAQQQ의 증명(33a5-12) 참조.

정으로 놓이든, [긍정 부정에 관하여] 동일한 형식으로 놓이는 것이 아니든, 또 (3) 두 전제가 모두 부정칭(不定稱)이거나 특칭으로 놓인다고 하더라도 추론은 전혀 성립하지 않을 것이다.[250] 왜냐하면 B는 A보다 외연(外延)이 크고 [A와] 동일한 영역에 술어가 되지 않는다고 하더라도 아무런 지장이 없기 때문이다. 그래서 B가 A보다 외연이 큰 부분을 C로서 받아들였다고 하자. 그것은 가능 양상의 두 전제가 환위되고, 또 B가 A보다 더 많은 것에 있을 수 있다고 한다면, A는 가능 양상의 전칭 긍정에도, 전칭 부정에도, 특칭 긍정에도, 특칭 부정에도, 이 C에는 없을 것이기 때문이다.[251]

[40]

33b

게다가 이것은 또한 [3개의] 항에서도 분명하다.[252] 왜냐하면 두 전제가 이러한 방식으로 관계하고 있을 때에는, 첫 번째 항은 마지막 항의 어떤 것에도 있을 수 없으며[비(非) 가능 양상], 또 [마지막 항] 그 모두에 있는 것이 필연적인 것이 되기 때문이다. 모든 경우에 공통이고 [결론이] 필연 양상[전칭] 긍정이 되는 [세 개의] 항은 '동물-힘-인간'이며, [전칭] '비가능 양상'('있을 수 없는 것')이 되는 [세 가지] 항은 '동물-힘-겉옷'이다.

[5]

이로부터 [3개의] 항이 이러한 방식으로 관계되어 있는 경우에는, 어떠

---

250 대전제가 특칭, 소전제가 전칭인 조합(IA, OE, IE, OA) 및 부정칭도 포함하여 두 전제가 특칭인 조합(II, IO OI, OO)의 추론의 불성립. 명확한 '양화사'가 없는 전제들은 특칭으로 다루어진다(제1권 제4장 26a28 참조).
251 이 경우 결론을 구성하는 두 항 AC 사이에는 필연 양상 전칭 부정의 관계가 성립할 뿐, 가능 양상의 관계는 모두 배제된다.
252 이것은 흔히 아리스토텔레스가 양상 추론에 적용된 반례를 통한 거부의 방법으로, 세 항의 항 해석에 기초한 대조 예시 증명법이다. 또, 아래의 대조 예시 증명법에서 이야기되는 비가능 양상이란 불가능 양상, 즉 필연 양상의 부정을 의미하며, 따라서 전칭 비가능 양상이란 필연 양상 전칭 부정을 말한다. 전제 QAiB, QBaC는 NAaB 및 NAeC와 양립 가능하다. NAeC는 NAaC와 AaC를 배제하고, NAaC는 부정적 결론을 배제한다.

[10] 한 추론도 성립되지 않는다는 것은 분명하다. 왜냐하면 모든 추론은 무양상이든가, 아니면 필연 양상이든가, 또는 가능 양상의 결론을 취하기 때문이다. 그런데 무양상과 필연 양상의 [결론을 취하는] 추론이 성립하지 않음은 분명하다. 왜냐하면 긍정의 추론은 부정의 추론에 의해서, 부정의 추론은 긍정의 추론에 의해서 파기되기 때문이다. 그래서 가능 양상의 [결론을 취하는] 추론이 남게 된다. 그러나 이것은 불가능하다. 왜냐하면 [15] [3개의] 항이 이러한 방식으로 관계되어 있는 경우에는, 첫 번째 항이 마지막 항 모두에 있는 것이 필연적인 동시에, 또한 마지막 항의 그 어떤 것에도 있을 수 없다는 것이 증명되었기 때문이다. 따라서 가능 양상의 [결론을 취하는] 추론은 성립하지 않을 것이다. 왜냐하면 필연적인 것은 '있을 수 있는 것'이 아니었기 때문이다.

[20] 이렇게 해서, [3개의] 항이 가능 양상의 두 전제에서 전칭으로 관계되어 있는 경우에는, 그러한 항이 긍정이든, 부정이든, 제1격에서 항상 추론이 성립하는 것은 분명하다. 단, 그러한 항이 긍정인 경우에는 추론은 완전한 것이지만, 부정인 경우에는 불완전한 것이다. 또 '있을 수 있다'는 가능 양상을 필연적인 것[필연 양상]을 포함하는 것이 아니라, 앞서 이야기된[253] [좁은 의미의 가능 양상의] 정의에 따라 받아들여야만 한다. 때로는 이런 사실을 깨닫지 못할 때가 있다.[254]

---

253 제1권 제13장 32a18-20 참조.

254 즉, 엄격한(좁은) 의미의 endechomenon(가능)['불가능한 것도 필연적인 것도 아니다'(Neither impossible nor necessary)](32a18-20)과 '불가능한 것이 아니다'(not impossible)라는 '넓은' 의미만을 갖는 endechomenon(가능)의 구별을 말한다. 만일 넓은 의미의 '가능' 개념을 받아들이면, '상보 환위'가 성립하지 않을 것이다.

제15장

(1) 두 전제의 한쪽은 무양상[정언적]이고, 다른 쪽은 가능 양상으로 받 [25]
아들이는 경우에는, 큰 끝항과 관계된 전제가 가능 양상을 표시할 때, 모
든 추론은 완전한 것이며, 게다가 앞에서 말한 정의에 따라 [좁은 의미의]
가능 양상의 결론을 내리고 성립할 것이다. 그러나 작은 항과 관련된 전제
가 가능 양상을 표시할 때에는, 모든 추론은 불완전한 것으로, 게다가 그
것들 중 부정의 추론은 정의에 따른 [좁은 의미의] 가능 양상의 결론이 아 [30]
니라, '어떤 것에도 없다거나 또는 모든 것에 필연적으로 없다'라는 [넓은
의미의 가능 양상의] 결론을 내리고 성립할 것이다. 왜냐하면 만일 무언
가가 '어떤 것에도 또는 모든 것에 필연적으로 없다'라고 한다면, '어떤 것
에도, 또 모든 것에는 없을 수 있다'라고 우리는 말하기 때문이다.[255]

즉, (a) A가 모든 B에 있을 수 있고, B가 모든 C에 있는 것으로 놓도
록 하자.[256] 그러면 C는 B 아래에 있고, A는 모든 B에 있을 수 있으므로, [35]
A는 모든 C에도 있을 수 있음은 분명하다. 그래야 완전한 추론이 성립된
다. 마찬가지로, (b) 전제 AB가 부정이고, 전제 BC가 긍정이며, 전자가
가능 양상, 후자가 무양상으로 받아들여질 때에도, A는 어떤 C에도 없을
수 있다는 완전한 추론이 성립하게 된다.[257] [40]

그래서 무양상의 전제가 작은 끝항과 관계해서 놓일 때에는, 동시에 완 34a
전한 추론이 성립하는 것은 분명하다. 그러나 무양상의 전제가 반대로
[큰 끝항과 관계해서] 놓이는 때에는 추론이 성립될 것이라는 점은 불가

---

255 즉 '술어가 필연적으로 그 주어 어떤 것이나 모든 것에 속하지 않는다.' 즉 '그 어
떤 것에도 필연적으로 속하는 것은 아니다.'
256 BarbaraQXQ(QAaB, BaC⊢QAaC)의 성립. 이는 완전한 추론이며, 두 전제의
각각의 규정(제1권 제13장 32b35-36)에서 분명하다.
257 CelarentQXQ(QAeB, BaC⊢QAeC)의 성립. 이 역시 완전한 추론이다.

능에 의해 증명해야 한다.[258] 동시에 이러한 추론이 불완전하다는 것 또한 분명해질 것이다. 증명은 받아들여진 두 전제로부터 이루어지는 것이 아니기 때문이다.

[5]　　그러나[259] (c) 처음에 말해 두어야만 하는 것은, 만일 A가 있다면 B가 있는 것이 필연이라면, A가 가능하다면 B 또한 필연적으로 가능할 것이다.[260] AB가 이러한 방식으로 관계하고 있을 때, A에 해당하는 것이 가능하고 B에 해당하는 것이 불가능하다고 하자.[261] 그러면 만일 가능한 것은 그것이 있는 것이 가능할 때에는 생성하겠지만, 불가능한 것은 그것이 있[10]는 것이 불가능할 때에는 생성하지 않을 것이다. 그리고 동시에 A는 가능하고 B는 불가능하다고 한다면, A는 B 없이도 생성하게 될 것이고, 또한 생성할 수 있다면, A는 존재할 수 있다.[262] 생성한 것은, 그것이 생성

---

258 대전제가 무양상, 소전제가 가능 양상인 추론 BarbaraXQM이나 CelarentXQM은 아래에서 논하듯이 귀류법에 의해 증명된다.

259 이로부터 귀류법에 의한 증명을 실행하기 위해 정당화하는 논의가 아래의 두 문단에 걸쳐 전개되고, 네 가지 주제가 제시되고 있다.

260 이것이 양상 명제 논리학의 '정리 1'(T1)이다. 즉 L(A⊃B)는 논리적으로 L(MA⊃MB)를 함의한다(L=필연, M=가능). 여기서 문자 A와 B는 사태나 명제를 나타낸다. 두 번째('정리 2')는 첫 번째로부터 유래한다. 이와 거의 같은 것, 혹은 표현상 보다 엄밀한 것이 『형이상학』 제9권 제4장 1047b14-16에서도 언급된다("분명히, A가 있을 때 반드시 B가 있어야 한다면, A가 [있는 것이] 가능할 때 필연적으로 B도 [있는 것이] 가능해야 한다. 왜냐하면 B가 가능하다는 것이 필연적이지 않다면, B는 가능하지 않을 수 있기 때문이다.").

261 '정리 1'은 귀류법에 의해 증명되는데, 이것이 그 가정이다.

262 텍스트상에서는 여기서 증명이 끝났다. 그러나 '정리 1'의 전건에 따라 A가 있는 것에 B가 있어야 하는 동시에, 귀류법의 가정에 의해서 동시에 없는 것이 되어 모순이 생긴다는 것은 분명하다. 이렇게 '정리 1'은 증명된다. Striker의 증명: (1) N(A⊃B)[B는 A(전제)로부터 따라 나온다] (2) (MA∧¬MB at to)[가능 B는 가능 A로부터 따라 나오지 않는다. 즉 'A는 가능하고, 어떤 동일한 시점에(hama) B는 불가능하다'(가정)]. N(MA⊃MB)의 모순은 M(MA∧¬MB)이다. 뭔가에 있다고 받아들여질 때, 불가능한 일이 일어나지 않는다(제13장 32a19-20). A가 가능할 때, 그것이 일

했을 때, 있는 것이니까. 여기서 불가능과 가능을 생성하는 것뿐만 아니라 [무엇인가가 무엇인가에 대해] 참이거나 [무엇인가가 무엇인가에] 있는 것에서도,[263] 나아가 가능[과 불가능]이 달리 말해지는 한 많은 방식을 파악해야 한다. 모든 경우에 마찬가지일 테니까. 게다가 A가 있다면 B가 [15] 있다는 것을, 무언가 하나의 A가 있다면[264] B가 있을 것이라는 식으로 이해해서는 안 된다. 왜냐하면 무언가 하나의 것이 있다고 해도, 그로 인해 다른 것은 아무것도 필연적으로 있지는 않을 것이고, [무언가 필연적으로 있는 것은] 적어도 두 가지의 것이 있는 경우, 예를 들어 두 전제가 추론에 관해 이미 말한 바처럼 관계하고 있는 때이기 때문이다. 그것은 C가 [20] D에 대해, D가 F에 대해 있다면, C는 또한 F에 대해 필연적으로 있기 때문이다.[265] 그리고 두 전제가 각각 가능하다면, 결론 또한 가능하기 때문이다.[266] 이는 말하자면, 만일 A를 두 전제, B를 결론으로 해서 놓았다면,

---

어날 것이고, 반면에 그것이 불가능할 때 일어나지 않을 것이다. 그러므로 (2)는 (3) M(A∧¬B)를 함의한다. 즉, B 없이도 A가 있을 수 있어야만 한다. 그런데, (3)은 (1)과 모순된다. 따라서 '가능 B'는 '가능 A'로부터 따라 나와야만 한다.

263 지금 행해진 귀류법의 증명은 가능·생성·존재 사이의 존재론적인 관계와 그 이해에 기초하고 있다. 하지만 여기서 주요 맥락은 존재론이 아니라 참과 거짓이나 술어 추론을 둘러싼 논리학의 맥락이다.

264 하나의 단칭 전제로부터는 아무것도 따라 나올 수 없다. 아리스토텔레스가 증명하는 정리는 '여러 전제로부터 결론에로의 추론'의 경우에 적용되는 것에 관심을 가지고 있을 뿐이다.

265 A가 적어도 두 개의 것임의 예로서 중항을 공유하는 추론의 두 전제(제2권 제2장 53b16-20, 『분석론 후서』 제1권 제3장 73a7-11, 제2권 제11장 94a24-27 참조)를 들 수 있는데, 아리스토텔레스의 목적은 명백해진다. 즉, 정리 2는 정리 1의 전건 [L(A→B)]을 추론으로서, 즉, 'A'는 두 전제, 'B'는 결론, 그리고 'L'은 추론의 필연을 각각 나타낸다. 그 결과 그 전건은 조건문이 아니라 'A⊢B'라는 추론으로서 대소(大小) 전제를 A1, A2로 나타낸다면 'A1, A2⊢B'라는 추론으로 표현된다.

266 정리 2가 정리 1의 후건[L(MA→MB)]을 가능 양상 추론으로 나타내는 것으로 파악된다. 'MA'는 두 전제(34a24), 'MB'는 결론(34a24), 'L'은 추론의 필연성을 각

A가 필연이라면 B 또한 동시에 필연일 뿐만 아니라,[267] 더욱이 A가 가능하다면 B 또한 가능한 것이 따라 나올 것이다.

[25] 이것이 증명되었으므로, 거짓이지만 불가능하지 않은 것으로 가정된다면,[268] 이 가정에 의해 따라 나오는 것 또한 거짓이지만 불가능하지 않을 것임은 분명하다.[269] 예를 들어 만일 A는 거짓이지만 불가능하지는 않은

각 나타낸다. 따라서 그 후건은 조건문이 아니라 'MA⊢MB'라는 추론으로서, 대소전제를 'MA1', 'MA2'로 나타낸다면, 'MA1, MA2⊢MB'라는 추론으로 표현된다. 이로부터 정리 2 전체는 정리 1의 전건에 대해 다음과 같이 정식화된다. →는 추론과 추론 사이의 도출 가능성을 나타낸다.

　정리 2　A⊢B→MA⊢MB 또는,

　정리 2　A1, A2⊢B→MA1, MA2⊢MB

일반적으로 앞의 정리 2는 성립하지만, 후자는 성립할 수 없다. 또 아리스토텔레스는 가능 양상 추론, 즉 광의의 가능 양상 명제를 두 전제로 취하는 양상 추론은 생각하고 있지 않으므로, 이 점에서도 어떤 문제점을 가진다.

267 이것을 정리 3이라고 하면, 이것은 다음과 같이 정식화된다.

　정리 3　A⊢B→LA⊢LB 또는,

　정리 3　A1, A2⊢B→LA1, LA2⊢LB

일반적으로 정리 2와는 달리 정리 3은 전자도 후자와 함께 성립한다. 그리고 제1권 제4-6장에서 증명된 제1-3격에서의 14식 무양상 추론이 제8장에서 필연 양상 추론으로 세워지는 배경에는 이 정리가 아리스토텔레스의 생각 안에 있었던 것으로 보인다.

268 '거짓이지만 불가능하지 않은 것으로 가정된다면'이란 말은 전제에 의해 함의되거나 배제되지 않는 가정을 의미한다. 전제가 주어지면, 가정은 참(따라서 '거짓')으로 증명될 수도 없고 또 배제될 수도 없다(따라서 전제와 관련해 '불가능하지 않다')는 생각을 반영한다.

269 '거짓이지만 불가능하지는 않다'라는 A와 B에 붙는 두 규정이 언뜻 보기에 이것들을 수식하는 양상 표현처럼 보이지만, 사실은 그렇지 않다. 이러한 규정들은 우선 명제 그 자체에 붙여지는 것이 아니라, 명제를 어떤 방식으로 놓고 추론하는 것에 붙여지며, 이 명제의 놓음과 그에 따른 추론을 형용하고 수식하는 양상어 표현이기 때문이다. 현대식으로 말하면, 이 정리는 명제를 어떤 가능 세계에서 놓고 추론하는 것에 관련된 것으로, '가능 세계'(possible world)의 상정이라는 양상 논리와 양상 추론의 본질적인 개념 장치를 표현하고 뒷받침하는 셈이다.

것이고, 또 A가 있다면 B도 있다고 하면, 그렇다면 B는 거짓이지만 불가
능하지 않은 것이다. 왜냐하면 만일 A가 있으면 B가 있다고 한다면, 그렇 [30]
다면 A가 가능하다면, B 또한 가능할 것이라는 것이 증명되었고, A가 가
능하다고 가정되고 있으므로, B 또한 가능할 것이기 때문이다. 사실상 불
가능하다면, 동일한 것이 가능하고 동시에 불가능하기도 할 것이기 때문
이다.[270]

　이러한 것들이 규정되었으므로, A가 모든 B에 있고 B가 모든 C에 있을 [35]
수 있다고 하자. 그러면 A는 모든 C에 있을 수 있다는 것은 필연이다.[271]

---

270 '동일한 것이 가능하고 동시에 불가능하기도 할 것'이란 A로부터 따라 나온 B가
가능하고(T1), 또 (가정에 따라) 불가능하다는 것을 말하는 것으로 받아들여진다. 이
는 아리스토텔레스가 '거짓이지만 불가능하지는 않은' 가정을 말함으로써 도입했던
단순 가능성과 상대적 가능성 사이의 구별을 무시한다는 것을 의미할 수 있다. 정리
2가 말하는 바는 이런 것이다. 만일 명제 A가 주어진 전제 $S_1 \cdots S_n$과 양립한다면,
A에 의해 함의된 어떤 명제 또한 그 전제들과 양립할 수 있어야 한다. $S_1 \cdots S_n$에 관
련된 A의 상대적 가능성(양립 가능성)은, 동일한 명제가 그 자체로는 가능할 수 있지
만 다른 명제에 관련해서는 불가능하다는 점에서 단순 가능성과 구별된다. $S_1 \cdots S_n$에
대한 A의 상대적 가능성은 그것들의 연언의 단순 가능성으로 표현될 수 있다. 그에
따라서 상대적 불가능은 연언의 불가능성으로 표현될 수 있다. T2는 T1에서 바로 따
라 나오지는 않는다. 29행에서 33행까지의 구절은 다음과 같이 정리 2(T2)에 대한 증
명으로 읽을 수 있다(Striker).
　(1) L(A⊃B) 전제; B는 A로부터 따라 나온다.
　(2) M(A∧S) 전제; A는 S에 관련해서 가능하다.
　(3) L(S⊃￢B) 가정; B는 S에 관련해서 불가능하다.
　(4) L(S⊃￢A) (1)과 (3)으로부터.
　그래서 만일 B가 S에 관련해서 불가능하다면, A는 (2)에 따라 가능하고 또 (4)에
따라 S에 관련해서 불가능하다.
271 T2를 사용한 BarbaraXQM(AaB, QBaC⊢MaC)의 성립. 증명은 거짓을 사용하
는 귀류법에 의한다. 결론을 부정하고 소전제를 무양상으로 가정하여 조합시키면
제3격 BocardoLXL(LAoC, BaC⊢LAoB)이 성립하고, 대전제 AaB와의 사이에 모순
이 발생한다. 즉,

A는 모든 C에는 있을 수 없으며, 또 B는 모든 C에 [무양상으로] 있다고
가정하도록 하자. 이는 거짓이지만 불가능하지는 않은 일이다. 그래서 만
일 A가 모든 C에는 있을 수 없으며, B가 모든 C에 있다면, A는 모든 B에
[40] 있을 수 없는 것이다. 왜냐하면 제3격에 의해 추론이 성립하기 때문이다.
34b 하지만 A는 모든 B에 있을 수 있다고 가정되었다. 따라서 A는 모든 C에
있을 수 있다는 것은 필연이다. 왜냐하면 거짓이지만 불가능하지 않은 것
으로 가정되었는데, 귀결되는 것은 불가능한 것이기 때문이다. [[B가 [무
양상으로] C에 있다고 가정하여, 제1격에 의해 불가능을 만들어 내는 것
또한 가능하다. 왜냐하면 만일 B가 모든 C에 있고, A가 모든 B에 있을 수
[5] 있다면, A는 또한 모든 C에 있을 수 있는 것이기 때문이다. 그러나 A는
모든 C에는 없어야 한다고 가정되었다.]]²⁷²

이 경우에 [A가 B의] 모든 것에 [무양상으로] 있는 것을 시간이란 점에
서 예를 들어, 지금이라든가, 이때라든가 한정하는 것이 아니라, 무조건
적으로 받아들여야 하는 것이어야 한다.²⁷³ 왜냐하면 이러한 전제에 의해

---

(1) AaB 전제
(2) QBaC 전제
(3) LAoC 가정: 예상된 결론의 모순
(4) BaC 가정: '거짓이나 불가능하지 않음'
(5) LAoB: Bocardo에 의한 (3)과 (4)

(5)는 (1)과 모순. 아리스토텔레스는 (3)이 전제와 관련해서 불가능한 것으로 추
론하는 듯하다. 가능하다고 가정했던 (4)와 (3)을 결합시켜 불가능한 결론 (5)를 만
들어 내니까. (4)는 양립할 수 있지만, 논리적으로 전제들과 독립적이다. 이 증명은
전제와 (4)는 참이라면 (3)은 참일 수 없다는 것을 보여줄 수 있다.

272 이 부분은 Ross가 괄호 안에 넣은 부분이다. 거짓을 이용한 귀류법에 의한 Bar-
baraXQM의 대안적 증명으로 알려져 있지만, 대전제 AaB가 QAaB(34b4-5)로 상정
되는 근거가 불분명해 인정받지 못한다.

273 거짓을 이용한 귀류법에 의한 BarbaraXQM의 증명을 받아서, 그 대전제에 해당
하는 무양상의 전칭 명제를 시간적 관점에서 한정하지 않고 무조건 받아들여야 함이
주장되며(34b7-8, 17-18), 이 조건을 침해하면 BarbaraXQM이 성립하지 않는다는

서, 우리는 실제로 추론을 만들어 내기 때문이며, 전제가 지금 시점에서 [10]
받아들여진다면, 추론은 성립하지 않을 것이기 때문이다. 인간은 어떤 경
우에는 운동을 하는 모든 것에 있다고 해도, 예를 들어 다른 어떤 것도 운
동하고 있지 않다면, 아마도 아무런 지장이 없기 때문이다. 게다가 운동
하고 있는 것은 모두 말에 있을 수도 있다. 그러나 인간은 어떤 말에도 있
을 수 없기 때문이다. 게다가 첫 번째 항이 '동물', 중항이 '운동하고 있는
것', 마지막 항이 '인간'이라고 하자. 그렇다면 두 전제는 [이전과 마찬가 [15]
지로 관계되겠지만] 결론은 필연 양상이지 가능 양상으로는 성립하지 않
을 것이다.[274] 왜냐하면 인간은 필연적으로 동물이기 때문이다. 이렇게 해
서 [무양상의] 전칭 전제는 무조건적으로, 즉 시간이란 점에서 한정하지
말고 받아들여야 한다는 것은 분명하다.

이번에는 전제 AB가 전칭 부정 전제이며, A는 어떤 B에도 없는 것으
로 받아들여지고, B는 모든 C에 있을 수 있는 것으로 하자. 이것들이 상 [20]
정된다면, A는 어떤 C에도 없을 수 있는 것이 필연이다.[275] 앞서와 마찬가
지로, A는 어떤 C에도 없을 수 있고, B는 [무양상으로] C에 있는 것으로
놓는다고 하자. 그러면 A는 어떤 B에게 있는 것이 필연이다. 왜냐하면 제
3격에 의해 추론이 성립하기 때문이다. 그러나 이는 불가능하다. 따라서 [25]
A는 어떤 C에도 없을 수 있는 것이다. 그것은 거짓으로 가정되었는데,[276]

것을 대조 예시 증명법에 의해 보여준다. 첫 번째 예는 두 전제인 AaB, QBaC가
LAoC와 양립할 수 있음을 보여준다. 두 번째 예는 그 전제들이 LAaC와도 양립한다
는 것을 보여준다. 따라서 어떤 결론도 귀결되지 않는다.

274 실제로는 예들이 보여주는 것처럼, 결론이 있을 수 없다.

275 CelarentXQM(AeB, QBaC⊢MAeC)의 성립. 증명은 앞선 BarbaraXQM과 동
일하게(34b23) 거짓을 이용하는 귀류법에 따른다. 기대된 결론을 부정하고(LAiC),
소전제를 무양상으로 놓고 조합시키면 제3격 DisamisLXX(LAiC, BaC⊢AiB)가 성
립하여 대전제와의 사이에 모순이 발생함에 따른다.

276 '거짓으로 가정되었을 때'는 '전제에 의해 함의되지 않지만 전제와 양립할 수 있
는 명제를 가정함'을 말한다.

그 귀결되는 것은 불가능한 것이기 때문이다. 따라서 이 추론은 앞의 정의에 따른 가능 양상이 아니라, '어떤 것에도 필연적으로 없다고는 할 수 없다'[라는 넓은 의미의 가능 양상]을 결론으로 하는 것이다(왜냐하면 이것이 [귀류법에서] 이루어진 가정의 모순 대립 명제이기 때문이다. A는 어떤 C

[30] 에 필연적으로 있다고 가정되었으며, 불가능에 의한 추론은 이에 모순 대립하는 명제를 결론으로 하기 때문이다).

게다가 결론이 [좁은 의미의] 가능 양상으로서는 성립하지 않을 것이라는 것은 [세 가지] 항에서도 또한 분명하다.[277] 즉, A가 '까마귀', B에 해당하는 것이 '사고하고 있는 것', C에 해당하는 것이 '인간'이라고 하자. 그렇다면 어떤 B에게도 A는 없다. 왜냐하면 어떤 사고를 하는 어떤 것도 까

[35] 마귀가 아니기 때문이다. 그러나 B는 모든 C에 있을 수 있다. 왜냐하면 사고하는 것은 모든 사람에게 있을 수 있기 때문이다. 그러나 A는 어떤 C에도 필연적으로 없다. 따라서 결론은 [좁은 의미의] 가능 양상으로는 성립하지 않을 것이다. 하지만 결론은 항상 필연 양상으로 성립하는 것도 아니다.[278] 즉, A가 '운동하고 있는 것', B가 '지식', C에 해당하는 것이 '인간'이라고 하자. 그러면 A는 어떤 B에도 없는 것이 될 것이고, B는 모

[40] 든 C에 있을 수 있지만, 결론은 필연 양상으로 성립하지 않을 것이기 때문이다. 왜냐하면 어떤 인간도 운동하고 있지 않다는 것은 필연이 아니며,

35a 어떤 인간이 운동하고 있는 것이 필연이 아니기 때문이다. 따라서 결론이 '어떤 것에도 필연적으로 없다고는 할 수 없다'[라는 넓은 의미의 가능 양상]을 취할 것임은 분명하다. 그러나 [세 가지] 항은 더 잘 받아들여야 한다.

부정이 작은 끝항과 관계하여 가능 양상을 표시하는 것으로서 놓이는

---

277 CelarentXQQ(AeB, QBaC⊢QAeC)의 불성립. 증명은 세 항의 항 해석, '까마귀-사고하는 것-인간'에 근거한 예시법에 따른다.

278 CelarentXQL(AeB, QBaC⊢LAeC)의 불성립. 증명은 세 항의 항 해석, '운동하고 있는 것-지식-인간'에 기초한 예시법에 따른다.

경우에는, 받아들여진 두 전제 그 자체에서는 어떠한 추론도 성립하지 않 [5]
겠지만, 가능 양상에 따른 전제가 환위된다면, 앞서의 경우와 마찬가지
로 추론이 성립할 것이다.[279] 즉, A는 모든 B에 있고, B는 어떤 C에도 없
을 수 있다고 하자. [세 개의] 항이 이러한 방법으로 관계되어 있는 때에
는 어떠한 필연적인 것도 성립하지 않을 것이다. 하지만 전제 BC가 환위
되고, B가 모든 C에 있을 수 있다고 받아들여진다면, 앞과 마찬가지로,[280] [10]
추론이 성립된다. 왜냐하면 [세 개의] 항이 배열에서 마찬가지로 관계되
어 있기 때문이다.

양쪽 '항 간격'이 모두 부정이며, AB가 무양상[전칭]의 부정, BC가 가
능 양상 전칭 부정을 표시하고 있는 경우에도 마찬가지일 것이다.[281] 왜
냐하면 받아들여진 두 전제 그 자체에 따라서는 필연적인 것은 전혀 성립
되지 않지만, 가능 양상에 따른 전제가 환위된다면 추론이 성립할 것이기 [15]
때문이다. 즉, A는 어떤 B에도 없고 B는 어떤 C에도 없을 수 있다고 받아
들였다고 하자. 그러면 이것들에 따라서는, 어떠한 필연적인 것도 성립하
지 않는다. 하지만 B가 모든 C에 있을 수 있다고 받아들여진다면(이것은
참이다), 전제 AB가 [앞서와] 동일한 상태를 유지하는 경우에는, 다시 동 [20]
일한 추론이 성립할 것이다.

하지만 B가 [가능 양상으로] 모든 C에 없어도 된다고 하는 것이 아니
라, [무양상이] 아니라고 가정되는 경우에는, 전제 AB가 [전칭] 부정이든

---

279 AEAXQM(AaB, QBeC⊢MAaC)의 성립. 증명은 소전제를 상보 환위하면
(QBeC⊢QBaC), BarbaraXQM(AaB, QBaC⊢MAaC)이 성립함에 따른다. 본문의
'앞서의 경우와 마찬가지로'(35a6)란 앞 장(33a5-12)에서 AEAQQQ가 상보 환위에
의해 BarbaraQQQ로 환원되어 성립되었음을 말한다.
280 물론 BarbaraXQM의 성립(34a34-b2)과 동일하다는 의미다.
281 EEEXQM(AeB, QBeC⊢MAeC)의 성립. 증명은 소전제를 상보 환위하면
(QBeC⊢QBaC), '다시 동일한 추론'(35a19-20), 즉 CelarentXQM(AeB, QBaC⊢
MAeC)이 성립함에 따른다.

[전칭] 긍정이든 추론은 전혀 성립하지 않을 것이다.[282] 양쪽 경우에 공통
으로, 결론이 필연 양상 [전칭] 긍정이 되는 [세 개의] 항은 '힘-동물-눈'
이고, [전칭] 비가능 양상이 되는 [세 개의] 항은 '힘-동물-역청'이다.

[25] 이렇게 해서, [세 개의] 항이 [서로] 전칭으로 관계하고 있고, 두 전제의
한쪽이 무양상이고, 다른 쪽이 가능 양상으로 받아들여지는 경우에는, 작
은 끝항과 관계된 전제가 가능 양상으로 받아들여지게 될 때에는 추론은
항상 성립한다.[283] 단, 어떤 때에는 받아들여진 두 전제 그 자체로부터, 또
어떤 때에는 한쪽 전제가 환위됨으로써 성립한다는 것은 분명하다. 이 두

[30] 추론이 언제, 또 어떤 이유에 의해서 각각 성립될 것인가 하는 것을 우리
는 말해 온 것이다.

 (2) 양쪽 항 간격의 한쪽이 전칭으로, 다른 쪽이 특칭으로 받아들여지
는 경우에는, 큰 끝항과 관계된 항 간격이 부정이든 긍정이든 전칭으로 가
능 양상으로 놓이고, [작은 끝항과 관계된] 특칭의 항 간격이 긍정이고 무
양상으로 놓일 때에는 [3개의] 항이 [서로] 전칭으로 관계되어 있는 경우

[35] 에도 그랬듯이, 완전한 추론이 성립한다.[284] 논증은 앞에서도 이루어진 것
과 같다.[285] 한편, 큰 끝항과 관계된 항 간격이 전칭으로 무양상이고, 또한

---

282 대전제가 가능 양상 전칭 긍정 또는 전칭 부정, 소전제가 무양상 전칭 부정의 조
합(AE, EE) 추론의 불성립. 증명은 세 항의 항 해석, '힘-동물-눈'과 '힘-동물-역청'
에 근거한 대조 예시 증명법에 의한다.

283 34a34 이후의 논의 정리가 여기서 기술된다. 아래에 기술된 바와 같이 Barb-
araXQM과 CelarentXQM의 두 추론이 '받아들여진 두 전제 그 자체로부터'(35a28)
허위 가능법에 의해, 또 AEAXQM과 EEEXQM의 두 추론이 '한쪽 전제가 환위되는
것(상보 환위)으로써'(35a29) 각각 성립한다.

284 DariiQXQ(QAaB, BiC⊢QAiC)와 FerioQXQ(QAeB, BiC⊢QAoC)의 성립. 이
것들은 앞의 BarbaraQXQ와 CelarentQXQ와 마찬가지로(35a34-35), 모두 완전한
추론이다.

285 제1권 제15장 33b33-40 참조. 연역적 증명이 아닌 '아래에 있고', '모든 것에 있
고'에 호소하는 것.

가능 양상이 아니며, 다른 항 간격이 특칭이고 가능 양상일 때에는, 두 전제가 모두 부정으로 놓이든 긍정으로 놓이든 또는 한쪽이 부정으로, 다른 쪽이 긍정으로 놓이든 모든 경우에 불완전한 추론이 성립될 것이다. 단, 앞서의 경우와 마찬가지로[286] 어떤 추론은 불가능에 의해서,[287] 또 어떤 추론은 가능 양상의 환위에 의해서[288] 증명될 것이다. 환위에 의해 추론이 성립하게 되는 것은 큰 끝항과 관계하여 놓이는 전칭 전제가 무양상을[289] 표시하고, 특칭 전제가 부정이며, 가능 양상을 받아들일 때이다. 예를 들어 A가 모든 B에 있거나 [혹은 없거나], 또 B가 어떤 C에 없을 수 있는 경우가 그것이다. 왜냐하면 BC가 가능 양상에 따라 환위된다면 추론이 성립하기 때문이다. 그러나 특칭으로 놓이는 전제가 무양상 부정을 받아들일 때에는 추론은 성립하지 않을 것이다.[290] [결론이 필연 양상 전칭] 긍정이 되는 [세 개의] 항은 '흼-동물-눈'이며, [전칭] 부정이 되는 [세 개의] 항은 '흼-동물-역청'이다. 왜냐하면 [특칭 전제의] 부정성(不定性)에

[40]

35b

[5]

[10]

---

286 '앞서의 경우와 마찬가지로'(35b1-2)란 35a25-30에서 정리된 바와 같이, BarbaraXQM과 CelarentXQM이 일종의 거짓을 이용한 귀류법에 의해, 또 AEAXQM과 EEEXQM이 상보 환위에 의해 각각 증명되었음을 말한다.

287 DariiXQM(AaB, QBiC⊢MAiC)와 FerioXQM(AeB, QBiC⊢MAoC)의 성립. 증명은 거짓을 이용한 귀류법에 의한다. 결론을 부정하고, 소전제를 무양상으로 놓고 조합시키면 FerisonLXL(LAeC, BiC⊢LAoB)와 DatisiLXL(LAaC, BiC⊢LAiB)이 성립하고, 대전제 AaB와 AeB 사이에 각각 모순이 생기는 것에 따른다.

288 AOIXQM(AaB, QBoC⊢MAiC)와 EOOXQM(AeB, QBoC⊢MAoC)의 성립. 증명은 함께 소전제를 상보 환위하면(QBoC⊢QBiC), DariiXQM(AaB, QBiC⊢MAiC)과 FerioXQM(AeB, QBiC⊢MAoC)이 각각 성립함에 따른다. 또한 35b1의 kai는 많은 사본에 따라 삭제한다.

289 정언적으로 있거나 있지 않거나.

290 대전제가 가능 양상 전칭 긍정 또는 전칭 부정, 소전제가 무양상 특칭 부정 조합(AO, EO) 추론의 불성립. 증명은 세 항의 항 해석, '흼-동물-눈'과 '흼-동물-역청'에 근거한 대조 예시 증명법에 의한다.

의해 논증을 받아들여야 하기 때문이다.[291] 전칭이 작은 끝항과 관계하여 놓이고, 특칭이 큰 항과 관계하여 놓이는 경우에는, 어느 쪽[의 항 간격]이 부정이든 긍정이든, 또 가능 양상이든 무양상이든, 추론은 전혀 성립하지 않을 것이다.[292]

[15] 　　(3) 두 전제가 특칭 또는 부정칭으로 놓이고, 가능 양상이든 무양상이든 [가능 양상과 무양상을] 교차하든 이들 중 어느 하나를 받아들일 때에는, 이러한 방식에 따라서는 추론이 성립하지 않을 것이다.[293] 논증은 앞의 경우에서도 행해진 것과 같다. [모든 경우에] 공통으로 [결론이] 필연 양상 [전칭] 긍정이 되는 [3개의] 항은 '동물-흼-인간'이며, [전칭] 비가능 양

[20] 상이 되는 [3개의] 항은 '동물-흼-겉옷'이다. 이렇게 해서, 큰 끝항과 관계된 항 간격이 전칭으로 놓일 때에는 추론은 항상 성립하지만, 작은 끝항과 관계된 항 간격이 전칭으로 놓일 때에는 어떤 결론의 추론도 결코 성립하지 않는다는 것은 분명하다.[294]

---

291 소전제의 무양상 특칭 부정이 양면 특칭 부정이라면, DariiQXQ와 FerioQXQ이기보다 AOIQXQ와 EOOQXQ의 추론이 성립해 버린다. 그래서 소전제를 단면 특칭 부정으로 해석하고 거기에 대응하여 세 항의 항 해석도 소전제가 전칭의 조합(AE, EE)이었을 때의 추론 불성립의 것(35a23-24)을 이용한다.

292 대전제가 특칭, 소전제가 전칭인 조합(IA, IE, OA, OE)의 추론 불성립. 증명은 앞 장의 33b3-8과 마찬가지로 세 항의 항 해석 '동물-흼-인간'과 '동물-흼-겉옷'에 근거한 대조 예시 증명법에 따른다.

293 부정칭을 포함하여 두 전제가 특칭인 조합(II, IO, OI, OO)의 추론의 불성립. 증명은 바로 앞 조합의 경우와 마찬가지로 앞 장 33b3-8의 대조 예시 증명법에 따른다.

294 전칭과 특칭 전제의 조합에 관련된 이 마지막 요약(35a30-b14)은 부정확하다. 대전제가 가능 양상 전칭, 소전제가 무양상 특칭 부정인 조합(AO, EO)의 추론 (QAaB와 BoC, QAeB와 BoC)은 모두 아무것도 증명하지 못한다고 말했기 때문이다 (35b8-11).

제16장

두 전제의 한쪽이 필연 양상, 다른 쪽이 가능 양상을 표시할 때에는, [3개의] 항이 [앞 장과] 동일한 방식으로 관계하고 있다면, 추론은 성립하 [25] 고,[295] 게다가 작은 끝항과 관계하여 필연 양상이 놓일 때에는, 완전한 것 으로서 성립할 것이다.[296] 결론에 대해서는 [두 끝의] 항이 [중항과] 긍정 으로 관계되어 있다면, 그 항들이 전칭으로 놓이든 혹은 전칭으로 놓이 지 않든, 가능 양상으로이지 무양상으로는 성립하지 않을 것이다.[297] 그러 나 [두 끝항과 중항의 관계의] 한쪽[전제]이 긍정이고 다른 쪽이 부정인 경우에는, 긍정이 필연 양상일 때에는 결론은 가능 양상 부정이지 무양상 [30] 부정은 아니지만,[298] 부정이 필연 양상일 때에는 [두 끝의] 항이 [중항과] 전칭으로 관계되어 있든 혹은 전칭으로 관계하고 있지 않든, 결론은 가능 양상 부정이든 무양상 부정이든 성립할 것이다.[299] 이 경우에는 결론의 가 능 양상이 앞에서의 경우에서도 받아들인 것과 동일한 방식으로 받아들여 야 한다.[300] 어쨌든 필연 양상 부정을 결론으로 하는 추론은 성립하지 않 [35]

---

295 필연 양상 명제는 무양상 명제를 포함하므로 추론의 세 항이 이러한 양상이라 는 점 이외는 동일한 방식으로 관계하고 있다면, 앞 장에서 성립한 추론의 결론이 이 장에서도 성립하고, 두 추론은 대응하고 있다고 할 수 있다. 앞 장에서는 12개의 추론이 성립했지만, 이 장에서는 언급되지 않은 것도 포함하여 16개의 추론이 성립 한다.

296 아래에서 논해지듯이, 앞 장과 마찬가지로 BarbaraQLQ를 포함한 나머지 3개의 추론(CelarentQLQ, DariiQLQ, FerioQLQ)은 완전한 추론으로서 성립한다.

297 BarbaraLQM과 BarbaraQLQ 등의 4가지 추론이 성립한다.

298 CelarentQLQ와 제1격 AEALQM 등의 4가지 추론이 성립한다.

299 CelarentLQM과 CelarentLQX 등의 8가지 추론이 성립한다. 즉 CelarentLQM, CelarentLQX, FerioLQM, FerioLQX, 그리고 각각의 소전제를 상보 환위한 EEE LQM, EEELQX, EOOLQM, EOOLQX 등 8가지 추론.

300 결론의 가능 양상은 앞 장의 CelarentXQM(34b19-28)과 FerioXQM(35a35-b2)의 경우와 마찬가지로 좁은 의미의 그것이 아니라 넓은 의미의 그것으로서 받아들

을 것이다. 그것도 '…인 것은 필연이 아니다'(to mē ex ana[n]gkēs huparchein)라고 하는 필연 양상 명제의 부정과 '…가 아닌 것이 필연이다'(to ex ana[n]gkēs mē huparchein)라고 하는 필연 양상의 부정 명제와는 다르기 때문이다.

그런데 (1) [두 끝]항이 [중항과] 긍정으로 관계하고 있다면, 결론이 필연 양상으로 성립하지 않을 것이 분명하다. 즉, A는 모든 B에 필연적으로 있으며, B는 모든 C에 있을 수 있다고 하자. 그러면 A는 모든 C에 있을 수 있다는 불완전한 추론이 성립될 것이다.[301] 이 추론이 불완전하다는 것은, 그 논증에서 명백하다. 왜냐하면 이것은 앞의 경우에도 증명된 것과 동일한 방식으로 증명될 것이기 때문이다.[302] 이번에는, A가 모든 B에 있을 수 있고, B는 모든 C에 필연적으로 있다고 하자. 그러면 A는 모든

[40]
36a

[5]

인다(one-sided possibility, 제15장 33b30-31 참조). 단, 그 이유는 앞 장에서 귀류법 때문에(34b28-31 참조)라고 했지만, 이 장에서는 '양상의 법칙' 때문에(36a15-17 참조)라는 점에서 다르다.

301 BarbaraLQM(LAaB, QBaC⊢MAaC)의 성립. 증명은 앞 장의 BarbaraXQM (34a34-b2)의 경우와 마찬가지로 거짓을 이용한 귀류법에 의한다. 결론을 부정하고, 소전제를 무양상으로 상정하고, 조합하면 BocardoLXX(LAoC, BaC⊢AoB)가 성립하며, 이 결론과 대전제와의 사이에 모순이 발생함에 따른다. 또한 이 경우에는 BarbaraXQM과 달리 대전제는 무양상 명제가 아니라 필연 양상 명제이기 때문에, 현대 양상 논리학의 S4 체계의 공리 'Lp→LLp'를 인정하는 한, 대전제 LAaB와 결론의 부정 LAoC를 귀류법적 추론이 이루어질 '가능세계'(possible world)를 상정하는 데 특별한 문제는 없다고 해야 할 것이다.

302 이 언급은 아마도 양상의 소전제와 정언적 대전제로 이루어진 aaa명제 형식인 BarbaraXQM(AaB, QBaC⊢MAaC)에 사용된 귀류법을 통한 증명으로 추정된다(제1권 제15장 34a34-b2 참조).

(1) LAaB   전제
(2) QBaC   전제
(3) LAoC   가정 ; MAaC의 모순
(4) LBoC   (1), (3) BarocoLLL QED ; (4)와 (2)는 모순.

C에 있는 것이 아니라 있을 수 있다는 추론이 성립될 것이다.[303] 그리고 이것은 완전한 추론이지, 불완전한 추론은 아니다. 왜냐하면 애초에 놓인 두 전제에 의해[304] 즉시 추론이 완전해지기 때문이다.

두 전제가 [긍정 부정에 관해] 같은 형식이 아니라면, 우선 부정 전제가 필연 양상이며, A는 어떤 B에도 있을 수 없고, B는 모든 C에 있을 수 있다고 하자. 그러면 A는 어떤 C에도 없는 것이 필연이다.[305] A는 모든 C에 또는 어떤 C에 있다고 놓아 두기로 하자. 그런데 A가 어떤 B에도 있을 수 없다고 가정되었기 때문이다. 그러면 부정은 환위되므로, B 또한 어떤 A에도 있을 수 없는 것이 된다. 그런데 A는 모든 C에 또는 어떤 C에 있다고 가정되고 있다. 따라서 B는 어떤 C에도, 또는 모든 C에는 있을 수 없는 것이 될 것이다. 그러나 B는 모든 C에 있을 수 있다고 애초에 가정되었다. [따라서 A는 어떤 C에도 없다는 추론이 성립될 것이다]. 그리고 만일 무양상 부정의 [결론을 취하는] 추론이 성립한다면, [A는 어떤 C에 없어도 된다고 하는] 가능 양상 부정의 [결론을 취하는] 추론 또한 성립한다는 것은 분명하다.[306]

다음으로, 긍정 전제가 필연 양상이며, A는 어떤 B에도 있을 수 없는

[10]

[15]

---

303 BarbaraQLQ(QAaB, LBaC⊢QAaC)의 성립. 이는 완전한 추론이다.

304 '애초에 언급된 두 전제'. '완전한 추론'에 대한 정의인 제1권 제1장 24b23-24("이미 받아들인 것 외에 다른 어떤 것도 덧붙일 필요가 없는 추론") 참조.

305 CelarentLQX(LAeB, QBaC⊢AeC)의 성립. 증명은 귀류법에 의한다. 결론과 양립하지 않는 것으로서, 그 부정(AiC) 또는 반대(AaC)를 가정하고, 대전제를 단순 환위하여(LAeB⊢LBeA) 조합시키면, FerioLXL(LBeA, AiC⊢LBoC) 또는 Celarent LXL(LBeA, AaC⊢LBeC)이 성립하고, 소전제와의 사이에 각각 모순이나 양립하지 않음이 발생하기 때문이다.

306 CelarentLQM(LAeB, QBaC⊢MAeC)의 성립. 증명은 CelarentLQX의 결론 AeC가 이 결론 MAeC를 포함하는 것에 의한다. 다만, 이 함의는 가장 기본적인 양상 법칙의 하나(p→Mp)이지만, 아리스토텔레스는 이 책 어디에서도 이것을 정식화하고 있지 않다('일면적 가능성'에 대해서는 35b32-34 참조).

[20] 것이 되고, B는 모든 C에 필연적으로 있다고 하자. 그러면 추론은 완전한 것으로서 성립하고, 그 결론은 무양상 부정이 아니라 가능 양상 부정일 것이다.[307] 왜냐하면 큰 끝항으로부터의 전제도 그러한 방식으로 [가능 양상으로] 받아들였기 때문이며,[308] 또한 불가능으로 이끌 수도 없기 때문이다.[309] 그것은 만일 A가 어떤 C에 있다고 가정되고, 그리고 B에는 그 어떤 것에도 없을 수 있다고 놓인다고 해도, 이것들에 의해서는 불가능한 것

[25] 은 아무것도 따라 나오지 않기 때문이다. 그러나 부정이 작은 끝항과 관계하여 놓이는 경우에는, 그것이 가능 양상을 표시할 때에는, 앞의 경우와 마찬가지로 환위에 의해 추론이 성립할 것이다.[310] 하지만 그것이 가능 양상을 표시하지 않을 때에는 추론은 성립하지 않을 것이다.[311] 또한 양쪽이 부정으로 놓이지만, 작은 끝항과 관련된 것이 가능 양상이 아닐 때에도, 추론은 성립하지 않을 것이다.[312] [추론의 불성립을 증명하는 3개의] 항은

---

307 ClarentQLQ(QAeB, LBaC⊢QAeC)의 성립. 이는 완전한 추론이다.

308 이것은 대전제인 가능 양상 전칭 부정의 추이성에 대한 지적이다.

309 CelarentQLX(QAeB, LBaC⊢AeC)의 불성립. 증명은 귀류법의 불성립에 의한다. 결론을 부정하고 대전제와 조합하더라도 FestinoQXU(QAeB, AiC⊢UBoC)(제1권 제18장 37b19-23, 39-38a2)에 의해 소전제와의 사이에 모순이 생기지 않음에 따른다. 하지만 AiC를 소전제와 조합시키면, 예를 들어 DisamisXLL(AiC, LBaC⊢LAiB)이 성립하고, 대전제(QAeB)와의 사이에 모순이 생겨서 귀류법은 성립한다 (Mignucci).

310 AEALQM(LAaB, QBeC⊢MAaC)의 성립. 증명은 앞 장의 AEAXQM(35a 3-20)의 경우와 마찬가지로 소전제를 상보 환위하면(QBeC⊢QBaC), BarbaraLQM(LAaB, QBaC⊢MAaC)이 성립함에 따른다.

311 대전제 가능 양상 전칭 긍정, 소전제 필연 양상 전칭 부정인 조합(AE)의 추론 불성립. 증명은 앞 장의 동일한 조합(AE, 35a20-24)의 경우와 마찬가지로 세 항의 항 해석, '흼-동물-눈'과 '흼-동물-역청'에 근거한 대조 예시 증명법에 의한다.

312 대전제 가능 양상 전칭 부정, 소전제 필연 양상 전칭 부정의 조합(EE)의 추론 불성립. 증명은 앞 장의 동일한 조합(EE, 35a23-24)의 경우와 동일한 대조 예시 증명법, 즉 앞의 각주와 동일한 대조 예시 증명법에 따른다. 덧붙여 양상이란 점에서 이 조

[앞 장의 경우와] 같으며, [결론이 필연 양상 전칭] 긍정이 되는 [3개의] 항은 '힘-동물-눈'이고, [전칭] 부정이 되는 [3개의] 항은 '힘-동물-역청' 이다. [30]

(2) 특칭 추론의 경우도 [전칭 추론의 경우와] 같을 것이다. 즉, 부정이 필연 양상일 때에는 결론 또한 무양상 부정이 될 것이다. 예를 들어 만일 A가 어떤 B에도 있을 수 없으며, B가 어떤 C에 있을 수 있다고 한다면, A는 어떤 C에 없다는 것이 필연이다.[313] 왜냐하면 만일 A가 모든 C에 있 [35] 고, 또 어떤 B에도 있을 수 없다고 하면, B 또한 어떤 A에도 있을 수 없는 것이 되며, 따라서 만일 A가 모든 C에 있다면 [결론적으로] B는 어떤 C에 도 있을 수 없는 것이 되지만, B는 어떤 C에 있을 수 있다고 가정되었기 때문이다. 이에 반해 부정 추론에서의 특칭 긍정, 예를 들어 BC가,[314] 또 [40]

합과는 반대의 추론 EEELQM(LAeB, QBeC⊢MAeC)과 EEELQX(LAeB, QBeC⊢ AeC)는 성립한다. 증명은 소전제를 상보 환위하면(QBeC⊢QBaC), CelarentLQM (LAeB, QBaC⊢MAeC)과 CelarentLQX(LAeB, QBaC⊢AeC)가 각각 성립함에 따른다.

313 FerioLQX(LAeB, QBiC⊢AoC)의 설립. 증명은 귀류법에 의한다. 결론을 부정하고, 대전제를 단순 환위하여(LAeB⊢LBeA) 조합시키면 CelarentLXL(LBeA, AaC⊢LBeC)이 성립하여 소전제와의 사이에 모순이 발생함에 따른다. 그리고 양상 법칙에 의해서 FerioLQM(LAeB, QBiC⊢MAoC)의 성립도 분명하다. 제1권 제22장 40a30-32에서는 FelaptonLQM과 FelaptonLQX의 성립 근거로 FerioLQM와 Ferio LQX를 각각 들고 있다. 또한 EOOLQX(LAeB, QBoC⊢AoC)와 EOOLQM(LAeB, QBoC⊢MAoC)의 성립도 분명하다. 증명은 소전제를 상보 환위하면(QBoC⊢QBiC), FerioLQX와 FerioLQM이 각각 성립함에 따른다.

314 FerioQLQ(QAeB, LBiC⊢QAoC)의 성립. 이는 앞의 CelarentQLQ(36a17-25) 의 경우와 마찬가지로 완전한 추론이다. 결론이 무양상으로 성립하지 않는 것은 결론을 부정하고, 예를 들어 대전제와 조합하더라도 CesareQXU(QAeB, AaC⊢UBeC) (제1권 제17장 36b29-30, 제18장 37b19-23)에 의해 귀류법이 성립하지 않음에 따른다. 또한 DariiQLQ(QAaB, LBiC⊢QAiC)의 성립도 분명하다(35b23-28 참조). 이 또한 완전한 추론이다. 결론이 무양상으로 성립하지 않는다는 것은 결론을 부정하고 소전제와 조합해도 FerisonXLX(AeC, LBiC⊢AoB)가 성립하고, 대전제와의 사이에

는 긍정 추론에서의 전칭 긍정, 예를 들어 AB가[315] 필연 양상일 때에는 무양상의 [결론을 취하는] 추론은 성립하지 않을 것이다. 논증은 앞의 경우에도 행해진 것과 같다. 또한 전칭이 작은 끝항과 관련하여 긍정이든 부정이든, 가능 양상으로 놓이고, 특칭이 필연 양상으로 놓이게 되는 경우에는 추론은 성립하지 않을 것이다[316] ([결론이] 필연 양상 [전칭] 긍정이 되는 [3가지] 항은 '동물-힘-인간'이며, [전칭] 비가능 양상이 되는 [3개의] 항은 '동물-힘-겉옷'이다.) 또한 전칭이 필연 양상이고, 특칭이 가능 양상일 때에는, 전칭이 부정이라면[317] [결론이 필연 양상 전칭] 긍정이 되는 [3개의] 항은 '동물-힘-까마귀'이고, [전칭] 부정이 되는 [3개의] 항은 '동물-

---

모순이 생기지 않는 것에 의한다. 단, 대전제와 조합하면 CamestresQXM(QAaB, AeC⊢MBeC)이 성립하여 소전제 사이에 모순이 생겨 귀류법은 성립한다. 이에 대하여 대전제가 가능 양상 전칭 긍정 또는 전칭 부정, 소전제가 필연 양상 특칭 부정인 조합(AO, EO)의 추론은 불성립이다. 증명은 앞 장의 동일한 조합(AO, EO, 35b8-11)의 경우와 마찬가지로, 세 항의 항 해석 '힘-동물-눈'과 '힘-동물-역청'에 기초한 대조 예시 증명법에 따른다.

315 DariiLQM(LAaB, QBiC⊢MAiC)의 성립. 앞의 BarbaraLQM(35b38-36a2)의 경우와 마찬가지로 허위 가능법에 의한다. 결론을 부정하고, 소전제를 무양상으로 놓고 조합시키면 FerisonLXL(LAeC, BiC⊢LAoB)이 성립하여, 대전제와의 사이에 모순이 발생하게 된다. 결론이 무양상으로 성립하지 않는 것은 결론을 부정하고 대전제와 조합해도 CamestresLXX(LAaB, AeC⊢BeC)가 성립하여 소전제와 사이에 모순이 생기지 않는 것에 의한다. 단, 소전제와 조합하면 FerisonXQM(AeC, QBiC⊢MAoB)이 성립하고, 대전제와의 사이에 모순이 생겨, 귀류법은 성립한다. 덧붙여 이 것으로부터, AOILQM(LAaB, QBoC⊢MAiC)이 성립하는 것도 분명하다. 증명은 소전제를 상보 환위하면(QBoC⊢QBiC), DariiLQM(LAaB, QBiC⊢MAiC)이 성립함에 따른다.

316 대전제가 필연 양상 특칭 긍정 또는 특칭 부정, 소전제가 가능 양상 전칭 긍정 또는 전칭 부정인 조합(IA, IE, OA, OE) 추론의 불성립. 증명은 대조 예시 증명법에 따른다. 또한 36b5의 'pros tō[i] meizoni akrō[i]'를 삭제한다(Ross).

317 대전제가 가능 양상 특칭 긍정 또는 특칭 부정, 소전제가 필연 양상 전칭 부정인 조합(IE, OE) 추론의 불성립. 증명은 대조 예시 증명법에 따른다.

흼-역칭'이다. 더욱이 전칭이 긍정이라면[318] [결론이 필연 양상 전칭] 긍정이 되는 [3가지] 항은 '동물-흼-백조'이고, [전칭] 비-가능 양상이 되는 [3가지] 항은 '동물-흼-눈'이다. 또한 (3) 두 전제가 부정칭 또는 모두 특칭으로서 받아들여질 때에는 이러한 방식에 의해서도 추론은 성립하지 않을 것이다.[319] 이러한 경우에 공통적으로, [결론이 필연 양상 전칭] 긍정이 되는 [3개의] 항은 '동물-흼-인간'이며, [전칭] 부정이 되는 [3개의] 항은 '동물-흼-무생물'이다. 동물이 어떤 흼에, 그리고 흼이 어떤 무생물에 있는 것은 필연적인 것[필연 양상 긍정]이기도 하고, 또 있을 수 없는 것[필연 양상 부정]이기도 하기 때문이다.[320] 이 점은 가능 양상[긍정과 부정]의 경우에도 마찬가지이며, 따라서 이 항들은 모든 경우에 유용한 것이다. [15]

그런데 말해진 바로부터 분명한 것은, 두 전제의 한쪽이 [가능 양상이 [20]

---

318 대전제가 가능 양상 특칭 긍정 또는 특칭 부정, 소전제가 필연 양상 전칭 긍정인 조합(IA, OA)의 추론의 불성립. 증명은 대조 예시 증명법에 따른다.

319 두 전제가 특칭 또는 부정칭인 조합(II, IO, OI, OO) 추론의 불성립. 증명은 대조 예시 증명법에 따른다. 또, 두 전제가 이 조합의 추론 불성립에 사용되는 대조 예시 증명법 중 결론이 필연 양상 전칭 긍정이 되는 세 항의 항 해석은 제14장(33b6-7) 및 제15장(35b18-19)에서와 마찬가지로 이 장(36b14)에서도 '동물-흼-역칭'이다. 따라서 이 장에서는 '흼-인간'이 필연 양상 특칭 긍정 또는 특칭 부정으로도 해석되는 셈이다. 또 결론이 필연 양상 전칭 부정이 되는 세 항의 항 해석은 제14장(33b7-8)과 제15장(35b19)에서는 '동물-흼-겉옷'이었는데, 이 장(36b14-15)에서는 '동물-흼-무생물'로, 작은 항의 해석이 일반화되고 있다. 따라서 이 장의 대조 예시 증명법은 제14장, 제15장에서도 타당하지만, 또한 제2격과 제3격에서의 이 조합의 추론 불성립에 사용되는 대조 예시법에 대해서도 어떤 해결책을 주게 된다.

320 공통의 3개의 항을 갖는 필연 전제: (1) 동물은 필연적으로 어떤 흰 것에 속한다(속하지 않는다). (2) 흼은 필연적으로 어떤 인간에 속한다(속하지 않는다). (3) 흼은 필연적으로 어떤 무생물에 속한다(속하지 않는다). (1)과 (3)은 백조와 눈에 관련해서 참이 될 것이다. 그러나 (2)의 해석은 분명하지 않다. 'i' 필연 환위의 경우에, '흼은 필연적으로 어떤 동물에 속한다'≡'인간은 필연적으로 어떤 흼에 속한다'라고 하면, 어떤 상황에서 '흼은 필연적으로 어떤 인간에 속하지 않는다'가 참이 될 수 있는가?

고 다른 쪽이] 무양상인 경우도,[321] 필연 양상인 경우도[322] [3개의] 항이 동일한 방식으로 관계되어 있다면, 똑같이 추론이 성립하고, 또 성립하지 않는다는 것이다. 단, 부정 전제가 무양상에 따라 놓였다면 가능 양상 부정의 결론을 취하는 추론이 성립되었으나,[323] 부정 전제가 필연 양상에 따라 놓였다면 가능 양상 [부정]의 결론을 취하는 추론도, 무양상 부정 결론을 내리는 추론도 성립했다는[324] 점이 다르다는 것이다. [[그리고 모든 추론이 불완전한 것이라는 것도, 나아가 이것들이 앞서 서술한 격에 의해 완전한 것이 될 것이라는 점 또한 분명하다.]][325]

[25]

제17장

(1) 제2격에서는 두 전제가 모두 가능 양상으로 받아들여질 때에는, 그것들이 긍정으로 놓였든 부정으로 놓였든, 또 전칭으로 놓였든 특칭으로 놓였든, 어떤 추론도 성립하지 않을 것이다.[326] 그러나 두 전제의 한쪽이 무양상을, 다른 쪽이 가능 양상을 표시할 때에는, 긍정 전제가 무양상을

[30]

---

321 앞 장의 경우.

322 이 장의 경우.

323 앞 장에서 논의된 CelarentXQM과 FerioXQM, 더 나아가 각각의 소전제를 상보 환위한 EEEXQM과 EOOXQM 등 4개의 추론을 가리킨다.

324 이 장에서 논의된 CelarentLQM과 CelarentLQX, FerioLQM과 FerioLQX, 나아가 각각의 소전제를 상보 환위한 EEELQM과 EEELQX, EOOLQM과 EOOLQX 등 8개의 추론을 가리킨다.

325 이 문장은 BarbaraQLQ, CelarentQLQ, DariiQLQ, FerioQLQ 등 4개의 추론이 '완전한' 추론이라고 언급하므로 명백한 잘못이며, Ross를 좇아서 삭제한다. Ross는 이 문장이 제19장의 마지막 문장(39a1-3)과 같다는 점을 지적하고, '우둔한 필경사'가 제2격, 제3격의 양상 추론의 끝에 있는 언급을 끌어들인 것으로 간주한다(p. 350).

326 이 장의 주요 논점이 개진되었다.

표시하는 경우에는 결코 추론은 성립하지 않겠지만, 부정의 전칭 전제가 무양상을 표시하는 경우에는 추론은 항상 성립할 것이다.[327] 그리고 두 전제의 한쪽이 필연 양상으로, 다른 쪽이 가능 양상으로 받아들여질 때에도 [추론의 성립과 불성립은 이와] 동일할 것이다.[328] 이러한 경우에도 결론에서의 가능 양상은 이전의 경우와 같은 방식으로 받아들여야 한다.[329]

(2) 그런데 먼저 가능 양상에서의 [전칭] 부정은 환위되지 않는다는 것을, 즉 만일 A가 어떤 B에도 없을 수 있다면, B 또한 어떤 A에도 없을 수 있다는 것은 필연이 아님을 증명해야만 한다.[330] 그래서 그렇다고 가정하고, B는 어떤 A에도 없어도 된다고 하자.[331] 그렇다면 가능 양상에서의 긍정은 반대 대립도 모순 대립[332]도 부정으로 환위되며,[333] B는 어떤 A에도 [40]

[35]

---

327 제18장의 요약. CesareXQM과 CamestresQXM 등 6개의 추론이 성립한다.

328 제19장의 요약. CesareLQM과 CesareLQX 등 12개의 추론이 성립한다.

329 결론의 가능 양상이 제1권 제15장의 CelarentXQM(34b19-28) 등의 경우와 마찬가지로, 넓은 의미의 가능인 것('일면적 가능')은 제2격 추론이 전제인 환위에 의해 넓은 의미의 가능 양상 명제를 결론으로 하는 제1격 추론으로 환원되기 때문이다.

330 제2격에서의 정언적 전제를 갖는 식들에 대한 증명은 보편 부정 전제의 환위에 의한다. 그러나 가능 양상인 경우, 즉 좁은 의미의 가능 양상 전칭 부정 전제가 단순 환위되지 않는 것, 즉 QAeB⊢QBeA이 성립하지 않음이 세 가지 방법으로 증명된다. 최초의 증명은 귀류법에 의한다. 이 대목에서 양화사 '전칭'이 빠져 있으나, 그의 예들은 이 점을 보여주고 있다.

331 이것은 귀류법 가정(QAeB⊢QBeA[환위])의 생략 표현이거나 또는 그 가정으로부터 얻을 수 있는 결론(QBeA)으로서의 가정이다.

332 반대 대립이란 가능 양상에서의 전칭 긍정과 전칭 부정 및 특칭 긍정과 특칭 부정의 대립을, 또 모순 대립이란 가능 양상에서의 전칭 긍정과 특칭 부정 및 전칭 부정과 특칭 긍정의 대립을 가리킨다. 이에 대해서는 제1권 제5장 27a29-31, 제2권 제8장 59b8-11, 제15장 63b23-30 참조.

333 어떤 명제도 그 자신의 부정으로 환위되지 않는다. 또 아리스토텔레스는 모든 가능 양상의 전제는 서로 환위되는 것으로 보고 있으며, 모든 가능 양상의 전제들을 긍정으로 사용한다(제13장 32b1-3). 그런데, 여기서 '환위된다'는 것은 가능 양상에서의 긍정과 부정이 상보 환위된다는 뜻이다. 따라서 여기에서는 구체적으로 가능 양

37a 없을 수 있으므로,[334] B는 또한 모든 A에 있을 수 있다는[335] 것은 분명하다. 그러나 이는 거짓이다.[336] 왜냐하면 만일 이것[X]이 저것[Y]의 모든 것에 있을 수 있다면, 저것[Y] 또한 이것[X]의 모든 것에 있을 수 있다는 것은[337] 필연이 아니기 때문이다.[338] 따라서 [가능 양상에서의 전칭] 부정은 환위되지 않는다.

[5] 게다가, 한편으로 A가 어떤 B에도 없을 수 있고, 다른 한편으로 B가 A인 것의 무언가에 필연적으로 없다고 해도 아무런 지장이 없다.[339] 예를 들어 흼은 모든 인간에게 없을 수 있지만(또한 그것은 [모든 이에게] 있을 수도 있으니까), 인간은 어떤 흰 것에도 없을 수 있다고 말하는 것은 참이 아니다. 왜냐하면 인간은 많은 흰 것에 필연적으로 없었고, 필연적인 것은

상 전칭 긍정이 전칭 부정으로 상보 환위되는 것(QAaB⊢QAeB)을 의미한다. 그래서 QAaB, QAeB가 반대로서 말해지며, 반대 관계인 QAiB와 QAoB 각각은 이것들의 모순일 것이다(제2권 제8장 59b8-11 참조). 그러나 아리스토텔레스는 "특칭 긍정은 특칭 부정에 대해서 단지 어법에서만 대립하고 있는 것에 지나지" 않는다고 말한다(제2권 제15장 63b27). 특칭 긍정과 특칭 부정은 양립할 수 있으므로, 엄밀한 의미에서는 반대 관계가 될 수 없다.

334 이것은 앞의 각주 333에서 설명한 상보 환위(QAaB⊢QAeB)와 귀류법의 가정 (QAeB⊢QBeA)에서 도출되는 결론이다.

335 이것은 가능 양상 전칭 부정을 전칭 긍정으로 상보 환위하는 것(QBeA⊢QBaA) 으로부터 도출되는 결론이다.

336 즉 '이것은 따라 나오지 않는다.'(제9장 30a27 참조)

337 이것은 가능 양상 전칭 명제의 두 번의 상보 환위와 귀류법의 가정으로부터 귀결되는 추론(QAaB⊢QBaA)을 나타낸다.

338 가능 양상 전칭 긍정은 제한 환위될 뿐 단순 환위되지 않는다(제1권 제3장 25a39-b2 참조). 이로부터 귀류법이 성립하고, 그 가정이 부정된다.

339 두 번째 증명은 예시법에 따른다. 아래에서 이야기되고 있는 바와 같이, AB의 항 해석으로서 '흼-인간'을 취하면 QAeB는 성립하지만, QBeA는 '인간은 많은 흰 것에 필연적으로 속하지 않는다'(37b8)는 것(LBoA) 때문에, 거짓이 되어 성립하지 않는다. QAeB는 LBoA와 양립할 수 있다. LBoA는 QBeA와 양립할 수 없다. 따라서 단순 환위는 성립하지 않는다. 즉 QBeA는 QAeB로부터 따라 나올 수 없다.

있을 수 있는 것[가능한 것]이 아니었기 때문이다.

또한 가능 양상에서의 [전칭] 부정이 환위되는 것임을 불가능으로부터 증명할 수도 없다.[340] 예를 들어 만일 어떤 사람이,[341] 'B는 **어떤 A에도 없을 수 있다**'는 거짓이기 때문에, 'B는 어떤 A에도 없을 수 있다는 것이 아니다'[342]는 참이며(이것들은 긍정과 부정이니까), 그래서 만일 그렇다면 'B가 **어떤 A에게**[343] 필연적으로 있다'[344]라는 것은 참이고, 따라서 'A가 어떤 B에게 필연적으로 있다'[345] 또한 참이지만, 그러나 이것은 불가능하다[346]고 주장하는 경우이다.[347] [하지만 이렇게 주장할 수는 없을 것이다.]

[10]

---

340 세 번째 증명은 단순 환위(QAeB⊢QBeA)의 성립은 귀류법에 의해 증명될 수 있다고 주장하는 논의를 반박함으로써 이루어진다.

341 알렉산드로스에 따르면(223.4), 이 논증은 아리스토텔레스의 동료였던 테오프라스토스나 에우데모스가 사용한 것일 수 있다.

342 이것은 귀류법의 가정, 즉 단순 환위 결론(QBeA)의 부정(¬QBeA)이다.

343 즉 'A인 어떤 것'.

344 귀류법 가정(¬QBeA)이 필연 양상 특칭 긍정(LBiA)으로 변형되고 있다. 이것은 귀류법의 가정이 좁은 의미의 가능 양상 전칭 부정의 부정이 아니라 넓은 의미의 가능 양상 전칭 부정의 부정(¬MBeA)으로서 해석되고 있음을 나타내고 있다. 이것이 이 귀류법 증명의 주장이 갖는 하나의 문제점이다.

345 이것은 필연 양상 특칭 긍정의 단순 환위(LBiA⊢LAiB)로 이끌리는 결론이다.

346 이것은 지금 이끌려진 LAiB가 단순 환위의 전제 QAeB와 모순된다는 주장이다. 하지만 이 주장이 귀류법으로 성립하기 위해서는 단순 환위의 전제가 좁은 의미가 아니라 넓은 의미의 가능 양상 전칭 부정(MAeB)으로 해석되어야 한다. 그래서 이 주장에 따라 좁은 의미의 가능 양상 전칭 부정 및 전칭 긍정의 부정의 정식화에 대해 각각 아래에서 논의된다.

347 이 논증을 기호로 표시하면 다음과 같다(Striker).

(1) QAeB　　　전제
(2) ¬(QBeA)　가정
(3) LBiA　　　(2)와 동치인 것으로 주장된
(4) LAiB　　　(3)으로부터의 (iL)환위에 의해
QED: (4)는 (1)과 모순. 이 논증은 '일면적 가능' 의미에 의존한다.

왜냐하면 만일 'B는 어떤 A에도 없어도 될 수 있는 것이 아니다'라면,
'B는 어떤 A에 있는 것이 필연적이다'라는 것은 아니기 때문이다. 왜냐하면 'B는 어떤 A에도 없어도 될 수 있는 것이 아니다'는 두 가지 방식으로 이야기되는데, 즉 하나는 'B가 어떤 A에 필연적으로 있다'면, 다른 하나는 'B가 어떤 A에 필연적으로 없다'면, 이렇게 말할 수 있기 때문이다.[348] 왜냐하면 A인 것의 무엇인가에 필연적으로 없는 것[즉, B]에 대해서, 그것이 A의 모든 것에 없을 수 있다고 말하는 것은 참이 아니기 때문에, 그것은 어떤 것의 무엇인가에 필연적으로 있는 것에 대하여, 그것이 그 무엇인가의 모든 것에 있을 수 있다고 말하는 것이 참이 아닌 것과 같기 때문이다.[349]

따라서 만일 어떤 사람이 'C는 모든 D에 있을 수 있다는 것은 아니다'이므로, 'C는 어떤 D에 필연적으로 없다'라고 주장한다면, 그 사람은 거짓을 받아들이는 셈이 될 것이다.[350] 왜냐하면 C는 모든 D에 있지만,[351]

---

348 좁은 의미의 가능 양상 전칭 부정의 부정(ㄱQBeA)이 '두 가지 방식'(37a16)으로 정식화된다. 하나는 필연 양상 특칭 부정(LBoA)으로서, 다른 하나는 필연 양상 특칭 긍정(LBiA)으로서이다. 이 문장(37a16-17)은 조건문에 기술되어 있는데(LBiA →ㄱQBeA, LBoA →ㄱQBeA), 이는 다음 문장(37a17-20)이 보여주듯이 조건문의 전건과 부정 기호를 취한 후건, 두 명제의 양립 불가능성[ㄱ(LBiA∧QBeA) ; ㄱ(LBoA∧QBeA)]을 조건문 형식으로 기술한 것이다.

349 필연 양상 특칭 부정(LBoA)과 좁은 의미의 가능 양상 전칭 부정(QBeA) 및 필연 양상 특칭 긍정(LBiA)과 좁은 의미의 가능 양상 전칭 긍정(QBaA) 사이의 두 양립 불가능성[ㄱ(LBoA∧QBeA) ; ㄱ(LBiA∧QBaA)]이 대응한 형태로 이야기되고 있다. 이는 가능 양상을 넓은 의미로밖에 해석하지 않는 상대방의 주장에서는 도출되지 않는 규정이다.

350 앞선 귀류법 증명의 주장과 대응하여 좁은 의미의 가능 양상 전칭 긍정의 부정(ㄱQCaD)을 넓은 의미의 그것(ㄱMCaD)으로 해석하고, 이를 필연 양상 특칭 부정(LCoD)으로 규정하는 주장의 잘못이 지적된다.

351 이 무양상 전칭 긍정(CaD)은 바로 다음에 기술된 바와 같이 D의 '약간의'(37a23) 부분에 대해서는 부정되지만, 기본적으로는 좁은 의미의 가능 양상 전칭 긍

그러나 약간의 D에는 필연적으로 있기 때문에, 이 때문에 우리는 'C는 모든 D에 있을 수 있다는 것은 아니다'라고 말하기 때문이다. 따라서 '[있는 것의] 모든 것에 있을 수 있다'에 대해서는 '[있는 것의] 무언가에 필연적으로 있다'와 '[있는 것의] 무언가에 필연적으로 없다'가 함께 '모순' 대립하고 있는 것이다. 이 점은 '[있는 것의] 어떤 것에도 없을 수도 있다'에 대해서도 마찬가지이다.

[25]

따라서 애초에 우리가 정의한 것과 같은 의미에서 '[모든 것에] 있어도 되는 것'이나 '[어떤 것에도] 없어도 되는 것'[352]에 관해서는 '무엇인가에 필연적으로 있다'뿐만 아니라, '무엇인가에 필연적으로 없다' 또한 '그 모순 대립으로서' 받아들여야 한다는 것은 분명하다.[353] 그리고 이것이[354] 받아들여진다면, 불가능한 것은 아무것도 귀결되지 않으며,[355] 따라서 [귀류법의] 추론[356]은 성립하지 않는다. 이렇게 해서, 우리가 이야기한 바로부터 [가능 양상에서의 전칭] 부정이 환위되지 않는다는 것은 분명하다.

[30]

정(QCaD)에 근거하여 놓인 것으로 이해한다(제1권 제11장 31b29-30 참조).

352 이 표현(37a27)은 부정사 mē가 endechomenon 앞에 붙어 있지만 '비가능 양상'이 아니라 통상적인 가능 양상 부정을 나타낸다(제1권 제14장 33a4 참조).

353 정리하고 있는 이 문장은 좁은 의미의 가능 양상 전칭 긍정(QAaB)과 전칭 부정(QAeB)이 함께 넓은 의미의 가능 양상 전칭 긍정과 전칭 부정의 연언(MAaB∧MAeB)으로서 정의되고, 따라서 그 부정이 필연 양상 특칭 부정과 특칭 긍정의 선언(LAoB∨LAiB)으로서 규정되는 것을 정확하게 파악하고 있다고 해석된다. 덧붙여 37a28의(Ross판) ou와 alla는 많은 사본에 따라 ou monon과 alla kai로 읽는다.

354 '이것'(37a29)은 두 모순 명제 중 후자, 즉 '무언가에 필연적으로 없다'를 가리킨다.

355 이것이 예시법에 의한 두 번째 증명의 의미였다.

356 여기서 [귀류법의] 추론이 좁은 의미의 가능 양상 전칭 부정의 단순 환위 추론, 즉, 'QAeB⊢QBeA'를 가리킨다면, 다시 말해 '한 전제 추론'을 가리킨다면, 이 '추론'은 제1권 제1장 24b18-20에서 정의되고, 또 제15장 34a17-19에서 규정된 그의 공식적 추론과는 다른 것을 가리키는 것이 될 것이다(Striker, p. 157).

143

(3) 이 사실이 증명되었으므로, A가 B의 그 어떤 것에도 없을 수 있고, C에게는 그 모든 것에 있어도 된다고 가정하자.[357] 그렇다면 환위를 통해서, 추론이 성립하지 않을 것이다. 왜냐하면 이러한 [가능 양상에서의 전칭 부정] 전제는 환위되지 않는다는 것이 지금 논의되었기 때문이다. 그

[35] 러나 또한 불가능에 의해서도 추론은 성립하지 않을 것이다.[358] 왜냐하면 'B는 모든 C에 〈없을〉 수도 있는 것은 〈아니다〉'[359]가 [가정적으로] 놓인다고 해도 거짓은 아무것도 귀결되지 않기 때문이다. 그 이유는 A는 C의 모든 것에 있을 수도 있고, 또 그 어떤 것에도 없어도 되는 것이 될 것이기 때문이다. 그리고 일반적으로 만일 추론이 성립한다고 하면, 그것은 두 전제가 모두 무양상으로 받아들여지고 있지 않기 때문에 가능 양상의 결론

[40] 을 취하는 것이며, 이 추론은 긍정이나 부정 중 하나임은 분명하다.[360] 그

37b 러나 그 어느 것도 가능하지 않다. 왜냐하면 추론이 긍정이라고 놓인다면, 그것이 가능 양상의 긍정이 아니라는 것이, 또 부정이라고 놓인다면 결론이 가능 양상이 아니라 필연 양상임이 [3개의] 항에 의해 증명될 것이기 때문이다. 그렇다면 A가 '흼', B가 '인간', C에 해당하는 것이 '말'이

[5] 라고 하자. 그러면 A, 즉 흼은 한쪽 것[C, 즉 말]에는 그 모든 것에 있을

---

357 CesareQQU(QAeB, QAaC⊢UBeC)의 도출이 세 가지 방법으로 증명된다. 최초의 증명은 좁은 의미의 가능 양상 전칭 부정의 환위 불성립에 따른 것이다.

358 두 번째 증명은 귀류법의 불성립에 따른다. 결론의 부정을 LBiC로써 대전제와 조합시키면 FerioQLQ(QAeB, LBiC⊢QAoC)가 성립하는데, 그 결론이 소전제와 모순되지 않기 때문이다. 또한 결론의 부정 LBoC를 소전제와 조합하면 BocardoLQU (LBoC, QAaC⊢UBoA)에 의해, 귀류법은 역시 성립하지 않는다.

359 이 문장에 대해서는 Ross의 교정에 따라 37a35 및 37a36에 두 번 부정사 mē를 넣어 읽는다(Maier의 추정).

360 세 번째 증명은 예시법에 따른다. 두 전제가 무양상으로 받아들여지지 않기 때문에 추론이 성립한다고 하면, 결론은 좁은 의미의 가능 양상 긍정이거나 부정이거나일 것이다. 하지만 세 항의 항 해석, '흼-인간-말'에서 나타나는 결론의 해석, 즉 필연 양상 전칭 부정(LBeC)의 해석은 양자를 모두 부정한다.

수 있지만, 다른 쪽 것[B, 즉 인간]에게는 그 어떤 것에도 없을 수 있는 것이다. 그러나 B는 C에 있을 수도 있는 것[가능 양상 긍정]도, 또 없을 수도 있는 것[가능 양상 부정]도 없기 때문이다. 그런데 B가 C에 있는 것이 아닐 수도 있다는 것은 분명하다. 어떤 말도 인간이 아니기 때문이다. 하지만 B가 C에 없어도 되는 것도 아니다. 왜냐하면 어떤 말도 인간이 아닌 것이 필연이었고, 필연적인 것은 있을 수 있는 것[가능한 것]이 아니었기 때문이다. 따라서 추론은 성립하지 않는다.

[10]

부정이 [대소 두 전제에 관하여] 반대로 놓인다고 해도, 또 두 전제가 함께 긍정 또는 부정으로서 받아들여진다고 해도, [추론의 불성립은] 마찬가지로 증명될 것이다[361](동일한 [3개의] 항에 의해 논증이 성립될 것이기 때문이다). 또한 (4) 두 전제 중 하나가 전칭, 다른 하나가 특칭으로, 또는 (5) 모두 특칭 혹은 부정칭으로, 또는 (6) 두 전제가 따로따로 받아들여질 수 있는 한, 다른 방식으로 받아들여진다고 하더라도 [추론의 불성립은] 동일하게 증명될 것이다.[362] 왜냐하면 항상 동일한 [3가지] 항에 의해 논증이 성립될 것이기 때문이다. 그래서 두 전제가 모두 가능 양상으로 놓일 때에는 어떤 추론도 성립하지 않는다는 것은 분명하다.

[15]

---

361 CamestresQQU(QAaB, QAeC⊢UBeC)의 도출과 두 전제가 가능 양상 전칭 긍정 및 전칭 부정인 조합(AA, EE)의 추론의 불성립. 증명은 앞의 각주와 같은 세 항의 항 해석, '흼-인간-말'에 기초한 예시법에 따른다.

362 BarocoQQU(QAaB, QAoC⊢UBoC)와 FestinoQQU(QAeB, QAiC⊢UBoC)를 포함하여, 두 전제 중 하나가 가능 양상 전칭, 다른 것은 특칭인 조합(AI, AO, EI, EO, IA, IE, OA, OE)의 추론의 불성립, 나아가 부정칭(不定稱)을 포함하여 두 전제가 가능 양상 특칭인 조합(II, IO, OI, OO)의 추론의 불성립. 증명은 동일하게 세 항의 항 해석, '흼-인간-말'에 기초한 예시법에 따른다.

제18장

(1) 두 전제의 한쪽이 무양상, 다른 쪽이 가능 양상을 표시한다면,
[20] (a) 긍정 전제가 무양상, 부정 전제가 가능 양상으로 놓이는 경우에는 [세
개의] 항이 [서로] 전칭으로 [관련하여] 받아들이든 특칭으로 [관련하여]
받아들이든 추론은 성립하지 않을 것이다[363](논증은 이전과 동일하며, 또
동일한 [3개의] 항에 의해 성립될 것이다).[364] 그러나 (b) 긍정 전제가 가능
양상으로, 부정 전제[365]가 무양상으로 놓였을 때에는 추론이 성립한다.

[25] 즉, A가 B에는 그 어떤 것에도 없고, C에는 그 모든 것에 있을 수 있는
것으로 받아들였다고 하자.[366] 그러면 부정은 환위되므로, B는 어떤 A에
도 없을 것이다. 그리고 A는 모든 C에 있을 수 있을 것이다. 따라서 첫째
격에 따라, B는 어떤 C에도 없을 수 있다는 추론이 성립한다. 이것은 부
[30] 정이 C와 관계하여 놓인다고 해도 또한 마찬가지일 것이다.[367] (c) 또한
두 전제가 모두 부정이며, 그중 한쪽이 무양상 부정을, 다른 쪽이 가능 양
상 부정을 표시하는 경우에는,[368] 받아들여진 전제 자체에 따라서는 어떠

---

363 CesareQXU(QAeB, AaC⊢UBeC)와 CamestresXQU(AaB, QAeC⊢UBeC)의
도출. 증명은 앞 장의 CesareQQU(37a38-b10)와 CamestresQQU(37b10-13)의 경
우와 마찬가지로, 세 항의 항 해석, '흼-인간-말'에 기초한 예시법에 따른다. 특칭 추
론에 대해서는 나중에(37b39-38a12) 논의된다.
364 세 항 해석(흼-인간-말), 제17장 37b3-4 참조. 그렇다면 그 결론은 '일면적 가
능'일 것이다(36b33-34).
365 두 전제는 전칭일 것이다.
366 CesareXQM(AeB, QAaC⊢MBeC)의 성립. 증명은 대전제를 단순 환위하면
(AeB⊢BeA), Celarent XQM(BeA, QAaC⊢MBeC)이 성립함에 따른다.
367 CamestresQXM(QAaB, AeC⊢MBeC)의 성립. 증명은 소전제를 단순 환위하
여(AeC⊢CeA), 대전제를 소전제와 조합하면 CelarentXQM(CeA, QAaB⊢MCeB)
이 성립하고, 그 결론을 단순 환위하는 것(MCeB⊢MBeC)에 따른다.
368 EEEXQM(AeB, QAeC⊢MBeC)과 EEEQXM(QAeB, AeC⊢MBeC)의 성립.
전자의 증명은 앞의 CesareXQM(37b23-28)의 경우와 마찬가지로 대전제를 단순 환

한 필연적인 것도 귀결되지 않지만, 가능 양상의 전제가 환위된다면, 이전의 경우와 마찬가지로 B는 어떤 C에도 없을 수 있다는 추론이 성립한다. 왜냐하면 다시 제1격이 성립될 것이기 때문이다. (d) 하지만 두 전제가 모두 긍정으로 놓이는 경우에는 추론은 성립하지 않을 것이다.[369] [결론이 필연 양상 전칭] 긍정이 되는 [3가지] 항은 '건강-동물-인간'이며, [전칭] 부정이 되는 [3가지] 항은 '건강-말-인간'이다.

(2) 특칭 추론의 경우도 마찬가지일 것이다. 즉, (a) 긍정이 무양상일 때에는, 그것이 전칭으로 받아들여지든, 특칭으로 받아들여지든, 어떤 추론도 성립하지 않을 것이다.[370] (이것은 이전의 경우와 동일한 방식으로, 또 동일한 [세 가지] 항에 의해 증명된다.) (b) 하지만 부정이 무양상일 때에는,[371] 이전의 경우와 마찬가지로 환위에 의해 추론이 성립할 것이다.[372]

[35]

[40]

38a

위하고(AeB⊢BeA), 소전제를 상보 환위하면(QAeC⊢QAaC), '다시 제1격'(37b35)의 추론 CelarentXQM(BeA, QAaC⊢MBeC)이 성립함에 따른다. 후자의 증명은 앞의 CamestresQXM(37b29)의 경우와 마찬가지로 대전제를 상보 환위하고(QAeB⊢QAaB), 소전제를 단순 환위하고(AeC⊢CeA), 두 전제를 교환하면 '다시 제1격' 추론 CelarentXQM(CeA, QAaB⊢MCeB)가 성립하고, 그 결론을 단순 환위하는 것(MCeB⊢MBeC)에 의한다.

369 두 전제의 한쪽이 무양상 전칭 긍정, 다른 쪽이 가능 양상 전칭 긍정인 조합(AA)의 두 추론의 불성립. 증명은 세 항의 항 해석, '건강-동물-인간'과 '건강-말-인간'에 근거한 대조 예시 증명법에 따른다.

370 BarocoXQU(AaB, QAoC⊢UBoC) 및 FestinoQXU(QAeB, AiC⊢UBoC)의 도출. 증명은 앞의 각주와 같은 대조 예시법에 따른다. 이것으로부터, 두 전제가 긍정인 조합(AI)의 두 추론도 성립되지 않는다. 증명은 동일한 대조 예시법에 따른다. 또 이것과 두 전제를 교환한 조합(IA)의 두 추론 및 BarocoXQU와 FestinoQXU의 두 전제를 교환한 조합(OA, IE)의 두 추론은 대전제가 전칭이라는 제2격의 성격상 불성립한다.

371 전칭 부정 전제.

372 FestinoXQM(AeB, QAiC⊢MBoC)의 성립. 증명은 앞의 CesareXQM(37b23-28)의 경우와 마찬가지로 대전제를 단순 환위하면(AeB⊢BeA), FerioXQM(BeA, QAiC⊢MBoC)이 성립함에 따른다. BarocoQXU에 대해서는, 나중에(38a8-10) 언

147

[5]　(c) 다시, 양쪽 항 간격이 모두 부정으로 받아들여지는 경우에는, 무양상 부정이 전칭으로 받아들인다면, 이들 두 전제 그 자체로부터 필연적인 것은 성립하지 않겠지만, 가능 양상이 환위된다면, 이전의 경우와 마찬가지로 추론이 성립할 것이다.[373] 그러나 (d) 부정[전제]이 무양상이며, 특칭으로 받아들여지는 경우에는, 다른 한쪽의 전제가 긍정이든 부정이든, 추

[10]　론은 성립하지 않을 것이다.[374] (3) 또한 두 전제가 모두 부정칭(不定稱)으로—긍정이든 부정이든—또는 특칭으로 받아들여진 때에도, 추론은 성립하지 않을 것이다. 논증(증명)은 동일하고, 또 동일한 [3개의] 항에 의해 성립할 것이다.

제19장

(1) 두 전제의 한쪽이 필연 양상을, 다른 쪽이 가능 양상을 표시하는 경

[15]　우에, 부정 전제가 필연 양상일 때에는, 가능 양상 부정의 결론을 취하는 추론뿐만 아니라 무양상 부정의 결론을 취하는 추론 또한 성립하겠지만, 긍정 전제가 필연 양상일 때에는 추론은 성립하지 않을 것이다.

즉, A가 B에는 그 어떠한 것에도 필연적으로 없고, C에는 그 모든 것에

급된다. 또 FestinoXQM의 두 전제를 교환한 조합(IE)의 추론은 제2격의 성격상 불성립이다.

373 EOOXQM(AeB, QAoC⊢MBoC)의 성립. 증명은 앞의 FestinoXQM(38a3-4)의 경우와 마찬가지로 대전제를 단순 환위하고(AeB⊢BeA), 소전제를 상보 환위하면 (QAoC⊢QAiC), FerioXQM(BeA, QAiC⊢MBoC)이 성립함에 따른다. 또한 두 전제를 교환한 조합(OE)의 추론은 제2격 성격상 불성립이다.

374 BarocoQXU(QAaB, AoC⊢UBOC)의 도출 및 대전제가 가능 양상 전칭 부정, 소전제가 무양상 특칭 부정인 조합(EO)의 추론 불성립. 증명은 세 항의 항 해석, '건강-동물-인간'과 '건강-말-인간'에 근거한 대조 예시법에 의한다. 덧붙여 이들 양자와 두 전제를 교환한 조합(OA, OE)의 추론은 제2격의 성격상 불성립이다.

있을 수 있다고 놓도록 하자.[375] 그러면 부정 전제가 환위되면, B 또한 어떤 A에게도 [필연적으로] 없는 것이 될 것이다. 그런데 A는 모든 C에 있을 수 있다. 따라서 다시 제1격에 의해, B는 어떤 C에도 없을 수 있다는 추론이 성립한다. 동시에 B는 또한 [무양상으로] 어떤 C에도 있을 수 없음이 분명하다.[376] B는 [어떤 C에] 있다고 가정된다고 하자. 그러면 만일 A는 어떤 B에도 있을 수 없으며, B는 어떤 C에 있다고 하면, A는 어떤 C에 있을 수 없는 것이 된다. 그러나 A는 모든 C에 있을 수 있다고 가정되었기 때문이다. 이것은 부정[전제]이 C와 관계하여 놓였다고 해도,[377] 동일한 방식으로 증명될 것이다.

다음으로, 긍정이 필연 양상이고, 다른 한쪽[의 부정]이 가능 양상이라고 하자.[378] 그리고 A는 B에는 그 어떤 것에도 없을 수 있고, C에는 그 모든 것에 필연적으로 있다고 하자. [3개의] 항이 이러한 방식으로 관계되어 있을 때에는, 어떠한 추론도 성립하지 않을 것이다. 왜냐하면 B는 [모든]

[20]

[25]

[30]

---

375 CesareLQM(LAeB, QAaC⊢MBeC)의 성립. 대전제를 단순 환위하면(LAeB⊢LBeA) CelarentLQM(LBeA, QAaC⊢MBeC)이 성립함에 따른다.

376 CesareLQX(LAeB, QAaC⊢BeC)의 성립. 증명은 귀류법에 의한다. 결론을 부정하고(BeC⊢BiC), 대전제와 조합시키면 FerioLXL(LAeB, BiC⊢LAoC)이 성립하여, 소전제 QAaC와의 사이에 모순이 발생함에 따른다. 따라서 BeC가 성립한다. 또한 귀류법에 의하지 않고, 대전제를 단순 환위하여(LAeB⊢LBeA), CelarentLQX (LBeA, QAaC⊢BeC)로부터 직접 증명할 수도 있다.

377 CamestresQLM(QAaB, LAeC⊢MBeC) 및 CamestresQLX(QAaB, LAeC⊢BeC)의 성립. 전자의 증명은 소전제를 단순 환위하여(LAeC⊢LCeA), 대전제를 소전제와 조합하면 CelarentLQM(LCeA, QAaB⊢MCeB)이 성립하고, 그 결론을 단순 환위하는 것(MCeB⊢MBeC)에 의한다. 후자의 증명은 귀류법에 의한다. 결론을 부정하고, 단순 환위하고(BiC⊢CiB), 소전제와 조합하면, FerioLXL(LAeC, CiB⊢LAoB)이 성립하고, 대전제와의 사이에 모순이 발생하는 것에 따른다.

378 CesareQLU(QAeB, LAaC⊢UBeC)의 도출. 증명은 좁은 의미의 가능 양상, 필연 양상, 무양상 긍정 부정의 어떤 결론도 성립하지 않음에 따른다.

C에 필연적으로 없다는 것이 따라 나오기 때문이다.[379] 즉, A가 '흼', B에 해당하는 것이 '인간', C에 해당하는 것이 '백조'라고 하자. 그러면 흰 것은 백조에게는 [그 모든 것에] 필연적으로 있고, 인간에게는 그 어떤 것에도 없을 수 있는 것이다. 그리고 인간은 어떤 백조에게도 필연적으로 없기 때문이다. 이로부터 가능 양상 [부정]의 결론을 취하는 추론이 성립하지

[35] 않는 것은 분명하다. 왜냐하면 필연적인 것은 있을 수 있는 것이 아니었기 때문이다. 하지만 필연 양상 [부정] 결론을 취하는 추론 또한 성립하지 않는다.[380] 왜냐하면 필연 양상의 결론은 두 전제가 모두 필연 양상의 전제로부터 비롯되거나 혹은 필연 양상 부정의 전제로부터 따라 나오기 때문이다. 게다가 이것들이[381] 두 전제로서 세워져 있는 경우에는, B는 [무

[40] 양상으로] C에 있는 것도 가능하다.[382] 왜냐하면 C는 B 아래에 있고, A는 B에게는 그 모든 것에 있을 수 있으며, C에게는 [그 모든 것에] 필연적으로 있는데, 예를 들어 C는 '깨어 있는 것', B는 '동물', A에 해당하는 것이 '운동'이라고 해도 아무런 지장이 없기 때문이다. 운동은 깨어 있는 자에

---

379 좁은 의미의 가능 양상 부정 결론의 불성립 증명은 세 항의 항 해석, '흼-인간-백조'에 근거한 예시법에 의한다. 이에 따르면, 결론은 필연 양상 전칭 부정(LBeC)으로 해석되며, 좁은 의미의 가능 양상 부정의 결론이 반증된다.

380 필연 양상 부정 결론의 불성립 증명은 제2격에서는 두 전제가 모두 필연 양상이거나 제1권 제10장에서 본 것처럼 부정 전제가 필연 양상일 때 결론이 필연 양상으로 성립하는 것에 따른다.

381 '이것들'(38a38)이란 지금 그 불성립이 논의되고 있는 CesareQLU의 두 전제, 즉 QAeB와 LAaC를 가리킨다.

382 무양상 부정 결론의 불성립 증명은 세 항의 항 해석, '운동-동물-깨어 있는 것'에 기초한 예시법에 따른다. 이에 따르면, 결론은 무양상 전칭 긍정(BaC)으로 해석되며, 무양상 부정의 결론이 반증된다. 또한 이 세 항의 항 해석에는 문제가 있다. 이에 의하면, 대전제는 좁은 의미의 가능 양상 전칭 긍정(QAaB), 소전제는 필연 양상 전칭 긍정(LAaC), 결론은 무양상 전칭 긍정(BaC)으로 해석되나, 그런데 이 소전제와 결론에서 DaraptiLXL(LAaC, BaC⊢LAiB)에 의해 LAiB가 나오지만, 이는 CesareQLU의 대전제 QAeB와 모순되기 때문이다. 이것은 이 증명이 가지는 문제점의 하나이다.

게는 [그 모든 것에] 필연적으로 있고, 동물에게는 그 모든 것에 있을 수 [38b]
있으며, 그리고 모든 깨어 있는 것은 동물이기 때문이다. 따라서 [세 항
이] 이러한 방식으로 관계되어 있는 경우에는, 동물이 [무양상으로 모든]
깨어 있는 것에 있는 것이 필연적이라면, 무양상 부정의 결론을 취하는 추
론 또한 성립하지 않을 것임은 분명하다. 게다가 이러한 부정에 대립하
는 [세 양상의] 긍정의 결론을 취하는 추론 또한 성립하지 않으며,[383] 따라
서 어떠한 추론도 성립하지 않을 것이다. 또 긍정 전제가 반대로 [큰 끝항 [5]
과 관계하여] 놓인다고 해도[384] [추론의 불성립은] 마찬가지로 증명될 것
이다.

두 전제가 [긍정 부정에 관해] 동일한 형식인 경우에는 두 전제가 부정
이라면, 이전의 경우와 마찬가지로 가능 양상의 전제가 환위되면 항상 추
론이 성립한다.[385] 즉, A는 B에게는 [그 모든 것에] 필연적으로 없으며, C
에는 [그 모든 것에] 없을 수도 있다고 받아들였다고 하자. 그러면 두 전 [10]
제가 환위되면, B는 어떤 A에게도 [필연적으로] 없고, A는 모든 C에 있
을 수 있는 것이 되어, 제1격이 성립한다. 이는 [필연 양상] 부정이 C와
관계해서 놓인다고 해도 마찬가지이다.[386] 그러나 두 전제가 긍정으로 놓

---

383 긍정 결론의 불성립 증명은 예시법에 따른다. 앞서 사용된 세 항의 항 해석 '흼-
인간-백조'에 따르면 결론은 필연 전칭 부정(LBeC)으로 해석되며, 따라서 좁은 의미
의 가능 양상, 필연 양상, 무양상 긍정의 결론이 모두 반증된다.
384 CamestresLQU(LAaB, QAeC⊢UBeC)의 도출. 증명은 CesareQLU의 경우와
같다(38b4)고 알려져 있다. 단, 거기서 나온 2개의 세 항의 항 해석 중 '흼-인간-백
조'에 대해서는 '흼-백조-인간'으로 변경하면 되지만 '운동-동물-깨어 있음'에 대해
서는 '운동-깨어 있음-동물'로 변경할 수 없다.
385 EEELQM(LAeB, QAeC⊢MBeC)과 EEELQX(LAeB, QAeC⊢BeC)의 성립.
증명은 앞 장의 EEEXQM(37b29-35)의 경우와 마찬가지로, 대전제를 단순 환위하고
(LAeB⊢LBeA), 소전제를 상보 환위하면(QAeC⊢QAaC), CelarentLQM(LBeA,
QAaC⊢MBeC)과 CelarentLQX(LBeA, QAaC⊢BeC)가 각각 성립함에 따른다.
386 EEEQLM(QAeB, LAeC⊢MBeC)과 EEEQLX(QAeB, LAeC⊢BeC)의 성립.

38b

[15] 인 경우, 추론은 성립하지 않을 것이다.[387] 왜냐하면 무양상 부정 또는 필연 양상 부정의 결론을 취하는 추론이 성립하지 않을 것임은 분명한데, 이는 부정 전제가 무양상에서도 필연 양상에서도 받아들여지지 않기 때문이다.[388] 하지만 가능 양상 부정의 결론을 취하는 추론이 성립하지 않는 것 또한 분명하다.[389] 왜냐하면 [3개의 항이] 이러한 방식으로 관계되어 있는 경우에는, B는 [모든] C에 필연적으로 없게 될 것이기 때문이다. 예를 들

[20] 어 A가 '흼', B에 해당하는 것이 '백조', C가 '인간'으로 놓이는 경우가 그 것이다. 게다가 이러한 부정에 대립하는 [3 양상의] 긍정의 결론을 취하는 추론도, B는 [모든] C에 필연적으로 없는 것으로 증명되어 있었으므로, 성립하지 않을 것이다.[390] 따라서 추론은 전혀 성립되지 않을 것이다.

[25]   (2) 특칭 추론의 경우도 마찬가지일 것이다. 즉, 부정이 전칭이고 필연 양상일 때에는 가능 양상 부정과 무양상 부정의 결론을 취하는 추론이 항상 성립될 것이다[391](논증은 환위에 의한다). 하지만 긍정이 전칭이고, 필

증명은 앞의 각주의 경우와 마찬가지로 대전제를 상보 환위, 소전제를 단순 환위하여 (QAeB⊢QAaB, LAeC⊢LCeA) 교환하면, CelarentLQM(LCeA, QAaB⊢MCeB)과 CelarentLQX(LCeA, QAaB⊢CeB)가 각각 성립하고, 그 결론을 각각 단순 환위하는 것(MCeB⊢MBeC, CeB⊢BeC)에 따른다.

387 두 전제가 전칭 긍정(AA)이며, 한쪽이 필연 양상, 다른 쪽이 가능 양상인 조합 추론의 불성립. 증명은 앞의 CesareQLU(38a26-b4)의 경우와 마찬가지로, 세 양상의 긍정 부정의 어떤 결론도 성립하지 않음에 따른다.

388 무양상 부정과 필연 양상 부정 결론의 불성립은 부정 전제가 각각 받아들여지고 있지 않음에 따른다.

389 좁은 의미의 가능 양상 부정 결론의 불성립. 증명은 CamestresLQU(38b4-5)의 경우와 마찬가지로, 세 항의 항 해석, '흼-백조-인간'에 기초한 예시법에 따른다. 이 것은 대전제가 필연 양상의 추론 불성립을 위한 것이며, 대전제가 가능 양상의 추론 불성립을 위해서는 CesareQLU의 경우와 같은 '흼-인간-백조'의 항 해석에 기초한 예시법에 따른다.

390 세 양상 긍정의 결론의 불성립 증명은 앞의 각주와 같은 예시법에 따른다.

391 FestinoLQM(LAeB, QAiC⊢MBoC)과 FestinoLQX(LAeB, QAiC⊢BoC)의 성

152

연 양상일 때에는 추론은 결코 성립하지 않을 것이다.[392] 왜냐하면 [그 추론의 불성립은] 전칭 추론의 경우에도 증명된 것과 같은 방식으로, 또 동일한 [3개의] 항에 의해 증명될 것이기 때문이다. 또한 두 전제가 모두 긍정적으로 받아들여질 때에도 추론은 성립하지 않을 것이다.[393] 왜냐하면 [30] 이에 대해서도 또한 이전에도 성립한 것과 같은 논증이 성립될 것이기 때문이다. 하지만 두 전제가 모두 부정이며, 부정을 표시하는 전제가 전칭으로 필연 양상일 때에는,[394] 받아들여진 전제 그 자체에 의해서는 필연적인 것은 성립하지 않겠지만, 가능 양상의 전제가 환위된다면, 이전의 경우와 [35] 마찬가지로 추론이 성립할 것이다.[395] (3) 두 전제가 모두 부정칭(不定稱)이거나 특칭으로 놓이는 경우에는, 추론은 성립하지 않을 것이다.[396] 논증

립. 증명은 대전제를 단순 환위하면(LAeB⊢LBeA), FerioLQM(LBeA, QAiC⊢MBoC)과 FerioLQX(LBeA, QAiC⊢BoC)가 각각 성립함에 따른다.

392 BarocoLQU(LAaB, QAoC⊢UBoC)의 도출. 증명은 CamestresLQU의 경우와 같다.

393 두 전제가 긍정(AI, IA)이고, 한쪽이 필연 양상, 다른 쪽이 가능 양상인 조합 추론의 불성립. 증명은 두 전제가 전칭 긍정인 조합(AA)의 경우와 같다.

394 '부정을 표시하는 전제'(38b32-33)란 상보 환위에 의해 긍정으로 변환되지 않는 전제를 말한다.

395 EOOLQM(LAeB, QAoC⊢MBoC)과 EOOLQX(LAeB, QAoC⊢BoC)의 성립. 증명은 앞의 FestinoLQM과 FestinoLQX(함께 38b25-27)의 경우와 마찬가지로, 소전제를 상보 환위하고(QAoC⊢QAiC), 대전제를 단순 환위하면(LAeB⊢LBeA), FerioLQM(LBeA, QAiC⊢MBoC)과 FerioLQX(LBeA, QAiC⊢BoC)가 각각 성립함에 따른다.

396 부정칭(不定稱)을 포함하여 두 전제가 특칭인 조합(II, IO, OI, OO) 추론의 불성립. 증명은 동일한 대조 예시법에 따른다고 알려져 있다(38b37). 하지만 Ross가 말하는 것처럼, 증명은 CesareQLU와 CamestresLQU의 경우와 마찬가지로, 예를 들어 세 항의 항 해석이 '운동-동물-깨어 있는 것'과 '흼-인간-백조'에 기초한 대조 예시법에 따른다고 할 수는 없다. 왜냐하면 이러한 항 해석에 따라서는 전제가 필연 양상 특칭 부정으로 해석되지 않기 때문이다. 또 앞 장의 동일한 조합의 추론 불성립에 사용된 것, 즉, '건강-동물-인간'과 '건강-말-인간'에 기초한 대조 예시법(37b36-38 참

은 동일하며, 또 동일한 [3개의] 항에 의하여 성립될 것이다.

　그런데 앞에서 말해진 것으로부터, 전칭 부정 전제가 필연 양상으로 놓

[40]
일 때에는, 가능 양상 부정의 결론을 취하는 추론뿐만 아니라 무양상 부
정의 결론을 취하는 추론 또한 항상 성립하지만, 긍정 전제가 필연 양상으
로 놓일 때에는, 추론은 결코 성립하지 않는다는 것은 분명하다.[397] 또한
두 전제의 한쪽이 [가능 양상이고 다른 쪽이] 필연 양상인 경우도, 무양상
인 경우도 [3개의] 항이 동일한 방식으로 관계되어 있다면, 마찬가지로 추

39a
론이 성립하고, 또 성립하지 않는다는 것도 분명하다.[398] 더욱이 모든 추
론이 불완전하다는 것, 그리고 이것들이 앞에서 말한 격에[399] 의해 완전한
것이 된다는 것 또한 분명하다.

조)에 의할 수도 있을까? 그래서 제1권 제16장에서 이 조합의 추론 불성립에 이용된
것을 제2격으로 변형한 것, 즉 '흼-동물-인간'과 '흼-동물-무생물'에 기초한 대조 예
시법에 따른 것으로 해석된다.

397 이 장에서의 추론의 성립, 불성립에 대해 첫머리(38a13-16)에서 기술된 것이 여
기(38b38-41)에서 다시 이야기된다. 이 장에서는 12개의 추론이 성립되었는데, 그것
들은 같은 전제로부터 가능 양상 부정과 무양상 부정의 결론을 가진 6쌍의 추론으로
나눌 수 있다. 그리고 이 6쌍과 앞 장에서 성립한 6개의 추론이란 두 전제의 한쪽이
필연 양상이냐 무양상이냐 하는 점을 제외하면, 추론의 세 항이 동일한 방식으로 관
련되어 있는 추론들이다. 제1격에서와 마찬가지로, 제2격에서도 전자의 6쌍은 후자
의 6개의 추론과 대응하고 있다고 할 수 있다.

398 이 원칙에 따라 앞 장에서 도출된 FestinoQXU와 BarocoQXU에 각각 대응하는
FestinoQLU(QAeB, LAiC⊢UBoC)와 BarocoQLU(QAaB, LAoC⊢UBoC)라는 두
추론의 불성립이 도출된다. 증명은 전자에 대해서는 CesareQLU의 그것에 따라, 후
자에 대해서는 그에 준한 것에 따른다.

399 '앞에서 말한 격'(39a3)이 복수형으로 되어 있지만, '제1격'을 나타내는 것으로
이해한다(38a20, b12 참조). 마이어는 본문의 훼손으로 보고 '앞에서 말한 격을 통해
서'(dia tōn en tō[i] proeirēmenō[i] schēmati), 즉 '제1격에서'로 이해한다(Ross, p.
362 참조).

제20장

(1) 마지막 격에서는 두 전제가 모두 가능 양상인 경우에도, 또 한쪽 전 [5]
제가 가능 양상인 경우에 추론이 성립할 것이다. 우선, 두 전제가 가능 양
상을 표시할 때에는, 결론 또한 가능 양상으로 성립할 것이다.[400] 그리고
두 전제의 한쪽이 가능 양상을, 다른 쪽이 무양상을 표시할 때에도 그럴
것이다.[401]

하지만 한쪽의 전제가 필연 양상으로 놓일 때에는, 그것이 긍정인 경우
에 결론은 필연 양상도, 무양상으로도 성립하지 않겠지만, 그것이 부정인
경우에는 이전의 경우에도 성립한 것과 마찬가지로 무양상 부정의 결론 [10]
을 취하는 추론이 성립할 것이다.[402] 이러한 추론에서도 결론에서의 가능
양상은 [앞 장의 경우와] 동일한 방식으로 받아들여야 한다.[403]

(2) 먼저, (a) 두 전제가 가능 양상이며, A도 B도 모든 C에 있을 수 있 [15]
다고 하자.[404] 그러면 긍정은 특칭으로 환위되고, B는 모든 C에 있을 수
있으므로, C 또한 어떤 B에 있을 수 있는 것이다. 따라서 A가 모든 C에

---

400 이 장의 요약. DaraptiQQQ와 FelaptonQQQ 등 12개 추론이 성립한다.

401 제1권 제21장 요약. DaraptiXQM과 DaraptiQXQ 등 16개 추론이 성립한다.

402 제1권 제22장 요약. DaraptiLQM과 DaraptiQLQ 등 20개 추론이 성립한다. 또
한 '이전의 경우와 마찬가지로'(39a11)는 '제1권 제16장에서의 제1격인 경우(제16장
35b30-32, 36b23-24) 및 제19장의 제2격인 경우(제19장 38a13-16, b38-41)와 마찬
가지로'라는 의미이다. 제3격에서도 FelaptonLQX나 FerisonLQX 등 무양상 부정을
결론으로 하는 추론이 성립한다.

403 무양상 부정과 함께 가능 양상 부정을 결론으로 하는 추론의 결론이 제1권 제19
장의 CesareLQM(38a16-21) 등의 경우와 마찬가지로, 넓은 의미의 가능 양상임은
제3격 추론이 전제의 환위에 의해 넓은 의미(일면적 가능)의 가능 양상 명제를 결론
으로 하는 제1격 추론으로 환원되기 때문이다.

404 DaraptiQQQ(QAaC, QBaC⊢QAiB)의 성립. 증명은 소전제를 제한 환위하면
(QBaC⊢QCiB), DariiQQQ(QAaC, QCiB⊢QAiB)가 성립함에 따른다.

있을 수 있고, C가 어떤 B에 있을 수 있다면, A 또한 어떤 B에 있을 수 있

[20] 는 것이 필연이다. 제1격이 성립하는 것이니까. (b) 또한 A는 어떤 C에

도 없을 수 있고, B는 모든 C에 있을 수 있다면,[405] A는 어떤 B에 없을 수

있는 것이 필연이다. 왜냐하면 환위에 의해, 다시 제1격이 성립될 것이기

때문이다. (c) 또한 두 전제가 모두 부정으로 놓인다면,[406] 받아들인 두 전

제 그 자체로는 필연적인 것은 성립하지 않겠지만, 두 전제가 환위된다면

[25] 이전의 경우와 마찬가지로 추론이 성립할 것이다. 즉, A와 B가 [모든] C에

없을 수 있다면, 이러한 [가능 양상] 부정 대신 가능 양상 긍정이 대체되

는 경우에는, 환위에 의해 다시 제1격이 성립될 것이다.

(3) 두 끝항의 한쪽이 전칭이고, 다른 쪽이 특칭으로 [중항과] 관계하고

[30] 있다면, [3개의] 항이 무양상인 경우와 동일한 방식으로 관계하고 있는

경우에는, 동일하게 추론이 성립하고, 또 성립하지 않을 것이다. 즉, (a)

A는 모든 C에, 또 B는 어떤 C에 있어도 되는 것으로 하자.[407] 그렇다면

특칭 전제가 환위된다면, 다시 제1격이 성립될 것이다. 왜냐하면 A는 모

든 C에, 또 C는 어떤 B에 있을 수 있다면, A는 어떤 B에 있을 수 있기 때

---

405 FelaptonQQQ(QAeC, QBaC⊢QAoB)의 성립. 증명은 소전제를 제한 환위하면
(QBaC⊢QCiB), FerioQQQ(QAeC, QCiB⊢QAoB)가 성립함에 따른다.

406 EEIQQQ(QAeC, QBeC⊢QAiB)의 성립. 증명은 앞의 DaraptiQQQ(39a14-
19)의 경우와 마찬가지로 두 전제를 상보 환위하여(QAeC⊢QAaC, QBeC⊢QBaC),
그 소전제의 결론을 제한 환위하면(QBaC⊢QCiB), DariiQQQ(QAaC, QCiB⊢
QAiB)가 성립함에 따른다. 그리고 AEIQQQ(QAaC, QBeC⊢QAiB)의 성립도 분명하
다. 증명은 소전제를 상보 및 제한 환위하면(QBeC⊢QBaC, QBaC⊢QCiB), Darii
QQQ(QAaC, QCiB⊢QAiB)가 성립함에 따른다.

407 DatisiQQQ(QAaC, QBiC⊢QAiB)의 성립. 증명은 소전제를 단순 환위하면
(QBiC⊢QCiB), DariiQQQ(QAaC, QCiB⊢QAiB)가 성립함에 따른다. 덧붙여
AOIQQQ(QAaC, QBoC⊢QAiB)도 성립한다. 증명은 소전제를 상보 및 단순 환위
하면(QBoC⊢QBiC, QBiC⊢QCiB), DariiQQQ(QAaC, QCiB⊢QAiB)가 성립함에
따른다.

문이다. (b) 이는 전칭이 BC와 관계해서 놓인다고 해도[408] 마찬가지일 것
이다. (c) 또한 AC가 부정이고 BC가 긍정이라고 해도[409] 마찬가지일 것이
다. 왜냐하면 환위에 의해, 다시 제1격이 성립될 것이기 때문이다. (d) 두
전제가 모두 부정이고, 한쪽이 전칭으로 다른 쪽이 특칭으로 놓인다면,[410]
받아들인 두 전제 자체에 의해 추론은 성립하지 않겠지만, 두 전제가 환
위된다면 이전의 경우와 마찬가지로 성립할 것이다. (4) 그러나 두 전제
가 모두 부정칭(不定稱)이거나 특칭으로 받아들여질 때에는[411] 추론은 성

---

408 DisamisQQQ(QAiC, QBaC⊢QAiB)의 성립. 증명은 대전제를 단순 환위하여
(QAiC⊢QCiA), 소전제를 대전제로 조합시키면 DariiQQQ(QBaC, QCiA⊢QBiA)
가 성립하고, 그 결론을 단순 환위하는 것(QBiA⊢QAiB)에 따른다. 덧붙여 IEIQQQ
(QAiC, QBeC⊢QAiB)도 성립한다. 증명은 소전제를 상보 환위하고(QBeC⊢QBaC),
대전제를 단순 환위하고(QAiC⊢QCiA), 그 결론을 소전제로 조합하면, DariiQQQ
(QBaC, QCiA⊢QBiA)가 성립하고, 그 결론을 단순 환위하는 것(QBiA⊢QAiB)에
의한다.

409 FerisonQQQ(QAeC, QBiC⊢QAoB)와 BocardoQQQ(QAoC, QBaC⊢QAoB)
의 성립. 전자의 증명은 소전제를 단순 환위하면(QBiC⊢QCiB), FerioQQQ(QAeC,
QCiB⊢QAoB)가 성립함에 따른다. 후자의 증명은 대전제를 상보 및 단순 환위하여
(QAoC⊢QAiC, QAiC⊢QCiA), 소전제를 대전제와 조합시키면, DariiQQQ(QBaC,
QCiA⊢QBiA)가 성립하고, 그 결론을 단순 및 상보 환위하는 것(QBiA⊢QAiB,
QAiB⊢QAoB)에 의한다.

410 EOIQQQ(QAeC, QBoC⊢QAiB)와 OEIQQQ(QAoC, QBeC⊢QAiB)의 성립.
전자의 증명은 DatisiQQQ(39a31-35)의 경우와 마찬가지로, 두 전제를 상보 환위하
고(QAeC⊢QAaC, QBoC⊢QBiC), 그 소전제의 결론을 단순 환위하면(QBiC⊢
QCiB), DariiQQQ(QAaC, QCiB⊢QAiB)가 성립함에 따른다. 후자의 증명은
DisamisQQQ(39a35-36)의 경우와 마찬가지로, 두 전제를 상보 환위하고(QAoC⊢
QAiC, QBeC⊢QBaC), 그 대전제의 결론을 단순 환위하고(QAiC⊢QCiA), 그 소전
제의 결론을 대전제로 조합시키면, DariiQQQ(QBaC, QCiA⊢QBiA)가 성립하고,
그 결론을 단순 환위하는 것(QBiA⊢QAiB)에 따른다.

411 부정칭(不定稱)을 포함하여 두 전제가 특칭인 조합(II, IO, OI, OO)의 추론의
불성립. 증명은 대조 예시 증명법에 따른다.

립하지 않을 것이다. 왜냐하면 A가 B의 모든 것에 있는 것도, 또 그 어떤 것에도 없는 것도, 필연적이기 때문이다. [결론이 필연 양상 전칭 긍정]이 되는 [3개의] 항은 '동물-인간-흼'이며, 부정이 되는 [3개의] 항은 '말-인 간-흼'이며, '흼'이 중항이다.

[5]

제21장

두 전제 중 한쪽이 무양상, 다른 쪽이 가능 양상을 표시하는 경우에는, 결론은 가능 양상으로 성립하지만 무양상으로는 성립하지 않을 것이다.[412] 또 추론은 [3개의] 항이 이전의 경우와 동일한 방식으로 관계되어 있다면 성립할 것이다. 즉, (1) 처음에 [3개의] 항이 [서로] 긍정으로 관계되어 있고, A는 모든 C에 있고, B는 모든 C에 있을 수 있다고 하자.[413] BC가 환위되면, 제1격이 성립하고, A는 어떤 B에 있을 수 있다는 결론이 성립할 것이다. 왜냐하면 두 전제의 한쪽이 제1격에서 가능 양상을 표시할 때에는, 결론 또한 가능 양상이었기 때문이다. 마찬가지로, BC가 무양상을, AC가 가능 양상을 표시한다면,[414] (c) 또 AC가 부정이고 BC가 긍정이라면,[415] 어느 쪽이 무양상이든 이 두 경우 모두 결론은 가능 양상으로 성립

[10]

[15]

---

412 이 요약은 정확하지 않다. 대전제가 특칭 부정, 소전제가 전칭 부정인 조합(OE) 의 추론은 앞 장의 경우(39a39-b2)와 달리 소전제가 가능 양상이라도 성립하지 않기 때문이다.

413 DaraptiXQM(AaC, QBaC⊢MAiB)의 성립. 증명은 소전제를 제한 환위하면 (QBaC⊢QCiB), DariiXQM(AaC, QCiB⊢MAiB)이 성립함에 따른다.

414 DaraptiQXQ(QAaC, BaC⊢QAiB)의 성립. 증명은 소전제를 제한 환위하면 (BaC⊢CiB), DariiQXQ(QAaC, CiB⊢QAiB)가 성립함에 따른다.

415 FelaptonXQM(AeC, QBaC⊢MAoB)과 FelaptonQXQ(QAeC, BaC⊢QAoB) 의 성립. 전자의 증명은 소전제를 제한 환위하면(QBaC⊢QCiB), FerioXQM(AeC, QCiB⊢MAoB)이 성립함에 따른다. 후자는 소전제를 제한 환위하면(BaC⊢CiB),

할 것이다. 왜냐하면 다시 제1격이 성립하고, 이 격에서 어느 한쪽 전제가 [20] 가능 양상을 표시한다면, 결론 또한 가능 양상으로 성립될 것이라는 것이 증명되었기 때문이다. 부정이 작은 끝항과 관계하여 놓이거나[416] 또는 양쪽이 모두 부정으로 받아들여진다면,[417] 받아들인 두 전제 그 자체에 의해서는 추론은 성립하지 않겠지만, 그것들이 환위된다면 이전의 경우와 마 [25] 찬가지로 추론이 성립할 것이다.

(2) 두 전제 중 한쪽이 전칭, 다른 쪽이 특칭이라면, (a) 두 전제가 모두 긍정이거나,[418] 또는 (b) 한쪽이 전칭 부정, 다른 쪽이 특칭 긍정인 경우에는,[419] 추론은 동일한 방식으로 성립할 것이다. 왜냐하면 모든 추론이

FerioQXQ(QAeC, CiB⊢QAoB)가 성립함에 따른다.

416 AEIXQM(AaC, QBeC⊢MAiB)의 성립. 증명은 앞의 DaraptiXQM(39b10-16)의 경우와 마찬가지로, 소전제를 상보 및 제한 환위하면(QBeC⊢QBaC, QBaC⊢QCiB), DariiXQM(AaC, QCiB⊢MAiB)이 성립함에 따른다.

417 EEOXQM(AeC, QBeC⊢MAoB)의 성립. 증명은 앞의 FelaptonXQM(39b 17-22)의 경우와 마찬가지로, 소전제를 상보 및 제한 환위하면(QBeC⊢QBaC, QBaC⊢QCiB), FerioXQM(AeC, QCiB⊢MAoB)이 성립함에 따른다. 덧붙여 대전제가 가능 양상 전칭 긍정 또는 전칭 부정, 소전제가 무양상 전칭 부정인 조합(AE, EE)의 추론은 소전제가 긍정이라는 제3격의 성격상 성립하지 않으며, 언급되지 않는다.

418 DatisiXQM(AaC, QBiC⊢MAiB)과 DatisiQXQ(QAC, BiC⊢QAiB)의 성립. 전자는 소전제를 단순 환위하면(QBiC⊢QCiB), DariiXQM(AaC, QCiB⊢MAiB)이 성립하는 것, 후자는 소전제를 단순 환위하면(BiC⊢CiB), DariiQXQ(QAaC, CiB⊢QAiB)가 성립하는 것에 따른다. 또 DisamisQXM(QAiC, BaC⊢MAiB)과 DisamisXQQ(AiC, QBaC⊢QAiB)의 성립. 전자의 증명은 대전제를 단순 환위하여 (QAiC⊢QCiA), 소전제를 대전제로 조합하면 DariiXQM(BaC, QCiA⊢MBiA)이 성립하고, 그 결론을 단순 환위하는 것(MBiA⊢MAiB)에 따른다. 후자의 증명은 대전제를 단순 환위하여(AiC⊢CiA), 소전제를 대전제로 조합시키면 DariiQXQ(QBaC, CiA⊢QBiA)가 성립하고, 그 결론을 단순 환위하는 것(QBiA⊢QAiB)에 따른다.

419 FerisonXQM(AeC, QBiC⊢MAoB)과 FerisonQXQ(QAeC, BiC⊢QAoB)의 성립. 전자의 증명은 소전제를 단순 환위하면(QBiC⊢QCiB), FerioXQM(AeC, QCiB⊢

159

[30] 제1격에 의해 결론지어지기 때문이다. 따라서 추론은 무양상의 결론이 아니라 가능 양상의 결론을 취하여 성립될 것이라는 것은 분명하다. (c) 두 전제의 한쪽이 전칭 긍정, 다른 쪽이 특칭 부정이라면, [추론은] 성립하고, 그 논증은 불가능[으로의 귀착]에 의해서 성립할 것이다.[420] 즉, B는 모든 C에 있고, A는 어떤 C에 없을 수 있다고 하자. 그러면 A는 어떤

MAoB)이 성립함에 따른다. 후자의 증명은 소전제를 단순 환위하면(BiCⵊCiB), FerioQXQ(QAeC, CiBⵊQAoB)가 성립함에 따른다. 또 두 전제가 이것과 반대인 조합(IE)에서는 IEIXQQ(AiC, QBeCⵊQAiB)가 성립한다. 증명은 두 전제를 각각 단순 및 상보 환위하여(AiCⵊCiA, QBeCⵊQBaC) 교환하면, DariiQXQ(QBaC, CiAⵊQBiA)가 성립하고, 그 결론을 단순 환위하는 것(QBiAⵊQAiB)에 따른다. 덧붙여 대전제가 가능 양상 특칭 긍정, 소전제가 무양상 전칭 부정인 조합(IE)의 추론은 제3격의 성격상 성립하지 않는다.

420 여기서(39b31~39) 그 성립이 증명되는 BocardoQXM을 비롯해 두 전제가 OA, AO, EO, OE인 조합 추론의 성립과 불성립을 언급하고 있다. 두 개의 부정 전제에 대해서는 언급하고 있지 않다. 먼저, BocardoQXM(QAoC, BaCⵊMAoB)의 성립이 귀류법을 통해 증명된다. 결론을 부정하고, 소전제와 조합하면 BarbaraLXL(LAaB, BaCⵊLAaC)이 성립하여 대전제와 사이에 모순(LAaC와 QAoC)이 발생함에 따른다. 그러나 BocardoXQM(AoC, QBaCⵊMAoB)은 성립하지 않는다. 결론을 부정하고 소전제와 조합하면 BarbaraLQM(LAaB, QBaCⵊMAaC)이 성립하는데, 대전제와의 사이에 모순이 생기지 않음(양립하기, AoC와 MAaC) 때문이다. 이로부터 BocardoXQU(AoC, QBaCⵊUAoB)가 도출된다. 단, 거짓을 사용하는 귀류법에 따르면 BocardoXQM은 BarbaraLXL을 기초로 해서 증명되어 성립한다. 다음으로, 두 전제가 반대인 조합(AO)에서는 AOIXQM(AaC, QBoCⵊMAiB)이 성립한다. 증명은 소전제를 상보 및 단순 환위하면(QBoCⵊQBiC, QBiCⵊQCiB), DariiXQM(AaC, QCiBⵊMAiB)이 성립함에 따른다. 이에 반해 대전제가 가능 양상, 소전제가 무양상인 조합의 추론은 제3격 성격상 성립하지 않는다. 또한 두 전제가 부정인 조합(EO, OE)에서는 EOOXQM(AeC, QBoCⵊMAoB)이 성립한다. 증명은 소전제를 상보 환위와 단순 환위하면(QBoCⵊQBiC, QBiCⵊQCiB), FerioXQM(AeC, QCiBⵊMAoB)이 성립함에 따른다. 그러나 대전제가 가능 양상, 소전제가 무양상인 조합의 추론은 제3격 성격상 성립하지 않는다. 또 다른 조합(OE)의 추론은 BocardoXQU를 통하거나, 또는 제3격 성격상 성립하지 않는다.

B에 없을 수 있다는 것이 필연이다. 왜냐하면 만일 A가 모든 B에 필연적 [35]
으로 있고, B가 모든 C에 있다고 가정된다면,[421] A는 모든 C에 필연적으
로 있게 될 것이기 때문이다. 이것은 이전에 증명된 일이기 때문이다. 그
러나 A는 어떤 C에 없을 수 있다고 가정되었다.

(3) 두 전제가 모두 부정칭(不定稱) 또는 특칭으로 받아들여졌을 때에 40a
는,[422] 추론은 성립하지 않을 것이다. 논증은 이전의 경우에도 성립한 것
과 동일하며, 또한 동일한 [3개의] 항에 따라 성립할 것이다.

제22장

두 전제의 한쪽이 필연 양상, 다른 쪽이 가능 양상이라면, [3개의] 항이 [5]
[서로] 긍정으로 관계되는 경우에는 항상 가능 양상의 결론을 취하는 추
론이 성립하겠지만, [항 관계의] 한쪽[전제]이 긍정이며, 다른 쪽이 부정
인 경우에 긍정이 필연 양상이라면 가능 양상 부정의 결론을 취하는 추론
이, 그러나 부정이 필연 양상이라면 가능 양상 부정의 결론을 취하는 추론
도, 무양상 부정의 결론을 취하는 추론도 성립할 것이다.[423] 그러나 필연
양상 부정의 결론을 취하는 추론은 다른 격에서와 마찬가지로 성립하지 [10]

---

421 원어는 keitai('놓인다면').

422 부정칭을 포함하여 두 전제가 특칭인 조합(II, IO, OI, OO)의 추론의 불성립 증
명은 앞 장의 끝(39b2-6)에서 언급된 세 항의 항 해석, '동물-인간-흼'과 '말-인간-
흼'에 기초한 대조 예시 증명법에 따른다.

423 아리스토텔레스는 무양상(정언적) 결론은 양상 필연 부정 전제가 있을 때만 성
립될 수 있다고 주장한다(제16장 35b30-34, 제19장 38a14-16 참조). DaraptiLQ의
경우를 살펴보자. (1) LAaC(전제) (2) QBaC(전제) (3) AeB(가정, AiB의 모순) (4)
MAeC(CelarentXQM에 의해 (3)과 (2)로부터) 그런데 (4)와 (1)은 모순, 따라서 AiB
가 따라 나온다.

않을 것이다.[424]

먼저, (1) [3개의] 항이 [서로] 긍정으로 관계되는 것으로 하자. 그리고 A는 모든 C에 필연적으로 있고, B는 모든 C에 있을 수 있다고 하자.[425] 그러면 A는 모든 C에 있는 것이 필연이고, C는 어떤 B에 있을 수 있기 때

[15] 문에, A 또한 어떤 B에 있을 수 있는 있겠지만, [무양상으로] 어떤 B에 있는 것은 아닐 것이다. 왜냐하면 제1격의 경우에 이런 일이 있었기 때문이다. 이는 BC가 필연 양상으로, AC가 가능 양상으로 놓인다고 해도[426] 동일한 방식으로 증명될 것이다. (2) 이번에는 한쪽이 긍정이고 다른 쪽이 부정이며, 긍정이 필연 양상이라고 하자. 즉, A가 어떤 C에도 없을 수 있

[20] 고, B는 모든 C에 필연적으로 있다고 하자. 그러면 다시 제1격이 성립될 것이다. 부정 전제가 가능 양상을 표시하는 것이니까. 따라서 결론이 가능 양상으로 성립될 것임은 분명하다.[427] 왜냐하면 그것은 이러한 방식으로 두 전제가 제1격에 대해 관계하고 있었을 때에는, 결론 또한 가능 양상으로 성립되었기 때문이다.

[25] 하지만 부정 전제가 필연 양상이라면,[428] 결론은 가능 양상 특칭 부정에

---

424 이에 대한 증명을 주고 있지 않다.

425 DaraptiLQM(LAaC, QBaC⊢MAiB)의 성립. 증명은 소전제를 제한 환위하면 (QBaC⊢QCiB), DariiLQM(LAaC, QCiB⊢MAiB)이 성립함에 따른다.

426 DaraptiQLQ(QAaC, LBaC⊢QAiB)의 성립. 증명은 소전제를 제한 환위하면 (LBaC⊢LCiB), DariiQLQ(QAaC, LCiB⊢QAiB)가 성립함에 따른다.

427 21-22행의 번역은 Striker의 이해 방식을 따랐다(p. 169). 그녀는 이 대목을 '부정 양상 가능 전제 또한 가능 양상을 표시하는 것'을 말하는 것으로 이해한다. 즉 QAeC≡QAaC이라는 것이다. 그래서 우리는 다시 DaraptiQL의 전제를 얻게 된다는 것이다. 아리스토텔레스는 40a34에서 한 전제를 다른 전제로 대체하는 것으로 이 단계를 기술하고 있다.

428 FelaptonLQM(LAeC, QBaC⊢MAoB)과 FelaptonLQX(LAeC, QBaC⊢AoB)의 성립. 증명은 소전제를 제한 환위하면(QBaC⊢QCiB), FerioLQM(LAeC, QCiB⊢MAoB)과 FerioLQX(LAeC, QCiB⊢AoB)가 각각 성립함에 따른다.

서도 또 무양상[특칭] 부정에서도 성립할 것이다. 즉, A가 [모든] C에 필연적으로 없으며, B가 모든 C에 있을 수 있는 것으로 놓도록 하자. 그렇다면 긍정의 BC가 환위된다면, 제1격이 성립하겠지만, 부정 전제는 필연양상이다. 그래서 두 전제가 이러한 방식으로 관계되어 있었을 때, A는 [가능 양상으로] 어떤 C에 없어도 된다는 결론도, 또한 [무양상으로] 어떤 C에 없다는 결론도 따라 나오게 된 것이다. 따라서 [이 경우에도] A는 어떤 B에 [없어도 됨과 동시에 무양상으로] 있지 않다는 것 또한 필연이다. 부정이 작은 끝항과 관계해서 놓일 때에는, (a) 그것이 가능 양상인 경우에는[429] 그 전제가 다른 것으로 [환위되어] 받아들여진다면, 이전의 경우와 마찬가지로 추론이 성립할 것이다. 하지만 (b) 그것이 필연 양상인 경우에는[430] 추론은 성립하지 않을 것이다. 왜냐하면 [A는 B의][431] 모든 것에 있는 것이 필연적인 동시에, 또 그 어떤 것에도 있을 수 없는 것이기 때문이다. [결론이 필연 양상] 전칭 부정이 되는 [3개의] 항은 '잠-잠든 말-인간'이며,[432] 전칭 부정이 되는 [3개의] 항은 '잠-깨어 있는 말-인간'

---

429 AEILQM(LAaC, QBeC⊢MAiB)의 성립. 증명은 이전의 DaraptiLQM(40a12-16)의 경우와 마찬가지로 소전제를 상보 및 제한 환위하면(QBeC⊢QBaC, QBaC⊢QCiB), DariiLQM(LAaC, QCiB⊢MAiB)이 성립함에 따른다.

430 대전제가 가능 양상 전칭 긍정, 소전제가 필연 양상 전칭 부정인 조합(AE) 추론의 불성립. 증명은 대조 예시 증명법에 따른다. 덧붙여 이로부터, 대전제가 가능 양상 전칭 부정, 소전제가 필연 양상 전칭 부정인 조합(EE)의 추론도 성립하지 않는다. 증명은 같은 대조 예시 증명법에 따른다. 이에 대해 대전제가 필연 양상 전칭 부정, 소전제가 가능 양상 전칭 부정인 조합 추론 EEOLQM(LAeC, QBeC⊢MAoB)과 EEOLQX(LAeC, QBeC⊢AoB)는 성립한다. 증명은 소전제를 상보 및 제한 환위하면(QBeC⊢QBaC, QBaC⊢QCiB), FerioLQM(LAeC, QCiB⊢MAoB)과 FerioLQX(LAeC, QCiB⊢AoB)가 각각 성립함에 따른다.

431 즉 '술어'가.

432 '잠은 필연적으로 모든 잠든 말에 속한다', '잠은 어떤 깨어 있는 말에 속할 수 없다.' 이 두 명제는 de re 해석으로는 거짓이다. 잠자는 모든 것은 또한 깨어 있을 수 있기 때문에.

40a

이다.

[40]　(3) 두 끝항의 한쪽이 전칭이고 다른 쪽이 특칭으로 중항과 관계되어

40b 있다고 해도 마찬가지일 것이다. 즉, (a) 두 끝항이 함께 [중항과] 긍정으로 관계하고 있다면,[433] 무양상의 결론이 아니라 가능 양상의 결론을 취하는 추론이 성립할 것이다. (b) 또 [항 관계의] 한쪽이 부정, 다른 쪽이 긍정이고, 긍정이 필연 양상으로 받아들여질 때에도[434] 추론이 성립할 것이다. 그리고 부정[전제]이 필연 양상으로 받아들여질 때에는[435] [가능 양상

---

433 DatisiLQM(LAaC, QBiC⊢MAiB) 및 DatisiQLQ(QAaC, LBiC⊢QAiB)의 성립. 증명은 각각 소전제를 단순 환위하면(QBiC⊢QCiB, LBiC⊢LCiB), DariiLQM(LAaC, QCiB⊢MAiB)과 DariiQLQ(QAaC, LCiB⊢QAiB)가 각각 성립함에 따른다. 또 DisamisQLM(QAiC, LBaC⊢MAiB)과 DisamisLQQ(LAiC, QBaC⊢QAiB)의 성립. 증명은 각각 대전제를 단순 환위하여(QAiC⊢QCiA, LAiC⊢LCiA), 소전제를 대전제로 조합시키면 DariiLQM(LBaC, QCiA⊢MBiA)과 DariiQLQ(QBaC, LCiA⊢QBiA)가 성립하고, 그 결론의 단순 환위(MBiA⊢MAiB, QBiA⊢QAiB)에 따른다.

434 FerisonQLQ(QAeC, LBiC⊢QAoB)의 성립. 증명은 소전제를 단순 환위하면 (LBiC⊢LCiB), FerioQLQ(QAeC, LCiB⊢QAoB)가 성립함에 따른다. 또 Bocardo QLM(**QAoC**, LBaC⊢MAoB)의 성립. 증명은 귀류법에 의한다. 결론을 부정하고, 소전제와 조합시키면 BarbaraLLL(LAaB, LBaC⊢**LAaC**)이 성립하고, 대전제와의 사이에 모순이 발생함에 따른다.

435 FerisonLQM(LAeC, QBiC⊢MAoB)과 FerisonLQX(LAeC, QBiC⊢AoB)의 성립. 증명은 FelaptonLQM과 FelaptonLQX(동시에 40a25-32)의 '저 경우'(40b6)와 마찬가지로 각각 소전제를 단순 환위하면(QBiC⊢QCiB), FerioLQM(LAeC, QCiB⊢MAoB)과 FerioLQX(LAeC, QCiB⊢AoB)가 각각 성립함에 따른다. 또 EOOLQM (LAeC, QBoC⊢MAoB) 및 EOOLQX(LAeC, QBoC⊢AoB)도 성립한다. 증명은 소전제를 상보 및 단순 환위하면(QBoC⊢QBiC, QBiC⊢QCiB), FerioLQM(LAeC, QCiB⊢MAoB)과 FerioLQX(LAeC, QCiB⊢AoB)가 각각 성립함에 따른다. 그러나 BocardoLQM(LAoC, QBaC⊢MoB)과 BocardoLQX(LAoC, QBaC⊢AoB)는 성립하지 않고, BocardoLQU가 도출된다. 대전제가 필연 양상 특칭 부정, 소전제가 가능 양상 전칭 부정인 조합(OE)의 추론은 BocardoLQU에 의해서 성립하지 않는다.

의 부정의 결론뿐만 아니라] 무양상 부정의 결론 또한 성립할 것이다. 왜
냐하면 두 끝항이 [중항과] 전칭으로 관계하고 있든, 전칭으로 관계하고
있지 않든, 증명 방식은 같을 것이기 때문이다. 추론은 제1격에 의해 완
전한 것으로 이루어져야 하며, 따라서 '저 경우'와 마찬가지로, 이 경우에
도 동일하게 되는 것이 필연적이기 때문이다. 또한 부정이 전칭으로 받아
들여지고, 작은 끝항과 관계하여 놓일 때에는, 그것이 가능 양상일 경우에
는[436] 환위에 의해 추론이 성립할 것이다. 하지만 그것이 필연 양상인 경
우에는,[437] 추론은 성립하지 않을 것이다. [그 추론의 불성립은] 전칭 추론
의 경우에도 증명된 것과 동일한 방식으로, 또 동일한 [3개의] 항에 의해
증명될 것이다.

　　이렇게 해서, 이 격에서도 언제, 어떻게 추론이 성립하는지, 또 언제 가

[5]

[10]

---

436 IEILQQ(LAiC, QBeC⊢QAiB)의 성립. 증명은 소전제를 상보 환위하고(QBeC
⊢QBaC), 대전제를 단순 환위하고(LAiC⊢LCiA), 그 결론을 소전제로서 조합시키
면 DariiQLQ(QBaC, LCiA⊢QBiA)가 성립하고 그 결론을 단순 환위하는 것(QBiA
⊢QAiB)에 의한다.

437 대전제가 가능 양상 특칭 긍정, 소전제가 필연 양상 전칭 부정인 조합(IE)의 추
론은 불성립이다. 증명은 두 전제가 전칭 조합(AE)인 경우와 마찬가지로(40b11-
12), 세 항의 항 해석, '잠-잠든 말-인간'과 '잠-깨어 있는 말-사람'에 근거한 대조 예
시법(40a36-38)에 따른다. 또, 대전제가 가능 양상 특칭 부정, 소전제가 필연 양상 전
칭 부정인 조합(OE)의 추론도 불성립이다. 증명은 같은 대조 예시법에 따른다. 다음
으로 대전제가 가능 양상 전칭 긍정 또는 전칭 부정, 소전제가 필연 양상 특칭 부정인
조합(AO, EO)의 추론도 성립하지 않는다. 증명은 같은 대조 예시법에 따른다. 이에
대하여, 대전제가 필연 양상 전칭 긍정, 소전제가 가능 양상 특칭 부정인 조합(AO)의
추론 AOILQM(LAaC, QBoC⊢MAiB)은 성립한다. 증명은 소전제를 상보 및 단순
환위하면(QBoC⊢QBiC, QBiC⊢QCiB), DariiLQM(LAaC, QCiB⊢MAiB)이 성립
된다. 하지만 부정칭을 포함하여 두 전제가 특칭인 조합(II, IO, OI, OO)의 추론 또
한 성립하지 않는다. 증명은 세 항의 항 해석, '동물-인간-흼'과 '동물-무생물-흼'에
근거한 대조 예시법에 따른다. 이것은 제1권 제16장에서 이 조합의 추론의 불성립에
사용된 대조 예시법을 제3격으로 변형한 것이다.

40b

[15]

능 양상의 결론을 취하는 추론이, 또 언제 무양상의 결론을 취하는 추론이 성립하게 될 것인지 하는 점은 분명하다. 더욱이 모든 추론이 불완전하다는 것, 그리고 이것들이 제1격에 의해 완전한 것이 될 것이라는 점 또한 분명하다.⁴³⁸

제23장

[20]

그런데 이러한 격에서의 추론이 제1격에서의 전칭 추론에 의해서 완전한 것으로 되어, 이러한 추론으로 환원된다는 것은 지금까지 말한 것으로부터 명백하다.⁴³⁹ 하지만 무조건적으로 모든 추론이 그러한 것일 것이라

---

438 이 장의 정리는 다소 간략한 것으로, 제1권 제16장과 제19장 끝머리에서 이야기된 가능 양상 추론의 원칙도 여기서는 설명할 수 없다. 앞 장에서는 16개의 추론이 성립했지만, 이 장에서는 이에 대응한 20개의 추론이 성립하고 있는 셈이다.

439 '지금까지 말한 것으로부터'는 제1권 제7장을 가리킨다. 첫머리의 문장은 제1권 제22장의 논의에 이어지며, 따라서 굳이 말하자면 '이러한 격에서의 추론'에는 제8-22장에서 논의한 양상 추론도 포함되어 있다고 해석하는 것이 자연스럽다. 정작 문제는, 불완전한 양상 추론식을 양상의 제1격의 완전한 식으로 환원하고 있지만, 양상 추론식에 관련해서는 제7장에서 주어질 수 있는 것에 상응하는 '증명'을 내놓고 있지 않다는 점이다. 제7장과 제23장 간에 명백한 직접적 연결성이 있다고 할 경우, 양상 추론에 관련된 부분(제8-22장)은 아리스토텔레스가 제23장을 썼을 때 '아직' 쓰지 않았을 것으로 강하게 추정할 수 있다. 그래서 Maier와 같은 학자는 아리스토텔레스가 모든 양상 추론에 대한 이러한 환원('제1격의 2식을 포함해서 제2-3격에서의 타당한 식들[12개]이 제1격의 전칭 추론식[Barbara, Celarent]으로 환원될 수 있다.' 단, Darii와 Ferio는 Barbara와 Celarent로 환원될 수 있으나, 그 자체적으로도 '완전한 것'으로 인정받는다)을 주장하지 않는다고 해석한다. Maier는 여기와 41b5에서의 katholou를 거부한다(Ross, pp. 370-371 참조). 그럼에도 우리는 이 장의 첫 문장이 제1권 제7장의 논의로부터 계속되는 것이며, 여기서 이야기되는 '메타정리'는 제7장에서 **확립된 '정리(theorem) I'**인 것으로 해석할 수 있다. 그 이유 중 하나는 **'양상 추론에 관한 메타정리'**가 그 어디에서도 증명되었다고 하는 흔적을 결코 찾을 수 없다는

는 점은 지금, 모든 추론이 그러한 격의 어느 하나에 의해서 성립되는 것
이 증명될 때에, 밝혀질 것이다.[440]

(1) 모든 논증이나 모든 추론은 무엇인가가 [무엇인가에] 있는지 또는
없는지를, 이것이 전칭인지 또는 특칭인지를, 게다가 더 직접적인 방식으   [25]

것이며, 또 다른 하나는 양상 추론에 관한 메타정리 자체의 성립에 의문이 있다는 것
이다(예를 들어 불완전한 추론 CelarentXQM을 환원하려고 하면 DariiXLX로 순환
해 버린다. 이것은 **이 두 양상 추론이 모두 제1격인 전칭 추론으로 환원할 수 없음을**
보여준다). 게다가 이 장의 논의가 제1권 제7장의 그것에 직접 이어지고 있다는 해석
은 양상 추론의 논의 부분(제8-22장)이 제1권에서는 '나중에' 집필되었다는 Bocheński
(1970, pp. 43-44)의 견해에 따르는 것이다.

440 여기서 이 장 첫머리의 '**메타정리 I**'을 받아, 2개의 메타정리가 서술되어 있다.
제1권 제23장에서는, 모두의 메타정리 I에 이어서, 2개의 메타정리가 아래(40b20-
22)에서 기술된다. 하나는 '**무조건적으로(haplōs 혹은 katholou**[보편적인]) **모든 추**
론이 그러한 것'이고, 다른 하나는 마찬가지로 무조건 '**모든 추론이 그러한 격의 어느**
하나에 의해서 성립된다'는 것이다. 전자는 **메타정리 I**의 일반화이며, 후자는 그것을
위한 전제, 즉 메타정리 I과 전자의 사이를 매개하는 전제이다. 그래서 이 후자를 '**메**
타정리 II', 전자를 '**메타정리 III**'이라고 부르고, '그러한 격'을 '3개의 격'으로 바꿔서
3개의 메타정리를 정식화하면 다음과 같다.

　메타정리 I: 3개의 격의 어느 하나에 의해서 성립하는 모든 추론은 제1격에서의 전
칭 추론에 의해서 완전한 것으로 되며, 또 이러한 추론으로 환원된다.

　메타정리 II: 모든 추론은 3개의 격 중 어느 하나에 의해서 성립한다.

　메타정리 III: 모든 추론은 제1격에서의 전칭 추론에 의해서 완전한 것으로 되어,
이러한 추론으로 환원된다.

　메타정리 I의 주어는 구체적으로는 제1격부터 제3격까지의 14식 추론을 가리킨다.
메타정리 II, III의 주어는 '무조건적으로' 모든 추론을 가리키고 있다. 따라서 메타
정리 I의 일반화란 있을 수 있는 한의 모든 추론에 대해 말하고 있는 것이 된다. 아
리스토텔레스는 아래에서 추론에는 3가지 격이 있으며, 모든 추론이 이 세 가지 격
중 어느 하나에 의해서 성립한다고 하는 메타정리 II를 증명하고, 이를 근거로 해서
메타정리 III을 증명한다. 이 장의 논의는 아리스토텔레스의 '추론 성립 연구' 원리론
인 동시에 그 목표점이며, 제1권 전체 중에서도 가장 중요한 의미를 갖고 있다고 할
것이다.

로이거나 또는 가정으로부터[441] 증명해야 한다. 또 불가능에 의한 것은 가
정으로부터의 추론의 일부분이다.[442] 그래서 우선, (a) 우리는 직접적인
추론에 대해 논하기로 하자. 그것들에 대해 증명된다면, (b) 불가능에 대
한 추론의 경우에도, 그리고 일반적으로 (c) 가정으로부터의 추론의 경우
에도 밝혀질 것이기 때문이다.

[30] 그런데 A가 B에 대해서 있는지 또는 없는지를 추론해야만 한다면, [그
전제로서] 무언가를 무엇인가에 대해 [있거나 없는 것으로] 받아들여야
한다.[443] 그래서 만일 A가 B에 대해서 [있거나 없는 것으로] 받아들인다
면, [추론해야 할] 최초의 논점이 받아들여졌을 것이다.[444] 하지만 만일

---

441 증명에는 두 종류, 직접 증명(제7장 29a31 참조)과 간접 증명이 있다. 간접 증명
인 '가정으로부터의 추론'이 처음으로 등장하고 있다. 이는 증명해야 할 명제(P)와는
다른 어떤 명제(X)가 성립한다면 P도 성립하는 것, 즉 'X→P'를 가정(hupothesis)으
로 세우는 것에 대해서, 문답의 상대방으로부터 동의를 얻은 후, 우선 X를 직접적으
로 증명한 다음, 이 가정에서 P를 추론하고 증명하는 방법이다. 이에 대해서는 제1권
제44장 50a16-28 참조. A와 B가 유사하다면, B에 해당하는 것은 A에도 해당한다
('유사한 것은 유사한 것에 대해 참이다'라는 가정이고, 상대방에게 이것을 미리 동의
를 받아 둔다). X가 B에 해당하므로 X는 A에도 해당한다(가정에 근거하여 증명)(『토
피카』제1권 제18장 108b12-19 참조).

442 '불가능에 의한 것', 즉, 귀류법은 '가정에서의 추론'의 대표적인 예이다. 아리스
토텔레스는 가정으로부터의 논증을 '추론'(아리스토텔레스 자신의 '추론의 정의'에 해
당하는 것)이라고 증명한 적이 없고, 단지 기껏해야 '추론 단계'에나 포함시키고 있을
뿐이다.

443 이로부터 두 항(A, B)으로 이루어진 명제 AB가 추론의 결론으로 도출되기 위해
서는, 어떠한 항으로 이루어진, 어떠한 명제가 전제로서 놓여야 하는가 하는, **추론 성
립을 위한 필요조건**에 관한 원리적 고찰이 '메타정리 II'를 둘러싸고 시작된다. 이것은
어떤 항으로 이루어지는, 어떠한 명제가 전제로서 놓이면, 어떤 항으로 이루어지는,
어떤 명제가 추론의 결론으로서 도출되는가 하는, 제1권 제4장에서부터 시작된 고찰,
즉 **추론 성립을 위한 충분조건**에 관한 고찰과 대비된다.

444 원어 to ex archēs는 '논증되어야 할 것으로서 논증의 처음에 언급된 명제'를 말
한다. '최초의 입론을 요구함'을 논점 선취(論點先取, petitio principii)라고 부른다.

A가 C에 대해서 받아들인다고 해도, C가 어떤 것에 대해서도, 다른 것이 그것[C]에 대해서도, 또 다른 어떤 것이 A에 대해서도[445] 받아들이지 않는다면, 어떠한 추론도 성립하지 않을 것이다. 왜냐하면 하나의 것이 하나의 것에 대해서 받아들이는 것에 따라서는 아무것도 [결론으로] 필연적으로 귀결되지 않기 때문이다.[446] 따라서 다른 전제를 더 받아들여야 한다. 그래서 만일 A가 다른 것에 대해서, 또는 다른 것이 A에 대해서, 또는 다른 것이 C에 대해서[447] [있다든가, 없다든가 해서] 받아들인다면, 추론이 성립하는 것에는 아무런 지장이 없지만, 이렇게 받아들인 전제에 따라서는 B와 관련된 추론이 성립하지는 않을 것이다.[448] 또 C가 다른 것에,

[35]

[40]

---

445 조합에 대해 엄밀함을 기한다면, 이후에 '또 A가 다른 것에 대해서 [받아들여지지 않는다면]'이 보충되어야 할 것이다.

446 아마도 아리스토텔레스는 이 주장을 통해 '전제와 다른 어떤 것도 따라 나오지 않는다는 것'을 의미한 것으로 보인다. 단칭 명제의 추론의 배제, 즉 추론은 적어도 '두 가지 전제'를 필요로 한다는 점에 대해서는 제1권 제15장 34a17-19 참조(알렉산드로스, 257.8-13, 추론의 정의와 '한 전제로부터의 추론'의 거부에 대해서는 17.10-18.7 참조). 아리스토텔레스는 이 점을 반복적으로 언급하고 있다. "거기에서 무언가 어떤 것이 규정(놓이게)된다면(tethentōn tinōn), 규정된 것들과는 다른 무언가가 이것들이 있음으로써 필연적으로 따라 나오는 논의이다."('추론'의 정의, 제1권 제1장, 24b18-20) Striker(와 Smith)가 지적하듯이, 엄밀히 말하자면 이것은, 추론의 증명에서 전환 규칙에 의해서뿐만 아니라 바로 그 명제를 전제로 가정함으로써 명제에 대한 추론을 만들어 낼 수 없다는 앞선 설명에 의해서도 보여주듯이 명백한 거짓이다. 어쨌든 아리스토텔레스는 여기서 'p'가 'p'로부터 나온다는 것을 인지한 것처럼 보인다. 그러나 이것은 물론 질문을 제기하는 것일 뿐 받아들일 수 있는 논증은 아니다(Striker, p. 172; Smith, p. 140).

447 여기서도 엄밀하게 말하자면, 이후에 '또는 C가 다른 것에 대해 받아들인다면'이 보충되어야 할 것이다. 무엇보다 이 조합은 다음 문장에서 이야기되고 있다고 볼 수도 있다. '다른 것'은 A, B, C와는 다른 '항'이다.

448 두 가지 경우를 고려하고 있다. (a) A 또는 C 중 하나는 일어나지만 B는 일어나지 않는 두 번째 전제를 가정하는 경우. (b) C와 다른 항을 포함하지만 B는 포함하지 않는 몇 가지 새로운 전제를 가정하는 경우. 이 두 경우에, 타당한 추론식 중 하나에

그리고 이 다른 것이 다른 것에, 그리고 이 다른 것이 또 다른 것에 [있다
든가, 없다든가 해서] 받아들인다고 해도, B와 연결되지[449] 않을 때에는
이러한 방식에 의해서도 B와 관련해서 추론이 성립하지는 않을 것이다.
그래서 이러한 이유로 일반적으로 우리는 무언가를 무엇인가에 대해 [있
다든가 없다든가 해서] 결론을 만드는 추론은, 두 가지 무언가의 각각과
술어적 서술(kategoriais)[450]에 의해 어떠한 방식으로든 관계되는 중간의
것인 무엇인가가 받아들여지고 있지 않다면, 아무것도 결코 성립하지 않
을 것이라고 말하기로 하자.[451] 왜냐하면 추론은 단적으로는 전제로부터
성립하고, 또 이것[Y]과 관계되는 추론은 저것[Y]과 관계되는 전제로부
터, 또 저것[X]이 이것[Y]과 관계되는 추론은 저것[X]이 이것[Y]과 관계
되는 전제로부터 성립하기 때문이다. 그러나 B와 관련된 전제를, 그것[B]
에 대해서는 아무것도 긍정하거나 부정하지 않고 받아들이는 것은 불가
능하며, 또한 A가 B와 관련된 전제를, 양자[A, B]에 공통된 아무것도 받

41a

[5]

[10]

전제 쌍이 있을 수 있지만 B를 포함하는 결론은 없을 수 있다(Striker, p. 172).

449 원어로는 sunaptē[i]. 아리스토텔레스는 이 단어를 추론의 긴 연결에서(연쇄추
론[sorites]) 술어항을 그 주어와 연결시키는 경우에 사용한다(아래의 **41a19** 아래 참
조).

450 여기서 '술어적 서술'(katēgoria의 복수)이란 어떤 두 항이 긍정과 부정(질), 전
칭과 특칭(양)으로 주어와 술어의 관계에 있음을 의미한다. 4개의 술어-관계를 말하
는 셈이다('모든 것에 대해 말해진다', '어떤 것에 대해서도 말해지지 않는다', '어떤
것에 대해 말해진다', '어떤 것에 대해 말해지지 않는다'). katēgoriais에 대해서는 아
래의 **41a14-16**행 참조.

451 제1권 제4-6장에서 언급한 3격 각각에서 '중항'의 필요성을 말하는 것으로 보인
다. Smiley(1994)에 따라 41a2의 eipomen을 eipōmen(aorist, 부정과거[不定過去])
이라고 읽는다. 전자 읽기의 어려움은 '말했다'라고 여겨지는 내용이 실제로 어디서
말해졌는지 분명하지 않고, 예를 들어 제1권 제4-6장 논의 중에 함의되어 있다고 말
하는 것이다(Ross). 하지만 이 읽기의 가장 큰 어려움은 추론 성립을 위한 필요조건
에 대한 원리적 고찰이 이미 어디에선가에서 이루어졌을 것이라고 오해할 수 있다는
점에 있다. 이것보다 사본의 지지도 있는 후자의 읽기를 채택한다(A¹B 사본).

아들이지 않고, 양자 각각에 뭔가 고유한 것을 긍정하거나 부정하는 것만으로 받아들이는 것은 불가능하다. 따라서 만일 이것[A]이 이것[B]과 관련된 추론이 성립하게 된다면, 양자[A, B]의 중간의 것으로, [앞에서 서술한] '술어적 서술'을 연결시키게 되는 무언가를 받아들여야 하기 때문이다.[452]

그래서 만일 양자 모두에게 공통적인 무언가를 반드시 받아들여야만 하며,[453] 이것은 세 가지 방식으로 가능하며(왜냐하면 A를 C에 대해서, 그리고 C를 B에 대해서 술어하거나, C를 양자[A, B]에 대해서 술어하거나, 또는 양자를 C에 대해 술어하는 것이니까[454]), 그리고 이것들이 지금까지 말해 온 3가지 격이라고 가정한다면, 모든 추론이 이들 격들 중 어느 하나에 의해 성립하는 것이 필연임은 분명하다. 왜냐하면 A가 하나보다 더 많은 것[중항]을 통해 B와 연결된다고 하더라도, 동일한 논의가 성립될 것이기

[15]

---

452 주어진 '항'에 관련된 결론은 이 항을 적어도 한 번 포함하는 전제로부터만 추론될 수 있다고 주장함으로써, 아리스토텔레스는 전제의 내용이 결론의 내용과 관련되어야 한다고 가정한다. 따라서 전제는 결론과 관련이 있다.

453 여기서 아리스토텔레스는 주어진 항의 쌍을 포함하는 결론에 대한 전제가 '공통 항'에 의해 연결되어야 한다고 가정하기에 이른다. 아리스토텔레스는 여기서 단지 두 전제 경우만을 고려하기 때문에 이 '항'은 '중간 항'으로 기능해야 한다.

454 명제 AB에 대한 중항 C를 받아들이는 방식에 3가지가 있음('3개의 격')이 설명되어 있다. 주석가들은 이 점에서 아리스토텔레스가 '제4격의 가능성'을 간과했다고 지적해 왔다. 과연 그럴까? 이로부터 우리가 알 수 있는 것은, 세 항의 관계가 순수한 주어-술어의 조합에 의해서 파악되고 있는 것이 아니라(만일 그렇다면 받아들이는 방식은 4가지가 되었을 것이다), 앞에서도 언급되었듯이(제1권 제5장과 제6장 참조), 공간적 상하관계로서 선형(線形) 모델에서 파악되고 있다. 이 그림 아래에서는 4번째 것, 즉 제4격은 중항 C가 큰 항 A의 상위에 있고, 게다가 작은 항 B의 하위에 있게 되며, 중항 C는 분열되어 한 점으로 수렴하는 일이 없게 될 것이다. 이를 수렴시키기 위해서는 2점에 나타난 C를 1점으로 해야 한다. 즉, 원형 모델을 채택하고 선형 모델을 버려야 한다. 아리스토텔레스에게서 제4격이란 이처럼 한꺼번에 시야에 들어오기 어려운 것이었다고 생각되었을 것이다.

[20] 때문이다.[455] 왜냐하면 많은 항의 경우에도 격에 대해서는 동일하기 때문이다. 그런데 직접적인 추론이 앞서 언급한 격에 의해 결론지어진다는 것은 분명하다.

하지만 불가능으로 이끄는 추론 또한 그렇다는 것은 다음과 같은 것에서 밝혀질 것이다.[456] 즉, 불가능에 의해 결론짓는 모든 추론은 [증명해야 할 최초의 논점의] 모순 명제가 놓이게 되면, 무언가 불가능한 것이 귀결

[25] 로서 생길 때, 한편으로 거짓을 추론하고,[457] 다른 한편으로는 최초의 논

---

455 직접적인 추론에 대한 **메타정리 II**가 단번에 증명되어 있다. 그 전제가 되는 것은 이 문장의 전건이랄 수 있는 바로 앞 문장에서 표명된 세 조건이다. 이것들은 '하나의 중항을 갖는 14식의 추론은 3개의 격들 중 어느 하나에 의해 성립한다'라고 정리할 수 있다. 따라서 메타정리 II는 이 명제의 일반화일 뿐이다. 이 일반화의 근거는, 복수의 중항을 가진 모든 추론이 14식 중 어느 하나의 추론의 연쇄로서 각각 3개의 격들 중 어느 하나에 의해 성립한다는 것이다. 다시 말해, 두 개 이상의 전제가 있는 추론이 주어진다면, 전제와 예비적 결론이 '중간 항'을 공유하는 일련의 전제 쌍을 형성하도록 배열될 수 있다는 것이다. 분명히, 이 쌍은 '격들 중 하나'에 속할 것이다. 그러므로 앞선 논증은 임의의 수의 전제에 대해 반복될 수 있으며, 임의로 많은 수의 전제를 가진 추론은 좁은 의미에서 일련의 추론으로 바꾸어질 수 있다. 아리스토텔레스는 '잉여(剩餘)의 전제'가 없을 것이라고 가정한다(제1권 제25장 42a22-24 참조).

456 이 장의 첫머리에서(40b25-26) '가정으로부터의 추론'을 다룬다고 약속했지만, 이 장의 후반부에서는 전적으로 귀류법(reductio ad impossibile)만을 논의하고 있을 뿐이다. 여기서는 아리스토텔레스는 환원-논증이 가정으로부터 결론에 도달한다는 것과 직접적인 추론과 마찬가지로 이러한 유형의 모든 논증이 '격들 중의 하나 안에 있어야 한다'는 것을 보여주고자 한다. '가정으로부터'의 다른 유형의 추론에 관한 논의는 제1권 제44장에 나온다.

457 원어로는 sullogizesthai인데, '결론을 증명하는, 결론에 이르는'(perainesthai) 것과는 다르다. 아리스토텔레스는 왜 이 두 말을 구별해서 사용하고 있는가? 아마도 추론에서 '추론적 부분과 비-추론적 부분'을 구별하려고 했을 것이다. 그는 '가정으로부터의 추론'이 두 부분으로 구성되어 있음을 지적한다. 아래에서 들고 있는 예를 통해서 볼 때, 아리스토텔레스가 염두에 두고 있는 것은 이런 것이다. 불가능하거나 명백히 거짓인 결론은 증명되어야 할 것(demonstrandum)과 참으로 받아들인 하나 혹은 하나 이상의 전제로부터 추론된다. 이것은 추론의 부분이다. 그런 다음 '증명되어

점을 가정으로부터 증명하는 것이다. 예를 들면 [정사각형의] 대각선이 통약 가능하다고 놓이게 되면, 홀수가 짝수와 같아짐으로써 그것은 통약 불가능하다는 것을 증명하는 경우가 그것이다.[458] 즉, 불가능에 의해 결론 짓는 추론은 한편으로 홀수가 짝수와 같아지는 것을 추론하고, 다른 한편의 모순 명제에 의해 거짓이 귀결되므로, 대각선이 통약 불가능하다는 것을 가정으로부터 증명하는 것이다. 왜냐하면 이것은 불가능에 의해 추론하는 것, 즉 최초의 [모순 명제의] 가정에 의해 무엇인가 불가능한 것을 증명하는 것이었기 때문이다.[459] 따라서 불가능으로 귀착시키는 추론에서

[30]

야 할 것'으로 이동한다. 이 단계는 가정에 근거한다. 왜냐하면 증명되어야 할 것의 모순은 거짓이거나 불가능한 결론으로 이끌리기 때문이다. 이 부분은 더 이상 형식상 추론이 아니다(Striker, pp. 174-175).

458 정사각형 대각선의 통약 불가능성이라는 이 유명한 정리의 증명에 대해서는 에우클레이데스, 『원론』 제10권 '부록 27'(Heiberg[1883-1888]), 알렉산드로스 260.9-261.28, T. Heath[1949], *Mathematics in Aristotle*(Oxford), p. 22 참조. 변과 대각선의 길이의 비율이 두 개의 정수로 표현될 수 있다는 가정에서, 먼저 이 숫자 중 하나는 홀수여야 하고, 그다음에는 짝수여야 한다고 추론된다. 이것이 바로 아리스토텔레스가 '추론'이라고 부르는 것이다. 하나의 동일한 수가 홀수이고 짝수라는 (논리적으로) 불가능한 결과로부터, 최초의 가정의 거짓을 추론하고, 따라서 증명되어야 할 것(demonstrandum)의 참을 추론한다. 아리스토텔레스 자신은 '추론 형식으로' 이 증명이나 다른 수학적 증명을 제시하려고 시도한 것 같지는 않다(Striker). 어쨌든 'n은 홀수이고 n은 짝수이다'라는 증명에 나타나는 모순이 '짝수는 홀수와 같다'라는 단일 명제로 진술된다는 점을 지적할 가치가 있다. 그렇다면 아리스토텔레스가 불가능하다고 기술한 것은 모순되는 두 명제의 '연언'이 아니라, 추론에 의해 파생된 내적으로 비-정합적 단일 명제이다. 일반적으로 간접 논증에 대한 그의 설명은 간접 추론의 단순한 모델(제2권 제11-14장)이거나, 제5-6장에 주어진 간접 증명으로부터 파생된 것으로 보인다. 그 두 경우에, 기대되는 결론의 모순이 전제 중 하나와 결합되어, 그것이 다른 전제와 상충하기 때문에 (이 맥락에서) 불가능한 명제를 추론한다. 모든 간접 추론은 동일한 항을 갖는 직접 추론으로 대체될 수 있다는, 제29장에서 아리스토텔레스의 주장의 기초가 되는 것도 아마 이 모델일 것이다(Striker, p. 175).

459 ēn이라는 '과거시제'로 쓰고 있는데, '용어'에 대한 설명은 이전에도, 이후에도

는 거짓 결론을 취하는 직접적인 추론이 성립하고, 최초의 논점이 가정으

로부터 증명되는 것이며, 이 직접적인 추론에 대해서 그것들은 이러한 격에 의해 결론지어진다고 우리는 앞에서 논하였으므로, 불가능에 의한 추론 또한 이러한 격에 의해 성립될 것이라는 것은 분명하다. 다른 모든 가정으로부터의 추론 또한 마찬가지일 것이다. 왜냐하면 모든 가정으로부터의 추론에서는, 한편으로 [최초의 논점] 대신 받아들인 것[460]과 관련된 추

론이 성립하고, 다른 한편으로 동의나 다른 어떤 가정에 의해 최초의 논점이 결론지어지기 때문이다.[461]

그런데 이러한 것이 참이라면, 모든 논증이나 모든 추론이 앞에서 언급한 3개의 격에 의해 성립한다는 것은 필연이다.[462] 이것이 증명되었으므

로, 모든 추론이 제1격에 의해 완전한 것으로 여겨지며, 이 격에서의 전칭 추론으로 환원된다는 것은 분명하다.[463]

주어지고 있지 않다. 아리스토텔레스는 자신의 청강자가 '이미'(아카데미아 학원이나 수학 강의에서) 들었다는 그들의 기억에 호소하고 있을 것이다. 이 한 문장에서 귀류법의 정의와 더불어 말하고 있지만, 실제로 말하고 있는 바는 귀류법의 전반 부분, 즉 직접적인 추론 부분이다. 아리스토텔레스가 이렇게 말하는 이유는, 이 부분을 강조함으로써 귀류법, 심지어 '가정으로부터의 추론'을 직접적인 추론에 가깝게 만들고, 그렇게 하는 것에 의해서 '메타정리 II'를 증명하려는 것이다. 또, '최초의 [모순 명제의] 가정에 의해서'의 '가정'과 '가정으로부터의 추론'의 '가정'이란 같은 말이지만, 의미는 다르다는 것은 분명하다.

460 metalambanomenon은 일반적으로 '대체하다'를 의미한다(48a9, 49b3). 이 말의 의미에 대해서는 Ross(p. 373) 참조.

461 '가정으로부터의' 추론에 대한 '가정'이라는 기술적 용어에 대한 여러 해석에 대해서는 Striker, pp. 176-177, Striker(1979) 참조.

462 이것은 메타정리 II가 증명되었다는 것이다.

463 이것은 메타정리 III이 메타정리 I과 II로부터 증명되었다는 것이다.

제24장

게다가 (1) 모든 추론에서 항 중의 어떤 것은 [중항과] 긍정으로 관계하고,[464] 또한 전칭[의 항 관계]가 있어야 한다.[465] 왜냐하면 전칭[의 항 관계] 없이는 추론은 성립하지 않거나, [증명해야 할 논점으로서] 놓여 있는 것과 관계하지 않거나, 또는 최초의 논점이 요청될 것이기 때문이다.

즉, '음악의 쾌락은 훌륭하다'가 [최초의 논점으로서] 놓인 것으로 하자. 이때 어떤 사람이 쾌락은 훌륭하다고 주장하지만 '모든' 것을 덧붙이지 않는다면, 추론은 성립하지 않을 것이다. 또 '어떤 쾌락은 좋다'라고 주장하지만, 그것이 다른 쾌락이라면 추론은 놓인 것과는 아무런 관련이 없을 것이고, 그것이 음악의 쾌락 그 자체라면 그는 첫 번째 논점을 받아들이고 있는 것이다.[466] 이것은 기하학 [도형]의 증명에서, 예를 들어 '이등변 삼각형의 두 밑각은 같다'라는 증명에서 한층 더 분명해진다.[467] 지금

[10]

[15]

---

464 두 전제의 한쪽이 긍정이어야 함은 제1-3격의 14식 추론의 성립으로부터 말할 수 있는 것 중 하나이다.

465 '게다가'(eti)라는 불변화사가 연결사로 사용되고 있지만, 제1권 제7장과 제23장의 논의를 이어받고 있지는 않다. 이 첫 번째 문장은 일련의 타당한 추론식에서 끄집어낼 수 있는 일반적 관찰을 언급하고 있다. 요컨대, 적어도 두 전제의 한쪽은 전칭이어야 한다는 것이다. 즉, 각 추론식의 전제는 전칭으로 결론의 주어에 적용되는 '항'을 포함해야 한다(알렉산드로스, 266.20-267.27). 하지만 아래에서 나오는 예, 특히 두 번째 예에 대해서는 그렇게 이해할 수가 없다. 이 주장은 Darii, Ferio의 경우에 거짓이다(Smith, pp. 142-143). 이것이 이 장 논의의 문제점이라 할 수 있다.

466 즉 '논점 선취'라는 것이다.

467 아래에서 '이등변 삼각형의 양 밑각은 같다'라는 정리의 증명이 기술되지만 (b15-22행), 그 증명은 에우클레이데스 『원론』 제1권 명제 5의 그것과는 전혀 다르다. 다만 본문에 구체적인 그림이 나타나고 있지 않기 때문에, 작도나 기호의 해석에는 이론(異論)도 있을 수 있는데, 여기서는 알렉산드로스의 해석에 따른다. 아래 그림을 참조하라. 알렉산드로스의 해석을 받아들여 보자(268.6-269.15, 또한 필로포노스, 253.28-254.23 및 Ross, p. 374 참조) 삼각형의 같은 변(A, B)이 만나는 지점을 중심

선분 A와 B가 [원의] 중심을 향해 그어져 있는 것으로 하자. 이때 만일 어떤 사람이 각(角) AC[468]는 각 BD와 같은 것을 받아들이지만, 일반적으로 반원 내의 각이 서로 같은 것을 주장하지 않는다면, 한 활 모양의 각 C[469]는 각 D와 같은 것을 받아들이지만, 모든 활 모양의 각이 서로 같은 것을 거기에 더하여 받아들이지 않는다면, 또한 같은 각의 전체로부터 동일한 각이 제거되었다면, 나머지 각 E와 Z는 동등한 것을 받아들이지만, 동등한 것에서 동등한 것이 제거된다면 동등한 것이 남는 것[470]을 받아들이지 않는다

[20]

으로 하고, 밑면의 끝을 통과하는 원이 그려진다. 그런 다음 전체 각 E+C(tēn AC) = 전체 각 F+D(tē[i] BD), 이는 '반원의 각'. '세그먼트(弧)의 각'. 그러나 동등한 것에서 동등한 것을 취하는 경우, 동등함이 남는다. 그러므로 각 E = 각 F이다.

아리스토텔레스는 기하학 교사의 설명을 다음과 같이 개략적으로 정리한다.

(1) 각도 AC 및 BD[즉, 원의 원주와 선분 A 및 B가 이루는 각도]는 반원의 각으로서 동일하다.

(2) C와 D는 동일하다. 이것들은 세그먼트의 각이므로.

(3) E와 F는 동일하다. 왜냐하면 그것들은 AC와 BD에서 C와 D를 뺀 나머지이니까. (QED)

468 각 AC란 다음 각 BD와 마찬가지로 원의 직경과 반원의 원주로 둘러싸인 혼합각으로서의 '반원의 각'이다. 이것이 직선이 아니라는 점이 이 증명이 갖는 큰 특징이다.

469 각 C란 다음 각 D와 마찬가지로 원주와 현으로 둘러싸인 혼합각으로서의 '활 모양의 각'이다. 각 AC와 마찬가지로 이것이 직선각이 아니라는 점이 이 증명의 특징이다.

470 '같은 것에서 같은 것이 제거된다면, 같은 것이 남는다'라는 명제는 아리스토텔레스가 공통 공리로서 『분석론 후서』에서 들고 있는 것들 중 하나이다(제1권 제10장 76a41 참조). 이것은 또한 에우클레이데스, 『원론』 제1권의 '공통개념 3'이기도 하다.

면, 그는 처음의 주장을 요청하게 될 것이다.[471]

이로부터 모든 추론에서 전칭[의 항 관계]가 있어야 한다는 것, 또 전칭[의 결론]은 모든 것이 전칭으로 관계되어 있을 때부터 증명되지만, 특칭[의 결론]은 이러한 방식으로도, 또 [어떤 항만이 중항과 전칭으로 관계하고 있는] 저러한 방식으로도 증명되는 것,[472] 따라서 결론이 전칭으로 성립하는 경우에는 항 또한 전칭으로 관계하고 있다는 것이 필연이지만, [반대로] 항이 전칭으로 관계하고 있는 경우에도 결론이 전칭으로 성립하지 않아도 된다는 것은 명백하다. (2) 또한 모든 추론에서, 두 전제나, 또는 한쪽의 전제가 결론과 비슷한 것으로서 성립하는 것이 필연적이라는 것도 분명하다.[473] 여기서 내가 '비슷한 것으로서'라고 말하는 것은 단지 전제가 긍정이냐 부정이냐 하는 점에서뿐만 아니라, 더 나아가 또 필연 양상이냐, 무양상이냐, 가능 양상인가 하는 점에서도 '비슷한 것으로서'라고 하는 것이다.[474] 이 점은 다른 술어[475]에 대해서도 고찰해야만 한다.

[25]

[30]

---

471 여기서 아리스토텔레스는 세 가지 전제에 대해 각각 대응한 전칭 명제를 받아들이지 않고, 그것들을 받아들인다면 '논점 선취'에 빠진다고 논하고 있다. 이는 현대의 관점에서 보면 '전칭(보편)의 예화'를 통해 추론할 때 전제가 되어야 할 전칭 명제를 받아들이지 않고 예시화된 명제만을 받아들이는 것이라고 할 수 있다. 만일 이 견해가 옳다고 한다면, '모든 추론에서 전칭[의 항 관계]가 있어야 한다'라는 문장의 의미는 적어도 두 전제 중 하나는 전칭이어야 한다는 제1-3격 14식 추론의 전제에 관한 것이 아니라는 것이다.

472 '이러한 방식'이란, 예를 들어 제3격 Darapti와 같이 양 끝항이 함께 중항과 전칭으로 관계하고 있는 방식을, 또 '저런 방식'이란, 예를 들어 제1격 Darii와 같이 양 끝항의 한쪽만이 중항과 전칭으로 관계하고 있는 방법을 나타내는 것으로 이해된다.

473 전제와 결론 사이의 '비슷한 것'(유사성)에 관한 이 일반화는 옳지 않다(알렉산드로스, 270,6-8). 제1권 제16장, 제19장, 제22장에서 논의된 추론, 즉 두 전제의 한쪽이 필연 양상, 다른 쪽이 가능 양상인 추론에서는 무양상의 결론의 성립이 인정되었기 때문이다.

474 여기서 일반적으로 요약하고 있는 결론은, (1) 결론이 긍정이라면 두 전제도 결

41b

(3) 일반적으로 추론이 언제 성립하고, 언제 성립하지 않는지, 또 언제 가능한 것으로서,[476] 언제 완전한 것으로서 성립하는지, 또 추론이 성립한 다면, 항은 앞서 언급한 방식 중 어느 하나에 따라서 관계되는 것이 필연이라는 것 또한 명백하다.[477]

[35]

론이어야 한다. (2) 결론이 거짓이라면 하나의 전제도 거짓이어야 한다. (3) 적어도 한 전제는 결론의 양상을 공유해야 한다. 앞의 각주 473에서도 지적되었지만, 전제가 필연 양상과 가능 양상 전제로부터도 무양상(정언적)의 결론이 추론될 수 있기 때문에, (3)은 앞서 말한 것과 정합적이지 못하다.

475 '다른 술어'란 다른 양상의 부가된 표현(여러 양상적 관계)으로, 예를 들어 참 거짓, 가능, 불가능을 가리킨다. 제23장에서는 '술어'(katēgoriais, katēgoria의 복수)라는 말이 네 개의 추론적 관계 a, e, i, o를 가리키는 것으로 사용되었다. 그러나 앞서 제1권 제8장(29b29-35)에서는 양상이 속함('주어에 대한 술어')에 대한 다른 방식으로서 기술되었다. 이 장은 양상 추론 다음에 나오므로, 아리스토텔레스가 이미 『분석론 전서』에서 언급된 모든 종류의 술어를 다루었던 것으로 보인다. 그래서 해석자들은 이 장이 양상 추론 체계를 마무리하기 이전에 쓰여졌을 가능성이 더 높은 것으로 추정한다(이어지는 각주 477 참조). 앞선 문장에서의 잘못된 일반화는 아리스토텔레스가 나중에 확증될 것으로 약속했던 가정으로도 볼 수 있을 것이다. 이와 비슷한 나중의 약속을 언급하는 제1권 제37장 49a9-10 및 제44장 50a40 참조.

476 즉 '추론이 언제 완전하지 않은 것으로 성립하는지'. 이에 대해서는 제1권 제5장 27a2, 제6장 28a16 참조.

477 마지막 대목은 마치 제1권 제4장부터 시작된 추론의 성립에 대한 논구가 이 장으로 끝나는 듯한 인상을 준다. 그러나 논의는 계속될 것이다. 다음 장은 제23장에서 증명된 '메타정리'에 대한 예비 연구였을 내용을 포함하고 있다. 제26장은 어떤 유형의 명제가 증명하거나 반박하기 어렵거나 쉬운지에 대한 일반적인 설명을 하고 있다. 게다가 제26장 마지막에도 이와 비슷하게 추론 성립의 논구를 끝맺는 말로 끝나고 있다(43a16-19 참조). 이 점을 포함하여, 이 장의 내용을 통해 추정되는 것은 이미 무양상(정언적) 추론의 제1-3격 14식을 추출해 낸 것으로, 그 집필 시기가 앞 장(제23장)과 마찬가지로 양상 추론 논의(제8-22장)보다 앞선 시기로 생각된다.

제25장

(1) 모든 논증[478]이 세 개의 항에 의해 성립되며, 그 이상의 항에 의해서는 성립하지 않을 것이라는 것 또한 명백하다. 다만, 동일한 결론이 서로 다른 항에 의해 성립하는 경우,[479] 예를 들어 [결론] E가 [전제] AB에 의해서도, [전제] CD에 의해서도 성립한다든가,[480] 혹은 [전제] AB와 [전제] ACD에 의해서 성립한다고 하는 경우[481]는 별도이다. 왜냐하면 동일한 [두] 항에 하나보다 많은 중항이 있더라도 아무런 지장이 없기 때문이다. 하지만 이러한 [많은 중항이] 있을 때는 추론이 하나가 아니라, 하나보다 많이 성립하고 있다. 혹은, AB 양자 각각이 추론에 의해 받아들여지든가(예를 들어 A는 [전제] DE에 의해서, 또 B는 [전제] FG에 의해서 받아들여진다[482]), 혹은 한쪽은 귀납에 의해,[483] 다른 쪽은 추론에 의해 받아

[40]

42a

---

478 추론이란 말이 기대되는 곳에서 논증(apodeixis)이란 말이 쓰이고 있다. 이 장에서 대부분의 경우에 A, B, C 기호는 '항'과 '명제'를 나타낸다.

479 동일한 결론이 세 가지보다 많은 항에 의해 성립하는 추론의 예로서, 아래에서 네 가지 경우를 들고 있다.

480 첫 번째 경우로, 동일한 결론 E를 가진 두 가지 추론 (A, B⊢E) 및 (C, D⊢E)를 들 수 있다. 이 두 추론을 전제로 A, B 등이 아닌 항을 이용하여 표현한다면, 예를 들어 결론 E를 XY, 각각의 중항을 M, N으로, (XM, MY⊢XY) 및 (XN, NY⊢XY)로 적을 수 있다. 이때 동일한 결론 XY에 관계하는 항의 수는 4개이다.

481 두 번째 경우에서 동일한 결론 E를 가진 두 가지 추론 (A, B⊢E) 및 (A, C, D⊢E)를 들 수 있다. 여기서 '[전제] ACD에 의해서'(41b39)의 읽기에 대해서는 Ross를 따른다. 그렇다면 이 두 추론에서는 전제 B가 전제 CD로 대체되고 있는 것으로부터, B는 선행 추론에 의해 CD로부터 이끌린 것이 분명하다. 따라서 첫 번째 경우와 마찬가지로 항을 이용하여, 2가지 추론을 표현한다면, 첫 번째 추론은 앞과 같이, (XM MY⊢XY)로서, 다음 추론은 MY로서의 B가 중항 N을 통해 이끌렸다면 (XM, MN, NY⊢XY)로 적을 수 있다. 이때 동일한 결론 XY에 관계되는 항의 수는 4개이다.

482 세 번째 경우로, 두 전제 AB가 각각 선행 추론 (D, E⊢A) 및 (F, G⊢B)에 의해 이끌리는 경우를 들 수 있다. 바로 나중에 기술할 수 있듯이, AB의 결론이 C라고 하

들여질 때에도,[484] 또 다른 것이다. 그러나 이러한 방식에 의해서도, 추론

은 또한 하나보다 많이 성립되고 있다. 왜냐하면 결론이 하나보다 많기 때문이고, 예를 들어 A와 B, C가 결론이다.

그런데 만일 이러한 추론은 하나보다 많은 것이 아니라 하나라고 한다면, 이 의미에서는 동일한 결론이 3개 이상의 항에 의해 성립하는 것은 가능하지만, C가 [전제] AB에 의해 성립한다는 의미에서는, 이것은 불가능하다. 즉, (2) E가 [전제] ABCD로부터 결론이 이루어졌다고 하자. 그러

[10] 면 필연적으로 이것들 중 어떤 것은 다른 어떤 것에 대해 한쪽이 전체적으로, 다른 쪽이 부분적으로 있는 것과 같은 관계로 받아들여야 한다. 왜냐하면 이것은, 즉 추론이 성립한다면 항 중의 어떤 것은 필연적으로 이러한 방식으로 관계되어 있어야 한다는 것은 앞에서 증명된 것이기 때문이다.[485] 그래서 (a) A가 B에 대해 이러한 방식으로 관계하고 있는 것으로 하자. 그러므로 이것들[AB]로부터 어떤 결론이 성립하게 된다. 그렇다면 그것은 E이거나, 또는 CD 중 어느 한쪽이거나, 또는 이것들 이외의 무언

면, 추론 (A, B⊢C)는 항을 이용하여 앞에서와 같이 (XM, MY⊢XY)라고 적을 수 있다. 이로부터 두 선행 추론은 각각의 중항을 N, O로 하면 (XN, NM⊢XM) 및 (MO, OY⊢MY)로 적을 수 있다. 따라서 두 선행 추론을 연쇄식으로 적는다면 추론 (A, B⊢C)는 (D, E, F, G⊢C)로, 항을 이용한다면 (XN, NM, MO, OY⊢XY)로 적을 수 있다. 이때 동일한 결론 XY에 관계하는 항의 수는 5개이다.

483 epagōgē(귀납, 동사는 epagein[⋯으로 이끄는])는 개별적 사례를 매거(枚擧)하는, 즉 '산출해 내는' 측면과, 일반(전칭) 명제를 '이끌어 내는' 측면이 있다(『토피카』 제1권 제12장 105a13-16, 제18장 108b10-11 참조).

484 네 번째 경우이다. 또한 귀납과 추론의 대비에 대해서는 제2권 제23장 68b9-14, 『토피카』 제1권 제12장 참조.

485 두 전제의 한쪽이 전체, 다른 쪽이 부분으로서 관계되어 있다는 것이 추론 성립을 위한 필요조건임이 '전에 증명되었다'(42a10-11)라고 하는데, 그 구체적인 부분에 대해서는 분명하지 않다. 여기에서는 제1권 제1장에서의 전칭 전제의 정의(24b26-30) 및 제4장에서의 제1격 전칭 추론의 증명(25b32-26a2, 14-15)의 두 곳을 지적해 둔다. Ross는 40b30-41a20을 언급한다(p. 379).

가 다른 것들 중 하나이다. 그리고 만일 그것이 E라면, 추론은 AB로부터만 성립될 것이다. 하지만 (b) CD가, 한쪽은 전체적으로, 다른 쪽은 부분적으로 있는 그러한 방식으로 관계되어 있다면, 그것들[CD]로부터도 또 어떤 결론이 성립할 것이다. 그리고 그것은 E이거나, 또는 AB 중 어느 한쪽이거나, 또는 이것들 이외의 무언가 다른 것일 것이다. [15]

그래서 그것이 E이거나 또는 AB 중 어느 한쪽이라면, 추론은 하나보다 많이 성립하거나,[486] 또는 먼저 가능했던 의미에서 동일한 결론이 세 개 이상의 항에 의해 결론지어지는 결과가 된다.[487] 하지만 만일 그것이 이것들 이외의 무언가 다른 것이라면, 추론은 하나보다 많이 성립하지만, 서로 연결되지 않게 될 것이다.[488] 그러나 (c) C가 D에 대해 추론을 만들어 내는 방식으로 관계되어 있는 것이 아니라면, 그것들[CD]은 귀납을 위해서이든가 또는 은폐를 위해서이든가, 또는 뭔가 다른 그러한 것을 위해서가 아니라면,[489] 쓸데없이 받아들인 것이 될 것이다. [20]

만일 AB로부터 E가 아니라 뭔가 다른 결론이 성립하고,[490] 또 CD로부 [25]

---

486 앞서 언급된 네 가지 경우 중 첫 번째 경우이며, 두 개의 추론 (A, B⊢E) 및 (C, D⊢E)가 성립한다.

487 두 번째 경우이며, 두 가지 추론 (A, B⊢E) 및 (A, C, D⊢E) 또는 (C, D, B⊢E)가 성립한다.

488 이 경우는 두 전제 CD의 결론을 F라고 하면, 두 가지 추론 (A, B⊢E) 및 (C, D⊢F)가 성립한다.

489 이러한 것들에 대해서는 『토피카』 제8권 제1장 155b20-24("(그것을 통해서 추론이 생겨나는 전제들을 '필요한 전제 명제들'이라고 부른다.) 이 필요한 것들 이외에 확보되는 전제 명제는 네 가지이다. 즉 (1) 보편을 주기 위한 귀납의 목적을 위한 것, 혹은 (2) 논의에 두툼함을 주기 위한 것, 혹은 (3) 결론을 숨기기 위한 것(krupsis), 혹은 (4) 논의를 더 명확하게 하기 위한 것 등이다.") 참조.

490 앞에서(42a12-14), 두 전제 AB로부터 도출되는 결론은 E 외에는 'CD 중 어느 한쪽인가, 또 이것들 이외의 무엇인가 다른 것인가'의 두 가지가 언급되었는데, 여기에서는(42a24-25), E 이외의 결론은 간략화되어 단지 '뭔가 다른 것'으로 말해지고 있다. 단, 이것은 간략화되어 있는 것이 아니라, 아래의 각주 492에서 기술하는 이유

터 이것들[AB] 중 어느 하나 또는 이것들 이외의 다른 결론이 성립한다면,[491] 추론은 하나보다 많이 성립하고,[492] 게다가 가정된 것을 결론으로 하는 것은 아니라는 것이 된다.[493] 왜냐하면 그 추론은 E를 결론으로 하는 것이라고 가정되었기 때문이다. 또한 만일 CD로부터 어떠한 결론도 성립

[30] 하지 않는다면, 그것들은 쓸데없이 받아들인 것이며, 그 추론은 최초의 논점을 결론으로 하는 것이 아니라는 결과가 된다.[494] 따라서 모든 논증이나

에서 'CD 중 한쪽'을 '처음부터 제외하고'라고 해석할 수도 있다.

491 여기서 두 전제 CD로부터 E가 결론으로서 나오는 경우가 언급되어 있지 않다. 그것은 이 경우가 두 전제 AB로부터 E가 결론으로 이끄는 경우와 대조를 이루며, 따라서 그것과 같은 형식의 추론의 조합을 만드는 것으로부터, 이것에 대해서는 이미 (42a17-22) 검토된 것으로 생각되기 때문일 것이다.

492 이 경우 다음 세 쌍의 추론이 성립한다. 우선, 두 전제 AB로부터 CD 중 한쪽이 결론으로 이끌리고, 동시에 두 전제 CD로부터 G가 결론으로 도출된다면, 두 가지 추론 (A, B, D⊢G) 또는 (C, A, B⊢G) 및 (CD⊢G)가 성립한다. 다음으로, 두 전제 AB로부터 H가 결론으로서 도출되고, 두 전제 CD로부터 AB 중 한쪽이 결론으로서 도출된다고 하면, 2개의 추론 (A, B⊢H)와 (A, C, D⊢H) 또는 (C, D, B⊢H)가 성립한다. 이들 두 쌍의 추론은 함께 먼저 거론된 두 번째 경우이다. 게다가 두 전제 AB로부터 H가, 또 두 전제 CD로부터 I가 각각 결론으로 이끌린다고 하면, 서로 연결되지 않는 2개의 추론 (A, B⊢H) 및 (C, D⊢I)가 성립한다. 또한 두 전제 AB에서 CD 중 한쪽이 결론으로 이끌리고, 동시에 두 전제 CD로부터 AB 중 한쪽이 결론으로 이끌리는 경우도 언급되고 있다고 볼 수 있지만, 이 경우는 모두 전제 중 하나가 결론이 된다는 논점 선취를 범하게 되어 추론으로서 인정되지 않는다. 그 때문에 그 결과에 대해서는 언급되지 않았거나 아예 제외된 것으로 해석된다.

493 앞의 각주에서 든 세 쌍의 추론은 모두 E를 결론으로 하는 것은 아니다.

494 두 전제 CD로부터 어떠한 결론도 성립하지 않는다면, 두 전제 AB로부터 CD 중 한쪽이 결론으로서 도출되는 경우에는, 추론 (A, B⊢C) 또는 (A, B⊢D)가 성립할 뿐, E를 결론으로 하는 추론은 성립하지 않는다. 또 마찬가지로, 두 전제 AB로부터 H가 결론으로서 이끌리는 경우에는, 추론 (A, B⊢H)가 성립할 뿐, E를 결론으로 하는 추론은 성립하지 않는다. 이상으로 전제 ABCD에서 E가 결론으로 도출되는 가정 하에 고찰해야 할 추론의 조합은 모두 검토한 셈이다. 이것을 받아, 이 장의 처음(41b 36-38)에 이야기된 테제가 결론으로서 다음에 주장된다.

모든 추론이 오직 3개의 항에 의해서만 성립할 것이라는 것은 명백하다.

　(2) 그리고 이것이 명백하므로, 모든 논증이나 모든 추론이 두 가지 전제로부터 성립하고 그 이상의 전제에서 이루어지는 것은 아니라는 것 또한 명백하다(3가지 항은 2가지 전제를 만들어 내는 것이니까). 단, 처음에 말한 바와 같이,[495] 추론을 완전한 것으로 하기 위해서 무언가를 덧붙여 [35] [전제로서] 받아들이는 경우는 별도이다. 따라서 분명한 것은, 추론적인 논의에서 주요 결론(이것은 선행 [추론]의 결론 중 일부는 전제가 되어야 하기 때문이다)이 그것에 의해서 성립하는 바의 전제가 짝수가 아닌 경우에는, 이 논의가 추론이 아니었거나, 또는 [최초의 논점으로서] 놓은 명제 [40] (입론, thesis)를 위해 필요 이상으로 많은 전제를 [논의를 내놓은 사람이] 물어버렸거나 하는 것이다. (3) 그래서 주요 전제에 따라 추론이 포착된 42b 다면, 모든 추론은 짝수의 전제와 홀수의 항으로 성립할 것이다. 왜냐하면 항은 전제보다 하나만큼 수가 많기 때문이다. 그리고 결론 또한 전제의 절반의 수로 성립할 것이다.[496]

　그러면 결론이 선행 추론[497]에 의해서 혹은 많은 연속된 중항[498]에 의해 [5] 서,[499] 예를 들면 [결론] AB가 [중항] CD에 의해서 결론지어질 때에는,[500]

---

495 제1권 제1장 24b24-26 참조.

496 이것은 주요 전제와 결론에 따라서 추론이 포착된다면, 모든 개개의 추론은 '세 항, 두 전제, 하나의 결론'의 구성으로 되어 있다는 것이다.

497 원어는 prosullogismos. 즉 나중에 전제로서 사용될 명제를 이끌어 내는 데 사용되는 추론을 말한다(『토피카』 148b4-10 참조). 넓은 의미에서 추론 활동의 일종인 셈이다.

498 '연속된 중항'은 각각의 후속 항에 대해 술어할 수 있는 일련의 항이다.

499 가장 간단한 확장된 추론의 (AaB, BaC, CaD⊢AaD) 형식에서의 계산법은 3 전제, 4 항, 적어도 3 결론. 2개의 추론으로 전환한다면(AaB, BaC⊢AaC, AaC, CaD⊢ AaD), 그것은 4 전제와 2 결론을 가질 것이다.

500 결론이 '선행 추론'에 의해 결론지어지면, 우선 선행 추론 (AC, CD⊢AD)를 행하여 결론 AD를 이끌어 내고, 다음에 그것을 전제로 한 추론 (AD, DB⊢AB)를 행하

42b

항의 수는 마찬가지로 전제보다 하나만큼 초과할 것이고(왜냐하면 '삽입되는 항'은 중항의 바깥쪽이거나 안쪽으로 놓이겠지만, 어느 방식에 의해서든

[10] 항 간격은 항보다 하나만큼 수가 적은 결과가 되기 때문이다), 또한 전제[의 수]는 항 간격[의 수]와 같다.⁵⁰¹ 그렇지만 항상 전제는 짝수이고 항은 홀수라는 것이 아니라 그 반대, 즉 전제가 짝수일 때에는 항은 홀수이지만 항이 짝수일 때에는 전제는 홀수일 것이다. 왜냐하면 항이 어느 쪽에 덧붙여진다고 하더라도, 그 항과 동시에 하나의 전제가 덧붙여지기 때문이

[15] 고, 따라서 전제가 짝수이고 항이 홀수였으므로, 동일한 덧붙임이 이루어진다면 그 수는 교체되는 것이 필연적이기 때문이다. 하지만 결론은 항과의 관계에서도 전제와의 관계에서도 동일한 위치를 더 이상 갖는 것은 아닐 것이다.⁵⁰² 왜냐하면 하나의 항이 덧붙여지면, 이미 있던 항[의 수]보다

고 결론 AB를 이끌어 내는 것이다. 이에 대해 결론이 '연속된 중항'에 의해 결론지어진다는 것은 (AC, CD, DB⊢AB)라는 추론을 행하여 결론 AB를 이끌어 내는 것이다. 복합 추론으로서, 전자는 연결식이라 하고 후자는 연쇄식이라고 한다.

501 아리스토텔레스는 인접한 문자의 각 쌍이 전제를 나타내고 두 개의 연속된 전제가 항을 공유하는 방식으로 정렬된 일렬의 문자들을 생각하고 있는 것처럼 보인다. 따라서 새로운 항은 시작이나 끝('바깥쪽에서') 또는 다른 항들 사이(중간) 어딘가에 덧붙여질 수 있다. 따라서 문자 사이에 공백이나 '간격'만큼 많은 전제가 있게 된다. '삽입되는 항'(parempiptōn horos)이란 말은 아마도 헬라스 수학에서('비율 이론') 왔을 것이다(Einarson[1936], p. 158). 이 구절은 아리스토텔레스가 때때로 왜 전제를 '간격'으로 언급하는지를 보여준다. 최종 결론은 첫 번째 항과 마지막 항을 연결하고 있다(Striker, p. 186).

502 이것이 의미하는 바는, 전제 수나 항의 수에 대한 결론의 수의 확정된 비율이 없다는 것이다. 아리스토텔레스가 이것에 관심을 갖는 이유는 분명하지 않지만, Smith는 퓌타고라스의 'gnōmon-산술'과 어느 정도 유사점을 염두에 두고 있었을 것으로 추정한다(p. 147). 『자연학』 제3권 제4장 203a13-15 참조. 아리스토텔레스는 앞서 (42b4) '결론 또한 전제의 절반의 수로 성립할 것'이라고 말했다. 그러나 확장된 추론에서는 추가된 각 항은 마지막 항에 인접한 항을 제외하고 이미 존재하는 항에 관련해서 새로운 결론으로 이끌릴 것이다. 따라서 CaD가 AaB 및 BaC에 추가되면, 결론은 AaC뿐만 아니라 AaD와 BaD 등이 된다. 아래의 각주 504 참조.

184

도 하나만큼 적은 결론이 덧붙여질 것이기 때문이다. 단지 마지막 항[503]과 [20]
관련된 결론만은 성립시키지 않지만, 다른 모든 항과 관련된 결론은 성립
시키기 때문이다. 예를 들어 만일 [항] ABC에 [항] D가 덧붙여진다면, 즉
시 또 두 가지 결론, 즉 A와 관련된 것과 B와 관련된 것이 덧붙여지기 때
문이다. 다른 경우에서도 마찬가지이다. 또한 항이 안쪽에[중간에] 삽입
된다고 해도 상황은 동일할 것이다. 왜냐하면 단 하나의 항과 관련된 추론
만은 성립시키지 않을 것이기 때문이다.[504] 따라서 결론은 항보다, 또 전 [25]
제보다 훨씬 많은 수로 성립될 것이다.[505]

---

503 마지막 항이란 아래에서 나오는 예로 말하면, 항 C를 말하며, 항의 열의 마지막
것을 말한다.
504 항이 안쪽에 삽입될 때에는 그것을 끼워 넣는 두 항 이외의 항과의 사이에서 그
것들을 주어항 또는 술어항으로 하는 새로운 추론이 성립한다. 게다가 그 두 항 사이
에서 삽입된 항을 중항으로 하는 추론이 성립하므로 새로 늘어나는 결론의 수는 원래
의 항의 수보다 하나만큼 적어진다. 따라서 이 점은 분명히 항이 바깥쪽에 덧붙여진
경우와 마찬가지이다. 그러나 여기서는 모든 항이 어떤 결론의 주어항 또는 술어항이
되어 추론이 성립하는 것이며, 본문에서 말하는 것처럼 '단 하나의 항과 관계된 추론
만은 성립시키지 않을 것이다'(42b24-25)라는 것은 없다.
505 그 규칙은 이렇다. '2 전제, 3 항, 1 결론 // 3 전제, 4 항, 1+2 결론 // 4 전제,
5 항, 1+2+3 결론'(연쇄식). n은 전제의 수이다. 일반적으로 전제의 수가 $n(n \geq 2)$
일 때, 항의 수는 $(n+1)$이고, 결론의 수는 $[1+2+3+ \cdots +(n-1)]$, 즉 $1/2n(n-1)$이
된다(Waitz). 여기서 '훨씬 많다'(polu pleiō)는 $n(n \geq 5)$일 때만 성립될 수 있다. 아
래 그림은 '간격'으로서의 전제와 항, 결론에 대한 전체적 조망을 보여준다(Pacius
[1597b], p. 242).

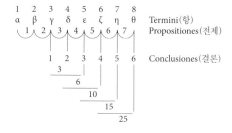

185

42b

제26장

우리는 추론이 무엇을 둘러싸고 성립하는지,[506] 또 각각의 격에서 어떤 종류의 문제가 얼마나 많은 방식으로 증명되는지를 알고 있기 때문에, 어떤 종류의 문제가 어려운지, 또 어떤 종류의 문제를 논하기가 쉬운지도 우리에게는 분명하다. 왜냐하면 더 많은 격에서, 더 많은 식[507]에 의해서 결론 내는 것은 더 쉽고, 더 적은 격에서 또 더 적은 식에 의해 결론 내는 것은 논의하기가 더 어렵기 때문이다.[508]

[30]

---

506 추론이 '무엇'을 둘러싸고 성립하는지에서, 그 '무엇'이란 '문제', 혹은 '입론'(주장, thesis)을 말한다. 이것이 문제의 규정 중 하나라는 것에 대해서는 『토피카』 제1권 제4장 101b16("추론이 관계하는 주제는 문제들이며, 모든 명제와 모든 문제는 고유 속성이나 유 또는 부수적인 것 중 하나를 나타내기 때문이다.") 참조. 이 대목과 『토피카』 제1권 제4장에서 변증술적 논의를 규정하는 대목과 비교하라(101b15-18). 문제와 전제의 차이는 그것들이 '제기되는 방식에서'(tō[i] tropōi) 드러난다(『토피카』 제1권 제4장 101b28-36 참조).

507 여기서 '식'(mood)으로 번역된 ptōsis는 원래 '격' 변화하는 명사나 형용사 등의 성·수·격 및 같은 어근에서 어미 변화에 의해 파생된 형용사나 부사 등을 가리키는 문법의 용어이다(제1권 제36장 참조). 아리스토텔레스에게서 추론의 '격'에 대해, 나중에 가서 '식'이라 부르는 것을 의미하는 일정한 용어는 없으나, 문맥상 명백하므로 격과 식에서 '식'의 의미로 옮긴다. 알렉산드로스 이후의 주석가들은 tropos란 말을 사용했으며, 이 말이 라틴어에서 modus(mood)로 굳어지게 되었다.

508 타당한 추론식의 전체 목록이 주어지면, 어떤 입론(테시스)을 증명하거나 논박하기가 어렵거나 쉬운지 알 수 있다. 보편적(전칭) 입론은 논박하기 쉬우며, 특칭 입론은 증명하기가 더 쉽다. 이 장에서 아리스토텔레스는 『토피카』에서 기술된 변증술적 논쟁을 생각나게 하는 기술적 용어를 사용하고 있다. 즉 '증명되거나 반박될 수 있는 입론'을 problēmata(42b29, 제4장 26b31 참조)라고 하고, 동사 epicheirein('손을 대다')이라는 변증술적 기술(technē)의 용어로, 입론의 증명과 논박을 설명하고 있는데, 이를 통해서 입론의 '확립'과 '파괴'가 일어나는 것이다. epicheirein은 문자 그대로 '…에 손을 대다'라는 의미이지만, 질문과 답변을 통한 논의에서는 '(상대방을) 공격하다'라는 의미이다. '공격하다'는 '질문자의 역할을 하다'를 의미한다. 변증술적 논

186

그래서 (1) 먼저, (a) 전칭 긍정은 제1격에 의해서만 증명되고, 또 이 격에 의해서 한 가지 방식으로 증명된다.[509] (b) 전칭 부정은 제1격에 의해서도, 또 중간의 격에 의해서도 증명되고, 제1격을 통해서는 한 가지 방식으로, 중간의 격을 통해서는 두 가지 방식으로 증명된다.[510] (c) 특칭 긍정은 제1격에 의해서와 마지막 격에 의해서 증명되고, 한 가지 방식으로 제1격에 의해, 세 가지 방식으로 마지막 격에 의해 증명된다.[511] (d) 특칭 부정은 모든 격에서 증명되지만, 단 제1격에서는 한 가지 방식으로, 중간의 격[제2격]과 마지막 격[제3격]에서는 전자에는 두 가지 방식으로, 후자에는 세 가지 방식으로 증명된다.[512]

(2) 더욱이 (a) 전칭 긍정은 확립(구축)하는 데 가장 어렵고, 파괴하는 데 가장 쉽다는 것은 분명하다. 일반적으로 파기하는 자에게는 전칭이 특칭보다 쉽다. 왜냐하면 전칭 긍정은 [술어항이 주어항의] 어떤 것에도 없다 하더라도, 또 무엇에 없다고 하더라도 모두 파기되어 버리기 때문이다.[513] 이들 중 어떤 것에 없다는 것[특칭 부정]은 모든 격에서 증명되고,

[35]

[40]

43a

[5]

의에서 질문자는 제기된 주장에 대해 '공격하고' 답변자는 그 주장을 '방어하는' (phulattei) 역할을 떠맡는다. 이 게임 속에서 공격자인 질문자는 답변자로부터 모순되는 어떤 견해를 이끌어 내는 것을 목표로 한다. 공격자와 방어자(답변자)의 역할에 관해서는 『토피카』 제8권 제3장-제4장의 논의 참조.

509 Barbara(25b40-26a2)를 말한다.

510 제1격 Celarent(25b40-26a2), 제2격 Cesare(27a5-9), Camestres(27a9-14).

511 제1격 Darii(26a23-25), 제3격 Darapti(28a18-26), Disamis(28b7-11), Datisi (28b11-15).

512 제1격 Ferio(26a25-30), 제2격 Festino(27a32-36), Baroco(27a36-b3), 제3격 Felapton(28a26-30), Bocardo(28b15-21), Ferison(28b31-35).

513 하나의 반증 사례를 통해서 전칭을 논박하고 특칭을 확립하는 것이니까. 여기서 아리스토텔레스는 형식적 변증술적(문답법적) 논쟁을 염두에 두고 있음이 틀림없다. 변증술에서는 논박은 [상대방에게] 받아들여진 전제로부터 입론의 모순에 대한 추론으로 이루어진다(『소피스트적 논박에 대하여』 제5장 167a26-28 참조). 또한 추론을 통해 어떤 명제를 확립하게 된다.

187

어떤 것에도 없는 것[전칭 부정]은 두 가지 격에서 증명된다. 전칭 부정의 경우도 마찬가지다. 왜냐하면 [술어항이 주어항의] 모두에 있다고 하더라도, 또 어떤 것에 있다고 해도, 모두 최초의 논점[전칭 부정]은 파기되어 버리기 때문이다. 이것은 두 가지 격으로 성립하는 것이었다.

(b) 하지만 특칭의 경우에는 [긍정 부정이 각각] 한 가지 방법으로, 즉 [술어항이 주어항의] 전부에 있는지 또는 어떤 것에도 없는지를 증명함으로써 파기된다. 하지만 확립하는 자에게는 특칭이 [전칭에 비해] 더 쉽다.
[10] 왜냐하면 특칭은 더 많은 격에서, 또 더 많은 식으로[514] 증명되기 때문이다. 일반적으로 간과하지 말아야 할 것은 파괴하는 것은 상호적으로 할 수 있는데, 즉 전칭을 특칭에 의해서, 또 특칭을 전칭에 의해서 파괴할 수는 있지만, 확립하는 것은 전칭을 특칭에 의해서는 할 수 없고,[515] 후자[특칭]를 전자[전칭]에 의해서 확립할 수 있을 뿐이라는 것이다. 동시에 파괴하
[15] 는 것이 확립하는 것보다 쉽다는 것도 분명하다.[516]

이렇게 해서, 모든 추론이 어떻게, 또 얼마만큼의 항과 전제에 의해서 성립되는지, 또 전제는 어떻게 서로 관계되어 있는지, 게다가 어떤 문제가 각각의 격에 있어서, 또 어떤 문제가 더 많은 격에 있어서, 또 어떤 문제가 더 적은 격에 있어서 증명될 것인가 하는 것이, 앞에서 말한 것으로부터 분명하다.[517]

---

514 Ross는 43a10의 tropōn으로 읽고 있으나, 사본의 지지가 없다. 이 장의 처음에 '식'을 의미했던 ptōseōn(Waitz, Williams)으로 읽는다.

515 여기서 아리스토텔레스는 귀납이 아닌 '추론'만을 말하고 있다.

516 여기서 파괴하는 것에 대해서는 전칭과 특칭 사이의 상호성이 성립하지만, 확립(구축)하는 것에 대해서는 그것이 성립되지 않는다는 앞의 주장을 받아서 말한 것으로 이해된다. 필로포노스는 아리스토텔레스가 '전칭'만을 말하고 있다고 지적한다. 바로 직전에 특칭은 논박하기보다 증명하는 것이 쉽다고 말했으니까.

517 제1권 제4장부터 시작된 '추론 성립 연구'에 대한 논의는 여기서 끝난다. 이 결론 부분은 제25~26장을 포괄한다. 제24장도 그런지는 분명하지 않다.

제27장

어떻게 우리 자신이 [최초의 논점으로서] 놓이고 있는 것에 관해 추론 [20]
을 잘 확보할 수 있는지,[518] 또 어떤 길을 따라[519] 우리가 각각의 것에 대한
원리[520][로서의 전제]를 받아들일 수 있는지를 이제 논해야 한다. 왜냐하
면 추론의 성립을 연구할 뿐만 아니라, 그것을 만들어 내는 능력을 가지는
것 또한 아마도 필요하기 때문이다.[521]

(1) 모든 존재하는 것[522] 중 (a) 어떤 것은 다른 어떤 것에 대해서 참으 [25]

---

518 euporein(being supplied)은 aporein(being at a loss)의 반대이다.

519 dia poias hodou에서 길(hodos)은 '탐구하는 길을 발견하는 것'(methodos)이
다(『토피카』 제1권 첫머리 100a18-22; 김재홍[2021], 20쪽 각주 7 참조).

520 원리(시작점, archai)는 문자적으로는 '시작'을 의미한다. 다른 문맥에서는 종종
'학적 원리'로 번역된다. 여기서 아리스토텔레스는 원하는 결론으로 이어질 '전제'를
찾는 일반적인 방법을 논의하고 있으며, 이러한 전제가 학문(학적 논증)이 의존하는
'첫 번째 원리나 공리'일 필요는 없다(『분석론 후서』).

521 첫 문장은 제1권에서 고찰해야 할 세 가지 사항 중 두 번째 것으로 '추론을 발견
하고 만들어 내는 능력'을 갖는 것, 다시 말해 '추론을 만드는 방법'에 대한 탐구가 이
제부터 시작된다는 점을 말하고 있다. 지금까지 고찰해 왔던 첫 번째 것은, 즉 '추론
의 성립 연구'는 어떤 전제가 주어지면 거기에서 어떤 결론이 성립하는지 또는 성립하
지 않는지에 관한 것이었다. 제27-31장에서 다룬 전제를 찾는 방법은 『분석론 전서』
제1권의 세 가지 연구 과제의 두 번째 부분을 구성하며, 이 부분은 제32-46장의 추론
의 분석 부분으로 완결된다(제26장에서 27장으로, 31장에서 32장으로 전환됨). 두
번째 부분은 결론이 되어야 할 최초의 논점이 주어졌다면, 그것을 어떤 전제로부터
추론할 수 있는지에 관한 논의이다. 첫 번째와 두 번째 부분에서 문제가 되는 전제와
결론의 방향은 반대이며, 그런 의미에서 첫째 사항은 종합적이고, 둘째 사항은 분석
적(『분석론 후서』 제2권 제5장 91b13 참조)이라고 말할 수 있다. 또 양상 추론에 관
한 부분(제8-22장)을 포함하지 않으면 세 부분의 길이는 거의 동일하다.

522 여기에서도 다른 곳과 마찬가지로 아리스토텔레스는 단어나 항보다는 사물이
'서로에 대해 술어 되거나 말하는 것'에 대해 말하고 있다. 이것은 대상 언어와 메타
언어를 엄격하게 구별하고, 그 차이를 인용 부호를 사용하여 표시하는 방법에 익숙한

로도 '전칭으로도' 술어가 되지는 않지만[523](예를 들어 클레온이나 칼리아스, 즉 개별적이고 감각되는 것이 그것이다), 그것들에 대해서는 다른 것이 술어 된다(이들 두 사람 각각은 인간이고 동물이기도 하니까). (b) 또 어떤 것 그 자체는 다른 것에 대해서 술어가 되지만, 그것들에 대해서는 다른 것이 더 앞서는 것으로서 술어가 되지는 않는다.[524] (c) 또 어떤 것들은 그

[30]

현대 독자에게는 이상한 소리쯤으로 들릴 수 있다. 그러나 아리스토텔레스의 말하는 방식은 대개 혼란을 초래하지 않으며, 주어항-술어항을 갖는 '범주에 기반한 문장'이 항이 의미하는 사물들 간의 관계를 기술한다는 그의 세계관을 반영한다. 아래에서 비로소 아리스토텔레스의 추론과 그것을 '토대 논리'로 하는 '논증' 및 문답법이 대상으로 하는 세계 존재('존재하는 것들', ta onta)의 모습이 제시된다. 그것은 최하위 개체에서 시작하여 최상위 범주(카테고리아)까지 이어지는 주어와 술어항의 단계로 그려진다. 특정 표현이 '주어항으로만 또는 술어항으로만' 기여할 수 있는 이유는, 문법적인 것이 아니라 존재론적인 것이다. 따라서 술어 된 사물에 대한 아리스토텔레스의 언어적 방식은 단순히 항이 의미하는 사물에 대해 말하는 방식이라고 할 수 있다 (Striker, p. 189 참조).

523 이 문장에서 'katholou'(보편적으로, 전칭으로)를 어떻게 이해해야 하는지 요령부득이다. 아리스토텔레스가, 전칭이든 아니든 개별자는 전혀 술어가 될 수 없다고 말하고 있기 때문이다. 아리스토텔레스가 수집되어야만 할 항 목록을 이미 생각하고 있으며, 어떤 것이 실제로 전칭으로 술어가 될 수 있는지를 가정한다면 원문을 보통의 의미로 받아들일 수 있다. 즉 '추론을 만드는 방법'이란 문제가 되는 사항과 전칭으로 관련된 항(項)의 선택과 관련된 것으로 논의되고 있다는 것이다(43b11-17 참조). 바로 그 논의 내용이 이미 이 표현에서 나타난 것으로 이해할 수 있다. 어떤 주석가들은 알렉산드로스의 제안에 따라 그 말을 '단순히' 또는 '무조건적으로'(haplōs)라는 의미로 이해하지만, 이것은 원어의 본래 의미와 일치하지 않는다. 또 Smith는 '참으로 보편적으로'(alēthōs katholou)로 옮기고, '보편적으로 참인'이 아닌 '참으로 보편자인 것으로서'라는 의미로 받아들인다. Striker는 이것 역시 이해하기 어렵다고 해석한다. 그럼에도 아리스토텔레스가 몇 줄 아래에서 지적한 것처럼 '소크라테스' 또는 '칼리아스'와 같은 고유명사는 때때로 (외견상) 술어로 나타날 수 있지만 전칭 명제에서는 술어로 사용될 수 없으므로, 목록에 포함되지 않는다.

524 아리스토텔레스는 아마도 주어항보다 더 일반적이고 전칭으로 술어 되는 항을 의미할 것이다(『분석론 후서』 제1권 제19장 81b35, 82a11-14, 제22장 83b28-31 참

자체도 다른 것들에 대해서 술어가 되고, 그것들에 대해서 또 다른 것들이 술어가 된다. 예를 들어 인간은 칼리아스에 대해 술어가 되지만, 인간에 대해서도 또한 동물이 술어가 된다.

그런데 존재하는 것들(ta onta) 중의 약간의 것은 본성적으로 어떤 것에 대해서도 말해질 수 없는 것임은 분명하다. 왜냐하면 감각되는 것들 각각은 대부분 어떤 것에 대해서도 술어가 되지 않는 그러한 성질의 것이기 때문이다. 단, 부대적으로 술어가 된다[525]는 의미에서는 제외하고 말이다. 왜냐하면 '저 하얀 것은 소크라테스이다'라든가, '다가오는 것은 칼리아스다'라고 우리는 가끔 말하기 때문이다. 또 [술어의 계열을] 위쪽으로 향한 [35]

조). 이러한 항(項)은 가장 일반적인 것으로부터 가장 종(種)적인 것으로 이어지는 항의 계층 구조에서 '상위'라는 의미에서 최종 결론의 술어보다 '우선'되는 것이다. 고대 주석가들은 아리스토텔레스가 실체, 양, 질 등과 같은 범주(카테고리아) 또는 '술어의 유들'에 대해 말하고 있다고 설명한다. 아리스토텔레스에 따르면, 이것들은 보편적인 유인 '사물'이나 '존재'의 종이 아니기 때문이다. 그러나 '사물'은, 예를 들어 '실체'보다 분명히 더 일반적이고 모든 것에 대해 술어가 될 수 있으므로, 아리스토텔레스는 또한 이 장의 뒷부분(43b36-37)과 다음 장(44b20-24)에서 언급되는 '모든 것에 부수되는 항들'을 생각하고 있을 수도 있다(Striker, p. 190).

525 아리스토텔레스는 본질적으로(kath' hauto) 또는 무조건적으로(haplōs) 사물의 자연 본성에 따라 그렇게 있는 것과 우연적으로 또는 부대적으로만 그렇게 있는 것 간의 대조를 표시하기 위해 다양한 맥락에서 이 문구(kata sumbebēkos)를 사용한다(Bonitz, 『색인』 sumbainein 4b, 714b5-43 참조). '흰 통나무'의 예를 들어 '부대적 술어'를 설명하는 『분석론 후서』 제1권 제19장 81b25-29 및 제22장 83a1-18 참조. 'The log is white'라는 문장에서 술어항은 '밑에 놓여 있는 기체'의 성질을 나타내지만, 'The white (thing) is a log'라는 문장에서 'log'라는 항은 '밑에 놓여 있는 기체'의 성질을 나타내지 않는다. 아리스토텔레스는 첫 번째 종류의 경우에만 '진정한 술어'를 말할 수 있으며, 두 번째 경우에는 대부분 '부대적 술어'에 해당한다고 규정했다. 이 구별은 일반적 추론에서는 무시되지만, '환위 규칙'은 부대적 술어가 진정한 술어와 같은 것으로 전제한다. 따라서 '어떤 통나무'가 희다면, i-환위에 의해 '어떤 흰 것은 통나무이다'라는 것이 따라 나온다. 존재론적 관계에 대해서는 『범주론』 제2장 참조(Striker, p. 191).

[40]

다고 해도 [계열이] 언젠가 멈춘다는 것은 우리가 나중에 논할 일이다.[526] 지금은 이것이 가정되고 있는 것으로 하자. 그러면 이것들[527]에 대해서는 일반 통념에 의해서[528] [변증술의 논의를 행하는 것이] 아닌 한, 다른 것들이 술어가 되는 것을 논증할 수 없고, 이것들이 다른 것에 대해서 술어가 되는 것이다. 또한 개별적인 것은 다른 것에 대해서는 술어가 되지 않고, 다른 것들이 그것들에 대해서 술어가 되는 것이다. 그러나 중간의 것은 양쪽의 방식으로 술어가 될 수 있다는 것은 분명하다(그것들 자체도 다른 것들에 대해, 또 다른 것들도 그것들에 대해 말할 수 있을 것이기 때문이다). 대체로 논의도 탐구도 무엇보다도 이것들에 관한 것이다.[529]

---

526 일련의 술어가 더 큰 일반성을 갖는 술어를 향한 '위쪽' 방향과 더 큰 특수성을 갖는 '아래쪽 방향' 모두가 제한된다는 증명에 대해서는 『분석론 후서』 제1권 제 19-22장 참조.

527 '이것들'이란 술어 계열의 최상위에 있는 것, 즉 최고류로서의 실체, 성질, 양과 같은 카테고리아를 가리킨다(『분석론 후서』 제1권 제22장 83b12-17). 이것이 존재한다거나 '존재들'이라고 참으로 말할 수 있지만, 특정 술어가 그것들에 해당한다는 증명을 만드는 것은 불가능하다. 이를 위해서는 예를 들어 '실체'와 '존재' 사이의 '우선하는' 중간 항이 요구될 테니까.

528 일반 통념(doxa)이란 변증술의 기초 개념으로서 '사람들에게 공통된 생각'을 가리킨다(『토피카』 제1권 제1장 100b21-23). '일반 통념에 따라서'란 변증술적으로 논하는 것을 말한다. '그럴듯하지만 필연적이지 않은 참인 전제'를 사용하는 변증술적 논증은 논증적 지식이나 학문(에피스테메)과 달리 어떤 일정한 유를 자신의 대상으로 '밑에 놓고' 있지 않으므로, 각 유에 고유한 원리나 유 서로 간에 공통된 공리에 대해 자유롭게 논할 수 있다(『분석론 후서』 제1권 제11장 77a29-32, 『토피카』 제1권 제 2장 101a36-b4 참조). 따라서 항(項) 간의 존재론적 관계가 무시될 수 있다(『분석론 후서』 제1권 제19장 81b18-21) 이러한 방식으로, 우리는 학문적 증명에서 '정리'로 받아들여질 수 없는 결론에 대해 형식적으로 타당한 논증을 만들어 낼 수 있는 것이다. 그것은 '부대적 술어'를 포함할 수 있기 때문에(Striker, p. 191).

529 이론적으로는 최하위 개체를 주어항으로 하고, 또 최상위 범주를 술어항으로 하는 추론을 구성하는 것도 가능하다. 하지만 환위의 일반성을 생각하면, 주어항일 수도 술어항일 수도 있는 중간의 것들이 추론의 세 항을 구성하고, 논의나 탐구도 우선

(2) 따라서 각각의 것에 관한 전제를 다음과 같은 방식으로 선택해야 43b
한다. 즉, 먼저 (a) 그것 자체와[530] 그 정의 및 그 사안(주어)에 고유한 것
들[속성]을[531] 밑에 놓고[가정하고],[532] 그다음에,[533] (b) 그 사안에 부수되

이것들을 둘러싸고 이뤄져야 하는 것이다.

530 즉, 전제를 발견하기 위한 명제의 항이다. 복수형 '정의'는 각 명제에 대해 두 가지 항을 고려해야 한다는 사실이거나, 하나의 동일한 항에 대한 여러 정의가 고려될 수 있는 변증술적 논쟁을 언급함으로써 설명될 수 있다.

531 원어로는 idia로 라틴어로는 propria(proprium)이다. 이것은 『토피카』에서 논의된 네 가지 술어형식(predicabilia)들 중의 하나이다. 여기서 '정의'와 함께 열거되고 있기 때문에, 아리스토텔레스는『토피카』에서 정의된 대로 이 말의 좁은 의미를 생각하고 있는 듯하다(제1권 제5장 102a18-19). 고유속성이란 "[그 사물 혹은 주어에 대해] '그것이 무엇이라는 것'(본질)을 보여주지는 않지만 그 사물에만 속하고, 즉 바꾸어도〈환위해도〉 그것의 술어가 될 수 있는 것이다." 예를 들면 X라고 불리는 모든 구체적인 사물에 대해, '만일 X가 S라면 X는 P이고, X가 P라면 X는 S일 때', 그때 P(술어)는 S(주어)의 고유속성이 된다. '인간'이 S(구체적 사물, 즉 기체[基體, hupo-keimenon]의 문법적인 주어)이고, '읽고 쓰는 지식을 배우는 것'이 P라고 하면, S도 P도 동시에 기체(X)의 술어이고, 또한 'S는 P이다', 'P는 S이다'라고 말할 수 있으며 S와 P는 서로 교환할 수 있다. 그러나 그 '정의'와는 다르다.

532 각각의 사안은 그 정의와 고유속성에 대하여 필요 충분 동치 관계에 서 있다(『토피카』제1권 제5장 102a18-22; "예를 들어 '읽고 쓰는 지식'을 배울 수 있다는 것은 인간의 고유속성이다. 어떤 것이 인간이라면 읽고 쓰는 지식을 배울 수 있고, 만일 읽고 쓰는 지식을 배울 수 있다면 인간이기 때문이다"). 따라서 처음에 이 세 가지가 함께 밑에 놓여 있다. 덧붙여 '정의'의 원어(horismos, 43b2)가 복수형으로 되어 있는데, 이는 각각의 사안을 구성하는 주어와 술어 양항의 정의를 의미하거나, 또는 각각의 사항이 얼마나 많은 방식으로 술어가 될 수 있는가를 분류한 결과를 의미하거나(『토피카』제1권 제13장 105a23-25["우리가 그것을 통해서 추론을 충분히 다루기 위한 도구는 네 가지이다. 첫째는 전제 명제(프로타시스)를 확보하는 것이고, 둘째는 각각이 얼마나 많은 의미로 말해지는지를 구별할 수 있는 것[능력]이고, 셋째는 종차〈차이〉를 발견하는 것이고, 넷째는 유사성에 대한 검토이다."]), 그 어느 하나로 해석된다.

533 여기에서 설명된 두 단계는, 먼저 관련된 항이나 항들을 포함하는 명제들을 수집한 다음, 그런 다음 (a) 어떤 것이 주어에 대해 전칭으로 술어 되는지, (b) 주어 자

[5]

는 모든 것을,[534] 그리고 이번에는 (c) 그 사안이 그것에 의해 부수되는 것[535]을, (d) 그 사안에 있을 수 없는 모든 것[536]을 선택해야 한다. (하지만 그 사안 자체가 거기에 있을 수 없는 것의 항은, 부정[전제]은 환위되기 때문에 선택할 필요는 없다.) (e) 그리고 그 사안에 부수되는 것들 중 '무엇인가'[537] 중에 술어가 되는 것들과, 고유한 것들, 부대적으로 술어가 되는 것들을 구별해야만 한다.[538] 더욱이 또한 이것들 중에서 어떤 것이 일반 통념에

체가 어떤 다른 것에 대해 전칭으로 술어가 되는지, (c) 주어진 항이 주어에 대해 술어할 수 없는지에 따라서 명제들을 3그룹으로 나누는 것이다. '정의'와 '고유속성'은 첫 번째 그룹에 속한다. 즉 어떤 것이 주어항에 포섭된다면 그것은 또한 그에 부수하는 항에도 포섭될 수 있는 항들이다. 따라서 '동물'은 '사람'에 부수한다. 사람인 것은 무엇이든 동물이니까. 아리스토텔레스는 이와 동일한 방식으로 항(또는 '사물')들을 서로 '따르는' 것으로 말하고 있다(『토피카』 제1권 제8장 113b16-114a25). 아리스토텔레스는 독자(청강자)들이 『토피카』의 논의 전략과 용어 사용법에 익숙한 것을 전제하고 있다. 그래서 그런 독자는 아마도 세 그룹에 대한 항을 선택할 수 있는 관련 명제를 이미 알고 있었을 것이다. 일단 각 그룹에서 항들을 열거하게 되면, 추론을 위한 중항을 발견하기는 쉬웠을 것이다.

534 각각의 사안에 대해 술어가 되는 술어항 전체.

535 각각의 사안이 그것에 대해 술어가 되는 부분의 주어항 전체.

536 각각의 사안에 대해 부정되는 부정(술어)항 전체.

537 본질, 즉 정의.

538 '무엇인가' 중 술어가 되는 것, 즉 '본질 및 고유속성과 부대성'은 『토피카』 제1권 제4장 101b11-25에서 분류된 네 개의 'Praedicabilia'(술어형식) 중 세 가지이다. 아리스토텔레스는 분명히 『토피카』에서 개진된 주장을 바탕으로 전제 선택에 관한 이 장의 논의를 이끌어 가고 있다. 좁은 의미에서 "부수성은 정의도 고유속성도 유도 아니지만, 여전히 해당하는 사물(기체, 주어)에 속하는 것이다. 그것이 무엇이 되었든 하나의 동일한 것에 속하거나 속하지 않을 수 있는 것이다."(『토피카』 제1권 제5장 102b5-7) 그러나 부대성은 『토피카』에서도 넓은 의미에서, 본질적으로든 부대적으로든 주어진 사물에 속할 수 있는 모든 속성에 적용되는 것으로 사용되고 있다(제7권 제5장 155a11-16, Brunschwig [1967], pp. lxxvi-lxxxiii 참조). 이러한 구별은 중항을 발견하는 데 꼭 필요한 것은 아니지만, 학문적이거나 단순히 변증술적으로서 논증의 지위와 관련이 있다(Striker, p. 193).

따라서, 또 어떤 것이 진리에 따라 술어가 되는지를 구별해야 한다. 왜냐하면 사람들은 이런 항들을 훨씬 더 많이 확보할수록, 그만큼 빨리 결론을 마주치게 될 것이고, 한층 더 참인 것을 확보할수록, 그만큼 더 논증을 마주치게 될 것이기 때문이다.[539] [10]

(3) 그런데 [어떤 사안의] 어떤 부분에 부수되는 것이 아니라, 그 사안 전체에[540] 부수되는, 예를 들어 무엇이 어떤 인간에게가 아니라 무엇이 모든 인간에게 부수되는 것을 선택해야 한다. 왜냐하면 추론은 전칭 전제에 의해 성립되기 때문이다.[541] 그래서 [그 사안의 전체인지 부분인지에 관하여] 한정되어 있지 않을 때(不定稱)에는,[542] 전제가 전칭인지 아닌지가 분 [15]

---

539 앞에 나오는 '결론'과 연결해서 apodeixis를 명사로 '논증'으로 옮긴다(Mignucci, Striker). 다른 번역자들은 이를 동사로 받아들여 '더 많은 것을 증명할 것이다'라고 번역하기도 한다(Smith). Smith의 지적처럼, '더 많게(또는 더 적게) 논증한다'는 것이 무엇을 의미하는지 명확하지 않다. 『분석론 후서』에 따르면, 어떤 경우에도 '참인 전제'는 논증을 위한 필요조건이기 때문이다. 따라서 참인 전제가 더 많이 주어질수록 증명을 만들어 낼 가능성이 더 높다는 것을 쉽게 알 수 있다.

540 전체와 부분에 대해서는 제1권 제1장 24b26-28 참조. 추론이 '전칭 전제를 통해 움직인다'는 것은 각각의 추론이 적어도 하나의 전칭 전제를 포함해야 한다는 것을 의미할 것이다(제24장 41b6-26 참조).

541 모든 추론이 적어도 한쪽이 전칭의 전제로 성립한다는 것(제1권 제24장 41b6-7)은 아니다. '전칭 전제에 의해서'(dia tōn katholou protaseōn)가 정관사가 붙은 복수형으로 알려져 있는 것, 또한 아래에 부정칭(不定稱)이나 특칭에 대한 언급이 있는 것으로 볼 때, 여기서 말하는 추론이란 두 전제가 모두 전칭인 추론을 말하는 것으로 이해해야 한다. 다음 장에서 보듯이 '추론을 만드는 방법'에 나오는 추론은 모두 이러한 형식의 것이다.

542 이 주장은 아리스토텔레스가 '양화되지 않은 명제'(즉 양화사가 없는 부정칭의 명제)는 특칭으로 취급되어야 한다는 규칙을 받아들인 후에는 다소 이상스럽게 들릴 수 있다(제4장 26a28-30 참조). 『토피카』에서 그 대부분이 명확한 양화 없이 표현되지만, 전칭으로 이해되는 '입론'과 관련해서 이해할 필요가 있다. 그 전제들이 양화되기가 기대되는 『분석론』에서 부정칭에 관한 규칙은 단순화를 위해 도입되었을 수 있으며, 양화되지 않은 전제는 적어도 해당하는 특칭 전제만큼 강력한 것이다.

명하지 않지만, 그것이 한정되어 있을 때에는 분명하다. 마찬가지로 또한, 그 사안이 그것의 전체에 부수되는 것을 지금 말한 이유 때문에 선택해야 한다. 하지만 [사안에] 부수되는 것 자체에 대해서는, 그것을 전체적으로 [그 사안에] 부수되는 것으로 받아들여서는 안 된다. 여기서 내가 말하는 것은, 예를 들어 '모든 동물이 인간에게 부수된다'라거나 '모든 지식이 음악에 부수된다'라는 것이며, 부수되는 것은 우리 또한 전제하고 있듯이

[20] 단지 단적으로 부수되는 것으로 받아들여야 한다. 왜냐하면 한쪽의 선택, 예를 들어 '모든 인간은 모든 동물이다'라든가, '정의는 모든 좋음이다'라는 선택은 불필요하기도 하고, 또 불가능하기도 하기 때문이다.[543] 오히려 부수되는 것이 그것에 의해 부수되는 그것에 '모든'이라는 표현이 말해지는 것이다.

　(4) 또, 밑에 놓여 있어서[기체], 거기에 부수하는 것[Y]을 받아들여야 하는 것[X]이 무엇인가[Y1]에 의해 포섭되어 있을 때에는, 그 [포섭하고 있는] 보편[Y]에 부수하는 것[Z1]이나 부수하지 않는 것[Z2]을, 그것[X]

[25] 에 부수하는 것[Y] 중에서 선택해서는 안 된다(왜냐하면 그것들은[Z1, Z2]는 그 보편에 부수하는 것[Z] 중에 이미 받아들여지고 있기 때문이다. 동물에 부수되는 모든 것은 인간에게도 부수되고, 또 동물에 있는 것이 아닌 것에 대해서도 마찬가지이기 때문이다). 그러나 각각의 것에 관해 고유한 것[544]은

---

543 『명제론』 제7장 17b12-16 참조. '모든'은 뭔가가 부수되는 것에 대해서 말해진다. 왜 양적 한정이 주어항에만 있고, 술어항에는 나타나지 않는가? 오늘날에도 여전히 사용되는 중세 표기법에서 a, e, i, o는 술어-관계의 일부로 양화사를 포함하며, 의심할 바 없이 전칭으로 혹은 특칭으로 술어 됨(또는 술어 되지 않음)을 말하는 아리스토텔레스 자신의 방식에 뿌리를 두고 있다. Striker의 지적처럼, 아리스토텔레스는 여기서 '명백한 비대칭성'을 설명하고 있지 않으며, 단지 '불필요하기도 하고, 또 불가능하기도' 하다는 말은, 마치 그가 불필요한 반대를 일축하는 것처럼 다소 성급하게 들린다(p. 194).

544 여기서 '고유한'이란 말은 '어떤 시점에 고유한'이나 '어떤 것과 관련하여 고유한'이라고 부르는 더 넓은 의미로 사용되고 있다. "어떤 시점에서 혹은 무엇에 대한

받아들여야 한다. 왜냐하면 유와는 별개로 종에 고유한 것이 무엇인가 있기 때문이다. 다른 종에는 [각각] 고유한 무엇인가[속성]가 있는 것이 필연이니까. 또 보편[Y1]에 대해서는 그것에 의해서 포섭되고 있는 것[X]이 그것에 부수되는 것[W]을 선택해서는 안 된다. 예를 들어 동물에 대해서는 [이 동물에 의해 포섭되는] 인간이 그것에 부수되는 것을 선택해서는 안 된다. 왜냐하면 만일 동물이 인간에게 부수한다면, 동물은 인간이 부수하는 모든 것에도 부수되는 것이 필연적인데, 하지만 이것들은 인간의 선택에 한층 더 고유한 것이기 때문이다. [30]

(5) 또한 대개의 경우에 그 사안에 부수되는 것과 그 사안이 그것에 부수되는 것을 받아들여야 한다. 왜냐하면 대개의 경우에서의 문제들에 대해서는, 그 추론도 대개의 경우에서의 전제로부터, 그 [전제의] 모든 것이든 어떤 것이든 간에, 성립하는 것이기 때문이다. 그것은 각각의 추론의 결론은 그 원리[로서의 전제]와 비슷하기 때문이다.[545] [35]

(6) 게다가 모든 것에 부수되는 것은 선택해서는 안 된다. 왜냐하면 그러한 것들로부터 추론은 성립하지 않을 것이기 때문이다. 그것이 어떤 이유 때문인지는 아래에서 따르는 논의에서 밝혀질 것이다.[546]

관계에서 고유한 것이라고 말해지는 것이다. 왜냐하면 '오른쪽에 있음'은 어떤 시점에 고유한 것이지만, '두 발'은 무엇에 대한 관계에서 고유하다고 말해지기 때문이다. 예를 들면 말과 개와의 관계에서 두 발이 인간에게 고유한 경우가 그렇다. 다른 것에 속할 수 있는 그 어떤 것도 바꾸어서〈환위해서〉술어에 부과될 수 없다는 것은 명백하다. 어떤 것이 자고 있다고 해서, 그것이 인간이라는 것이 필연적으로 따라 나오지는 않기 때문이다."(『토피카』제1권 제5장 102a25-31) 즉, 주어진 상황에서 한 대상을 다른 대상과 구별하지만, 그것에 고유하게 속할 필요가 없는 속성을 말한다. 예를 들어 유 안에서 '종차'와 같은 속성.

545 제1권 제24장 41b27-31 참조.

546 그 이유에 대해서는 다음 장 44b2-24 참조. 모든 것에 해당하는 '존재'나 '하나'와 같은 항은 중항을 발견하는 데 아무런 소용이 되지 않는다. 즉 제2격에서 2개의 전칭 긍정 전제를 갖기 때문에 성립할 수 없다.

제28장

(1) 그런데 (a) 어떤 무언가[Y]의 전체에 대해 뭔가[X]를 [전칭 술어로
서] 확립하려고 하는 사람은, 한편으로 그 확립되는 것[X]에 대해서는 그
것[X] 밑에 놓여 있고, 바로 그것이 이야기되는 바의 것[M]⁵⁴⁷에 주목하
고, 다른 한편으로는 그것[X]이 그것에 대해 [전칭으로] 술어 되어야 할
것[Y]에 대해서는 이것[Y]에 부수되는 것[N]⁵⁴⁸들에 주목해야 한다. 왜냐
하면 이러한 것들[M과 N] 중에 무언가 같은 것이 있다면, 한쪽[X]이 다
른 쪽[Y][의 모든 것]에 있다는 것이 필연이기 때문이다.⁵⁴⁹

(b) 또, 무언가[Y]의 모든 것이 아니라, 어떤 것에 무언가[X]가 있는
것을 확립하고자 한다면, 양자[X와 Y]의 각각이 그에 부수되는 것[M과
N]⁵⁵⁰에 주목해야 한다. 왜냐하면 이러한 것들[M과 N] 중에 뭔가 같은 것
이 있다면, 한쪽[X]이 다른 쪽[Y]의 어떤 것에 있는 것이 필연이기 때문
이다.⁵⁵¹

(c) 또, 무언가[X]가 무엇인가[Y]의 어떤 것에도 없다는 것을 확립해
야 할 때에는, 한편으로, 무언가[X]가 그것에 있어서는 안 되는 것[Y]에
대해서는 이것[Y]에 부수하는 것[N]⁵⁵²에, 다른 한편으로 무엇인가[Y]

---

547 여기서 M은 확립하고자 하는 문제의 술어항 X가 그것에 대해 술어 되는 주어항
의 전체를 가리킨다.

548 N은 확립하고자 하는 문제의 주어항에 대해서 술어 되는 술어항의 전체를 가리
킨다.

549 X에 대한 전제 XaM과 Y에 대한 전제 NaY를 조합하여, '이러한 것들[M과 N]
중 무언가 같은 것'을 다시 'M'으로 표시한다면, Barbara(XaM, MaY⊢XaY)로부터
전칭 긍정인 결론(XaY)이 성립한다.

550 M과 N은 각각 X와 Y에 관한 주어항의 전체를 가리킨다.

551 마찬가지로 XY에 대한 전제를 조합시키면 Darapti(XaM, YaM⊢XiY)로부터
특칭 긍정인 결론(XiY)이 성립한다.

552 N은 Y에 관한 술어항의 전체를 가리킨다.

에 그것이 없어야 하는 것[X]에 대해서는 그것[X]에 있어서는 안 되는 것 [M]⁵⁵³에 주목해야 한다. 혹은 반대로, 한편으로 무언가[X]가 거기에 없어야 하는 부분의 것[Y]에 대해서는, 그것[Y]에 있어서는 안 되는 부분의 것[N]⁵⁵⁴에, 한편, 무언가[Y]에 그것이 없어야 하는 부분의 것[X]에 대해서는 그것[X]에 부수하는 것[M]⁵⁵⁵에 주목해야 한다. 왜냐하면 어느 것이든 이것들[M과 N] 중에 같은 것이 있다면, 한쪽[X]은 다른 쪽[Y]의 어떤 것에 있을 수 없기 때문이다. 왜냐하면 어떤 때에는[첫 번째 경우] 제1격에서의 추론⁵⁵⁶이, 또 어떤 때에는[두 번째 경우] 중간의 격[제2격]에서의 추론⁵⁵⁷이 성립하기 때문이다. [5]

(d) 또, 무언가[X]가 무언가[Y]가 있는 것에 없다는 것을 확립해야 하는 경우에는, 한편으로 무언가[X]가 거기에 없어야 하는 것[Y]에 대해서 이것[Y]이 그것에 부수하는 것[N]⁵⁵⁸에, 다른 한편으로 무언가[Y]에 그것이 없는 것이어야 하는 것[X]에 대해서는, 그것[X]에 있는 것이 가능하지 않은 것[M]⁵⁵⁹에 주목해야 한다. 왜냐하면 이러한 것들[M과 N] 중에 무언가 같은 것이 있다면, 한쪽[X]은 다른 쪽[Y]의 무언가에 없다는 것이 필연이기 때문이다.⁵⁶⁰ [10]

---

553 M은 X에 관한 부정(술어)항 전체를 가리킨다.

554 앞의 경우와는 반대로 N은 Y에 관한 부정(술어)항의 전체를 가리킨다.

555 마찬가지로 M은 X에 관한 술어항의 전체를 가리킨다.

556 X에 대한 전제 MeX를 단순 환위하여(MeX⊢XeM; 제17장 43b5-6처럼), Y에 대한 전제 NaY와 조합하고, N을 M으로 대체하면, 제1격 Celarent(XeM, MaY⊢XeY)로부터 전칭 부정인 결론(XeY)이 성립한다.

557 X에 대한 전제 MaX와 Y에 대한 전제 NeY를 조합하고, N을 M으로 대체하면 제2격 Camestres(MaX, MeY⊢XeY)에 의해 전칭 부정의 결론 XeY가 성립한다.

558 N은 Y에 관한 주어항의 전체를 가리킨다.

559 M은 X에 관한 부정(술어)항의 전체를 가리킨다.

560 X에 대한 전제 MeX를 단순 환위하여(MeX⊢XeM), Y에 대한 전제 YaN과 조합하고, N을 M으로 치환하면, Felapton(XeM, YaM⊢XoY)에 의해 특칭 부정의 결

44a

아마 다음과 같은 방식으로 이러한 설명은 각각 한층 분명해질 것이다.[561] 즉, 지금 [문제의 술어항] A에 부수하는 것을 B, A가 그것에 부수하는 것을 C, A에 있을 수 없는 것을 D로 나타낸다고 하자. 다음으로 [문제의 주어항] E에 있는 것을 F, E가 그것에 부수되는 것을 G, E에 있을 수 없는 것을 H로 나타낸다고 하자.

(2) 그렇다면 (a) 먼저 C인 것으로, F인 것의 무언가와 같은 것인 어떤 것이 있다면, A는 모든 E에 있는 것이 필연이다.[562] 왜냐하면 F는 모든 E에, 또는 A는 모든 C에 있고, 따라서 A는 모든 E에 있기 때문이다.

(b) 다음으로, C와 G가 같다면 어떤 E에 A가 있다는 것은 필연이다.[563] 왜냐하면 C에는 A가, G에는 E가 각각 그 모든 것에 부수되기 때문이다.

(c) 게다가, F와 D가 같다면, 선행 추론으로부터 E인 것의 어떤 것에도 A는 없게 될 것이다.[564] 왜냐하면 부정은 환위되고 D와 같기 때문에, A는

론(XoY)이 성립한다. 덧붙여 MeX를 단순 환위하지 않고, YaN과 조합시키면, 제4격 Fesapo의 형태가 된다.

561 아래에서 확립하고자 하는 문제의 술어항과 주어항을 A·E로 나타내고 각각에 관한 술어항과 주어항과 부정(술어)항의 세 가지를 B·C·D 및 F·G·H로 표기한다. 그러면 A·E에 관한 세 항 사이의 9가지 조합이 가능한데, 이 중 6가지에 대해서는 추론이 성립하고 3가지에 대해서는 추론이 성립하지 않는다. '추론을 만드는 방법'이란 본질적 의미에서는 이 여섯 가지 조합을 가리킨다.

562 첫 번째는 C＝F(엄밀하게는 C 안에 있는 것＝F 안에 있는 것)인 경우이다. E에 대한 전제 FaE에 이 등식을 대입하면(FaE⊢CaE), 두 전제 AaC와 CaE를 얻을 수 있으며, Barbara(AaC, CaE⊢AaE)로부터 전칭 긍정인 결론(AaE)이 성립한다.

563 두 번째는 C＝G의 경우이다. A에 대한 전제 AaC에 이 등식을 대입하면(AaC⊢AaG), 두 전제 AaG와 EaG를 얻을 수 있고, Darapti(AaG, EaG⊢AiE)로부터 특칭 긍정인 결론(AiE)이 성립한다.

564 세 번째는 F＝D의 경우이다. '선행 추론으로부터'(44a22-23)를 44a23-24와 같이 해석한다면, A에 대한 전제 DeA를 단순 환위하여(DeA⊢AeD), 이 등식을 대입하면(AeD⊢AeF), 두 전제 AeF와 FaE를 얻을 수 있고, Celarent(AeF, FaE⊢AeE; 알렉산드로스 305.15-22)로부터 전칭 부정인 결론(AeE)이 성립한다. 그렇다면 '선행

200

F인 것의 어떤 것에도 없는 것이 될 것이고, F는 모든 E에 있게 될 것이기 때문이다.

(d) 이번에는 B와 H가 같다면, A는 E인 것의 어떤 것에도 없게 될 것 [25] 이다.[565] 왜냐하면 B는 모든 A에 있지만, E로 나타내는 어떤 것에도 없는 것이 될 것이기 때문이다. B는 H와 같고, H는 E인 것의 어떤 것에도 없었기 때문이다.

(e) 또한 D와 G가 같다면, A는 어떤 E에 없는 것이 될 것이다.[566] 왜냐하면 A는 D에는 없으므로 G에도 없는 것이 될 것이다. 그런데 G는 E 아래에 있고, 따라서 A는 E인 어떤 것에 없는 것이 될 것이기 때문이다. [30]

(f) 게다가 B가 G와 같다면, 추론은 [결론이] 환위되었을 때 성립할 것이다.[567] 왜냐하면 E는 모든 A에 있게 되겠지만, ―B는 A에, E는 B에 있기 때문이다(B는 G와 같았으니까) ―A가 E에 있는 것은 전칭[긍정]의 술어적 서술이 특칭[긍정]의 술어적 서술로 환위되기 때문에, 그 모든 것에 있는 것이 필연이 아니라 그것의 어떤 것에 있는 것이 필연이기 때문이 [35]

추론'은 단순히 DeA와 AeD의 환위를 구성할 것이다.

565 네 번째는 B=H의 경우이다. E에 대한 전제 HeE에 이 등식을 대입하면(HeE⊢ BeE), 두 전제 BaA와 BeE를 얻을 수 있고, Camestres(BaA, BeE⊢AeE)로부터 전칭 부정의 결론(AeE)이 성립한다.

566 다섯 번째는 D=G의 경우이다. A에 대한 전제 DeA를 단순 환위하여(DeA⊢ AeD), 이 등식을 대입한다(AeD⊢AeG), 두 전제 AeG와 EaG를 얻을 수 있고, Felapton(AeG, EaG⊢AoE)에 의해 특칭 부정의 결론(AoE)이 성립한다. 덧붙여 앞과 같이(44a9-11) DeA를 단순 환위하지 않고, EaG와 조합하면 제4격 Fesapo 식이 된다.

567 여섯 번째는 B=G의 경우이다. E에 대한 전제 EaG에 이 등식을 대입하면 (EaG⊢EaB), 두 전제 BaA와 EaB를 얻을 수 있고, Barbara(EaB, BaA⊢EaA)에 의해 결론(EaA)이 도출된다. 또한 이 결론을 제한 환위하면(EaA⊢AiE), 특칭 긍정의 결론(AiE)이 성립한다. 이것은 제4격 Bramantip(BaA, EaB⊢AiE)인데, 아리스토텔레스는 Barbara의 결론을 제한 환위한 것으로 생각하고 있는 듯하다(제2권 제1장 53a3-14 참조).

다.[568]

(3) 그래서 각각의 문제에 관해 그 두 항[A와 E] 각각에 대해 지금 논의된 것[B·C·D와 F·G·H]에 주목해야 한다는 것은 분명하다. 왜냐하

---

568 고대 후기로부터 중세에 걸쳐 여기에서(44a11-35) 타당한 것으로 보여준 규칙이 라틴어로 pons asinorum('당나귀들의 다리[橋]')이라고 부르는 도형에 의해 예증되는 것으로 사용돼 왔다. 그 도형은 Pacius(1597b, p. 250)를 보라. '당나귀 다리'란 말은 기하학의 기본 정리('이등변의 두 밑각은 같다')로, 아마도 바보들은 기하학 연구에서 이 지점을 통과할 수 없다는 사실과 관련이 있을 것이다. 그렇다면 추론에서 이 지점을 통과하지 못하면 F학점이란 말인가? pons asinorum은 경험이 부족한 학생의 능력을 가혹하게 테스트하는 문제를 지시하는 용어로, 진지하고 열심인 학생과 그렇지 못한 '당나귀'를 구분한다. 당나귀가 다리를 건너는 것처럼, 학생들도 이러한 문제를 직면하기를 꺼린다는 것이다. 그러나 일단 학생이 자신의 분야에 경험을 갖고 나면 문제는 상대적으로 단순해 보인다. 일반적으로 이 말은 어떤 분야에서든 걸림돌이 되는 문제나 해결 방법이 무의미해 보이는 문제를 지칭하는 데 사용될 수 있다.

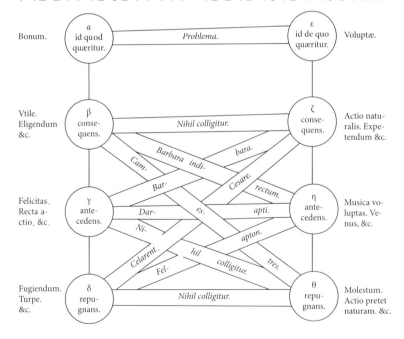

면 이것들을 통해 모든 추론[569]이 성립하기 때문이다. 그때 [두 항 각각에] 부수되는 것에 대해서도, 또 [두 항의] 각각이 그것에 부수되는 것에 대해서도, 첫째 것이나 가장 보편적인 것[570]에 주목해야 한다. 예를 들어 E에 대해서는 단지 F에 주목하기보다는 [가장 보편적인] KF[571]에 더욱 주목해야 하고, 또 A에 대해서도 단지 C에 주목하기보다는 [가장 보편적인] KC에 주목해야 한다. 그 이유는 만일 A가 KF에 있다면, A는 F에도, 또한 E에도 있기 때문이다. 또 A는 이것[KF]에 부수되지 않는다고 해도, F에 부수할 수는 있기 때문이다. 또한 A가 그것에 부수되는 것인 경우에도[572] 마찬가지로 고찰해야 한다. 왜냐하면 A가 첫 번째 것에 부수된다면, 그 아래에 있는 것에도 부수되는 것이고, 만일 이것[첫 번째 것]에 부수되지 않더라도 이것 아래에 있는 것에 부수할 수는 있기 때문이다.

(4) 또한 고찰은 세 개의 항과 두 개의 전제에 의해 이루어지며, 모든

[40]

44b

[5]

---

569 '모든 추론'이란 지금 논한 여섯 가지 추론을 가리키는 것으로 이해된다.
570 이 대목에서 아리스토텔레스는 KF와 KC의 조합을 F와 C 구성원에서 가장 보편적인 항을 나타내는 것으로 사용한다. K는 명백히 katholou(보편)를 나타낸다.
571 'KF'란 F에 술어로 부수되는 '보편'(katholou)의 의미이다.
572 여기서 아리스토텔레스가 입론의 주어항에 대해 말하는지, 아니면 술어항에 대해 말하는지는 분명하지 않다(Striker). 알렉산드로스는 처음에 그것이 주어항 E라고 주장했지만(308.12-13), 나중에는 복수 대신 단칭을 사용했기 때문에 두 항 모두를 의미한다고 주장했다(310.7-12). Ross는 술어항에 대해 말하고 있음이 틀림없다고 주장한다. 아리스토텔레스가 처음에 KF 사례를 다루었고 이제 KC로 진행하기 때문이라는 것이다. 고대 주석가들은 이 구절에 있는 아리스토텔레스의 조언이 '각각에 고유한' 항들만을 선택해야 한다는 앞 장의 지침과 잘 들어맞지 않는다는 점을 지적한다(43b22-32; 알렉산드로스 308.27-309.21, 필로포노스 289.5-37). 아리스토텔레스가 이 점을 단순히 잊어버린 것이 아니라면, 필로포노스가 제안한 것처럼, 중항에 대한 탐색을 명시적으로 나열된 항으로 제한하지 말고 '위'와 '아래' 것들도 고려해야 한다는 의미일 수 있다. 그러나 이것도 45a15에서 'E에 있을 수 없는 모든 항'이란 언급과 상충한다(그 대목이 후세의 삽입이라는 문제와 무관하게).

추론[573]이 앞서 언급한 격에 의해 성립된다는 것도 분명하다. 즉, (a) 먼저 C인 것들과 F인 것들 중에 무언가 같은 것을 받아들일 때에는, 모든 E에 A가 있다는 것[전칭 긍정]이 증명된다. 그리고 이 같은 것이 중항이며, A와 E가 두 끝항이 될 것이다. 이리하여 제1격이 성립한다.[574] (b) 다음으로, C와 G가 같다고 받아들여질 때에는, 어떤 E에 A가 있음[특칭 긍정]이 증명된다. 이것은 마지막 격이다. G가 중항이 되기 때문이다.[575]

(c) 또한 D와 F가 같다고 받아들여질 때에는, 어떠한 E에도 A가 없다는 것[전칭 부정]이 증명된다. 이 경우에는 제1격도 또 중간격도 성립하지만, 제1격이 성립하는 것은 어떤 F에도 A가 없으며(만일 부정이 환위된다면), F가 모든 E에 있기 때문이고,[576] 또 중간격이 성립하는 것은 D가 어떤 A에는 그 어떤 것에도 없고, E에는 그 모든 것에 있기 때문이다.[577] (d) 게다가 D와 G가 같을 때에는, A가 어떤 E에 없다는 것[특칭 부정]이 증명된다. 이것이 마지막 격이다. 그 이유는 A는 어떤 G에도 없는 것이 될 것이고, E는 모든 G에 있게 될 것이기 때문이다.[578] 따라서 모든 추론이 앞서 언급한 격에 의해 성립한다는 것은 분명하다.

(5) 또한 모든 것에 부수되는 것들인 한,[579] 그러한 것들로부터는 어떠

---

573 이 '모든 추론'도 아래에서 논의되듯이 타당한 추론식이 아닌, 앞서 언급된 규칙에 따라 구성된 추론을 가리킨다.

574 첫 번째 경우로 제1격 Barbara가 성립한다.

575 두 번째 경우로, 제3격 Darapti가 성립한다.

576 세 번째 경우로, 제1격 Celarent가 성립한다.

577 또 다른 세 번째 경우로, E에 대한 전제 FaE에 등식 D＝F를 대입하면(FaE⊢ DaE), 두 전제 DeA와 DaE를 얻을 수 있고 DeA, DaE⊢AeE에서 제2격 Cesare가 성립한다.

578 다섯 번째 경우로, 제3격 Felapton이 성립한다. 이것으로 정언 명제로서의 네 가지 문제(44a37)를 결론으로 하는 모든 추론이 '추론을 만드는 방법'에 의해 확보된 셈이다.

579 카테고리아보다 더 상위에 있는 술어, 즉 '있다', '하나' 등 초월 술어(초범주)를

한 추론도 성립하지 않기 때문에 선택해서는 안 된다는 것도 분명하다.

그것은 [문제의 두 항에] 부수되는 것들로부터는 긍정의 결론을 확립할 수 없었고,[580] 또 모든 것에 부수되는 것을 통해서는 부정의 결론을 이끌어 낼 수도 없었기 때문이다. 왜냐하면 [이를 위해서는 문제의 두 항 중] 한쪽에는 있지만 다른 쪽에는 없는 것이어야 하기 때문이다.[581]

(6) 항의 선택에 관한 고찰 중에서 다른 [남은 세 가지] 것,[582] 즉 (a) [문제의] 두 항의 각각에 부수하는 것이 [서로] 같은지의 여부, (b) 혹은 A가 그것에 부수하는 것과 E에 부수될 수 없는 것이 같은지, (c) 혹은 [문제의] 두 항의 각각에 있을 수 없는 것이 [서로] 같은지를 고찰하는 것이 추론을 만들기 위해서는 무익하다는 것 또한 명백하다. 왜냐하면 이것들에 의해서는 추론이 성립되지 않기 때문이다. (a) 우선, 만일 [문제의 두 항 각각에] 부수되는 것, 즉 B와 F가 같다면, 두 전제를 긍정으로 갖는 중간의 격이 성립하게 된다.[583] (b) 다음으로 A가 그것에 부수하는 것과 E에 부수해서는 안 되는 것, 즉 C와 H가 같다면, 작은 끝항과 관계되는 전제를 부정으로서 갖는 제1격이 성립하게 된다.[584] (c) 또한, [문제의] 두 항의 각각

[25]

[30]

가리킨다. 덧붙여 이 논의는 앞 장 말미의 말(43b36-38)에 상응한다.

580 두 전제가 전칭 긍정인 조합(AA)을 갖는 제2격 추론의 불성립에 대해서는 제1권 제5장 27a18-20 참조.

581 제2격의 추론은 모두 부정의 결론을 취하지만, 그러기 위해서는 두 전제의 한쪽은 긍정, 다른 쪽은 부정이어야 한다.

582 앞서 말한 9가지 조합 중 남은 3가지에 대한 추론의 불성립이 아래에서 논의된다.

583 첫 번째는 B=F의 경우이다. E에 대한 전제 FaE에 이 등식을 대입하면(FaE ⊢ BaE), 두 전제 BaA와 BaE를 얻을 수 있지만, 이 조합(AA)의 제2격 추론은 성립하지 않는다.

584 두 번째는 C=H의 경우이다. E에 대한 전제 HeE에 이 등식을 대입하면(HeE ⊢ CeE), 두 전제 AaC와 CeE를 얻을 수 있지만, 이 조합(AE)의 제1격 추론은 성립하지 않는다. 본문에 언급되어 있지 않지만, 이 2번째의 전제를 단순 환위하면(CeE ⊢ EeC), 두 전제 AaC와 EeC를 얻을 수 있지만, 이 조합(AE)의 제3격 추론도 성립하지 않는다.

44b

[35] 에 있을 수 없는 것들인, 즉 D와 H가 같다면, 제1격에서든 중간의 격에서이든, 두 전제가 모두 부정이 된다.[585] 하지만 이러한 방식에 따라서는, 추론은 결코 성립되지 않기 때문이다.

(7) 또, 받아들여야만 하는 것[항]들은 어떤 것이 이 고찰에서 동일한 것인가 하는 것이지, 어떤 것이 다른 것 또는 반대되는 것인가 하는 것은 아니라는 점도 분명하다. 그 이유는 (a) 첫째, 항에 주목하는 것은 중항 때문이며, 중항은 다른 것으로서가 아니라 동일한 것으로서 받아들여야 하

45a 기 때문이다. (b) 다음으로 반대되는 것이나 동일한 것에 있을 수 없는 것이 받아들여지게 됨으로써, 결과적으로 실제로 추론이 성립하게 되는 경우들에서조차, 그 모든 것이 전에 논의된 방식[586]으로 환원될 것이기 때문이다. 예를 들어 B와 F가 반대인 것이나 동일한 것에 있어서는 안 되는 것

[5] 인 경우가 그것이다. 왜냐하면 이것들이 받아들여지게 된다면, A가 어떤 E에도 없다는 추론이 성립하는데, 이는 이것들 자체로부터가 아니라 앞에서 논의된 방식으로부터 성립될 것이기 때문이다. 왜냐하면 B는 A에게는 그 모든 것에 있지만, E에게는 그 어떤 것에도 없는 것이 되고, 따라서 B가 어떤 H와 동일하다는 것이 필연적이기 때문이다.[587]

---

585 세 번째는 D=H의 경우이다. A에 대한 전제 DeA를 단순 환위하고(DeA⊢AeD), E에 대한 전제 HeE에 이 등식을 대입하면(HeE⊢DeE), 두 전제 AeD와 DeE를 얻을 수 있지만, 이 조합(EE)의 제1격의 추론은 성립하지 않는다. 또한 E에 대한 전제 HeE에 이 등식을 대입하면(HeE⊢DeE), 두 전제 DeA와 DeE를 얻을 수 있는데, 이 조합(EE)의 제2격 추론도 성립하지 않는다. 그리고 본문에 기록되어 있지는 않지만, A에 대한 전제 DeA를 단순 환위하고(DeA⊢AeD), E에 대한 전제 HeE에 이 등식을 대입하여(HeE⊢DeE), 그 결론을 단순 환위하면(DeE⊢EeD), 두 전제 AeD와 EeD를 얻을 수 있지만, 이 조합(EE)의 제3격 추론도 성립하지 않는다.

586 '전에 논의된 방식'(proeirēmenous, 복수형)이란 구체적으로는 추론의 결론이 전칭 부정이 되는 경우, 즉 세 번째 F=D의 경우와 네 번째 B=H의 경우를 가리킨다. 전자에서는 Celarent와 Cesare가, 후자에서는 Camestres가 성립하기 때문에 '앞에서 논했던 식(式)'으로 이해할 수도 있다.

[[게다가 B와 G가 동일한 것에 있어서는 안 된다고 하면, A가 어떤 [10] E에 없게 될 것이라는 추론이 성립한다. 이러한 방식에 의해서도 중간의 격이 성립될 것이기 때문이다. 왜냐하면 B는 A에게는 그 모든 것에 있지만, E에는 그 어떤 것에도 있을 수 없는 것[항]이 되고, 따라서 B는 H인 것의 어떤 것과 동일하다는 것은 필연이기 때문이다. 왜냐하면 B와 G가 [15] 동일한 것에 있어서는 안 된다는 것은 B가 H인 것의 어떤 것과 동일하다는 것과 아무런 차이가 없기 때문이다.]][588]

이렇게 해서, 이러한 것들에[589] 주목하는 것 자체로부터는 어떠한 추론도 성립하지 않는다는 것, 또 B와 F가 반대인 것이라면, B는 H인 것의 어떤 것과 동일한 것이고, 이것들에 의해 추론이 성립하는 것이 필연적이라는 것은 분명하다. 따라서 이러한 방식으로 고찰하는 사람들은, B인 것과 [20] H인 것의 동일성을 깨닫지 못하고 있기 때문에, 필요한 길과는 다른 길[590]

---

587 44b38-45a9에서 아리스토텔레스는 자신의 발견의 방법이 다른 모든 방법을 불필요하게 만들 것임을 증명하기 시작한다. 물론 그는 3격 중 하나로 추론을 구성하려고 하며, 그가 기술한 항 목록으로 주어진다고 가정한다. 『토피카』에서 그는 여러 주제에 관한 '전제 모음'을 만들어야 한다고 권고하며, 대립이나 반대가 변증술에서 중요한 역할을 하기 때문에(제1권 제14장), 항 목록에서 그러한 쌍을 찾을 수 있도록 해야 한다. 그러나 B와 F가 반대 또는 양립할 수 없다면, BeF가 성립하고, 이를 E에 대한 전제 FaE와 조합시키면 (BeF, FaE⊢BeE)에 의해 Celarent가 성립한다. 따라서 A에 대한 전제 BaA와 이 결론을 결합하면, (BaE, BeE⊢AeE)에 의해 Camestres가 성립한다. 따라서 B=H가 성립하고, 이는 네 번째 경우로 환원된다. 그러나 이어지는 예는 그것이 아리스토텔레스 자신의 것이든 아니든 그의 주장이 너무 강하다는 것을 보여준다. 다른 모든 방법을 자신의 방법으로 환원할 수는 없다.

588 문장의 혼란과 논지의 불명확성, 또 아래 논의(45a17-22)에서 언급이 없는 것으로 보아 후세의 삽입으로 여겨진다. Ross에 따라서 삭제한다. 이에 대한 논의는 Striker(p. 199-200), Waitz 참조.

589 '이러한 것들'이란 선택되는 항으로서 같은 것이 아니라, 다른 것이나 반대되는 것을 의미한다.

590 allēn hodon(다른 길)이란 표현은 아래의 46b24에서 나온다.

에 쓸데없이 주목하는 결과를 가져오는 것이다.

제29장

(1) 불가능으로 이끄는 추론도 직접적인 추론[591]과 같다. 왜냐하면 이
[25] 추론 또한 [문제의 두 항 각각에] 부수하는 것과 두 항 각각이 그것에 부
수하는 것에 의해서 성립하기 때문이다. 양자의 추론에서의 [추론을 만드
는] 고찰은 같다. 왜냐하면 직접적으로 증명되는 것은 동일한 항을 통한
불가능에 의해서도 추론할 수 있고, 또한 불가능에 의해서 증명되는 것은
직접적으로도 추론할 수 있기 때문이다.[592] 예를 들어 (a) A가 어떤 E에도
없음을 불가능에 의해 추론하는 경우가 그것이다. 지금 A는 어떤 E에 있
[30] 다고 가정된다고 하자. 그러면 B는 모든 A에 있고, 또 A는 어떤 E에 있으
므로, B는 E인 것의 무언가에 있게 될 것이다. 그러나 B는 E이지만 어떤
것에도 없었기 때문이다.[593] (b) 또 이번에는 A가 어떤 E에 있음을 불가

---

591 원어 deiktikos(복수, deiktikois)는 '(무언가를) 보일(증명할) 수 있다', '지시하
다'를 의미하는데, 논리학에서는 '추론에서 직접적으로 환원될 수 없는 것들'을 의미
한다. 결국 "불가능으로 이끄는 추론도 직접적인 추론"은 현대 논리학에서는 '간접 추
론과 직접 논증'(indirect and direct argument)에 상응한다고 말할 수 있다(제1권 제
23장 40b23-26 참조).

592 이것은 아래의 논의에서 보여주듯이 정언 명제로서의 네 문제가 '직접 증명'에
의해서도, 귀류법에 의해서도 증명된다는 것을 말하는 것이지(45a33-34, b21, 제2권
제14장 63b12-13, 18-21), 종종 해석되듯이(Ross, Smith, Striker), 추론의 격식 증
명, 예컨대 직접적 증명이 없이 Baroco(27a36-b3)나 Bocardo(28b15-20)에 대한 증
명은 불가능으로의 환원에 의해 증명된다는 것을 말하는 것은 아니다(Ross, p. 393
참조). 격식에 대해 말하자면, 이 문장은 일반적으로 직접 증명에 사용되는 추론의 격
식과 귀류법의 전반 부분, 즉 귀류로 이끄는 추론에서 사용되는 격식이 논리적으로
동치임을 말하고 있는 것이다(제2권 제14장 63b18-21 참조).

593 앞 장의 네 번째 경우에 Camestres(BaA, BeE⊢AeE)에 의해 증명된 전칭 부정

능에 의해 추론하는 경우도 그렇다. 왜냐하면 만일 A는 어떤 E에도 없고, E는 모든 G에 있다면, A는 G이지만 어떤 것에도 없는 것이 될 것이지만, A는 모든 G에 있었기 때문이다.[594] (c) 다른 문제의 경우도 마찬가지다. 왜냐하면 항상 또 모든 경우에 불가능에 의한 증명은 [문제의 두 항 각각에] 부수되는 것과 두 항 각각이 그것에 부수되는 것으로부터 성립할 것이기 때문이다. [35]

그래서 각각의 문제에 관련해 직접적으로 추론하기를 원하든, 불가능으로 이끌기를 원하든 그 고찰은 같다. 왜냐하면 양쪽 논증은 모두 동일한 항으로부터 성립하기 때문이다. 예를 들어, A가 어떤 E에도 없다는 것이, 그렇지 않다면 B 또한 어떤 E에 있는 것이 따라 나오는데, 이것은 불가능하다는 이유에서 증명되었다면, 이번에는 B가 E에는 그 어떤 것에도 없고 A에게는 그 모든 것에 있다고 받아들여진다면, A가 어떤 E에도 없을 것이라는 것은 분명하기 때문이다.[595] 또한 A가 어떤 E에도 없다는 것이 직접적으로 추론되었다면, 이번에는 A는 그것이 어떤 E에 있다고 가정됨으로써 어떤 E에도 없다는 것이 불가능에 의해 증명될 것이기 때문이다.[596] 다른 경우에도 마찬가지다. 왜냐하면 모든 경우에서 [문제의 두 항으로서] 밑에 놓여 있는 것과는 다른 어떤 공통된 항을 받아들이는 것이 필연 [5]

[40]

45b

명제가, 직접 추론에서 사용된 동일한 전제를 가진 Darii(BaA, AiE⊢BiE)를 이용한 귀류법에 의해 증명되는 것(AiE를 가정하고, 이것을 BaA와 결합해서 BiE를 이끌어 낸다. BaE와 BiE의 모순에 따라 증명)이 예시되어 있다. 이처럼 두 논증이 동일한 '항'을 사용하고 있다.

594 앞 장의 두 번째 경우에 Darapti(AaG, EaG⊢AiE, 44a19-20)에 의해 증명된 특칭 긍정 명제가 Celarent(AeE, EaG⊢AeG)를 이용한 귀류법에 의해 증명되는 것이 예시되어 있다.

595 앞서 예시된 바와 같이 전칭 부정 명제(AeE)는 Darii를 사용한 귀류법에 의해 증명되고, 다음으로 Camestres를 사용한 직접 증명에 의해 증명된다(귀류법→직접 증명).

596 이번에는 직접 증명에서 귀류법에 대한 반대의 경우이다.

이며, 이 항과 관계하여 거짓을 결론으로 하는 추론이 성립하고, 그 결과 [거짓과 모순되는] 이 전제가 [거짓에서] 전환되고,[597] 또 하나의 전제가 동일하게 유지된다면, 동일한 항에 의해 추론이 직접적인 것으로서 성립할 것이기 때문이다. 왜냐하면 직접적인 추론이 불가능으로 이끄는 추론

[10]

과 다른 점은, 직접적인 추론에서는 두 전제가 모두 참으로 놓여 있는 반면, 불가능으로 이끄는 추론에서는 하나의 전제가 거짓으로 놓여 있다는 데 있기 때문이다.[598]

(2) 그런데 이러한 것들은 다음에 따라 나오는 논의를 통해, 우리가 불가능에 대해 이야기할 때 더욱 분명해질 것이다.[599] 지금은 단지 다음의 점만을 분명한 것이라고 해 두자. 즉, 직접적으로 추론하는 것을 원하든

[15]

불가능으로 이끄는 것을 원하든, 동일한 것(항)에 주목해야 한다는 것이다. 다른 가정으로부터의 추론, 예를 들어 논점의 변경에 의한 것이거나, 또는 성질에 의한 가정으로부터의 추론[600]에 있어서, 고찰은 새롭게 가정

---

597 전제가 그 모순으로 바뀜으로써 변하는 것을 의미한다. 전칭 명제(CiA)에다가 다른 애초의 것인 전칭 부정 명제(BeA)를 조합해서, 특칭 부정 명제(CoA)를 증명하는 Ferio에서의 직접 추론을 만든다.

598 '거짓으로 놓여 있다'는 말을 오해하면 안 된다. 가정이 이미 거짓으로 알려졌다는 것이 아니라, 단지 불가능의 결론으로 이끌리기 때문에 거짓으로 밝혀진다는 것이다.

599 동일한 항에 의해 간접 증명이나 직접 증명이 이루어질 것이라는 주장(제2권 제14장 62b29-40, "어쨌든 직접 증명에 의해 결론지어지는 것은 모두 불가능을 통해서도 증명될 것이고, 그리고 불가능을 통한 추론도 직접 증명에 의해 동일한 항들을 통해 증명될 것이다.")은 이미 여기에서 언급되고 있다.

600 아마도 아리스토텔레스의 청강자들은 이미 아카데미아에서 변증술적 훈련을 통해 이 두 종류의 추론에 대해 잘 알고 있었을 것이고, 따라서 아리스토텔레스는 이것을 설명할 필요가 없었을 것이다. 가정으로부터의 추론의 종류로서 '논점의 변경에 의한'(kata metalēpsin) 것이나 '성질에 의한'(kata poiotēta) 것은 적어도 표현상으로는 다른 저작에서는 찾아볼 수 없다. 고대의 주석가들(알렉산드로스, 323.21-325.30, 필로포노스, 300.33-301.31)은 환원 논증을 별도로 하고, 가정으로부터의 추론은 다른 모든 논증이 증명되어야 할 입론에 대해 대체물을 사용하고, 대체된 명제에 대한 추

론을 포함한다고 말한다. 전자는 '가정으로부터의 추론'의 일반형이며(필로포노스, 301.6-8, 10-11), 따라서 제1권 제23장에서 자신이 진술한 내용과 일치한다(41a37-40). 이러한 추론의 일반적인 패턴은 제44장 50a19-26에도 설명되어 있다. 변증술적 토론의 파트너는 처음에 다른 명제 p가 증명되면 증명되어야 할 q를 받아들여질 것이라는 데 동의한다. p가 참이면 q는 반드시 참이어야 하니까. q를 증명하기로 한 사람은 p에 대한 추론적 증명을 만들어 낼 것이고, 그런 후에 상대방은 q를 참으로 받아들여야 할 것이다. 이는 증명되어야 할 q를 p로 대체하는 것으로 설명된다.

후자는 알렉산드로스(324.19-325.24)에 따르면 변증술적 추론 중 '더 많이'(mallon), '더 적게'(hētton), '같은 정도로'(homoion)부터 증명하는 것을 말한다. 이것이 '성질에 의해서'라고 말해지는 것은 '더 많이', '더 적게', '같은 정도로', 이 3가지가 일반적으로 '성질'(poion)에 부수하는 규정이기 때문이다(알렉산드로스 324.21-22, 『범주론』 제8장 10b26-11a5, 15-19 참조). 실제로 『토피카』에서는, 이 3가지로부터 자신과 다른 사람의 주장을 확립하고 파괴하기 위한 토포스(topos)가 여러 대목에서 논의되고 있다. 특히 제2권 제10장에서의 '많고 적음의 정도'에 관련된 4가지 토포스(114b37-115a14)와 이것에 이어 '같은 정도'에서의 논의에 관련된 3가지 토포스(115a15-24)의 논의가 이루어지고 있다. 예를 들어, (i) 만일 X는 그것이 B에 비해 '더 많이' 있다고 생각되는 A에 없다고 한다면, X는 그것이 A에 비해 '더 적게' 있다고 생각되는 B에는 없다. (ii) 만일 X는 그것이 A와 비교하여 '더 적게' 있다고 생각되는 B에 있다면, X는 그것이 B와 비교하여 '더 많이' 있다고 생각되는 A에 있다. (i)과 (ii)로부터, (i)을 가정으로 세운다면 X가 A에 없음을 직접적으로 추론하고, 거기서 X가 B에 없음을 결론지을 수 있다. 또한 마찬가지로 (ii)를 가정으로 세운다면 X가 B에 있음을 직접적으로 추론하고, 거기에서 X가 A에 있음을 결론지을 수 있다. 이와 동시에 가정으로부터의 추론이 성립하지만, 전자는 X가 B에 있음을 주장하는 상대방의 입장을 파괴하는 반면, 후자는 X가 A에 있음을 주장하는 자신의 입장을 확립한다는 차이가 있다.

또 하나의 논의는 제3권 제6장의 '같은 정도로'에 관한 토포스(119b35-120a5)이다. 앞의 것과는 달리 이 토포스는 이미 '가정으로부터의 추론'의 가정으로 세우고 있다는 데 특징이 있다. 그것은 다음과 같다. 즉, '유사한 것'(homoion) A에는 어떤 성질(X)이 '같은 정도로'(homoiōs) 말할 수 있거나 말할 수 없거나, 그 둘 중 하나이기 때문에 아래의 조건문이 성립한다.

(iii) 만일 X가 A의 하나에 있거나 없다면, X는 A의 전부에 있거나 없다.

예를 들어 인간의 혼이 죽거나 죽지 않는다고 하자. '인간의 혼이 죽지 않는다면 다된 것에서, 즉, [증명해야 하는] 최초의 논점에 있어서가 아니라 그 대신 받아들인 것에서 성립하며, 그것들에 대해 주목하는 방식은 동일할 것이다. 하지만 가정으로부터의 추론에 대해서는 여전히 고찰해야만 하고,[601] [20] 이것이 얼마나 많은 방식으로 성립하는지를 구별해야만 한다.

  (3) 그런데 [4가지] 문제의 각각은 이러한 방식으로 증명되지만, 이것들 중 약간의 것은 다른 방식에 의해서도 추론할 수 있다. 예를 들어 전칭의 문제는 특칭의 문제 때문에 항에 주목하는 방식에 의해 가정으로부터 추론할 수 있다. 왜냐하면 C와 G가 같고, E가 단지 G인 것에만 있는 것으로 [25] 받아들인다면, A는 모든 E에 있을 것이기 때문이다.[602] 또, 이번에는 D와 G가 같고, E가 단지 G인 것에만 술어가 된다면, A는 E인 어떤 것에도 없을 것임이 추론될 수 있기 때문이다.[603] 따라서 이러한 방식에 의해서도 또한 주목해야 함은 분명하다.

른 혼들도 죽지 않지만, 인간의 혼이 죽지 않는 것이 아니라면 다른 혼들도 또한 죽지 않음이 아닐 것이다.' 또 가정 (iii)에서, X가 A 중 하나에 있음을 직접적으로 추론한다면, X가 A의 모든 것에 있음을 결론지을 수 있다. 마찬가지로 X가 A 중 하나에 없음을 직접적으로 추론한다면, X가 A의 어떤 것에도 없음을 결론지을 수 있다. 동시에 '가정으로부터의 추론'이 성립하는데, 가정 (iii)은 특칭 명제(IO)로부터 전칭 명제(AE)를 이끌어 낼 수 있기 때문에, 전자는 X가 A 중 하나에 없다는 것(O)을, 후자는 X가 A 중 하나에 있다는 것(I)을 상대방이 주장했을 때, 그것을 파괴한다는 차이가 있다. 요컨대 가정으로부터의 추론은 『토피카』에서, '같은 정도로' 혹은 '유사한 것'에 관한 토포스의 하나로서 파악되어, 그것들과 연결되어 있다는 것이다(제1권 제18장 108b7-8, 12-19 참조).

601 비슷한 언급은 제44장 말미에도 나온다. 그러나 이 약속은 이루어지지 않았다.

602 앞의 두 번째 경우(C=G)는 Darapti(AaG, EaG⊢AiE)에 의해 특칭 긍정인 결론(AiE)이 성립했다. 여기에서는 가정보다 E=G이므로, EaG≡GaE가 되고, Barbara(AaG, GaE≡AaE)로부터 전칭 긍정인 결론(AaE)이 성립한다.

603 앞의 다섯 번째 경우(D=G)는 Felapton(AeG, EaG⊢AoE)에 의해 특칭 부정인 결론(AoE)이 성립했다. 여기에서는 가정보다 E=G이므로 EaG≡GaE가 되고, Celarent(AeG, GaE≡AeE)로부터 전칭 부정인 결론(AeE)이 성립한다.

(4) 필연 양상의 문제나 가능 양상의 문제의 경우에도 동일하다.[604] 왜 냐하면 고찰은 같고, 가능 양상의 추론도, 무양상의 추론도 배열에서 동 [30] 일한 항에 의해 성립될 것이기 때문이다.[605] 단, 가능 양상의 문제의 경우 에는 [무양상으로는] 무언가에 없지만, [그 무언가에] 있는 것이 가능한 것도 받아들여야 한다.[606] 왜냐하면 가능 양상의 추론은 이것들에 의해서 도 성립하는 것이 증명되었기 때문이다.[607] 다른 술어[608]의 경우에도 마찬 [35] 가지이다.

(5) 그런데 앞에서 말한 것으로부터 모든 추론이 이 길(방법)에 의해 성 립될 수 있을 뿐만 아니라 다른 길에 따라서는 성립하는 것이 불가능하다 는 것 또한 분명하다. 왜냐하면 모든 추론이 앞서 말한 격 중 어느 하나에 의해 성립하는 것임이 증명되었는데, 이들 격은 [문제의 두 항 각각에] 부 [40] 수되는 것과 [두 항] 각각이 그에 부수되는 것 외에는, 다른 것에 의해서 는 구성할 수 없기 때문이다. 이는 두 전제와 중항의 받아들임(선택)은 이 46a 러한 것들로부터이며, 따라서 추론도 다른 것(항)에 의해서는 성립할 수 없기 때문이다.

---

604 제1권 제17장 참조.

605 이 점에 대해서는 부분적이지만 제1권 제20장 39a28-31 참조.

606 즉 실제로는 거짓이지만, 가능적으로 참일 수 있는 것(kuriōs endechomenon).

607 이것이 '증명되었다'(45b32-33)가 어떤 구절을 지시하는지는 분명하지 않다 (Smith). Ross는 제14-22장 전체를, Striker는 적어도 모든 추론의 전제 중 하나는 결 론과 동일한 양상을 가져야 한다고 주장하는 제24장 41b27-31을 지적한다. 혹은 '가 능한 것'(ta dunata, 45b32)이 시사하는 바와 같이, 이것은 전체적으로 제1권 제15장 에서 정식화된 '정리 I'(34a5-7) 혹은 '정리 II'(34a16-17, 21-22)를 나타내며, 따라 서 거기서 '증명되었다'(34a25)로 해석할 수도 있겠다(제15장 참조). 어쨌든 이 대목 도 이 장이 양상 추론을 마무리하기 전에 쓰였다는 것을 보이는 것일 수 있다.

608 '다른 술어'란 가능 양상 이외의 양상의 부가 표현을 가리킨다. '다른 술어'에 대 해서는 제24장 41b31 참조.

제30장

그래서 (1) 이 길(방법)은 철학에 관한 것이든, 또 어떤 기술이나 학
문⁶⁰⁹에 관한 것이든 모든 주제에 대해서 동일하다.⁶¹⁰ 그것은 (a) [문제의]
두 항의 각각에 대해 각각에 있는 것과 각각이 그것에 있는 것⁶¹¹을 관찰
하고, 그것들을 가능한 한 많이 확보하고, 그것들을 3개의 항에 의해서 고
찰하는 것, (b) 또 [상대방의 논의를] 파괴할 때에는 이러한 방식으로, 또
[자신의 논의를] 확보할 때에는 이러한 방식으로, (c) 또 진리에 따라서
[논의할 때]는 진리에 따라서 있다고 증명되었기 때문에,⁶¹² 또 변증술적

---

609 원어로는 mathēma('배워야 할 것'). 아마도 의술과 같은 제작적인 기술, 또 광
학, 화성학, 천문학과 같은 수학적 모델을 사용하는 학문을 의미할 것이다. Smith는
'모든 종류의 기술이나 연구'로 옮긴다(필로포노스). 그러나 Bonitz에 따르면, 아리스
토텔레스는 기하학, 산술학(算術學)과 구별되는, 경험에 기초하지 않는 '수학 계열의
학문'(mathematical science)이라는 의미에서('천문학'과 같은) 이 명사의 복수형을
사용한다(예를 들어 『자연학』 제2권 제2장 194a7-12, 『형이상학』 제1권 제8장 989b
30-34, 제12권 제8장 1073b5-8 참조).
610 즉 '전제를 발견하는 방법'은 철학뿐만 아니라 기술과 수학 계열의 학문을 비롯
한 모든 분야에서 마찬가지이다. 그래서 각각의 주제를 위한 항의 분리된 목록을 만
들어야 하는데, 대부분의 전제는 그것들의 분야에 고유하기 때문이다. 각 주제에 대
한 사실들을 주는 것은 경험의 일이다. 이것들의 완전한 수집이 이루어졌을 때, 증명
을 찾고 또 어떤 것들이 왜 증명될 수 없는지를 보여주기 쉽다.
611 즉 술어와 주어(ta huparchonta kai hois huparchei).
612 원어 diagraphein은 '목록으로 작성하다'를 의미한다(『수사학』 제2권 제1장
1378a28, '기록된 목록'(diagraphai), 『토피카』 제1권 제14장 105b12-15, 『에우데모
스 윤리학』 제3권 제1장 1228a28 참조). '도표에 정리된(draw out a list of) 것(항)'
이라고 해석하기도 한다(Ross, Striker). 그러나 도표로 정리하는 것은 '논증'의 전제
에 대해서만 아니라 '변증술'의 전제에 대해서도 말하는 것이라고 하면(이 점은『토피
카』 제1권 제14장 105b12-15에서 '좋음'과 '동물'에 대한 목록을 만드는 예로 열거하
고 있다), 여기에서의 대비는 논증과 변증술 양자의 전제 근거('진리'와 '일반 통념
[doxa]')에 있다고 생각되므로 이렇게 옮겼다(Smith).

추론에서는 일반 통념⁶¹³에 따르는 전제들부터 고찰하는 것이 필요하기 [10] 때문이다.

(2) 그런데 추론의 원리에 대해서, 그것이 어떤 방식으로 관련되어 있는지, 또 그것을 어떤 방식으로 좇고 구해야 하는지가 일반적인 형태로 논의되었는데, 그것은 우리가 [문제의 두 항에 대해서] 말해질 수 있는 모든 것에 주목하지 않도록 하고, 또 [자신과 다른 사람의 논의를] 확립하거나 파괴할 때에, 심지어 모두 또는 무언가에 대해 확립하거나, 모두 또는 무언가에 대해 파괴할 때에, 동일한 것에 주목하는 일이 없이 소수의 것(항) [15] 에 한정해서 주목하도록 하기 위해서이다.⁶¹⁴

(3) [[이에 대해 존재하는 각각의 것에 대해, 예를 들어 좋음이나 지식에 대한 [추론의 원리를] 선택해야 한다.]]⁶¹⁵ 그 대부분의 것[원리]은 각각의 지식에 따라 고유한 것이다.⁶¹⁶ 따라서 각각의 것[학문]에 대한 원리

---

613 doxa(일반 통념)는 여기서 변증술적 추론에서 전제로 사용되는 endoxa('일반적으로 그렇다고 생각되는 것')와 동의어로 쓰인다. 형용사 endoxos('좋은 평판을 받는', '정평을 받는')로 '명성을 누리는 것'을 의미한다. 변증술적 추론에서 사용된 전제는 '믿을 수 있으며, 그럴듯한 것'이긴 하지만, 필연적 참은 아니다. 하지만 endoxa에 대한 자세한 논의에 관해서는 『토피카』(김재홍[2021]), 24쪽 각주 18 참조.

614 이것은 『토피카』 제2권 제2장 109b12-15("또 다른 토포스는 어떤 것이 모든 것에 속한다든지 혹은 그 어떤 것에도 속하지 않는다고 말해지는 경우에 주목하는 것이다. 그러나 종에 따라서 검토되어야 하고, 무한한 것[개별적인 것]에서 검토하는 것이 아니다. 그 검토는 오히려 길을 따라서 소수의 것에 한정해서 행해져야 하기 때문이다")에 이야기된 주장과 맥락이 통한다고 볼 수 있다. 다만, 제1권 제27장으로부터의 '추론을 만드는 방법'은 그것을 훨씬 넘는 체계성과 논리성을 갖추고 있다.

615 이 문장을 괄호로 묶는 Striker는 문맥상 어색한 이 문장(16-17행)을 파격 구문(anacoluthon)으로 보고, 여백의 해석이 본문에 끌려들어 간 것으로 간주한다. Ross는 앞의 문장과 연결하고, Smith는 다음 단락에 포함시킨다. 나는 뒤의 문장과 연결해서 이해했다. 어쨌든 연결사(gar)가 MSS(사본)에 나오는 증거가 없다는 점에서 확증하기 힘들다.

616 『분석론 후서』(제1권 제32장)에서는 단일한 일련의 전제로부터는 모든 학문의

46a

[20] 를 부여하는 것은 경험의 작용이다. 여기서 내가 말하고 있는 것은, 예를 들어 천문학상의 경험이 천문학적 지식의 원리를 부여한다는 것이며(현상 이 충분히 파악되었을 때 비로소 천문학의 논증이 발견되었기 때문이다), 이 는 다른 어떤 기술이나 지식에 대해서도 마찬가지이다. 따라서 각각의 것 에 관련되어 있는 것[사실]⁶¹⁷이 파악되었을 경우에는, 이 시점에서 나아 가 논증을 밝히는 것이 우리의 임무이다. 왜냐하면 사안에 참으로 있는 것 들이 탐구[관찰의 수집]⁶¹⁸에 비추어 아무것도 남겨 있지 않다고 한다면,

[25] 우리는 논증이 있는 것에 대해서는 모두, 그것[논증]을 발견해서 논증하 고, 또 본래 논증이 없는 것에 대해서는 이를 밝힐 수 있을 것이기 때문이 다.⁶¹⁹

이렇게 해서, 일반적인 형식이면서도 어떤 방식으로 전제를 선택해야 하는 것이 거의 논의되었다. 이에 대해서는 변증술에 관한 논고⁶²⁰ 중에서

정리를 이끌어 낼 수 없다고 주장한다.

617 원어로는 ta huparchonta. 즉 앞서 말한 '현상'(phainomenōn)을 말한다. '현 상'(phainomena, 복수)은 '관찰할 수 있는 사실들'이다. 맥락에 따라 '실제로 참이 아 닌 단순히 그 경우쯤으로 보이는 것'(윤리학, 정치학)을 말하기도 한다. 아리스토텔레 스 철학에서 phainomena의 역할에 대해서는 Owen(1961) 참조.

618 원어로는 historia. 즉 '이유에 대한 설명을 줄 필요가 없는 사실들과 사태에 대 한 설명'.

619 여기서(17-27행) 아리스토텔레스가 보여주고 있는 과학(학문)에서 그의 방법의 적용은, 과학적 설명과 증명을 추구하기 위한 관찰된 사실의 집합으로부터 시작하는 것이 가능할 수 있는 제한된 과학 분야에 해당할 수 있다. 아리스토텔레스는 관찰된 사실로부터 학문의 논증('일련의 원리의 체계화')이 성립된 예로, 당시의 천문학적 관 찰(이집트, 바빌로니아로부터의 보고)에 기반한 천문학의 논증의 발견을 언급한다. 여기서 내놓는 그의 방법은 경험적 과학 발전의 초기 단계를 설명한다. 물론 이 단계 에서 나중에 공리 체계로 조직된 고유한 과학 이론에 통합될 수 있는 형식적으로 타 당한 논증을 찾을 수는 있을 것이다(Striker, p. 207, McKirahan[1992], pp. 259-268 참조).

620 변증술에 관한 논고란 『토피카』를 가리키며, 특히 제1권 제14장의 논의('도구 1,

우리가 이미 상세하게 논한 바 있다.   [30]

제31장

(1) 유에 의한 분할법[621]이 앞에서 논의된 방법의 작은 부분에 지나지 않는다는 것은[622] 보기 쉬운 일이다. 분할법은 약한 추론이니까. 왜냐하면 그것은 증명해야 할 것을 요청하고, 항상 이보다 상위에 있는 것[623] 중

전제명제의 확보')를 가리키는 것으로 해석된다. 이 논의에 대해서는 『토피카』 제1권 제13장 105a21-25("그것에 대해서 우리가 그것을 통해서 추론을 충분히 다루기 위한 도구는 네 가지이다. 첫째는 전제명제(프로타시스)를 확보하는 것이고, 둘째는 각각 이 얼마나 많은 의미로 말해지는지를 구별할 수 있는 것[능력]이고, 셋째는 종차〈차이〉를 발견하는 것이고, 넷째는 유사성에 대한 검토이다.") 참조. 명제 내지 전제의 선택과 받아들임이란, '추론을 만드는 방법'에서도 또 『토피카』에서도, '우리 자신이 … 추론을 잘 확보'하고(제1권 제27장 43a20-21), '우리가 그것을 통해서 추론을 충분히 다루기'(『토피카』 제1권 제13장 105a22) 위한 수단이자 '도구'(organon, 105a 21) 중 하나이다.

621 플라톤 분할법('유를 종과 하위 종으로 분할')에 대해서는 『소피스테스』 219a-237a, 265a-268d, 『정치가』 258b-267c, 『필레보스』 참조. 플라톤은 분할법을 '증명의 방법'이라고 주장하지 않는다. 아리스토텔레스의 분할법에 대한 비판과 평가에 대해서는 『분석론 후서』 제2권 제5장 및 제13장 96b25-97b6 참조. 분할법과 귀납에 관련해서 아리스토텔레스는 이렇게 비교하고 있다. "그럼에도 분할을 통한 길은 추론이 아니다. 이 길이 '그것은 무엇인가'를 알 수 있게 한다고 하더라도 추론과는 다른 방법에 의해서이다. 이것은 아무런 불합리한 일이 아니다. 왜냐하면 귀납하는 사람은 논증을 보여주지는 않겠지만, 그럼에도 무엇인가를 밝히기 때문이다. 하지만 분할에서 출발해 정의를 말하는 사람은 추론을 말하지 않는다."(『분석론 후서』 제2권 제5장 91b32-36)

622 알렉산드로스는 여기서 언급된 방법이 제27-29장에서 제기된 전제를 발견하는 절차인지, 혹은 전체로서 추론인지는 분명하지 않다고 말한다. 이 장에서의 요점은 분할법이 증명을 구성하지 못한다는 것이다.

의 무엇인가를 추론하기 때문이다. 그러나 무엇보다 이 방법을 사용한 사

[35] 람들은 모두 이 사실 자체를 깨닫지 못하고 있으며, 그들은 본질 존재, 즉 무엇인가에 대한 논증이 성립 가능하다는 것을 설득하려고 시도해 왔다. 따라서 그들은 분할함으로써 무엇을 추론할 수 있는지 이해하지 못하고 있으며,[624] 그것이 우리가 논한 방식으로 추론할 수 있었던 것도 이해하지 못한 것이다.[625]

[40]   (2) 그런데 논증에서 무언가가 [무엇인가에] 있음을 추론해야 하는 때
46b 에는, 추론이 그것에 의하여 성립하는 중항은 두 끝항 중의 첫 번째 항보 다 항상 [외연이] 작고, 첫 번째 항에 대해서는 전칭으로 술어 될 수 없 는[626] 것이어야 한다.[627] 그런데 분할법은 이와 반대되는 것을 하려고 시도 한다. 왜냐하면 [첫 번째 항에 대해 전칭으로 술어 되는] 보편을 중항으

---

623 이 표현이 나오는 43a30 참조. 술어가 제안된 정의의 것보다 더 일반적인 명제 를 말한다. 분할법의 도식적 표시에서, 보다 일반적인 항이 더 특수한 항보다 상위에 위치하기 마련이다.

624 아래에서 논하고 있는 것처럼, 분할법에 따라서는 선언 명제밖에 추론할 수 없 으며, 정의 명제는 요청되고 받아들여질 뿐이다.

625 '그것은 무엇인가'에 관한 추론이나 논증의 가능성은 『분석론 후서』에서 명확하 게 부정되고 있다(『분석론 후서』 제2-8장 참조). "이렇게 해서, '그것은 무엇인가'가 어떻게 파악되고 또 인식되는지가 이야기되었다. 즉, '그것은 무엇인가'에 대해서는 추론도 논증도 생기지 않지만, 그럼에도 추론과 논증을 통해 '그것은 무엇인가'가 밝 혀진다. 따라서 그 원인이 그 자체와는 다른 어떤 것임에 대해서는, 논증 없이는 '그 것은 무엇인가'를 인식할 수 없지만, 우리가 난제(아포리아)의 분석에서 말했듯이 '그 것은 무엇인가'에 대한 논증 또한 없는 것이다."(제2권 제8장 93b15-20) 그러나 『토 피카』 제7권 제3장 153a6-22에서는 정의, 즉 본질 추론의 성립 가능성이 주장되고 있 다("따라서 단지 정의식과 본질에 대한 추론(sullogismos)이 가능할 수 있다는 것만 을 말해 두는 그 정도로 그쳐야 한다는 것이다"). 이 장의 입장과 다른 입장이 개진되 는 까닭은 아마도 저작 간의 집필 시기의 문제가 될 것이다.

626 반대로 '전칭으로 술어 될 수 있는'이란 말은 '외연이 넓고 전칭으로 술어 될 수 있다'는 것을 의미한다.

627 정의 명제는 전칭 긍정 명제이며 Barbara가 상정되어 있다. 제1격에서 중항은

로 받아들이기 때문이다. 즉, (a) 지금 '동물'을 A, '죽어야 하는 것'을 B, 그리고 '죽지 않는 것(不死)'을 C, 그 정의를 파악해야 하는 것인 인간을 D로 나타낸다고 하자. 그러면 사람들은 모든 동물은 죽거나 불사라고 받아들인다. 이것은 A인 것은 무엇이든 간에, 모든 것이 B이거나 C라는 것이다. 다시, 사람은 끊임없이 분할을 하면서 인간을 동물로 놓고, 따라서 D에 대해 A가 있으면 받아들인다. 그렇다면 추론은 D는 모든 것이 B이거나 C인 것이 될 것이며, 따라서 인간이 죽거나 불사하는 것은 필연적이지만,[628] 죽어야 할 동물인 것은 필연이 아니라, 이는 요청되는 것이다. 하지만 이것이야말로, 추론되지 않으면 안 되는 것이었다. (b) 다시, 사람이 A를 '죽어야 할 동물', B가 나타내는 것을 '발을 가짐', C가 나타내는 것을 '발이 없음', D를 '인간'으로 놓음으로써, 마찬가지로 A는 B 안에 있거나 C 안에 있다고 받아들이고(왜냐하면 모든 죽어야 할 동물은 발을 가짐이거나 발이 없음이기 때문이다), 또 D에 대해 A가 있으면 받아들인다(왜냐하면 인간은 죽어야 할 동물이라고 받아들였기 때문이다). 따라서 인간이 발을 가짐이거나 발이 없음인 동물인 것은 필연이지만,[629] 발을 가짐은 필연이 아니며, 사람은 이를 받아들이는 것이다. 하지만 이것이야말로, 또 증명하지 않으면 안 되는 것이었다. (c) 그리고 사람들은 이 방식으로 끊임없이 분할을 하면서, 보편을 중항으로서, 또 그것에 대해 증명해야 했던 것과 종차를 두 끝항으로서 받아들이는 결과가 된다. 그리고 결국에는, 이것이

큰 끝항에 포함되어야 한다(제4권 25a32-35 참조).

628 큰 항을 '죽을 것이거나 죽지 않을 것이다'(B∨C), 중항을 '동물'(A), 작은 항을 '인간'(D)이라고 하면, Barbara에서 (B∨C)aA, AaD⊢(B∨C)aD의 추론이 성립한다. 분할법(첫 번째 단계)에 따르면, 유 A는 종차 B와 C로 분할된다. 그러나 분할의 다음 단계인 BaD는 따라 나오지 않는다. 이를 통해서 분할 방법의 난점을 지적한다. 이어지는 2번째 예도 역시 그렇다.

629 큰 항을 '발을 가짐 또는 발이 없음'(B∨C), 중항을 '죽어야 하는 동물'(A), 작은 항을 '인간'(D)이라고 하면 Barbara에서 (B∨C)aA, AaD⊢(B∨C)aD의 추론이 성립한다.

인간이거나 탐구되는 것이 무엇이든 간에, 그들은 이것이 그것이라는 것에 대해서는 필연적일 것 같은 명백한 것은 아무것도 말하지 않는 것이다.

[25] 왜냐하면 그들은 정말이지 다른 길을 걷고 있으며, 가능한 한 풍요로움이 [앞에서 설명한 방법에] 있다고는 생각하지 않기 때문이다.

(3) 그러나 분명한 것은, 이 방법에 따라서는 [상대방의 논의를] 파괴할 수 없다는 것, 또 부대성이나 고유성에 대해서 추론할 수도 없다는 것, 또 유에 대해서 추론할 수도 없다는 것, 또 예를 들어 대각선이 통약 불가능한지, 또는 통약 가능한지와 같이, 이러한지 저러한지가 알려지지 않은 경우에 추론할 수도 없다는 것이다. 왜냐하면 사람이 모든 길이는 통약 가능한지 또는 통약 불가능한지, 또 대각선이 길이인지를 받아들이는 경우에는, 사람은 대각선은 통약 불가능한지 또는 통약 가능한지를 추론한 것에 [30] 지나지 않기 때문이다. 만일 한 사람이 대각선이 통약 불가능하다는 것을 받아들이려고 한다면, 그는 추론해야 했던 것을 받아들이게 될 것이다. 따라서 이는 증명할 수 없는 것이다.[630] 왜냐하면 이것이 [분할법의] 길이기 때문이고, 이 길에 따라서는 이를 증명할 수도 없기 때문이다. '통약 불가 [35] 능한가 또는 통약 가능한가'를 A가 나타내는 것, '길이'를 B, '대각선'을 C로 하자. 그렇다면 이 탐구의 방식이 모든 고찰에 해당하는 것은 아니라는 것,[631] 또 이것이 가장 적합하다고 생각되는 경우에도 도움이 되는 것

---

630 아리스토텔레스가 즐겨 사용하는 이 기하학의 예는 제23장에 나온다. 이 예는 '중대한' 명제가 단순히 추론(증명)되기보다는 가정된다는 것을 보여준다.

631 『토피카』에서 말하는 무엇이 유, 부대속성, 고유속성인가의 논의를 염두에 두고 있는 듯하다. 그러나 『분석론 후서』 제2권 제13장에서 정의를 발견하는 방법으로 분할을 언급하고 있다. "그런데 종차에 따른 분할은 이러한 길에 있어서 유용하다. 하지만 이러한 분할이 '무엇인가'를 어떤 방식으로 증명하는지에 대해서는, 앞서 이야기되었다. '그것은 무엇인가'를 추론하는 데 유용한 것은, 단지 다음과 같은 방법에서일 것이다. 이 방법에 있어서조차도 분할은 전혀 유용하지 않고, 분할 없이 처음부터 받아들인 것처럼, 모든 것을 즉시 받아들이는 것이라고 생각할 수도 있다."(96b25-30) Striker는 이 장이 정의를 위한 추론의 증명이 있을 수 없다는 견해에 도달하기 전에

은 아니라는 것이 분명하다. 이렇게 해서, 논증[632]이 무엇으로부터, 또 어 [40]
떻게 성립하는지, 그리고 각각의 문제에 대해 어떤 것에 주목해야 하는지
는 앞서 말해진 것으로부터 분명해졌다.[633]

그렇다면 우리는 어떻게 추론을 앞에서 서술한 격으로 환원할 수 있는
가를 다음에 논해야 할 것이다.

제32장

그렇다면 우리는 추론을 앞에서 언급한 격으로 환원할 수 있는 방법[634] 47a
을, 이것 다음으로 논의해야 한다.[635] 왜냐하면 이 부분에 대한 고찰이 아

쓰인 것으로 추정한다(p. 211 참조).

632 즉 '추론'(제25장 41b36 참조).

633 제1권 제27장부터 시작된 추론을 만드는 방법은 여기서 끝난다.

634 제7장과 제23장에서 모든 다른 추론식을 제1격의 전칭인 식으로 환원하는 (anagein) 것에 대해 논의한다. 이 책에서 anagein이란 동사는 제1권 제7장 29b1에 서 처음으로 나타나고 있다. 그에 앞서 아리스토텔레스는 '모든 불완전한 추론은 첫째 격에 의해 완전한 것이 된다'(29a30-31)라고 말한다. 다음 단락에서 그는 계속해서 '게다가 모든 추론을 제1격에서의 전칭 추론으로 환원하는 것 또한 가능하다. 제2격 에서의 추론은 그것들에 의해서 완전한 것이 된다는 것은 분명하며 …'라고 말한다. 요컨대 추론 S가 다른 추론 S2를 통해 완전한 것이 될 수 있다면 S2로 환원될 수 있음 을 주장한다. 제6장의 모든 식이 첫 번째 격을 통해 완전해지기 때문에 '환원하다'와 '완전해지다'(teleioun, epitelein)는 동의어라고 말할 수 있다. 여기서 그 동의어인 분 석(analuein)은 다른 의미로 사용된다. 추론의 표준 형식으로 말해지지 않은 주어진 논의를 '분석하는 것'은, 그것이 그 격들 중 하나에 포섭된다는 것을 보여주기 위해 그 것을 완전화하거나 재형식화하는 것을 의미한다. anagein의 다양한 용법 간의 차이점 에 대해서는 Striker(1996) 참조.

635 처음 문장은 제1권이 고찰해야 할 세 가지 사항 중 세 번째 점, 즉 이미 성립되어 있는 추론을 앞에서 말한 격으로 환원하고(anagein) 분석하는 것, 즉 '추론의 환원 분 석'의 탐구임을 말하고 있다. 이것은 학문 방법론으로서의 논증이나 변증술에서 전개

47a

직 남아 있기 때문이다. 그것은 우리가 추론의 성립을 연구하고,[636] 또 추론을 발견하는 능력을 몸에 익히고,[637] 나아가 이미 성립된 추론을 이전에 언급한 격으로 분석할 수 있다면, 최초의 목적은 달성될 것이기 때문이다.[638]

[5]

되는 논증 추론이나 변증술 추론을 제1권에서 증명된 제1-3격의 총 14개 식의 추론 형식으로 표현하여, 그 논리 형식을 밝히려는 시도이다. 바꾸어 말하면, 이것은 논증이나 변증술의 언어에서 비형식적으로 표현되고 있는 각각의 추론을 제1권의 '형식적 추론 언어'로 번역하여, 환원하려는 시도이다. 그래서 이것을 하는 데에서 생기는 몇 가지 기만(欺瞞, 혹은 착오[錯誤])이나 이것에 대한 문제점, 주의점이 구체적인 형태로 앞으로 논의된다. 덧붙여 이 책의 제목인 『분석론』(ta analutika)에서 '분석'이란 이 추론 언어로의 번역 환원을 의미하기에 붙여진 것이다.

636 제1권이 고찰해야 할 사항의 첫 번째로, 제4장부터 제26장에서 논의되었다(제4장 참조).

637 제1권이 고찰해야 할 사항의 두 번째로, 제27장부터 제31장에서 논의되었다(제27장 참조).

638 탐구의 세 부분에 대해 여기서 주어진 설명은 『두 분석론』('전서'와 '후서' 각각 2권이므로, 전체는 총 4권) 간의 연결을 지시하는 학문적 증명(논증적 지식)을 언급하는 제1장의 첫 문장과 어긋난다. 또 제4장에서는 논증은 추론의 하나이지만, 추론은 모두 논증이 아니라고 말하면서, 논증보다 추론을 먼저 논해야 하는 까닭은 추론이 더 일반적이기 때문이라고 말한다. '분석론'이란 말은 특히 그 책의 이 부분에 속하는 것으로 보이며, 이는 아리스토텔레스가 모든 타당한 논증에서 공통 패턴을 찾으려는 시도에서 추론을 발견했다는 표시로 받아들여질 수 있다(앞의 각주 635 참조). 제32-46장의 추론의 분석은 『토피카』에서의 변증술의 토론의 '실행'을 여러 면에서 반영한다. '추론'(sullogismos)은 아리스토텔레스의 논의 이론을 단순화하고 체계화한 것으로, 그것은 변증술, 수사학적 논증, 학문적 증명도 포괄해서 다루고 있다(제2권 제23장 참조). 전제의 발견 방법과 '분석'에 관한 부분은 주어진 이론에 대한 찬반을 위한 논의를 찾고 오류를 탐지하려고 하는 변증술과 관련이 있는 것으로 보일 수 있다. 그러나 제30장은 전제를 찾는 방법이 마찬가지로 학문에도 유용함을 보여주며, 제24장은 수학적 증명을 분석하려는 시도를 하고 있다. 아마도 여기서 기술된 목적(telos)은 처음에는 학문적 증명 이론(apodeixis)과 독립적으로 발전되었을 수도 있지만, 아리스토텔레스 자신이 이를 더 큰 계획에 통합했다는 것은 분명하다(Striker, p. 212 참조).

이는 동시에 지금 논의될 것임에 따라 이전에 논의된 것이 더욱 확실해지고, 그것이 바로 그 사실임이 더욱 분명해질 것이기도 하다. 왜냐하면 모든 것이 참인 것은 모든 면에서 그 자체와 일치해야 하기 때문이다.[639]

(1) 그런데 먼저, (a) 추론의 두 가지 전제를 선택하는 것을 시도해야 한다[640](왜냐하면 작은 것[641]보다 큰 것으로 분할하는 것이 더 쉽고, 합성된 것이 이것들로부터 합성된 것보다 크기 때문이다). (b) 다음으로, 어느 쪽 전제가 전체적이고 어느 쪽 전제가 부분적인지를 고찰해야 한다.[642] (c) 그리고 만일 두 전제가 모두 받아들여지지 않는다면, 스스로 다른 쪽 전제를 놓아야 한다. 왜냐하면 사람들은 때로는 보편적 전제[643]를 명제로서 말해도 그것 안에 있는 전제[644]는, 쓰는 경우든 질문을 하는 경우에서든[645] 받아들이지 않는 경우가 있기 때문이다. 혹은, 이쪽의 전제는 명제로서 말해도, 이것이 그것에 의해서 결론지어지는 쪽의 전제[646]는 빠뜨려 버리고, 다른 것을 쓸데없이[647] 묻는 일이 있기 때문이다. 그래서 뭔가 불필요한

[10]

[15]

---

639 Striker는 이 대목의 수사적 과시를 『소피스트적 논박에 대하여』 마지막 대목('청강생에게 그의 선구적 성취에 대한 감사의 마음과, 사소한 잘못에 대해서는 용서를 구하는 대목')을 떠올리게 한다고 말한다.

640 결론은 알려져 있기에, 추론의 분석은 전제를 발견하고, 거기서 결론이 따라 나오는지 또 어떤 방식으로 결론이 따라 나오는지를 고찰하는 것으로 이루어진다.

641 전제의 '작은 항'(아래의 47a37-38 참조).

642 '전체적인 전제'란 대전제를, '부분적인 전제'란 소전제를 각각 가리킨다.

643 '보편적 전제'란 대전제를 가리킨다.

644 소전제를 가리킨다.

645 변증술에서 대화 상대방의 역할 중 하나가 질문을 하는 것이다. '변증술적 전제는 모순 대립의 두 명제를 묻는 것이다'(24a24-25, 24b10-12 참조). 그는 상대방이 받아들이거나 거부해야 하는 명제를 내놓는다. '쓰는 경우'는 불명확하지만, Pacius는 제24장에서 기하학적 예(41b13-23)가 주어질 때의 수학적 텍스트를 의미하는 것으로서, '그럴듯하게' 제안한다.

646 대전제를 가리킨다. 보편적일 수 있는 술어항을 갖는 대전제는 중항에 대해 술어가 되어야 한다.

[20] 것이 받아들여지고 있는지, 또 필요한 것 중에서 뭔가 빠뜨리고 있는지를 고찰하고, 후자라면 그것을 놓고, 전자라면 그것을 제거하고, 두 가지 전제에 도달할 때까지 행해야 한다. 왜냐하면 이러한 것들 없이는, 이러한 방식으로 묻고 있는 논의를 환원할 수 없기 때문이다.

(2) 그런데 어떤 논의에 대해서는 결여된 점을 파악하기가 쉽지만, 어떤 논의에서는 그것을 깨닫지 못하고, 놓인 것(가정)으로부터 뭔가 필연적인 것이 귀결로서 생기기 때문에 추론을 행하고 있는 것으로 생각되어 버린다. 예를 들어 본질 존재가 아닌 것이 파괴되어도 본질 존재는 파멸 [25] 하지 않지만, 사물이 그것으로 이루어지게 하는 것이 파괴되면, 그것들로 이루어진 것 또한 소멸한다는 것을 받아들이는 경우가 그것이다. 이것들이 놓인다고 하면, 본질 존재의 부분은 본질 존재인 것이 필연이 되지만, 그러나 이것은 받아들인 것에 의해서 추론된 것이 아니라, [필요한] 전제가 결여되어 있기 때문이다. 또한 만일 인간이 있다면, 동물이 있는 것이 필연이고, 또 동물이 있다면 본질 존재가 있는 것이 필연이라면, 인간이 [30] 있다면 본질 존재가 있는 것은 필연이다.[648] 그러나 이것은 아직 추론이

---

647 제25장 42a22-24 참조. 잉여의 전제는 결론의 추론에 도움이 되지 않는다. 책략적 이유로 덧붙여질 수 있다.
648 두 조건문이 전제이고 하나의 조건문이 결론이다. 역사적으로 이것이 이른바 '완전 가언 추론'의 연원이다(47a28-31). 즉 p⊃q, q⊃r/p⊃r(if A, B; if B, C; therefore: if A, C). 이것을 '항 논리학'에서 '명제 논리학'으로 지향하는 것으로 이해할 수 있을까? 고대의 주석가들은 이것을 '완전 가언 추론'으로 불렀다. 알렉산드로스는 '완전 가언 추론'에 대해 '전체 가정을 통해'(di' holou hupothetikoi)와 '3개를 통해'(dia triōn)라는 이름을 사용했던 첫 번째 사람이다. '3개를 통해'라는 이름은 세 항으로 이루어진 논증 또는 추론으로서의 '완전 가언 추론'에 대한 일반적인 설명의 약어로 사용되었다. 알렉산드로스는 '3개를 통한' 논증을 '완전 가언 추론'의 하위 부류로 타당한 것으로 취급한다(326.8-9). 여기서 문자(A, B, C)는 명제가 아니라 '항'이다. 알렉산드로스는 이렇게 표현한다. '세 항에 대하여, 두 번째가 첫 번째를 따르고, 세 번째는 두 번째를 따른다면, 세 번째는 또한 첫 번째를 따른다. 인간, 동물, 실체(본질 존재) 세 항에 대하여, 동물은 인간을 따르고, 실체는 동물을 따른다. 그러므로 실체는

되지 않았다. 왜냐하면, 두 전제가 우리가 말한 대로의 방식으로 관련되어 있지 않기 때문이다.

(3) 우리는 이러한 경우에, 놓인 것으로부터 뭔가 필연적인 것이 귀결로서 발생하기 때문에 기만에 빠지지만, 그것은 추론 또한 필연적인 것이기 때문이다. 그러나 필연적인 것은 추론보다는 [적용 범위가] 더 크다.[649] 추론은 모두 필연적인 것이지만, 필연적인 것이 모두 추론인 것은 아니기 때문이다. 따라서 어떤 것이 놓인다고 하면, 무언가가 귀결로서 생긴다 하더라도, 즉시 그것을 환원하려고 시도해서는 안 되며, 우선 두 가지 전제를 받아들이고, 그다음에 두 전제를 항으로 분할하고, 그러한 항 중에서 두 전제에서 말해지는 것을 중항으로서 받아들여야 한다. 왜냐하면 중항은 모든 격에서 두 전제 안에 있어야 하기 때문이다.

(4) 그래서 중항이 [자신을 술어항으로서 무엇인가에 대하여] 술어하고, 또 [주어항으로서 무엇으로부터] 술어 된다고 하면,[650] 혹은 그것[중

[35]

[40]

47b

또한 인간을 따른다.'(347.29-33) 전제의 형식으로는, '모든 인간은 동물이다' 또 '모든 동물은 실체이다.' 아리스토텔레스가 명제적으로 '복합 명제의 존재'를 알지 못했다면, 그는 알렉산드로스 방식으로 그 예를 이해했을 것이다. Bobzien(2000) 참조.

649 이 문장은 때때로 '모든 타당한 논증(argument)이 기술적인 의미에서 추론이 아니다'라는 점을 인정하는 것으로 인용된다. 그러나 아리스토텔레스의 추론의 정의가 실제로 타당한 연역 논증의 정의이기 때문에 그럴 가능성은 없다. 게다가 아리스토텔레스가 몇 줄 아래에서 "중항은 모든 격에서 두 전제 안에 있어야 한다"라고 말하는 것처럼 어떤 항도 한 번 이상 나타나지 않으면 논증은 결론에 이르지 못한다는 주장을 기억할 필요가 있다(47b7-9). Striker는 여기서 그의 말은 논증이 '표준적 형식'으로 말해지지 않더라도 타당하다는 점을 볼 수 있다는 점을 설명하기 위해 제시한 예를 언급하는 것일 수 있다고 해석한다.

650 Waitz에 따르면, 이것은 아리스토텔레스가 '항'과 관련하여 동사 '술어'를 능동적 형태로 사용하는 유일한 구절이다. 이것은 '중항'의 역할을 간결하게 설명하는 방법을 줄 수 있기 때문일 것이다. 그가 의미하는 것은, 중항이 한 전제에서는 (문법적인) 술어이고, 다른 전제에서는 (문법적인) 주어라는 것이다. 동사로 쓰인 '술어하다'와 '술어 되다'(katēgorē kai katēgorētai)라는 이 말의 본래 법률 용어로서의 의미,

항]이 [자신을 술어항으로서 무엇인가에 대하여] 술어하고, 또 다른 것이 [술어항으로서] 그것에 대해 부정[으로 술어] 된다면, 제1격이 성립될 것이다.[651] 하지만 중항이 [술어항으로서 자신을 무엇인가에 대해] 술어하고, 또한 무엇인가에 대해 부정[으로 술어] 된다면, 중간의 격이 성립될 것이다.[652] 또 다른 [두 가지] 것이 그것[중항]에 대해서 술어 된다고 한다면, 아니면 그 한쪽이 부정[으로 술어] 되고 다른 쪽이 [긍정으로] 술어 된다고 한다면, 마지막 격이 성립될 것이다.[653] 왜냐하면 각각 격에서 중항

[5]

은 이러한 방식으로 관련되어 있었기 때문이다. 또한 두 전제가 전칭이 아닌 경우도 마찬가지일 것이다. 그 이유는 중항의 규정은 동일하기 때문이다. 이것으로부터, 동일한 것이 한 번보다 많이 술어 되지 않은 논의에서는 추론이 성립하지 않을 것임은 분명하다. 왜냐하면 중항이 받아들여지지 않기 때문이다.

[10]

(5) 우리는 문제들 중 어떤 것이 각각의 격에서 결론을 내릴 수 있는지, 그리고 어떤 격에서 전칭의 문제가, 또 어떤 격에서 특칭의 문제가 결론을

즉, '고소하다'(소송하다), '고소당하다'(소송을 당하다)의 의미에 따라서 사용되고 있다. 따라서 예를 들어 'X가 [Y에 대해] 술어한다'는 것은 'X가 Y에 대해, 그것[Y]이 X의 성질을 가지고 있다고 해서 Y를 고소한다'라는 의미에서, 또 'X가 [Y로부터] 술어가 된다'라는 것은 'X가 Y의 성질을 가지고 있다고 해서, Y로부터 소송을 당한다'라는 의미로 이해된다. 그래서 전자에 대해서는 'X [술어항으로서 자신을 무엇인가에 대해서] 술어를 한다'라고 하고, 후자에 대해서는 'X가 [주어항으로서 무엇으로부터] 술어 된다'라고 설명할 수 있다. 일반적으로 말하면, 전자는 'X가 무엇인가에 대해 술어 된다', 후자는 'X에 대해 무언가를 술어한다'라는 것이며, 능동과 수동이 반대로 되어 있음을 알 수 있다.

651 아래에서 이야기되고 있는 것(47b6-7)에서 판단하여, 이는 두 전제가 전칭인 경우를 말한다. 따라서 Barbara와 Celarent 두 가지가 이야기되고 있다.

652 Cesare와 Camestres 두 가지가 이야기되고 있다.

653 Darapti와 Felapton 두 가지가 이야기되고 있다. 덧붙여 이 문장에 있어서 동사 '술어 되다'는 통상의 말투이다.

내릴 수 있는지를 알고 있기 때문에,[654] 모든 격에 주목할 필요는 없으며, 각각의 문제에 고유한 격에 주목해야 한다는 것은 분명하다. 또 하나보다 많은 격에서 결론을 내릴 수 있는 한, 문제에 대해서는 우리가 중항의 위치에 따라 그 격을 인식할 수 있을 것이다.

제33장

    그런데 추론에 대해서는 앞에서 논한 바와 같이[655] [귀결로서 생기는] [15]
필연적인 것 때문에 결과적으로 종종 기만에 빠지는 경우가 있지만, (1)
때로는 [3개] 항의 배치 유사성에 의해 기만에 빠지는 경우가 있다. 이것
이 바로 우리가 놓쳐서는 안 될 일이다. 예를 들어 A가 B에 대해 이야기
되고, 또 B가 C에 대해 이야기되는 경우가 그것이다. 그것은 [3개의] 항
이 이러한 방식으로 관계되어 있을 때에는 추론이 성립한다고 생각되겠
지만, 실제로는 어떠한 필연적인 것도 추론도 성립하지 않기 때문이다. [20]
즉, A에 해당하는 것을 '항상 있음', B에 해당하는 것을 '생각하는 아리스
토메네스',[656] C에 해당하는 것을 '아리스토메네스'라고 하자. 그렇다면
A가 B에게 있는 것은 참이다. 생각하는 아리스토메네스는 항상 있기 때
문이다.[657] 하지만 B가 C에 있는 것도 사실이다. 왜냐하면 아리스토메네

---

654 이 점에 대해서는 제1권 제26장 42b32-40 참조.

655 앞 장 47a31-35 참조.

656 이 책에서 처음으로 추론의 세 항의 예로서 '아리스토메네스'라는 고유명사가 등
장한다. 또한 '아리스토메네스'는 아리스토텔레스의 유언 집행자 중 한 명(그의 학원
의 학생으로 그의 아이들과 부인인 헤르퓔리스를 돌봐 줄 것을 요청받은 자)의 이름
으로 해석된다(디오게네스 라에르티오스, 『유명한 철학자들의 생애와 사상』 제5권
12항목).

657 (1) 생각하는 아리스토메네스는 항상 있다; (2) 아리스토메네스는 생각하는 아
리스토메네스이다; 그러므로 (3) 아리스토메네스는 항상 있다. (3)은 명백히 거짓이

47b

[25] 스는 생각하는 아리스토메네스이기 때문이다. 그러나 A는 C에는 없다. 아리스토메네스는 소멸할 수 있는 것이니까. 그것도 결국 [3개의] 항이 이러한 방식으로 관계되어 있을 때에는, 추론은 성립하지 않았던 것이며, [이를 위해서는] 전제 AB는 전칭으로 받아들였어야 했기 때문이다. 하지만 이것, 즉 모든 생각하는 아리스토메네스가 항상 있다고 주장하는 것은 아리스토메네스가 소멸할 수 있는 것이라면, 거짓이다.[658]

[30] 이번에는, C에 해당하는 것을 '미칼로스',[659] B에 해당하는 것을 '교양 있는 미칼로스', A에 해당하는 것 '내일 소멸한다'라고 하자. 그러면 B를 C에 대해 술어하는 것은 참이다. 왜냐하면 미칼로스는 교양 있는 미칼로스이기 때문이다. 하지만 A를 B에 대해 술어하는 것도 참이다. 왜냐하면 교양 있는 미칼로스는 내일 소멸할지도 모르기 때문이다. 그러나 A를 C [35] 에 대해 술어하는 것은 거짓이다. 실제로 이것은 이전의 경우와 같다. 교양 있는 미칼로스가 내일 소멸한다는 것은 전칭으로는 참이 아니며, 이것이 받아들여지지 않는다면 추론은 성립되지 않았기 때문이다.[660]

다. 아리스토메네스가 소멸할 수 있다면.

658 이것이 이 오류 추론에 대한 아리스토텔레스의 진단이다. 하지만 이 추론에 관해서는 '생각하는 아리스토메네스'라는 지향 대상의 존재와 그 신분 및 이와 '아리스토메네스'와의 동일성 문제, 나아가 '모든 생각하는 아리스토메네스가 항상 있다'라는 전칭 명제에서 고유명사의 양화 문제 등 많은 논의가 필요하다.

659 '미칼로스'는 앞의 '아리스토메네스'와 마찬가지로 아리스토텔레스의 저작 중에서 여기에서만 등장하는 고유명사이다. 또한 미칼로스란 기원전 323년 페르시아만으로 이주할 정착민을 확보하기 위해 알렉산드로스 대왕에 의해 페니키아와 시리아에 파견된 특사로 추정된다(아리아노스, 『알렉산드로스 대왕 동방 원정기』 제7권 제19장 5절).

660 (1) 미칼로스는 교양 있는 사람이다; (2) 교양 있는 미칼로스는 내일 소멸할 것이다: 그러므로 (3) 미칼로스는 내일 소멸할 것이다. 앞의 예와 같이 헬라스어에 부정관사가 없다는 것은 그 오류를 감추기 쉽게 만들어 준다. 결론이 따라 나오지 않는데, 그것은 다음 날 죽을 미칼로스라는 교양 있는 사람이 첫 번째 전제에서 언급된 미칼로스와 동일할 필요가 없기 때문이다. Striker는 두 번째 전제를 헬라스의 신탁을 패

228

이 잘못은 사소한 것에서[661] 생겨난다. 왜냐하면 우리는 이것[X]이 저것[Y]에 있다고 말하는 것은 이것[X]이 저것[Y]의 모든 것에 있다고 말하는 것과 아무런 차이가 없다고 생각하여, 전자의 언명을 승인해 버리기 때문이다.

제34장

(1) 전제에서의 항이 잘 추출되지 않았기 때문에 결과적으로 종종 오류에 빠지는 경우가 있을 것이다. 예를 들어 A가 '건강', B에 해당하는 것이 '병', C에 해당하는 것이 '인간'인 경우가 그것이다. A가 어떤 B에도 있을 수 없다고 말하는 것은 참이고(건강은 어떤 병에도 없으니까), 나아가 B가 모든 C에 있다고 말하는 것도 참이다(모든 인간은 병을 받아들일 수 있으니까). 그러면 건강은 어떤 인간에게도 있어서는 안 된다는 결론이 나올 것이라고 생각할 것이다.[662] 하지만 이것의 원인은 항이 표현상 잘 추

48a

[5]

러디한 것으로 생각한다. 즉 크로이소스가 페르시아를 치려고 할 때, '큰 나라가 멸망할 것이다'라는 델포이 신탁을 듣고 전쟁을 벌였으나, 불행히도 그것이 그 자신의 나라였음이 밝혀졌다(헤로도토스, 『역사』 제1권 91 참조). 그 결론은 두 번째 전제가 미칼로스라고 불리는 '교양 있는 모든 사람들에게' 전칭으로 해당할 경우에만 따라 나올 수 있을 것이다. 앞의 추론과 마찬가지로 이것이 이 오류 추론에 대한 아리스토텔레스의 진단이다. 하지만 이 추론에 관해서도, '교양 있는 미칼로스는 내일 소멸한다'라고 하는 미래 명제에서의 진리값을 부여하는 문제, '교양 있는 미칼로스'와 '미칼로스'의 동일성의 문제, 나아가 '교양 있는 미칼로스'를 전칭으로 양화하는 문제 등, 많은 논의가 필요하다.

661 이 '사소한 것'에 대해서는 『소피스트적 논박에 대하여』 제5장 167a4-6 및 제7장 169b9-17 참조. 후자의 부분에서는 표현과 관계가 없는 7가지 오류 추론 중 5가지가 이 '사소한 것'에 의해 생긴다고 말한다.

662 CelarentLXL(LAeB, BaC⊢LAeC)이 성립한다.

48a

출되지 않은 데 있다. 왜냐하면 [상태 그 자체가 아니라] 상태[헥시스, 성
질]에 의해 규정되는 것663이 대신 받아들인다면, 예를 들어 건강 대신에
'건강한 것'이, 병 대신에 '병인 것'이 놓인다면, 추론은 성립하지 않을 것
이기 때문이다. 왜냐하면 '건강하다'가 '아픈 것'에 있을 수 없다고 말하는
것은 참이 아니며, 이것이 받아들여지지 않는다면 추론은 성립되지 않기
때문이다. 그러나 가능 양상의 추론은 별개이며, 이는 불가능하지 않다.664
건강665은 어떤 사람에게도 없을 수 있기 때문이다.

또한, 중간격에서도 마찬가지로 오류가 발생할 것이다. 건강은 어떤 병
에도 있어서는 안 되지만, 모든 사람에게는 있을 수 있으며, 따라서 병은
어떤 사람에게도 있어서는 안 되는 것이 되기 때문이다.666

제3격에서는 가능 양상과 관련하여 오류가 발생하는데, 이는 건강과 질
병, 지식과 무지, 일반적으로 반대되는 것은 동일한 것에 있을 수 있지만,
서로에게 있는 것이 불가능하기 때문이다. 그러나 이것은 앞에서 논의된
것과 일치하지 않는다.667 그것은 하나보다 많은 것이 동일한 것에 있을

[10]
[15]
[20]

---

663 '상태'(성질, hexis)는 그 자체를 나타내는 추상명사로서의 단칭명사가 아니라,
상태에 의해 규정되어 그 추상명사로부터 파생되는 형용사나 동사의 '현재 분사'로 표
현되는 것을 의미한다.

664 CelarentQXQ(QAeB, BaC⊢QAeC)가 성립한다. 즉 (1) '건강한(분사)은 아픈
어떤 것에도 속하지 않을 것이다' (2) '모든 사람은 아프다' 그러므로 (3) '건강한(분
사)은 어떤 사람에게도 속하지 않을 것이다'.

665 이 큰 항으로서의 '건강'은 '건강한 것' 또는 '건강하다'로 바꾸어 말해야 한다.

666 CesareLXL(LAeB, AaC⊢LBeC)이 성립한다. 또한 소전제 AaC를 48a17과 같
이 가능 양상으로 취하면 결론은 넓은 의미의 가능 양상(CesareLQM) 및 무양상
(CesareLQX)으로 성립하지만, 필연 양상으로는 성립하지 않는다. 따라서 이 가능 양
상의 표현은 소전제에 관해서는 그것을 무양상으로(정언적으로) 받아들이기 위한 이
유를 말하고 있는 것으로 해석해야 한다(예를 들어 제1권 제10장 30b35 참조). 첫 번
째의 예처럼, 두 번째 전제가 무양상으로 받아들여질 때만 필연 결론이 따라 나온다.

667 제3격에서, 두 전제가 가능 양상 전칭 긍정으로 받아들여지고 있을 때에, 결론은
필연 양상 전칭 부정이 아니었다고 하는 것이다. 즉 (1) '건강은 모든 사람에게 속할

230

수 있을 때에는, 서로에게 또한 있을 수 있었기 때문이다.[668]

이렇게 해서, 이러한 모든 경우에서, 항의 추출에 의해서 기만의 오류
가 발생하는 것은 분명하다. 그 이유는 상태[성질]에 의해 규정되는 것이 [25]
[상태] 대신 받아들인다면 어떤 잘못도 발생하지 않기 때문이다. 따라서
이러한 전제에서는 항상 상태 대신 상태에 의해 규정되는 것을 받아들이
고, 이것을 항으로서 놓아야 함은 분명하다.

제35장

항을 항상 이름에 따라 추출하려고 추구해서는 안 된다. 왜냐하면 [그 [30]
러려고 하면] 확립된 이름이 없는 구절[669]이 종종 있게 될 것이기 때문이
다. 그러므로 이러한 추론을 환원하기는 어렵다. 그리고 때로는 이러한 추
구에 의해 기만에 빠지는 결과도 있을 것이다. 예를 들어 직접적인[중항
이 없는] 명제에 추론이 성립한다고 생각하는 기만이 그것이다. A를 '2직
각', B에 해당하는 것을 '삼각형', C에 해당하는 것을 '이등변 삼각형'이라
고 하자. 그러면 A가 C에 있는 것은 B에 의해서이지만, B에 있는 것은 더 [35]
이상 다른 것에 의해서가 아니며(삼각형은 그 자체로 2직각[의 내각의 합]
을 가지니까[670]), 그 결과 [명제] AB는 증명됨에도 불구하고 거기에는 중
항이 없는 것이 될 것이다.[671]

수 있다' (2) '질병은 모든 사람에게 속할 수 있다' 그러므로 (3) '건강은 어떤 질병에
속할 수 있다'.

668 DaraptiQQQ(QAaC, QBaC⊢QBiC)가 제1권 제20장(39a14-19)에서 성립
했다.

669 원어로는 logos, 하나 이상의 단어로 구성된 표현.

670 이 점에 대해서는『분석론 후서』제1권 제4장 73b30-32 참조.

671 명제 AB의 논증, 즉 삼각형이 2직각인 내각의 합을 갖는다는 논증에 대해서는

왜냐하면 중항을 항상 '어떤 이것'[672]으로서 받아들이는 식으로 해서는 안 되며, 때로는 구(句)로서 받아들여야 한다는 것은 분명하기 때문이다. 그리고 이것이 방금 언급한 경우에도 일어나고 있는 것이다.

제36장

[40]

48b

(1) 첫 번째 항이 중항에, 또 이것[중항]이 [작은] 끝항에 있다는 것을, 이것[항]들이 항상 서로에 대해 술어가 될 것이라는 의미로, 또는 첫 번째 항이 중항에 대해서, 또 이것[중항]이 마지막 항에 대해 동일한 방식으로 술어가 될 것이라는 의미로 받아들여서는 안 된다.[673] 이 점은 '없다[속하지 않음]'의 경우에도 마찬가지이다. 오히려 [이와 같이 받아들일 것이 아니고] '있다'[674]와 '있다'를 '말하는 것이 참이다'가 이야기되는

『형이상학』 제9권 제9장 1051a24-26 및 에우클레이데스, 『원론』 제1권 정리(theōrēma) 32("주어진 삼각형의 한 외각은 마주 보는 2내각의 합과 같으며, 삼각형의 3내각은 그 크기가 2직각과 같다") 참조. 이 예에서, '모든 B는 A이다': '모든 C는 B이다.' (A를 '2직각', B에 해당하는 것을 '삼각형', C에 해당하는 것을 '이등변 삼각형') 여기서 증명을 위해 우리가 알 수 있는 '중항'은 없다. 그런데 '모든 삼각형은 2직각과 같은 그 각을 갖는다'가 증명될 수 있을 것 같은데, 그 중항은 하나의 '단어'(항)가 아니라 하나의 '구'(句)이다. 요컨대 아리스토텔레스에 따르면, 이 논증의 중항은 '하나의 점을 둘러싼 각과 같은 각을 가진 도형'(즉 '한 직선이 다른 직선 위에 서서 이루는 각')이라는 긴 구절이 된다(Ross, p. 404). 중항이 하나의 단어가 아니라 구(句)라는 것이다.

672 '어떤 이것'(tode ti)이란 이름, 즉 복합 구에 반대된 '단칭의 단어'로 나타나는 것을 말한다. 다른 맥락에서 tode ti는 '개별자'를 나타내는 경우에 사용되는 기술적 용어이다(Bonitz, tode 항목 495b37 아래 참조).

673 'A는 B에 속한다'(A는 B에 있다) 또는 'A는 B에 속하지 않는다'(A는 B에 없다) 라는 형식의 전제는 그 항들이 항상 서로에 대해 술어가 될 수 있음을 함의하는 것으로 받아들여서는 안 된다.

것과[675] 같은 많은 방식으로 [무언가가 무언가에] '있다'(to huparchein) [5]
또한 나타낸다고 생각해야만 한다.[676] 예를 들어 '반대의 것들에는 하나의
지식이 있다'라는 경우가 그것이다. 즉, A를 '하나의 지식이 있다', '서로
반대되는 것들'을 B가 나타내는 것이라고 하자. 그렇다면 A는 B에 있는
데, 그것은 반대되는 것이 그것들에게 하나의 지식이 있다[677]라는 의미가
아니라, 그것들에 대해서, 그것들에는 하나의 지식이 있다고 말하는 것이
참이라는 의미에서이기 때문이다.[678]

---

674 '있다'(einai, 48b3)는 계사로서의 '[…로] 있다'에 국한되지 않고, 존재로서의
'[…가] 있다'나 동일성으로서의 '[…로] 있다' 등 일상 언어에서 '있다'의 다양한 용법
을 포함한 것으로 해석된다. 그런 의미에서 단순히 '있다'로 번역하는 편이 편리하다.
675 a가 F이면(if a is F), a에 대해 그것이 F라고 말하는 것은 참이다.
676 실제로 '있음'(속함, huparchein)과 '없음'(속하지 않음, ouk huparchein)은 '이
다'(to einai) 혹은 '…라고 말하는 것은 참이다' 형식의 문장으로 표시하는 데도 사용
될 수 있다. 이 장은 아리스토텔레스가 추론의 항 관계에 대해 자신이 선호하는 표현
으로 'huparchein'을 선택한 이유를 제시하고 있다. 이 장에서 아리스토텔레스는 추
론 언어의 주요한 두 술어, 즉 '[X는 Y에] 있다'(huparchein)와 '[X는 Y에 대해] 술
어가 된다'(katēgoreisthai)의 두 가지를 구별해서, ─ 실제로 제1권 제4-7장에서는 이
두 말을 상호교환해서 사용하고 있다. 추론식 체계가 '모든 것에 술어가 된다'와 '어떤
것에도 술어가 되지 않는다'라는 정의에 토대를 두고 있다 ─ 전자를 후자보다 더 넓
은 의미로 받아들여 일상 언어의 말을 추론 언어(인공 언어)로 번역함에 있어서는 전
자에 대해 후자를 넘어서는 대응 능력을 갖도록 하자고 주장하고 있다. 그 이유는 일
반적으로 후자는 'Y는 X이다'라는, 계사 '[…로] 있다'의 사용을 전형으로 하는 일상
언어의 문장을 번역할 뿐, 예를 들어 'Y에는 X가 있다'와 같은 존재나 관계를 표현하
는 문장을 번역할 수 없기 때문이다. 따라서 이 주장은 인공 언어로서의 추론 언어가
갖는 형식성을 전자에 한층 더 부여하고자 하는 의도를 가진다. 그래서 아리스토텔레
스는 양화사의 결여를 포함하는 『토피카』에서 전형적으로 다루어지는 모든 논증 형식
이 '추론 형식'으로 '분석'될 수 있을 것이라고 의심할 바 없이 기대했을 것이다.
677 이 문장(48b7)에 대해서는 Ross의 교정(to와 autōn 삭제, hōs를 hōste로 바꿈)
을 받아들이지 않고, 주어진 사본대로 읽는다.
678 아리스토텔레스는 '항'은 단일 단어가 아닌 구문으로 형식화될 수도 있다는 점을
방금 지적했는데, 이것이 첫 번째 예의 경우에 일어나는 것으로 보인다. 그는 먼저 항

48b

[10]　　　때로는 첫 번째 항은 중항에 대해 말해지지만, 중항은 제3항에 대해 말
해질 수 없는 일이 발생한다.[679] 예를 들어 지혜는 지식이고 좋음에는 지
혜가 있다면, 결론은 좋음에는 지식이 있다는 경우가 그것이다.[680] 이 경

[15] 우 좋음은 지식이 아니라 지혜가 지식이다. 또 때로는 중항은 제3항에 대
해 말할 수 있지만 첫 번째 항은 중항에 대해 말하지 못할 수도 있다. 예를
들어 만일 어떤 성질의 것이나 반대의 것에는 모두 지식이 있고, 좋음은 반
대되는 것이고 또 어떤 성질의 것이라면, 결론은 좋음에는 지식이 있다는
것이지만, 좋음은 지식이 아니며, 또한 어떤 성질의 것도 반대되는 것도

[20] 지식이 아니고, 좋음이 이것들이라고 하는 경우가 그것이다.[681] 게다가 첫
번째 항이 중항에 대해서도, 또한 이것[중항]이 제3항에 대해서도 말할
수 없지만, 첫 번째 항이 제3항에 대해서, 어느 때에는 말해지고 어느 때
에는 말해지지 않을 수도 있다. 예를 들어 만일 그것에 지식이 있는 것의
그것에는 유(類)가 있고,[682] 좋음에는 지식이 있다고 한다면, 결론은 좋음

을 '하나의 지식이 있다'로 제시한 다음, 더 정확하게는 '그것들에는 하나의 지식이 있
다'라고 말하고, 마지막으로 '말하는 것이 참이다'라는 것으로 해석한다. 이와 대조적
으로 구(句)가 술어항으로서 'is' 다음에 사용된, '반대되는 것이 그것들에게 하나의
지식이 있다'라고 말하는 것은 무의미하다.

679 'X는 Y에 대해 말해진다'(legesthai)는 앞의 '[X는 Y에 대해] 술어 된다'
(katēgoreisthai)와 같은 의미로 사용되고 있다. 따라서 '[X는 Y에 대해] 말할 수 없
다'라는 것은 'Y는 X가 아니다'라고 하는 Y를 주격의 주어로 하는 부정문을 나타내는
것이 아니라, 예를 들어 앞의 예(48b4-5)와 마찬가지로 'Y에는 X가 있다'라고 하는
Y를 [주어와 호격을 제외한 나머지 격의] 주어로 하는 문장을 나타내고 있다.

680 이는 대전제가 주격인 주어, 소전제와 결론이 나머지 격[사격(斜格)]인 주어를
취하는 예이다.

681 이는 대전제와 결론이 사격인 주어, 소전제가 주격인 주어를 취하는 예이다.

682 이 대전제의 문장(48b22)에는 '그것'이라는 표현이 두 차례 나타난다. 첫 번째
'그것'은 관계 대명사(hou), 그다음의 '그것'은 지시 대명사(toutou)로 표현되는데,
이는 현대적으로 보면 바로 변항에 해당한다. 더구나 이 문장은 '개방문'이므로 이 '그
것'은 그 문법상 선행사가 표현되지 않은, '의미상의 주어가 제시되지 않는' 대명사

234

에는 유가 있다고 하는 경우가 후자이다.[683] 이 경우에는 [세 항 안의] 어
떤 것도 어떤 것에 대해서 술어가 되고 있지 않다.[684] 또, 만일 지식이 있 [25]
는 것의 그것은 유이고 좋음에는 지식이 있다면, 결론은 좋음은 유인 경
우가 전자이다.[685] 이 경우에는 첫 번째 항은 [작은] 끝항에 대해 술어가
되지만, [두 끝항의 각각과 중항은] 서로에 대해 술어가 말해지지 않는다.

  (2) '없다'의 경우에도 마찬가지로 받아들여야 한다. 왜냐하면, '이것
[X]이 저것[Y]이 아니다'란 '저것[Y]은 이것[X]이 아니다'를 항상 표시하
는 것은 아니고, 때로는 '저것[Y]에는, 이것[X]이 없다'거나,[686] '저것[Y] [30]
에 있어서, 이것[X]이 없다'를 나타내기도 하기 때문이다. 예를 들어 운동
에는 운동은 없고, 생성에는 생성은 없지만, 쾌락에는 [운동이나 생성이]
있다. 그러므로 '쾌락은 [운동이나] 생성이 아니다'라고 하는 경우가 그것
이다.[687] 아니면, 웃음에는 징표가 있지만 징표에는 징표가 없다, 따라서

(Quine)라고 불리는 것이다.

683 이는 두 전제와 결론이 모두 사격의 주어를 취하는 예이다.

684 필로포노스(338.21-30)는 이 논증을 추론으로 생각한다면, 대전제에서 주어항
은 '그것에 지식이 있는 것'이지만 소전제에서 술어항은 '지식'인 것으로 나타나기 때
문에, 중항이 결여한 것으로 보인다고 지적한다. 그러나 다행스럽게도 '좋음에는 지식
이 있다'는 소전제는 분명히 '좋음은 지식의 대상이다'와 동치이며, '그것에 지식이 있
는 것'이란 문구는 더 친숙한 '지식의 대상'으로 대체될 수 있다. 그래서 그 문제는 해
소될 수 있다(339.21-33).

685 이는 두 전제가 사격인 주어, 결론이 주격인 주어를 취하는 예이다.

686 '저것[Y]에는 이것[X]이 없다'라고 번역된 문장은 '저것[Y]에는'이 속격(toude)
으로 표현되어 있으므로, '저것[Y]의 이것[X]은 없다'라고 번역하는 것도 가능하다.
따라서 이러한 번역을 취하면, 다음 행의 '예를 들어' 아래에서 거론되고 있는 예문은
'운동의 운동은 없고, 생성의 생성은 없지만, 쾌락의 [운동이나 생성]은 있다'라고 옮
기게 된다.

687 이 추론, 예를 들어 '쾌락은 생성이 아니다'는 여기에 기술되어 있는 전제의 논리
형식으로부터 즉시 귀결된다고 볼 수도 있지만, 중항을 '생성', 큰 항을 '생성', 작은
항을 '쾌락'으로 하고, 제2격 Cesare에 의해서 결론 난다고 볼 수도 있다.

웃음은 징표가 아니라는 경우가 그것이다.[688] 다른 것의 경우에도 문제가
[중항으로서의] 유가 그 문제[의 두 항]와 어떠한 방식으로 관계해서 말해
[35] 짐으로써 파기되는 한, 마찬가지이다.[689] 게다가 적절한 때는 필요한 시간
이 아니다. 신에게 적절한 때가 있지만, 필요한 시간이 없고, 신에게 유익
한 것은 아무것도 없기 때문이라고 하는 경우가 그것이다.[690] 왜냐하면 항
으로서는 '적절한 때'와 '필요한 시간', '신'을 놓아야만 하지만, 전제는 명
사의 격변화에 따라 받아들여야 하기 때문이다. (3) 왜냐하면 우리는 모
[40] 든 경우에 대해서 무조건적으로 다음을 주장하기 때문이다. 즉 항에 대
해서는 항상 명사의 주격형에 따라서 놓여야 한다. 예를 들어 '인간'이라
49a   든가, '좋음'이라든가, '반대의 것'과 같은 식으로 놓여야 하며, '인간의'라

---

688 이 추론에 대해서도 앞의 각주에서 말한 것이 타당하다.

689 [중항으로서] 유란 앞의 두 추론을 예로 들면, '쾌락'에 대한 '생성' 또는 '운동',
'웃음'에 대한 징표를 나타낸 것으로 해석된다. 주석자들은 대개 '유'가 두 다른 항에
대해 술어가 되기 때문에 제2격에서 중항을 의미하기 위해 사용하고 있다고 설명한
다. 알렉산드로스는 중항은 대개 다른 항들의 유가 아니기 때문에, 이것은 매우 나쁜
이유가 될 것이고(364.33 아래), 텍스트가 손상되었을 수 있다고 지적한다. Striker는
앞의 두 가지 예가 모두 (각각 쾌락과 웃음의) '유'에 관한 입론에 대한 반박이었고,
아리스토텔레스가 『토피카』에 언급한, '그러한 주장'에 대한 반대를 생각하고 있다는
것이 그럴듯하다고 말한다. "게다가 이와 같은 방식으로 유를 제시한 사람은 결국 '강
렬한 강렬함'을 말하고, '지나친 지나침'을 말하게 되는 셈이 되고 말 것이다. '강렬한
믿음'이 있는 것이니까. 그렇기에 믿음이 강렬함이라면 '강렬한 강렬함'이 있게 될 것
이다. 마찬가지로 또한 '지나친 경악'이라는 것도 있다. 그렇기에 경악이 지나침이라
고 하면 '지나침의 지나침'도 있게 될 것이다. 그러나 지식의 대상인 지식이나 움직이
는 운동이 있을 수 없는 것과 마찬가지로, 이것들 중 그 어느 것도 그런 것으로 일반
적으로 생각되지 않는다."(『토피카』제4권 제5장 126b26-34)

690 신은 어떤 것도 필요하지 않고, 그래서 신에게는 아무것도 유익하지 않다. 추론
에 관해서도 거기에 기술되어 있는 전제의 논리 형식에서 직접 귀결된다고 볼 수도 있
지만, 큰 항을 '적절한 때', 작은 항을 '필요한 시간', 중항을 '신'으로, 제3격 Felapton
에 의해 결론이 지어진다고 볼 수도 있다. 단, 이 경우 결론은 특칭 부정이지 전칭 부
정이 되지 않는다.

든가, '좋음의'라든가, '반대의 것의'와 같은 식으로는 아니다. 한편 전제
에 대해서는 각각의 [명사의 격변화]에 따라 받아들여야 한다. 즉, 예를
들어 '[이것과] 같다'와 같이, '이것과'라든가, 예를 들어 '[이것의] 두 배'
와 같이, '이것의'라든가, 예를 들어 '[이것을] 친다', '[이것을] 본다'와 같
이 '이것을'[목적격]이라든가, 예를 들어 '인간은 동물이다'와 같이 '이것
은'[주격]이라든가, 또는 명사가 전제에서 다른 어떤 방식으로 격변화를
한다면 그에 따라 받아들여야 한다. [5]

제37장

'이것[X]이 저것[Y]에 있다'거나 '이것[X]이 저것[Y]에 대해 참이다'
는 술어들[691][의 유]이 분류된 것과 마찬가지로 많은 방식으로 받아들여야
만 하지만, 또한 이러한 술어는 어떤 특정한 점에서 말해질 수 있는지, 또
는 단적으로 말해질 수 있는지,[692] 게다가 [결합이 없는] 단적인 것인지 또
는 결합된 것인지,[693] 이것들 중에 하나의 것으로 받아들여야 한다. '없다'

---

691 이 '술어들'(katēgoriai, 49a7)은 '[…]의 유'를 보충한 것처럼 '술어들의 유'
(ta genē tōn katēgoriōn, 『토피카』제1권 제9장 103b20-21, 『소피스트적 논박에 대
하여』제22장 178a5-6, 『범주론』제4장 참조), 즉 술어의 최고류로서의 카테고리아를
의미하는 것으로 이해된다(『토피카』제1권 제9장 참조).
692 어떤 특정한 점에서 말해진 술어와 단적으로 말해진 술어의 구분과 문제에 대해
서는 『소피스트적 논박에 대하여』제5장 166b37-167a20 및 제25장('단적인 언어 사
용과 한정적 언어 사용') 참조. 부대적 속성은 '어떤 특정한 점에서' 어떤 것에 속할
수 있다(『토피카』제2권 제1장 109a10-26 참조).
693 '단적인 것'으로서의 술어는 결합이 없는 단일 단어, 즉 단어로서의 술어를 말한
다. 이에 반해 '결합된 것'으로서의 술어란 둘 이상의 단어로 이루어진 복합어, 합성
어, 즉 구(句)로서의 술어를 말하며, '유한한 직선'(『토피카』제6권 제11장 148b26-
27)이 하나의 예이다. 양자 표현의 대조에 대해서는, 예를 들어 『자연학』제2권 제3장

[10] 에 대해서도 마찬가지다. 그러나 이러한 점들은 더 고찰하고, 더 잘 규정해야 한다.

제38장

(1) 전제에서 중복되는 것[694]은 중항에 덧붙이는 것이 아니라, 첫 번째 끝항에 덧붙여 놓아야 한다. 내가 말하는 것은, 예를 들어 정의(正義)에는, 그것이 좋음이라는 지식이 있다는 추론이 성립한다고 한다면, '[그것이] 좋음이라는' 것이라든가, '[그것이] 좋음인 한' 등을 첫 번째 항에 덧붙[15] 여 놓아야만 한다는 것이다. 즉, A를 '[그것이] 좋음이라는 지식', B에 해당하는 것을 '좋음', C에 해당하는 것을 '정의'라고 하자. 그러면 A를 B에 대해 술어하는 것은 참이다. 좋음에는 좋음이라는 지식이 있기 때문이다. 하지만 B를 C에 대해 술어하는 것도 참이다. 왜냐하면 정의는 바로 좋음이기 때문이다. 따라서 이와 같이 분석은 성립한다. 한편, '[그것이] 좋음[20] 이라는' 것이 B에 덧붙여서 놓인다면 분석은 성립하지 않을 것이다. 왜냐하면 A는 B에 대해서는 참이겠지만,[695] B는 C에 대해서는 참이 아닐 것이기 때문이다. 그 이유는 '[그것이] 좋음이라는 좋음'을 정의에 대해 술어하는 것은 거짓이며, 이해할 수 없기 때문이다. 이 점은, 만일 건강한 것은

195b10-12, 15-16 참조.

694 '전제에서 중복되는 것'이란 다음 예(49a14)가 보여주는 것처럼, 추론의 세 항 중 반복적으로 나타나는 표현을 포함하는 명사절이나 부사절을 말한다.

695 A가 '지식', B가 '[그것이] 좋음이라는 좋음'으로 해서 놓였을 때에는 대전제 AB는 참이라고 알려져 있다. 이는 앞의 경우(49a17)와 마찬가지로 이 경우에도 대전제가 '좋음에는 그것이 좋음이라는 지식이 있다'라고 해석됨을 나타내고 있다. 따라서 B의 표현 중, '[그것이] 좋음이라는'과 '좋음'이 이른바 독립된 별개의 것으로 파악되고 있다고 생각된다.

그것이 좋음인 한에 알려진 것이라든가,[696] 염소사슴은 그것이 비존재인 한, 알려진 것이거나,[697] 인간은 그것이 감각되는 한, 소멸적인 것임이 증명된다고 해도 마찬가지이다. 왜냐하면 모든 부가 술어의 경우 중복되는 것은 [처음의] 끝항에 부가해서 놓여야만 하기 때문이다. [25]

(2) 또 단적으로 무언가가 [무언가에 대해서] 추론될 때와 어떤 특정한 규정에서라든지,[698] 어떤 특정한 점에 있어서라든지, 어떤 특정한 방식에서, 무언가가 [무엇인가에 대해서] 추론될 때는, 항의 놓음의 방식은 동일하지 않다. 내가 말하는 것은, 예를 들어 (a) 좋음은 [단적으로] 알려진 것임이 증명될 때와 (b) 좋음은, 그것이 좋음이라고 알려진 것임이 증명될 때의 경우이다. 만일 좋음이 단적으로 알려진 것임이 증명된다면, '존재'를 중항으로 놓아야 하지만, 만일 좋음이 그것이 좋음이라고 알려진 것임이 증명된다면 '어떤 특정한 존재'를 중항으로서 놓아야 한다. 즉, A를 '[그것이] 어떤 특정한 존재라는 지식', B에 해당하는 것을 '어떤 특정한 존재', C에 해당하는 것을 '좋음'이라고 하자. 그러면 A를 B에 대해서 술어하는 것은 참이다. 왜냐하면 어떤 특정한 존재에는 그것이 어떤 특정한 존재라는 지식이 있었기 때문이다. 하지만 B를 C에 대해 술어하는 것도 [30]

---

696 이 문장을 결론으로 하는 추론의 세 항은 큰 항이 '[그것이] 좋음인 한 알려진 것', 중항이 '좋음', 작은 항이 '건강한 것'이라는 것이다. 다음에 기술된 '염소사슴'과 '인간'에 관한 추론의 세 항에 대해서도 마찬가지다.

697 '염소사슴'(tragelaphos)이란 말은 문자적으로 '염소'(tragos)와 '사슴'(elaphos)의 두 단어로 이루어진 합성어로 실재하지 않는 공상의 동물을 가리킨다. 이것이 비존재임에도 불구하고 알려진 것이라는 것은, 이 동물이 '무엇인지'는 알 수 없지만, 이 이름이 무엇을 표시하고 있는지에 대해서는 알려진다는 것을 의미하는 것으로 이해된다(『분석론 후서』 제2권 제7장 92b4-8 참조).

698 '어떤 특정한 규정에서'라고 번역된 표현의 원어는 tode ti이다. '어떤 이것'으로 번역되는 경우가 많은데, 여기서는 주어항으로서의 무엇인가에 대해 추론되는 술어항으로서의 '무엇인가'를, 특히 그것이 '실체어'인 경우의 '무엇인가'를 한정 수식하고 규정하는 표현으로서 사용되고 있는 것으로 해석된다.

참이다. 왜냐하면 C에 해당하는 것은 어떤 특정한 존재이기 때문이다. 그래서 A를 C에 대해 술어하는 것 또한 참이다. 그러므로 좋음에는 그것이 좋음이라는 지식이 있을 것이다. 그것은 '어떤 특정한 존재'라는 것이 이 좋음에 고유한 본질의 징표였기 때문이다.

이에 대하여, (c) 만일 '존재'가 중항으로서 놓이고, '어떤 특정한 존재'가 아니라 단적인 '존재'가 [첫 번째] 끝항에 덧붙여 말해진다면, 좋음에는 그것이 좋음이라는 지식이 있다는 추론은 성립하지 않으며, 좋음에는 그것이 존재한다는 지식이 있다는 추론이 성립되었을 것이다. 예를 들어 A에 해당하는 것이 '[그것이] 존재한다는 지식', B에 해당하는 것이 '존재', C에 해당하는 것이 '좋음'인 경우가 그것이다. 그래서 어떤 특정한 한정이 붙은 추론에서는 이러한 방식으로 항을 받아들여야 한다는 것은 분명하다.

제39장

또 [서로] 같은 뜻을 가진 것을, 즉 이름 대신에 이름을, 또 구(句) 대신에 구를, 또 [구 대신에] 이름을, 또 [이름 대신에] 구를 받아들여야 하지만, 또 항상 구 대신에 이름을 받아들여야만 한다. 왜냐하면 [그 편이] 항의 추출(ekthesis)에 보다 쉽기 때문이다. 예를 들어 판단되는 것은 생각하는 것의 유가 아니라고 말하는 것은,[699] 생각되는 것이 바로 판단되는 것

---

[699] "동일한 이유에 의해 믿음 역시 판단이 아니다. 믿지 않는 사람도 동일한 판단을 가지는 것이 가능하지만, 그럼에도 믿음이 판단의 종이라고 말한다면 그런 일은 가능할 수 없기 때문이다. 왜냐하면 동일한 동물이 어떤 때는 인간이고 어떤 때는 인간이 아닐 수는 없는 것처럼, 어떤 것이 해당하는 종에서 다른 것으로 완전히 전이(轉移)한다면 그것은 여전히 동일한 것으로 남아 있을 수 없기 때문이다."(『토피카』제4권 제5장 125b35-39)

의 유가 아니라고 말하는 것과 아무런 차이가 없다면(표시되는 것이 같으니까), 지금 말한 구[700] 대신에 '판단되는 것'과 '생각하는 것'을 항으로서 놓아야만 한다.

제40장

'쾌락은 좋음이다'와 '쾌락은 좋음 그 자체이다'는 동일하지 않기 때문에,[701] '좋음'과 '좋음 그 자체'의 [2개의 항을] 동일한 방식으로 놓아서는 안 된다. 오히려, 만일 추론이 '쾌락은 좋음 자체이다'라는 것이라면 '좋음 그 자체'를 놓고, 만일 그것이 '쾌락은 좋음이다'라고 하는 것이라면 '좋음'을 놓아야 한다. 다른 경우에도 또 이렇게 해야 한다. [10]

제41장

(1) 'B가 그것이 있는 것의 모든 것에 A가 있다'는 것은, [사안이 이렇게] 있는 것이든 [사안이 이렇게 있다고] 말하는 것이든, 'B가 그것의 모든 것에 있는 것의 모든 것에 A가 있다'라고 말하는 것은 같지 않다.[702] 왜 [15]

---

700 '지금 말한 구'란 앞서의 '생각하는 것의 유'를 가리킨다.

701 '좋음 그 자체'라고 번역한 표현은 정관사가 붙은 to agathon이다. '쾌락은 좋음이다'는 부정칭(不定稱) 긍정의 일반 명제(그 부정 명제에 대해서는 제1권 제1장 24a21-22 참조)이나, '쾌락은 좋음 그 자체이다'는 쾌락의 정의로서의 '동일성 명제'(『니코마코스 윤리학』 제10권 제2장 1172b9)로 해석될 수 있다. 반면, '쾌락은 좋음이다'는 '술어 명제'이다. 아리스토텔레스는 이 두 명제를 다른 술어를 가진 술어 문장으로 취급한다.

702 일단, 이렇게 말할 수 있다. '아름다움'이 흰 것에 있다면, '아름다움은 흰 것에 있다'고 말하는 것은 참이다. 그러나 '아름다움이 흰 모든 것에 있다'라는 것은 참이

241

아니다. (1) 'B가 그것이 있는 것의 모든 것에 A가 있다'와 (2) 'B가 그것의 모든 것에 있는 것의 모든 것에 A가 있다'라는 두 정식화의 차이는 전칭 긍정 명제에 대한 해석을 위해 중요하다. 아리스토텔레스는 이러한 명제의 차이를 제시하고, (2)보다 (1)이 a명제(전칭 긍정 전제)에 대한 올바른 해석이라고 결론짓고 있다. 이 두 정식화의 차이는 아래에서 논하듯이 B와 그 아래에 있는 것의 무엇인가(C), 예를 들어 C와의 사이의 관계가 전자에서는 부정칭(不定稱) 긍정('B가 그것이 있는 것의 그것[C]') (49b14-15)인 데 반해, 후자에서는 전칭 긍정('B가 그것의 모든 것에 있는 것의 그것[C]')(49b15-16)이라는 점에 있다. 따라서 전자의 경우에는 전제 BC가 부정칭 긍정으로부터 얻을 수 있는 특칭 긍정인 한, 비단 AB의 2항이 전칭 긍정으로 관계되어 있다고 해도 특칭 긍정의 결론을 취하는 추론, 즉 Darii가 성립할 뿐이며, 전칭 긍정의 결론을 취하는 추론, 즉 Barbara가 성립하지는 않는다. 이에 반해 후자의 경우에는 전제 BC가 전칭 긍정임에 따라 마찬가지로 전칭 긍정의 결론을 취하는 추론, 즉 Barbara가 성립하게 된다. 이것이 두 정식화((1)과 (2))의 차이에서 발생하는 귀결로서의 차이이며, 이 문단의 마지막에 지적되는 이 논의의 요점이다(49b27-32 참조).

그 논의는 Striker에 따르면, 아래와 같이 진행된다(Striker, pp. 231-232).

주장(입론, T): (1)과 (2)는 동일한 것이 아니다.

(i) 그것들의 차이와 무관하게, (1)과 (2)는 B가 C 전체에 속하지 않는 어떤 것에 속하는 C가 있다는 것과 양립할 수 있다. 예를 들어 B는 아름다움, C는 흼, 어떤 흰 것이 아름답다면, B는 C에 속한다고 말할 수 있다. (설명: 이러한 경우에 아리스토텔레스가 말하지 않는 것은 이런 것이다. 즉 BiC가 참이지만 BaC가 아닌 경우, BiC와 (1)의 조합은 Darii에 의해 AiC 결론을 함의하는 반면, BiC와 (2)의 조합은 A와 C에 관련된 결론이 나오지 않는다.)

(ii) A가 B에 속하지만 B가 말해지는 모든 것에 속하지 않는다면, B가 모든 C에 속하든 단지 C에만 속하든, A가 모든 C에 혹은 어떤 C에 속하는 것은 필연이 아니다. (설명: AoB는 (2)와 양립할 수 있지만, (2)에 의해 함의하지는 않기 때문에 이 단계는 모호하다. 실제로 (2)가 조건문(BaC ⊃ AaC)으로서 이해된다면, BaC가 주어지면 AaC는 modus ponens에 따라 나온다. 즉 이 추론 규칙은 아리스토텔레스가 사용했지만, 명시적으로 결코 인지하지 못한 규칙이다. 따라서 이것이 (2)가 AaB의 해석으로 받아들여지면, BaC가 주어지더라도 아무런 결론이 나오지 않는다는 것을 보여주는 것을 의미한다면, 그것은 지나친 주장이다)

(iii) 그러나 A가 B가 참으로 말해지는 모든 것에 속한다면, A는 B가 말해지는 모든 것의 모든 것에 대해 말해진다는 것이 따라 나올 것이다. (설명: 즉, AaB가 (1)의

냐하면 [전자의 경우에는] B는 C에 있지만, 그것[C]의 모든 것에 있는 것은 아니라고 하더라도 아무런 지장이 없기 때문이다. 예를 들어 B를 '아름다움', C를 '흼'이라고 하자. 그렇다면 아름다움이 있는 흰 어떤 것에 있다면, 아름다움이 흼에 있다고 말하는 것은 참이지만, 그것의 모든 것에 있다고 말하는 것은 아마 참이 아닐 것이다. 따라서 만일 A가 B에 있지만, B가 그것에 대해 말할 수 있는 모든 것에 있는 것[703]은 아니라면, B가 모든 C에 있든, 단지 C에 있든, A가 모든 C에 있는 것이 아니라는 것은 필연이 아닐 뿐만 아니라, [단지] C에 있는 것조차 필연이 아니다.[704] 그러나 만일 B가 그것에 대해 참으로 말할 수 있는[705] 그것이 무엇이든 간에 그것의 모든 것에 A가 있다면, B가 그것의 모든 것에 대해 말할 수 있는 모든 것에 대해 A는 말할 수 있게 될 것이다. 그렇지만, 만일 B가 그것의 [20]

[25]

의미로 해석된다면, 그것은 BaC와 더불어 AaC를 함의할 것이다.)

    (iv) 그러나 A가 B가 말해지는 모든 것에 대해 말해진다면, A가 모든 C에 속하지는 않지만, B가 C에 속하거나 혹은 C에 전혀 속하지 않는 것을 방해하는 것은 아무것도 없다. (설명: 'B가 C에 속한다'라는 것을 BiC로 이해되어야 한다고 가정함으로써 — (ii) 참조 —, 아리스토텔레스는 이제 AaB가 (2)의 의미로 해석되면, A와 C에 관련해서 어떤 결론도 따라 나오지 않음을 지적한다.

    이로써 정식화 (1)과 (2)의 차이에 대한 논증이 완결된다.

703 여기서 'B가 그것에 대해 말할 수 있는 모든 것'이란 보통 '모든 B'라고 불리는 것이다. 즉 A는 B에 있지만, 모든 B에 있는 것은 아니다. 따라서 이 논의 전체는 'A가 모든 B에게 있는 것은 아니다'라는 것으로 특칭 부정을 나타내지만, 긍정이 전칭은 아니라는 의미에서는 특칭 긍정으로도 받아들여진다.

704 대전제 AB가 특칭 긍정인 경우에는 소전제 BC가 전칭 긍정이든 부정칭(不定稱) 긍정이든, 결론 AC는 소전제와 동일한 형식으로 성립하지 않으며, 추론은 성립하지 않는다. 또, 이 불성립에 대해서는 제1권 제4장 26a33-36, b21-25 참조.

705 '참으로 말할 수 있다'란 제1권 제27장 43a26에 나타나는 '참으로 … 술어 된다'와 마찬가지로, 예를 들어 '유-종-개별자' 사이의 '술어적 서술'을 나타내는 것으로 이해된다. 따라서 여기서는(49b23), 부정칭(不定稱) 긍정으로 말해지지만, 다음 행에서는(49b24) 전칭 긍정으로 바꾸어 말하게 된다. 이 점의 이해도 '참으로 전칭으로 술어가 된다'(43a26)와 마찬가지다.

49b

모든 것에 대해 말할 수 있는 바의 그것이 무엇이든, 그것에 대해 A가 말할 수 있다면, B는 C에 있지만, A는 C의 모든 것에 있는 것은 아니라고 해도, 혹은 전혀 C에 있는 것은 아니라고 해도, 아무런 지장이 없는 것이다. 그래서 3개의 항으로, 'B가 그것에 대해 말할 수 있는 모든 것에 대해 A가 말할 수 있다'라는 것은 분명히 이것을, 즉 'B가 그것들[항]에 대해 말할 수 있는 한, 이 모든 [항]에 대해 A 또한 말할 수 있다'는 것을 의미한다.[706] 그리고 만일 B가 [그 안에 있는 항의] 모든 것에 대해 말할 수 있다면, A 또한 그렇겠지만,[707] 만일 B가 [그 항의] 모든 것에 대해 말할 수 있는 것은 아니라고 한다면, A가 [그 항의] 모든 것에 대해 말할 수 있는 것 또한 필연은 아닌 것이다.[708]

[30]

(2) [항을] 추출함으로써 뭔가 불합리한 일이 결과적으로 발생한다고 생각해서는 안 된다. 왜냐하면 우리는 [추출되는 항이] '어떤 이것'[709]이라는 것을 아무것도 이용하고 있지 않으며,[710] 그것은 기하학자가 실제로는

[35]

---

706 delon hoti('… 것은 분명하다')는 대개 결과에 대한 요약이나 그 내용을 보여준다. 이것은 B를 그 아래에 있는 항의 집합으로서 파악하고, 그것에 의해서 대전제 AB를 정식화한 것이다. 이를 바탕으로 소전제를 구성하는 2항의 관계가 규정되고, 그에 대응한 결론이 두 전제로부터 도출되게 된다. 즉 (1)과 (2)는 동일한 것을 의미하지 않는다. (2)가 아니라 (1)은 전칭 긍정 전제(AaB)에 대한 올바른 해석이라는 것을 보여준다.

707 이로부터 Barbara가 성립한다.

708 이로부터 Darii가 성립한다.

709 원어로는 tode ti(어떤 이것). 개별자를 의미하는데 여기서는 '구체적 항'을 가리킨다. 추론식을 형식화하는 데 '문자'를 사용하고 있다고 해서, 그 증명이 주어진 형식의 모든 추론에 관해서라기보다는 개별적 문자들에 관해 논하고 있다고 생각해서는 안 된다.

710 여기서 아리스토텔레스는 '추출'의 의미가 무엇인가에 대해 아무런 설명도 내놓고 있지 않다. 이 부분(49b33~50a3)과 관련해서 전통적으로 두 가지 해석이 있어 왔다. 실제로 이미 앞서 ekthesis, ektithesthai를 통한 증명의 방법을 위한 '추출'에 관련된 동사와 명사를 사용했었다(제1~22장, 특히 제6~8장 참조). 알렉산드로스, Ross,

244

그렇지 않은데도 이 선은 한 발의 길이[711]라든가, 이 선은 곧다든가, 이 선은 폭이 없는 것이라고 말하기도 하는데, 그러나 이것들로부터 추론을 행하고 있다는 의미로, 이것들을 사용하고 있는 것이 아닌[712] 것과 마찬가지

Mignucci, Smith 등이 옹호한 첫 번째 해석은 아리스토텔레스가 추론식의 형식화에서 '문자의 사용'을 논의하고 있다는 것이다. Striker는 두 번째 해석(Pacius와 Waitz)은 더 유망해 보인다고 해석한다. 그래서 해당 항들로 구성된 전제가 거짓이고, 거짓된 결론으로 이끌어 낸다고 하더라도, 이것은 추론의 타당성이 항들 사이에 가정된 관계에 달려 있기 때문에, 그의 논증에는 영향을 미치지 않는다는 것을 지적함으로써, 아리스토텔레스가 항-예들에 대한 사용을 언급하는 것일 수 있다는 것이다. 그렇다면 거짓 전제는 기하학의 증명에 사용된 가정과 정확히 일치할 필요가 없는 도형과 비슷하다. Striker는 '분석'과 관련된 이 부분에서, '추출'의 사용을 통해 구체적 추론의 항을 보여주는 목록이나 도형을 언급하는 것으로 해석한다(제34장, 제36장). 하지만 그러한 목록이나 도형을 사용으로부터 초래된 불합리한 일이 생기는지를 생각하기란 쉽지 않다. 이에 더 자세한 논의에 대해서는 Striker, pp. 233-234 참조. 여기서 첫 번째 해석에 따라 추출에 대해 약간의 설명을 보태겠다. [항을] 추출함으로써 뭔가 불합리한 일이 결과적으로 발생한다고 생각해서, 일반적으로 무언가를 추출하는 것(가령, 개별자로부터 인간을 '떼어 놓음'[ekthesis])과 추출되는 그 무언가를 특정한 '어떤 이것'(tode ti)으로 인정하는 것은 별개의 사항이다. 또 플라톤주의자들의 '다자로부터 일자'의 ekthesis에 대해서는『형이상학』992b10, 1003a10, 1086b10, 1090a17 참조. 이 점을 둘러싼 '불합리한 일'(49b34)에 대해서는『소피스트적 논박에 대하여』제2장 178b36-179a10 참조('제3의 인간'의 논의가 그 예로 거론되고 있다). 추출법('떼어 놓음')에 의한 증명에서는 추출되는 항은 어떤 의미에서는 '어떤 이것'으로 파악되어 고유명으로 지시되는 특정 개체와 같은 것이다. 하지만 그렇다면, 이 증명은 성립하지 않는다. 왜냐하면 그러한 특정 개체는 아래에서 이야기되는 바와 같이(49b37-50a1), 추론의 두 전제가 충족해야 할 전체와 부분의 관계에 있을 수 없기 때문이다. 추출되는 항은 어떤 조건을 충족하는 임의의 전체, 그 의미에서 불특정한 보편자로서, 말하자면 특정 개체와 대척점에 있는 것이다. '존재 예화'로서의 추출법에 의한 증명은 그러한 항의 파악과 표현의 사용(예를 들어 제1권 제2장 25a16의 'C' 및 제6장 28a25의 'N'을 참조)에 기초하여 성립한다.

711 podiaia는 길이의 단위로 약 31센티미터.

712 이 점에 대해서는『분석론 후서』제1권 제10장 76b39-77a3 참조

이기 때문이다. 왜냐하면 일반적으로 [어떤 것에 대해서] 부분에 대한 전체로서 관계된 것[713]이 아닌 것과, 이것에 대하여 전체에 대한 부분으로서 관계된 것이 아닌 다른 것, 이러한 것들의 어떤 것으로부터 증명하려는 사람은 증명을 행하는 것이 아닌 경우에도, 따라서 추론도 성립하지 않기 때문이다. 우리는 학생에게 말할 때 감각하는 것을 사용하는 것과 마찬가지로[714] 추출하는 것을 사용한다. 왜냐하면 추론이 그것들로부터 성립하는 그것들[715]과 마찬가지로, 이것들 없이는 [아무것도] 논증될 수 없다는 의미에서 추출하는 것을 이용하고 있는 것이 아니기 때문이다.

제42장

[5]

동일한 추론에서[716] 모든 결론이 하나의 격에 의해 성립되는 것은 아니며, 어떤 결론은 이 격에 의해서, 또 어떤 결론은 다른 격에 의해서 성립된

---

713 추론이 이루어지는 조건에 대한 설명에 대해서는 제25장 42a9-12 참조.
714 Ross는 이 문장(50a1-2)에 관한 Waitz의 해석, 즉 이 문장은 교사로서의 '우리'가 아니라 배우는 자로서의 '학생'이 추출하는 것과 감각하는 것을 사용하면 [우리 교사는] 말하는' 것을 의미하는 해석을 피하기 위해 모든 사본에 있는 manthanonta legontes를 manthanont' alegontes로 바꿔 '학생을 위해'라는 뜻으로 읽었다. 사본대로 읽기로 한다. 그 이유는, Waitz의 해석은 이 대목의 논지와 부합되는 것으로 생각되지 않는다는 점, 또한 알렉산드로스가 의심할 여지 없이 사본대로 읽기를 제시하고 있으며, 이 대목을 인용하는 두 곳(381.12-13, 15-16)에서도, 심지어 부분적으로 인용하는 한 곳(381.24-25)에서도 모두 '학생'이 아닌 교사로서의 '우리'가 감각적인 것을 이용해, 그리고 비감각적인 기하학적 사항을 학생들에게 말하고 증명한다는 의미로 이 문장을 새기고 있다(Striker, p. 233-234; Ross, p. 414).
715 '추론이 그것들로부터 성립하는 그것들'이란 추론의 크고 작은 전제를 말한다.
716 '동일한 추론에서'는 아래에서 명백한 것처럼, 단칭 추론을 포함하는 복합 추론의 경우를 가리킨다. 이것에 대해서는 제1권 제25장 42b1-26 참조. 이 장은 '복합 추론에서의 분석'을 다루고 있다.

다는 것을 우리는 잊어서는 안 된다. 따라서 분석 또한 이러한 방식으로 이루어져야 함은 분명하다. 모든 문제가 모든 격에서 증명되는 것은 아니며 증명되는 문제는 각각의 격으로 배열되어 있으므로,[717] 어떤 격에서 분석을 추구해야 하는 것은 결론으로부터 분명하다. [10]

제43장

[변증술적 문답의] 논의 중에서 정의[718]를 목표로 하는 것에 대해서는, 그것이 정의항[719] 안의 어느 하나의 것을 목표로 해서 논의를 행하는 한, 그것을 목표로 해서 논의를 행하는 그것을 [추론의] 항으로서 놓아야 하며, 정의 전체[720]를 놓아서는 안 된다. 왜냐하면 그렇게 하면, [항의] 길이 때문에 혼란스러운 일이 결과적으로 더 적어질 것이기 때문이다. 예를 들어 물은 마실 수 있는 액체임을 어떤 사람이 증명했다면, '마실 수 있음'과 [15] '물'을 항으로 놓아야 한다.

---

717 정언 명제로서의 4가지 문제와 각각의 문제가 증명되는 격 사이의 관계에 대해서는 제1권 제26장 42b32-40 참조. 네 종류의 명제는 제1격에서 증명될 수 있다. 단지 부정 명제만이 제2격에서, 단지 특칭 명제들만이 제3격에서 증명된다.
718 『토피카』에서처럼, 여기서 horos는 '정의'를 가리킨다. 『분석론』에서 horos는 '항'을 의미하고, 대신에 '정의'에 대해서는 대개 horismos를 사용한다.
719 '정의항'이라고 번역한 표현에 대해서는 『토피카』 제7권 제3장 153a16 및 제5장 154a36 참조.
720 '정의 전체'란 '정의항 전체'를 말한다.

제44장

　게다가 (1) 가정으로부터의 추론[721]을 환원하려고 시도해서는 안 된다.[722] 왜냐하면 [가정적으로] 놓인 것으로부터[723] 이 추론을 환원할 수 없기 때문이다. 이것은 추론에 의해서 증명된 것이 아니라, 약정에 따라 모두 동의된 것이기 때문이다.[724] 예를 들어 (a) 반대의 것에는 어떤 하나의 능력[725]이 있는 것이 아니라면, 그것들에게는 하나의 지식이 있는 것도 아니라는 것을 [우선] 가정하고,[726] (b) 다음으로 모든 능력이 반대의 것에 있는 것은 아니며,[727] 예를 들어 건강한 것과 병든 것에[728] 대해서는 그렇

[20]

---

721 가정으로부터의 추론에 대해서는 제1권 제23장 41a22-b5 및 제29장 45b15-20 참조. 이 장은 제23장과 함께 읽어야 한다.

722 여기서 환원(anagein)은 '분석'과 동의어이다. 즉 '격으로 된 추론 형식'으로 놓지 않아야 한다. 아래의 50b3("이러한 추론은 격으로 분석할 수 없다") 참조.

723 '놓인 것'은 결론이 도출되는 가정 중 하나로 간주되어야 하지만, 아리스토텔레스는 조건문을 특별한 종류의 명제로 인식하지 않기 때문에 '전제'라는 단어를 피했을 것이다.

724 가정으로부터의 추론을 '추론'으로 말한 다음, 이제 이것을 적절한 정언적 추론과 대조하고, 가정을 토론자들 사이의 동의로 다룬다. 가정은 먼저 '만일 p이면 q이다' 형식을 취하고, 나중에 '만일 p라는 것을 보였다면, q이다'로 형식화된다. 제23장에서는(41a38-39) 그것은 q 대신에 p를 대체하는 것에 대한 동의로서 다루어지며, p에 대한 증명이 마찬가지로 q를 확립한다. 그것을 추론의 고유한 부분이기보다는 논쟁의 전략과 더 유사하게 보이게 함으로써.

725 '능력'이라고 번역된 dunamis(힘)는 '무언가를 하거나 무언가가 되는' 능동과 수동의 변화의 원리로서의 '힘' 일반을 뜻한다. 이에 대해서는 『형이상학』 제5권 제12장 참조.

726 이 가정의 전건과 후건은 모두 '반대되는 것'을 주어항으로 하고, '어떤 하나의 능력이 있다' 및 '하나의 지식이 있다'를 각각 술어항으로 하는 부정칭(不定稱) 부정 명제이다(제1권 제1장 24a19-22, 제36장 48a40-b9 참조).

727 가정의 전건으로서의 이 명제는 통상의 주어-술어 문장으로서의 관계 명제로 해석하여, '모든 능력이 반대인 것[능력]인 것은 아니다'라고 번역하는 것도 가능하다.

지 않으며, 왜냐하면 만일 그렇다고 하면 동일한 것이 동시에 건강하고 병든 것이 될 것이기 때문이라고 논하는 경우가 그것이다.[729] 이제 모든 반대의 것에 하나의 능력이 있는 것은 아니라는[730] 것은 증명되었지만, 그 것들이 하나의 지식이 있는 것은 아니라는 것은 증명된 것은 아니다. 하지 만 이것에는 동의하지 않으면 안 되는 것이며, 그것은 추론으로부터가 아 니라 가정에서이다. 따라서 이 가정으로부터의 추론을 환원할 수는 없지 만, 반대의 것에는 하나의 능력이 있는 것은 아니라는 것은 환원할 수 있 다. 왜냐하면 후자는 아마도 추론이기도 했지만,[731] 전자는 가정이었기 때

[25]

그러나 앞의 가정에서의 정식화에 따라 '존재 부정 명제'로서 해석한다. 따라서 이 경 우 '모든 능력'의 '모든'은 집합적으로 해석하는 것이 아니라 분배적으로 해석하고, '모든 능력'이란 '모든 개개의 능력'을 뜻하는 것으로 이해한다.

728 즉 건강을 만들어 내는 것과 질병을 만들어 내는 것. 『토피카』제2권 제2장 110a 19-20("건강을 만들어 내는 것이 '건강적'이라고 불러질 수 있다") 참조.

729 이 논의는 두 부분으로 이루어져 있다. 하나는 반대되는 것에서 건강한 것과 병 든 것을 한 예로 추출하고, 이를 통해 모든 능력이 반대되는 것은 아니라는 것을 추론 하는 부분이고, 다른 하나는 건강한 것과 병든 것에는 한 가지 능력이 있는 것이 아니 라는 것을 귀류법으로 추론하는 부분이다. 전자는 '추출법'(떼어 냄)에 의한 직접적인 추론이며, 후자는 가정으로부터의 추론의 하나인 귀류법이다(modus tollens). 그리 고 전자의 추론에 대해서는, '하나의 능력이 있다'를 D, '반대의 것'을 E, '건강한 것 과 병든 것'을 F라고 하면, D는 F에 없고, E는 F에 있으므로, D는 어떤 E에도 없다 (DoE)라고 분석된다. 만일 두 전제를 양화한다면, Felapton(DeF, EaF⊢DoE)의 형 식이 된다.

730 가정의 전건이 전칭 긍정의 부정으로서의 특칭 부정 명제임이 주어항의 '반대의 것'에 '모든'이 붙으면서 비로소 명확하게 정식화되고 있다.

731 '아마 추론이기도 했다'라는 애매한 말투는 후자가 귀류법까지 포함한 논의임을 드러낸 것으로 이해된다. 즉 modus tollens(후건 부정법)를 말할 것이다. 다시 말해 '① 건강한 것과 병든 것이 동일한 힘으로부터 나왔다면, ② 동일한 것이 동시에 건강 하고 병든 것이 될 것이다(그러나 어떤 것도 동시에 건강하고 병든 것일 수 없다. ③ 그러므로 건강한 것과 병든 것은 동일한 힘으로부터 나온 것이 아니다).' 이로부 터, ①, ②, ③을 조합하면 하나의 정언적 추론이 된다. 또 하나의 추론은, ① 건강한

50a

문이다.

[30]　　(2) 불가능에 의해 결론지어지는 추론의 경우도 마찬가지이다. 왜냐하면 이 추론도 분석할 수 없으며, 오히려 [이 추론 중] 불가능으로 귀착(歸着)[732]시키는 부분은 분석할 수 있지만(이 부분은 추론에 의해 증명되니까), 다른 부분은 분석할 수 없기 때문이다. 이 부분은 가정으로부터 결론을 내릴 수 있기 때문이다. (3) 그러나 이 추론이 앞에서 논의되었던 [가정으로부터의] 추론과 다른 점은, 그 추론에서는 만일 [결론을] 승인하고자 한다면, 미리 [가정에] 동의를 해 두지 않으면 안 된다는 것이다. 예를 들어 반대되는 것들에 하나의 능력이 있음이 증명된다면, 그것들에게는 또한 동일한 지식이 있다는 것에 미리 동의를 해 두는 경우가 그것이다. 한편, 이쪽[의 추론]에서는 미리 [가정에] 동의를 해 두지 않아도 거짓임이 명백하므로 [결론을] 승인하는 것이다. 예를 들어 대각선이 통약 가능하다고 놓게 되면, 홀수가 짝수와 같아지는 경우가 그것이다.[733]

[40]　　(4) 그 밖에도 많은 추론이 가정으로부터 결론이 내려지지만, 이들에 대해서는 여전히 고찰하고 명확한 형태로 표시해야 한다. 그래서 이것들

것과 병든 것은 반대이다. ② 건강한 것과 병든 것은 동일한 힘으로부터 나온 것이 아니다. ③ 그러므로 모든 반대가 동일한 힘으로부터 나온 것은 아니다(알렉산드로스, 386.34-387.5; 필로포노스, 358.24-31 참조). 가정의 전건은 정언 명제이고, 추론에 의해 증명되지만, 후건으로의 이행은 '동의'에 기초하고 있다.

732 원어로는 apagōgē이다.

733 필로포노스가 말하는 것처럼, 아리스토텔레스가 하나의 조건문과 하나의 정언적 명제를 가진 '논의'(modus tollens, 여기서 apodeixis[논증]와 구별하기 위해 논리학에서 늘 사용하는 '논증'이란 말을 피한다)를 말하고 있다면, '만일 대각선이 통약할 수 있다면, 홀수는 짝수와 같아질 것이다. 그러나 홀수와 짝수는 같지 않다. 그러므로 대각선은 통약할 수 없다.' 조건문의 전제는 추론적으로 증명되지만, 두 번째 전제는 그 모순의 거짓이 명백하기 때문에 증명 없이 가정된다(필로포노스, 369.2-27). 아리스토텔레스가 논의하고 있는 것은 귀류법이지, modus tollens가 아니다. 그의 '환원의 논의'(reductio-argument) 전제로서 조건문을 갖지 않는다. 반면에 modus tollens와 modus ponens 논의는 조건 전제를 명확하게 진술한다.

사이의 차이는 무엇인지, 또 가정으로부터의 추론은 얼마나 많은 방식으 50b
로 성립하는지를 우리는 나중에 논하기로 하자.[734] 지금은 단지 다음과 같
은 점만은 분명한 것이라고 해 두자. 즉 이러한 종류의 추론은 격으로 분
석할 수 없다는 것이다. 그리고 이것이 어떤 이유 때문인지는 우리가 지금
논한 바이다.

제45장

[4개의] 문제 중 하나보다 많은 격에서 증명되는 한, 그것이 한쪽 격에 [5]
서 추론된다면 그 추론을 다른 격으로 환원할 수 있다. 예를 들어 (1) 제1격
에서의 부정 추론을 제2격으로, 또 중간격에서의 추론을, 그 전부는 아니
지만 몇 가지를 제1격으로 환원할 수 있다.[735] 이것은 이어지는 논의에서
밝혀질 것이다. 만일 A가 어떤 B에도 없고, B가 모든 C에 있다면, A는 [10]
어떤 C에도 없다. 이러한 방식으로 제1격이 성립하는데, 만일 부정이 환

---

734 이 점에 대해서는 제1권 제29장 45b15-20 참조. 이 약속은 전해지는 아리스토
텔레스 저작 중 특별히 논의되고 있는 부분은 보이지 않는다. 알렉산드로스는 아리스
토텔레스의 학형(學兄)이었던 테오프라스토스, 에우데모스 등 다른 동료들이 이 주제
를 다뤘다고 보고한다(390.2-3).

735 격들 중 하나에서의 추론은 동일한 결론이 양 격에서 귀결될 수 있을 때 다른 격
에서의 추론으로 전환될 수 있다. 이것은 2격의 Baroco와 3격의 Bocardo를 제외하면
모든 경우에 해당한다. 이 추론식은 귀류법에 의해 증명되어야 한다(제5-6장 참조).
이 장에서 논의되는 환원과 분석이란 동일한 하나의 문제가 '복수의 격으로' 증명된다
는 것이다. 따라서 예를 들어 전칭 긍정(A)은 제1격에 의해서만 증명되므로, 여기서
논의의 대상이 되지 않는다. 처음에 거론되는 제1격과 제2격 사이에서는 후자의 추론
이 모두 부정이다. 따라서 전자의 2가지 부정 추론과 후자의 4가지 추론 사이에서 환
위와 분석의 여부를 논하게 된다. 이 점은 다음에 거론되는 제1격과 제2격 사이, 또
제2격과 제3격 사이의 환원과 분석에 관해서도 마찬가지이다.

위된다면, 중간격[제2격]이 성립될 것이다. 왜냐하면 B는 A에게는 그 어떤 것에도 없고 C에게는 그 모든 것에 있기 때문이다.[736] 추론이 전칭이 아니라 특칭이라고 해도 마찬가지다. 예를 들어 A가 어떤 B에도 없고 [15] B가 어떤 C에 있는 경우가 그것이다. 왜냐하면 부정이 환위가 되면, 중간 격이 성립될 것이기 때문이다.[737]

두 번째 격에서 추론 중 [두 가지] 전칭 추론은 제1격으로 환원되지만, [다른 두 가지] 특칭 추론에 대해서는 한쪽 추론만이 환원될 것이다. 즉, A는 B에게는 그 어떤 것에도 없고, C에게는 그 모든 것에 있는 것으로 하 [20] 자. 그러면 부정이 환위되면, 제1격이 성립할 것이다. 왜냐하면 B는 어떤 A에도 없고, A는 모든 C에 있게 될 것이기 때문이다.[738] 또한, 긍정[전제] 이 B와 관계되고 부정이 C와 관계되어 있는 경우에는, C를 첫 번째 항으로 해서 놓여야만 한다. 왜냐하면 이것[C]은 어떤 A에도 없고, A는 모든 B에 있으며, 따라서 C는 어떤 B에도 없게 될 것이기 때문이다. 그러므로 B 또한 어떤 C에도 없는 것이 될 것이다. 부정은 환위되기 때문이다.[739]

[25] [제2격에서의] 추론이 특칭인 경우에, 부정[전제]이 큰 끝항과 관계되

---

736 Celarent(AeB, BaC⊢AeC)가 Cesare(BeA, BaC⊢AeC)로 환원된다.

737 Ferio(AeB, BiC⊢AoC)가 Festino(BeA, BiC⊢AoC)로 환원된다.

738 Cesare(AeB, AaC⊢BeC)가 Celarent(BeA, AaC⊢BeC)로 환원된다.

739 Camestres(AaB, AeC⊢BeC)가 Celarent(CeA, AaB⊢CeB) 및 CeB⊢BeC로 환원된다. 또한 이상의 예에서도 이해되듯이 제1격과 제2격 사이에서 분석이 성립하기 위해서는 전칭 부정의 대전제를 단순 환위해야 한다. 그런데 Camestres의 경우에는 대전제가 전칭 긍정, 소전제가 전칭 부정이므로 이대로는 분석이 성립하지 않는다. 그래서 두 전제를 교체하고, 따라서 두 끝항의 역할을 교체시켜 [마지막 항의] C를 첫 번째 항으로 해서 놓아 두어야 한다(50b23 참조). 그 후, 새로운 대전제 AeC를 단순 환위하여, Celarent의 추론을 행하게 된다. 그리고 또한 그 결론 CeB를 단순 환위하여 Camestres의 결론 BeC를 얻게 된다. 따라서 엄밀히 말하면 Camestres는 Celarent로 환원되지 않고, Celarent와 CeB의 단순 환위로 환원되게 된다. 이것은 아래에 말해진 Disamis(51a8-12)의 경우에 대해서도 마찬가지다(각주 748 및 752 참조).

어 있을 때에는 그것은 제1격으로 환원될 것이다. 예를 들어, A가 어떤 B에도 없고 어떤 C에 있는 경우가 그것이다. 왜냐하면 부정이 환위되면, 제1격이 성립될 것이기 때문이다. 그 이유는 B는 어떤 A에도 없고, A는 어떤 C에 있게 될 것이기 때문이다.[740] 하지만 긍정이 큰 끝항과 관계되어 있을 때에는, 추론은 [제1격으로] 분석되지는 않을 것이다. 예를 들어 A가 B에게는 그 모든 것에 있지만, C에게는 그 모든 것에 있는 것이 아닌 경우가 그것이다. 왜냐하면 [전제] AB는 환위를 받아들일 수 없고, 또 환위가 성립한다고 해도 추론은 성립하지 않을 것이기 때문이다.[741] [30]

(2) 다음으로, 제3격에서 추론은 모든 것이[742] 제1격으로 분석되는 것은 아니지만, 제1격에서의 추론은 모든 것이 제3격으로 분석될 것이다. 즉, A가 모든 B에 있고 B가 어떤 C에 있다고 하자. 그러면 특칭 긍정은 환위되므로, C는 어떤 B에 있게 될 것이다. 그런데 A는 모든 B에 있었던 것이고, 따라서 제3격이 성립된다.[743] 또한 추론이 부정이라고 해도 마찬가지이다. 왜냐하면 특칭 긍정은 환위될 것이고, 따라서 A는 어떤 B에도 없으며, C는 어떤 B에 있게 될 것이기 때문이다.[744] [35] [40]

마지막 격에서 추론 중에서는 오직 하나의 추론만이, 즉 부정이 전칭으로 놓이지 않았을 때에는 제1격으로 분석되지 않지만, 다른 추론은 모두 분석된다.[745] 즉, ① A와 B가 모든 C에 대해 술어 된다고 하자. 그러 [51a]

---

740 Festino(AeB, AiC⊢BoC)가 Ferio(BeA, AiC⊢BoC)로 환원된다.

741 Baroco(AaB, AoC⊢BoC)는 제1격으로 분석되지 않는다. 대전제 AaB는 단순 환위되지 않고, 그것을 제한 환위해도(AaB⊢BiA), 두 전제(AoC, BiA)가 특칭이 되어 추론은 성립하지 않기 때문이다(제1권 제4장 26b21-25 참조).

742 제3격의 식들처럼 특칭 결론을 갖는 모든 것들.

743 Darii(AaB, BiC⊢AiC)가 Datisi(AaB, CiB⊢AiC)로 분석된다.

744 Ferio(AeB, BiC⊢AoC)가 Ferison(AeB, CiB⊢AoC)으로 분석된다.

745 Darapti/Darii와 Felapton/Ferio의 경우에, 소전제는 제한 환위되어, 따라서 애초의 전제보다 약화된다. 그래서 도출되는 변형된 것은 애초의 것과 같다고 말할 수 없다. 이어지는 각주를 참조.

253

[5] 면 C는 [A·B] 양자의 각각과의 관계에서 특칭으로 환위되게 될 것이다. 그러므로 C는 어떤 B에 있다. 따라서 A가 모든 C에 있고 C가 어떤 B에 있다면, 제1격이 성립할 것이다.⁷⁴⁶ 또한 ② A가 모든 C에 있고 B가 어떤 C에 있다고 해도 동일한 논의가 성립한다. 왜냐하면 C는 B와의 관계에서 환위되기 때문이다.⁷⁴⁷ 그러나 B가 모든 C에 있고 A가 어떤 C에 있는

[10] 경우에는, 첫 번째 항은 B로 놓여야 한다. 왜냐하면 B는 모든 C에 있고 C는 어떤 A에 있으며, 따라서 B는 어떤 A에 있기 때문이다. 그리고 특칭은 환위되므로, A 또한 어떤 B에 있는 것이 될 것이다.⁷⁴⁸ 또 추론이 부정이라 하더라도, [세 개의] 항이 [서로] 전칭으로 관련되어 있을 때에는, 그것들을 [①, ②와] 동일한 방식으로 받아들여야 한다. 왜냐하면 B가 모든

[15] C에 있고, A가 어떤 C에도 없다고 하자. 그러면 C는 어떤 B에 있고, A는 어떤 C에도 없는 것이 될 것이며, 따라서 C가 중항이 될 것이기 때문이다.⁷⁴⁹ 또 부정이 전칭이고, 긍정이 특칭이라고 해도 마찬가지다. 왜냐하면 A는 어떤 C에도 없고, C는 B인 무언가에 있게 될 것이기 때문이다.⁷⁵⁰ 그러나 부정이 특칭으로 받아들여지게 되는 경우에는 분석은 성립하지 않을 것이다. 예를 들어 B가 모든 C에 있고 A가 어떤 C에 없는 경우가 그것

[20] 이다. 왜냐하면 [전제] BC가 환위되면, 두 전제는 모두 특칭이 될 것이기 때문이다.⁷⁵¹

[제1과 제3격의] 이것들의 격을 상호 분석하기 위해서는 작은 끝항과 관련된 전제가 양쪽 격으로 환위되어야 한다는 것 또한 분명하다.⁷⁵² 왜냐

---

746 Darapti(AaC, BaC⊢AiB)가 Darii(AaC, CiB⊢AiB)로 분석된다.

747 Datisi(AaC, BiC⊢ AiB)가 Darii(AaC, CiB⊢AiB)로 분석된다.

748 Disamis(AiC, BaC⊢AiB)가 Darii(BaC, CiA⊢BiA) 및 BiA⊢AiB로 분석된다.

749 Felapton(AeC, BaC⊢AoB)이 Ferio(AeC, CiB⊢AoB)로 분석된다.

750 Ferison(AeC, BiC⊢AoB)이 Ferio(AeC, CiB⊢AoB)로 분석된다.

751 Bocardo(AoC, BaC⊢AoB)는 제1격으로는 분석되지 않는다.

752 이 언급은 단지 제1격의 추론을 제3격으로 전환하는 것에만 적용된다. 그 역은

하면 이 전제가 [환위에 의해] 변형되면 [한쪽에서 다른 쪽으로의] 격의
이행이 발생했기 때문이다. [25]

(3) 중간격에서의 [두 개의 특칭] 추론 중에서, 제3격으로는 한쪽 추론
은 분석되지만 다른 쪽 추론은 분석되지 않는다.[753] 왜냐하면 전칭이 부정
일 때에는 분석되기 때문이다. 즉, A가 어떤 B에도 없고, 어떤 C에는 있
다면, 두 끝항은 모두 A와의 관계에서 동일한 방식으로 환위되며, 따라서 [30]
B는 어떤 A에도 없고, C는 어떤 A에 있게 될 것이다. 그러므로 A가 중항
이다.[754] 이에 대해, A가 모든 B에 있고, 어떤 C에는 없을 때에는 분석은
성립하지 않을 것이다. 왜냐하면 두 전제는 모두 환위에 의해서 전칭이 아
니게 될 것이기 때문이다.[755]

또 제3격으로부터의 추론은 부정이 전칭일 때에는 중간격으로 분석될
것이다. 예를 들어 A가 어떤 C에도 없고, B가 어떤 C에 또는 모든 C에 [35]
있는 경우가 그것이다. 왜냐하면 C 또한 A에게는 그 어떤 것에도 없고,
B에게는 무언가에 있게 될 것이기 때문이다.[756] 그러나 부정이 특칭인 경
우에는 분석되지 않을 것이다. 왜냐하면 특칭 부정은 환위를 받아들일 수

아니다. 제1격과 제3격 사이에 분석이 성립하는 일곱 가지 중 Disamis를 제외한 여섯
가지 경우에 대해서는 각각의 작은 끝항과 관련된 전제, 즉 소전제를 단순 또는 제한
환위함으로써 분석은 성립되었다. 그러나 Disamis의 경우에는 두 전제를 교체하고
두 끝항의 역할을 교체해서('첫 번째 항[대전제]은 B로서 놓아야 한다')(51a8-12 참
조), 그렇게 얻어진 새로운 소전제 AiC를 단순 환위하여 Darii의 추론을 행하게 된
다. 또한 그 결론 BiA를 단순 환위하여 Disamis의 결론 AiB를 얻을 수 있다. 따라서
이 문장은 정확하지 않다고 할 수 있다. 하지만 두 전제를 바꿔치기하는 것으로 해석
한다면 그렇게 말할 수 없다. 이것이 아리스토텔레스가 말하고자 하는 바일 것이다.

753 특칭 결론을 갖는 식을 생각하고 있다. 즉 Festino, Baroco. 이어지는 각주 참조.

754 Festino(AeB, AiC⊢BoC)가 Ferison(BeA, CiA⊢BoC)으로 분석된다.

755 Baroco(AaB, AoC⊢BoC)는 제3격으로 분석되지 않는다.

756 Ferison(AeC, BiC⊢AoB) 및 Felapton(AeC, BaC⊢AoB)가 Festino(CeA,
CiB⊢AoB)로 분석된다.

없기 때문이다.[757]

[40] 이렇게 해서, 제1격으로 분석되지 않았던 것과 동일한 [2개의] 추론[758]

51b 이 이들 격에서도 분석되지 않는다는 것, 또 [다른] 추론은 [환위에 의해]
제1격으로 환원되지만,[759] 이러한 추론만이 불가능에 의해 결론지어질 것
임은 분명하다.

그런데 어떻게 추론을 환원해야 하는가 하는 것, 또 격은 서로 분석된
다는 것은 앞에서 말해진 것으로부터 분명하다.[760]

제46장

[5] (1) '이것이 아니다'와 '이것-아님이다'가, 예를 들어 '희지 않다'와 '희
지-않음이다'가 같은 것을 표시할지, 아니면 다른 것을 표시할지, 그 어느
쪽으로 생각할지는 [자신과 다른 사람의 논의를] 확립하거나 파괴할 때
작지 않은 차이가 있다. 왜냐하면 이것들은 같은 것을 표시하지 않고, '희
[10] 다'의 부정은 '희지-않음이다'가 아니라, '희지 않다'이기 때문이다. 이것
의 이유는 다음과 같다.[761]

---

757 Bocardo(AoC, BaC⊢AoB)는 제2격으로는 분석되지 않는다.

758 Baroco와 Bocardo를 가리킨다.

759 제5-6장 참조. 여기서 아리스토텔레스는 타당성을 증명한다는 의미에서 '분석과
환원'의 차이를 명확하게 인지하고 있다. 엄밀하게 말하면, '분석'을 일상 언어로 표현
된 논증의 형식화라는 의미로 새긴다면, 주어진 추론식을 그에 상당하는 다른 격 중
의 하나로의 전환하는 '환원'과는 다르다. 제5-6장에서는 '환원'과 '분석'을 상호 교환
할 수 있는 것으로 사용한다. 그래서 어떤 주석가들은 이 장이 '추론'의 초기 단계의
흔적이 남은 것으로 본다.

760 제1권 제32장에서 시작된 '추론의 환원과 분석'의 논의는 여기서 끝난다.

761 이 장의 논의와 『명제론』제10장의 논의와 비교하라. 'is not p'와 'is not-p'는
동일한 것을 의미하지 않는다. 예컨대, (1) '걸을 수 있다', (2) '걸을 수 없다' (3) '걸

  즉, (a) '걸을 수 있다'의 '걷지-않음일 수 있다'에 대한 관계는 '희다'의 '희지-않음이다'에 대한 관계, 혹은 '좋음을 안다'의 '좋지-않음을 안다'에 대한 관계와 같다.[762] 왜냐하면 '좋음을 안다'와 '좋음을 아는 것이 있다'는 아무런 차이가 없고, 또 '걸을 수 있다'와 '걸을 수 있는 것이다'도 아무런 차이가 없기 때문이다.[763] 따라서 이것들과 모순 대립하는 것, 즉 '걸을 수 [15]

을 수 없음이다'를 보자. (1)은 (2)를 함의한다. 그러나 (3)은 (1)의 모순이다. 즉 (3) 형식의 진술은 긍정이다. 그 부정은 'S is not not-p' 형식을 취한다. 아리스토텔레스는 이 형식(S is not-p)을 긍정으로 간주한다. 이러한 다른 유형의 명제 간의 논리적 관계에서 잘못된 모순을 선택하면 오류로 이끌린다. 아리스토텔레스가 가지고 있는 문제 의식은, 두 명제로 이루어진 한 쌍의 모순 중의 하나는 주어진 주어에 대한 긍정이고 다른 것은 그것의 부정이라는 사실로부터 생겨난다(『명제론』 제7장 17b39-40 참조). 여기서 아리스토텔레스는 주어가 두 명제에서 동일함을 전제하므로, 술어구('p이다', 'p가 아니다')만을 언급한다. 'S is P' 형식의 진술은, (i) S가 P라는 속성을 결여하지만, 그것을 가질 수 있을 때, (ii) S가 P일 수 있는 그런 종류의 것이 아닐 때, (iii) S가 존재하지 않을 때, 이런 경우들에서 거짓일 수 있다. 이 경우들에서 주장하는 사람은 동일한 표현을 가지며 배중률(Law of Excluded Middle)을 위반하고 있는 것처럼 보인다. 후기 스토아 논리학자들은 'not: Kallias is walk'에서와 같이 문장-부정의 사용을 옹호했다.

762 여기서 논의의 전제 중 하나로서 쌍을 이루는 세 종류의 표현의 유사성이 논의되고 있다. 이 유비 관계는 구문론상에서의 관계이며, 그 요점은 다음과 같다. 즉, '걸을 수 있다', '희다', '좋음을 안다'라는 세 개의 최초의 동사가 오고, 그다음 동사 또는 형용사 또는 명사가 오는 형식의 2단어로 이루어진 표현으로 볼 수 있는 반면, '걷지 않을 수 있다', '희지 않다', '좋음-아님을 안다'의 3가지 것은 최초 동사, 그다음 부정사(否定辭)가 오고, 그다음에 동사 또는 형용사 또는 명사가 온다는 형식의 세 말로 이루어진 표현으로 볼 수 있다.

763 '좋음을 알고 있는 것이다'(estin epistamenos tagathon)라고 번역된 표현은, '좋음을 알고 있다'(epistatai tagathon)에서 동사 '알고 있다'(epistatai)를 'einai+동사의 현재 분사(epistamenos)'로 바꾼 것이다. 이것은 이렇게 함으로써, einai([…이다])를 나타나게 하고, 그에 따라서 표현의 의미를 바꾸지 않고, '이것이다', '이것이 아니다', '이것이 아닌 것이다'에 함께 나타나는 이 기본 표현과의 연관을 짓기 위해서이다. '걸을 수 있는 것이다'에 대해서도 마찬가지다. 이 경우 동사 '할 수 있

없다'와 '걸을 수 있는 것이 아니다' 또한 아무런 차이가 없다. 그래서 만일 '걸을 수 있는 것이 아니다'가 '걷지-않음일 수 있다'나 '걷는 것이 아니다'와 동일한 것을 표시한다면, 이것들은[764] 동시에 동일한 것에 있게 될 것이다(왜냐하면 동일한 사람이 걸을 수도 걷지 않을 수도 있고, 또 좋음도 또 좋지-않음도 알고 있는 자이기 때문이다), 그러나 모순 대립하는 긍정과 부정이 동시에 동일한 것에 있지는 않다.

[20]

따라서 '좋음을 알지 못한다'와 '좋지-않음을 알고 있다'가 같지 않은 것처럼, '좋지-않음이다'와 '좋은 것이 아니다' 또한 동일하지 않다.[765] 왜냐하면 유비의 관계에 있는 [네 항의] 것들 중 한쪽[의 두 항]이 다르다면, 다른 쪽[의 두 항] 또한 다르기 때문이다.

[25]

(b) 또 '동등하지-않은 것이다'와 '동등하지 않다'도 같은 것이 아니다. 왜냐하면 한쪽에는 즉, [전자의] 동등하지 않음인 것에는 뭔가 어떤 것이 밑에 놓여 있고,[766] 그것은 동등하지 않은[767] 것이지만, 다른 쪽[의 후자]

다'(dunaton)를 'einai+동사의 현재 분사(dunamenos)'로 하고 있다. 다만 이렇게 하면 두 단어로 이루어져 있던 이 표현들이 세 단어가 되고, 구문론상의 구조가 변화하여 부정사(否定辭)가 들어가는 위치가 바뀌어 버리는 어려움을 겪을 수도 있다.

764 '이것들'('이 반대들')을 앞서의 '걸을 수 있는 것이 아니다'와 '걷지-않음일 수 있다'를 가리킨다고 하면, 이 두 구(句)가 같은 것을 의미한다면 동시에 동일한 것에 있어야만 한다고 사소하게(당연히, trivial) 말할 수 있을 것이다. 그러나 이어지는 문장을 통해서 볼 때, 아리스토텔레스가 '걸을 수 있는 것이다'와 '걷지-않음일 수 있다'라는 두 표현을 가리키는 것으로 생각된다. 만일 '걷지-않음일 수 있다'가 '걸을 수 있는 것이 아니다'와 같은 것이라면, 이것들은 모순이 될 것이다. 따라서 또 '걸을 수 있는 것이 아니다'와 '걷지-않음일 수 있다'라는, 이 두 가지는 각기 다른 것을 표시한다는 결론이 나온다.

765 좋음(善)과 좋지 않음(不善)에 이끌렸기 때문에, 이 장 첫머리의 '희지 않은 것이다'와 '희지 않다'를 '좋지 않은 것이다'와 '좋지 않다'로 바꾸어 말하고 있다.

766 '밑에 놓여 있다'(hupokeitai, 51b26)라는 말에서 아래에서 언급되는 'hupokeimenon'(기체, 밑에 놓여 있는 것)이란 말이 유래한다.

에는 아무것도 밑에 놓여 있지 않기 때문이다. 따라서 모든 것은 동등하거나 동등하지 않음이거나 둘 중 하나가 아니라, 모든 것은 동등하거나 동등하지 않다.

(c) 게다가 '희지-않은 목재이다'와 '흰 목재가 아니다'가 동시에 [한 사물에] 있는 경우는 없다.[768] 왜냐하면 [무언가가] 희지-않은 목재라면, 그 [30] 것은 목재일 뿐이지, 흰 목재가 아닌 것이 필연적으로 목재일 수는 없기 때문이다.[769]

따라서 '좋지 않음이다'[좋지 않은 것이다]가 '좋은 것이다'의 부정이 아님은 분명하다.[770] 그래서 모든 하나의 것[771]에 대해 긍정이거나 또는 부정이거나라는 것은 참이고, 더구나 '좋지 않음이다'가 부정이 아니라면, 이 것이 어쨌든 긍정일 것이라는 점은 분명하다.[772] 그런데 모든 긍정에는 부 [35]

---

767 여기서 '동등하지 않은 것이다'라는 의미에서의 '동등하지 않은 것'이 '동등하지 않음'으로 바꾸어 말하고 있다. 이것은 형용사 ison(동등하다) 앞에 부정(否定) 접두사 a(n)를 붙여 만들어진 합성어 anison을 번역한 것으로, 후에 '결여 상태'(52a15)를 나타내는 형용사로서 등장하는 것이다. 즉, '동등하지 않음'은 동등할 수 있는 무언가에서 부족이나 결여(privation)를 표시한다. 따라서 주어가 존재할 때만 해당할 수 있다. '동등하지 않다'는 비존재의 주어 및 동등하지도 동등하지 않지도 않은 그러한 주어에 대해서도 참일 수 있다. 이와 동일한 점이 아래의 '희지-않은 목재이다'와 '흰 목재가 아니다' 사이의 대조에 의해서도 분명해진다.

768 앞에서 '밑[바탕]에 놓여 있는 것'인 '목재'가 표현상으로 나타나는 사례가 나온다.

769 '희지 않은 목재이다'에서는 목재가 '밑(바탕)에 놓여 있는 것'으로 되어 있지만, '흰 목재이다'의 부정인 '흰 목재가 아니다'에서는 그러한 일정한 것이 바탕에 놓여 있지 않다.

770 '희지 않은 목재이다' : '흰 목재가 아니다' = '좋지 않은 것이다' : '좋지 않다'의 유비가 성립하고 전자의 2항이 다르기 때문에 후자의 2항도 다르다는 것을 알 수 있다.

771 원어로는 henos인데, 알렉산드로스는 이것을 '모든 하나의 술어(predicate)에 대하여'로 해석한다.

772 제1권 제3장 끄트머리에서 예고된 사항, 즉 예를 들어 '좋지 않은 것이다'라거나 '희지 않은 것이다'라든가, 일반적으로 '이것이 아닌 것이다'('이것-아님이다', 25b23-24)가 긍정 표현이라는 것이 여기서 증명되고 있다.

정이 있다. 그러므로 이 긍정의 부정은 '좋지-않은 것이 아니다'이다.

(2) 이것들[의 긍정과 부정]은 서로 다른 배열을 이루고 있다. 즉, '좋다'(to einai agathon)를 A가 나타내는 것, '좋지 않다'를 B가 나타내는 것, '좋지-않음이다'를 B 아래에 있고 C가 나타내는 것, '좋지-않은 것이 아니다'를 A 아래에 있고 D가 나타내는 것이라고 하자.[773] 그렇다면 A나 B 중 어느 한쪽은 모든 것에 있고, 또한 A와 B는 어떤 동일한 것에도 [동시에] 있지는 않을 것이다.[774] 또 C나 D 중 어느 한쪽이 모든 것에 있고, 또한 C와 D는 어떤 동일한 것에도 [동시에] 있지는 않을 것이다.[775] 그리고 C가 거기에 있는 모든 것에 B가 있는 것은 필연이지만(왜냐하면 '희지 않음이다'[희지 않은 것이다]라고 말하는 것이 참이라면, '희지 않다'라고 말하는 것 또한 참이기 때문이다. 왜냐하면 희다와 희지-않음이 동시에 희지 않다는 것, 또는 희지 않은 목재인 동시에 흰 목재인 것은 불가능하며, 따라서 긍정이 없다면 부정이 있게 될 것이기 때문이다[776]), 그러나 C가 항상 B에 있는 것은 아니다(왜냐하면 전혀 목재가 아닌 것은 흼이 아닌 목재도 아닐 것이기 때문이다[777]).

---

[773] 아래와 같이 함의(implication)에 의해 연결된 표현이 동일한 열에 나타나는 matrix가 만들어진다.

A   B
D   C

(1) B는 모든 C에 속하지만, 그 역은 아니다(51b41-52a5).
(2) D는 모든 A에 속하지만, 그 역은 아니다(52a6-12).

[774] A와 B의 관계를 논리 기호와 집합론 기호를 사용하여 표시한다면 다음과 같다. 즉, A∨B=∪이면서 A∨B=∅. 여기서 '∪'는 전체집합, '∅'는 공집합을 나타낸다.

[775] C∨D=∪ 또한 C∧D=∅.

[776] BaC의 성립. ¬(A∧C)에서 C→¬A, 또 A∧B=∅에 의해 ¬A→B, 따라서, C→B가 성립함에 의한다. 여기서부터, ABCD의 용례가 '좋다' 등에서 '희다' 등으로 바뀌고 있지만, 논리의 전개에는 변화는 없다.

[777] CaB의 불성립. B∧¬C로부터 ¬(B→C)가 성립함에 따른다.

이번에는 반대로, A가 거기에 있는 모든 것에 D는 있다(왜냐하면 C나 D 중 어느 한쪽이 모든 것에 있고, 희지 않은 것과 동시에 희다라고 할 수는 없는 것이므로, D가 모든 A에게 있게 될 것이기 때문이다. 흰 것에 대해 희지 않은 것이 아니라고 말하는 것은 참이기 때문이다[778]). 그러나 모든 D에 대해 A를 말하는 것은 참된 것은 아니다(왜냐하면 전혀 목재가 아닌 것에 대해 A, 즉 흰 목재라고 말하는 것은 참이 아니며, 따라서 D를 말하는 것은 참이지만 A, 즉 흰 목재라고 말하는 건 참이 아니기 때문이다[779]). 그리고 또 A와 C는 어떤 동일한 것에도 [동시에] 있어서는 안 되며,[780] 또 B와 D는 어떤 동일한 것에 있을 수 있다는 것은 분명하다.[781]

(3) 결여 상태[782] 또한 이 배열에 의해서 성질의 술어와 마찬가지로 관련되어 있다. '동등하다'가 A가 나타내는 것, '동등하지 않다'가 B가 나타내는 것, '동등하지 않음'이 C가 나타내는 것, '동등하지 않음이 아님'이 D가 나타내는 것이라고 하자.

(4) 그리고 많은 것, 즉 동일한 것[항]이 그것들 중의 어떤 것에는 있지만, 어떤 것에는 없는 것의 경우에는, 부정은 앞서와 마찬가지로 '모든 것이 흰 것은 아니다'라든가 '각각의 것이 흰 것은 아니다'는 참이겠지만, '각각의 것이 희지 않은 것이다'라든가 '모든 것이 희지 않은 것이다'는 거짓이다. 마찬가지로 또 '모든 동물이 희다'의 부정은 '모든 동물이 희지 않은 것이다'[모든 동물이 희지-않음이다]가 아니라(둘 다 거짓이니까), 오

---

778 DaA의 성립. ㄱ(A∧C)로부터 A→ㄱC, 또 C∨D＝∪(또한 C∧D＝∅)로부터 ㄱC→D에 의해서, A→D가 성립하는 것에 의한다.

779 AaD의 불성립. D∧ㄱA로부터 ㄱ(D→A)가 성립하는 것에 의한다.

780 A∧C＝∅.

781 B∧D.

782 결여 상태(sterēsis)에 대해서는 『형이상학』 제5권 제2장 1022b32-1023a7 참조. '동등하지 않다' 등의 결여 상태의 술어는 '이것이 아니다'가 아니라 '이것이 아닌 것이다'(이것-아님이다)의 하나로 자리매김한다.

히려 '모든 동물이 흰 것은 아니다'이다.

(5) '희지-않음이다'[희지 않은 것이다]와 '희지 않다'는 다른 것을 표시

하고, 또 한쪽이 긍정이고, 다른 쪽이 부정임은 분명하므로, 그것들 각각
을 증명하는 방식이 같지 않다는 것은 분명하다. 예를 들어 (a) '동물인 것
은 무엇이든 그것은 희지 않다'거나 '희지 않을 수도 있다'⁷⁸³와 '동물인 것
은 무엇이든 그것은 희지 않다고 말하는 것이 참이다'를 각각 증명하는 경
우가 그것이다. 왜냐하면 후자는 '희지 않다'이기 때문이다. (b) 그러나

'희다고 말하는 것이 참이다' 또는 '희지 않다고 말하는 것이 참이다'에 대
해서는 양자의 각각을 증명하는 방식은 같다. 왜냐하면 양쪽은 모두 긍정
의 결론으로서 제1격에 의해 증명되기 때문이다. 즉, '[…라고 말하는 것
은] 참이다'라는 표현은 '[…로] 있다'라는 표현과 말의 정렬 방식이 같기
때문이다.⁷⁸⁴ 왜냐하면 '희다고 말하는 것이 참이다'의 부정은 '희지 않다
고 말하는 것이 참이다'가 아니라, '희다고 말하는 것이 참이 아니다'이기

때문이다. 그래서 '인간인 것은 무엇이든, 그것은 교양 있는 것이거나 교
양 있는 것이 아니라고 말하는 것이 참이다'가 증명해야 할 것이라면, '동
물인 것은 무엇이든 그것은 교양 있는 것이거나 교양 있는 것이 아닌 것이
다'를 받아들여야만 하며, 이렇게 함으로써 그것은 증명된 것이다.⁷⁸⁵

(c) 이에 반해, '인간인 것은 무엇이든 교양 있는 것이 아니다'에 대해서
는 앞에서 논의된 세 가지 '식'에 의해 부정의 결론으로 증명된다.⁷⁸⁶

---

783 '희지 않을 수 있다'는 전체적으로는 가능 양상 긍정이지만, '있어도 좋다'는 양
상 서술어가 '희지 않다'라는 부정에 달려 있다는 의미에서 부정으로 취급된다.

784 이에 대해서는 제1권 제3장 25b21-22 참조. '이다'와 '참이다'(…라고 말하는 것
은 참이다)의 유비에 대해서는 제36장 48b2-4 참조.

785 Barbara에 의한다.

786 아리스토텔레스가 여기서 어떤 구절을 언급하는지는 분명하지 않다. Smith는
이 장이 네 가지 식(Barbara, Celarent, Cesare, Camestres)만을 갖고 작업할 때인
아리스토텔레스의 논리학의 발전 단계에까지 거슬러 올라간다고 제안한다(1982a).
전칭 부정의 증명이 Celarent(제1격, 제1권 제4장 25b40-26a2), Cesare(제2격, 제

(6) 일반적으로, A와 B는 동시에 동일한 것에 있을 수 없지만, 모든 것에 그 어느 한쪽이 필연적으로 어떤 방식으로 관계하고 있으며, 또 C와 D도 동일한 방식으로 관계하고 있고, 더욱이 A는 C에 부수하지만, 그 반대는 성립하지 않는다고 여겨질 때에는 [그 귀결로서] D가 B에도 부수하게 되지만, 그 반대는 성립하지 않고, 또 A와 D는 동일한 것에 있을 수 있지만, B와 C는 동일한 것에 있을 수가 없다.[787]

(a) 그런데 우선 D가 B에 부수되는 것은 다음과 같은 점에서 분명하다. 즉, C와 D 중 어느 한쪽은 모든 것에 필연적으로 있고, 또한 C는 그것이 A를 포함하고, 게다가 A와 B가 동일한 것에 있을 수 없기 때문에, B에 있는 그것에 있을 수 없으므로, 이것으로부터 D가 B에 부수하게 될 것이라는 것은 분명하기 때문이다.[788] (b) 다음으로, C는 A에 반대로 부수되는

5장 27a5-9), Camestres(제2격, 제5장 27a9-14)에 의한다(제1권 제26장 42b34-35 참조). 여기서 '식'이라고 번역된 tropous(복수형, 52a38)는 다른 곳에서는 '방식' (tropos)으로 옮겨지기도 하지만(52a26, 30), '3가지'라고 하는 구체적인 수식어가 붙어 있기도 한데다 '격과 식'에서 '식'에 해당하는 의미에서 '식'으로 옮겼다.

787 앞서 51b36-52a14에서 논의된 ABCD 사이의 논리적인 관계가 일반적인 형태로 다시 논의된다. 6가지 명제가 전제되고 네 가지 관계가 그것들로부터 도출되는데, 앞의 논의와 크게 다른 점은 다음 두 가지이다. 하나는 앞의 논의에서 A에서 D의 네 항은 '흰 목재이다'와 같이 구체적으로 해석되고 있었기 때문에 AC 간의 양립할 수 없음은 조건으로서 전제되고 있으며(52a2-3), 따라서 C→B와 ¬(B→C)의 두 명제를 맨 처음에 도출할 수 있었다(51b49-52a5). 그러나 이 논의에서는 A에서 D의 네 항은 일반적인 것으로서 아무런 해석도 깔려 있지 않기 때문에, 앞의 논의에서의 두 명제를 처음부터 전제로 내세우고 있다. 두 번째는 바로 이 두 명제에 나타나는 것인데 앞선 기호 사용의 방법과 달리 A·B 두 가지가 교환되고 있다. 따라서 이 논의에서는 앞의 두 명제 대신에 C→A와 ¬(A→C)의 두 명제가 전제된다. 그래서 전제의 여섯 명제를 다시 적으면, 그것은 다음과 같다. 즉, A∧B=∅, A∨B=∪, C∧D=∅, C∨D=∪, C→A, ¬(A→C)이다. 이로부터 네 가지 관계 즉, ¬(B→D), A∧D, ¬(B∧C)가 도출된다.

788 B→D의 성립. C∨D=∪(또한 C∧D=∅)로부터 ¬C→D, 또 C→A, 또한 A∧B=∅로부터 A→¬B에 의해서, C→¬B, 그러므로 B→¬C, 이것으로부터

52b

[10] 일은 없고, 또한 C와 D 중 어느 한쪽은 모든 것에 있으므로, A와 D는 동일한 것에 있어도 된다.[789] (c) 그러나 B와 C는, A가 C에 부수되기 때문에 동일한 것에 있을 수 없다. 왜냐하면 [있어도 좋다고 한다면] 뭔가 불가능한 일이 귀결되기 때문이다.[790] (d) 따라서 [마지막으로] D와 A는 동시에 [동일한 것에] 있을 수 있으므로, B도 D에 반대로 부수되는 일은 없다는 것은 분명하다.[791]

[15] (7) 때로는 이러한 항의 배열에서도 모순 대립하는 것, 즉 그 어느 한쪽이 모든 것에 있는 것이 필연적인 것을 올바르게 받아들이지 않기 때문에 기만에 빠지는 결과가 되는 경우가 있다.[792] 예를 들어 (8) A와 B는 동시에 같은 것에 있을 수 없는 것이지만, 한쪽이 거기에 없는 것의 그것에는 다른 쪽이 있는 것이 필연이고, 또 C와 D도 같은 방식으로 관계하고 있으며, 더욱이 C가 거기에 있는 것의 그것의 모두에 A가 부수된다고 하는 경우가 그것이다. 왜냐하면 [이러한 모순 대립하는 것을 올바르게 받아들이지 않기 위해] D가 거기에 있는 그것에 B가 필연적으로 있음이 귀결되겠

[20] 지만, 이것이 바로 거짓이기 때문이다. 즉, 지금 A와 B의 부정으로서 F에

B→D가 성립하는 것에 의한다.

789 A∧D의 성립. ¬(A→C)에서 A∧¬C, 또 C∨D=∪(또한 C∧D=∅)에서 ¬C→D, 따라서 A∧D가 성립하는 것에 의한다.

790 ¬(B∧C)의 성립. B∧C를 가정하면, C→A에서 B∧A가 되는데, 이는 A∧B=∅에 모순되는 것에 의한다.

791 ¬(D→B)의 성립. A∧D, 또 A∨B=∪(또한 A∧B=∅)에서 A→B, 따라서 ¬B∧D, 이것으로부터 ¬(D→B)가 성립함에 따른다.

792 지금 이루어진 일반적인 논의(52a39-b13)에 따라 어떤 논리적 기만이 일어나는 것이 마지막으로 소개된다. 그것은 긍정과 부정의 모순 대립을, 예를 들어 백과 흑, 좋음과 나쁨의 반대 대립과 혼동하며, 배중률에 따라 모순 대립에는 중간의 것과 같은 아무것도 없음에도 백과 흑 사이에 중간의 회색이 있는 것처럼(『범주론』 제10장 12a9-25 참조), 전자의 대립에도 후자의 대립과 같은 중간의 것이 있다고 오해하는 잘못이다.

해당하는 것이, 또 C와 D의 부정으로서 H에 해당하는 것이 받아들여졌다고 하자.⁷⁹³ 그러면 (a) A나 F 중 어느 한쪽이 모든 것에 있는 것이 필연이다.⁷⁹⁴ 왜냐하면 긍정이나 부정 중 하나가 모든 것에 있는 것이 필연적이기 때문이다. 다음으로, C와 H 중 어느 한쪽이 모든 것에 있는 것이 필연이다.⁷⁹⁵ 왜냐하면 이것들은 긍정과 부정이기 때문이다. 그리고 C가 그것에 있는 모든 것에 A가 있다고 가정되었다. 따라서 F가 거기에 있는 그것 모두에 H는 있다.⁷⁹⁶

[25]

(b) 이번에는 F와 B에 대해서, 그 어느 한쪽이 모든 것에 있는 것이 필연이고,⁷⁹⁷ 또 H와 D에 대해서도 마찬가지이며,⁷⁹⁸ 게다가 지금 본 것처럼⁷⁹⁹ F에 H가 부수됨에 따라, 이것으로부터 또한 B가 D에 부수하게 될 것이다.⁸⁰⁰ 왜냐하면 우리는 이것을 알고 있기 때문이다. 그러므로 만일 A가 C에 부수된다면, 또 B가 D에 부수하게 될 것이다.⁸⁰¹ (c) 그러나 이는 거짓이다. 왜냐하면 이러한 방식으로 관계하고 있는 것[항]에서는

---

793 이 기만의 논의에서는 일반적인 논의가 세운 6가지 명제에 덧붙여, A와 B의 부정으로서의 F 및 C와 D의 부정으로서의 H에 관한 두 명제, 즉, F=¬A∧¬B와 H=¬C∧¬D가 전제된다.

794 A∨F=∪.

795 C∨H=∪.

796 F→H의 성립. A∨F=∪(또한 A∧F=∅)로부터 F→¬A 또 C→A로부터 ¬A→¬C, 또 C∨H=∪(또한 C∧H=∅)로부터 ¬C→H, 따라서 F→H가 성립함에 의한다.

797 F∨B=∪.

798 H∨D=∪.

799 즉 52a39~b14에서 우리가 막 증명했다.

800 D→B의 성립. H∨D=∪(또한 H∧D=∅)에 의해, D→¬H 또한 F→H로부터 ¬H→¬F, 또한 F∨B=∪(또한 F∧B=∅)에 의해 F→B, 따라서 D→B가 성립하는 것에 의한다.

801 C→A에 기초하여 증명된 F→H에 의해 D→B의 성립은 증명된 셈이다.

[상호] 부수 관계는 반대였기 때문이다.[802] [왜 이런 거짓이 생겼냐면] 그
이유는 A나 F 중 어느 한쪽이 모든 것에 있는 것은 아마도 필연이 아니
며, 또한 F나 B 중 어느 한쪽이 모든 것에 있는 것도 아마도 필연이 아니
기 때문이다. 왜냐하면 F는 A의 부정이 아니기 때문이다. 왜냐하면 '좋다'
의 부정은 '좋지 않다'이고, '좋지 않다'는 '좋은 것도 아니고, 좋지-않음도
아니다'와 동일한 것이 아니기 때문이다.[803] C와 D의 경우에도 마찬가지이
다. 받아들인 부정은 2가지이기 때문이다.[804]

[30]

---

802 예를 들어 AFCH의 네 항에서 C→A가 성립한다면 F→H가 성립한다는 것은
지금 증명되고 알려져 있는 것이다.

803 앞의 일반적인 논의에서 증명되었듯이 ABCD의 네 항에서는 C→A가 성립한
다면 B→D가 성립했다(52b4-8). 바꾸어 말하면, '좋다'의 부정 '좋지 않다'는 긍정,
'좋다'와 부정 '좋지 않다'의 중간이 아니라는 것이다.

804 F 이외에 C와 D의 부정으로서 받아들여진 H를 가리킨다.

제2권

제1장

그런데 지금까지의 논의에서, (1) 얼마나 많은 격에서, 어떤 종류의 또 얼마나 많은 전제를 통해서, 어떤 경우에 어떻게 추론이 성립하는지, 또한 (2) 논의를 파괴하거나 확립하는 경우에 우리는 어떤 것에 주목해야 하는지, 그리고 [증명을 위해] 제시된 문제에 대해 어떤 방법에 근거하든, 어떻게 탐구해야만 하는지, 나아가 (3) 어떤 길을 따라[1] 각각의 문제에 관

[40]

53a

---

1 원어로는 methodos(탐구하는 활동)이다. methodos는 '탐구의 길'로서, '탐구의 방식'(tropos tes zeteseos)을 말한다(『분석론 전서』 제1권 제31장 46a32-b36, 제2권 제1장 53a2). 이 말은 어원적으로 뭔가를 찾아 '길(hodos)을 따라가는(meta)' 것이다. 때로는 meta 없이 hodos만으로도 사용되곤 한다(『생성과 소멸에 대하여』 제2권 제8장 324b35-325a2). 이 말(hodos)이 단독으로 사용되는 『분석론 전서』 제1권 제27장 43a20-21 참조. 요컨대 methodos는 '주어진 주제에 관련해 학적 탐구를 추구하는 활동'을 말한다. "우리 자신이 하나의 논의를 지지하려는 경우에 모순되는 그 어떤 것도 말하지 않는 탐구의 길을 발견하는 것이다"(『토피카』 제1권 제1장 100a20 참조). 탐구는 특정한 기준(원리)에 의해 이끌리는 지식의 추구이다. 이와 유사한 '연구'('고찰', theōria)는 이미 알려진 주제나 주어진 주제에 대한 이해를 위해 탐구하는 이론적 활동을 말한다. 따라서 제작적, 실천적 활동과 대조된다. '연구'('고찰')와 '탐

267

한 여러 원리를 파악하게 될 것인가, 이상의 물음들에 대해 우리는 자세히 말해 왔다.[2]

[5] 그런데 여러 추론 중 어떤 것은 전칭이고 다른 것은 특칭인 것에 비추어 보면,[3] 전칭 추론이 모두 항상 복수의 결론을 추론하는 데 반해, 특칭 추론 중 긍정 추론[4]은 복수의 결론을 추론하지만, 부정 추론은 오직 하나의 결론만을 이끌어 낸다. 왜냐하면 다른 전제가 환위되는 반면, 특칭 부정의 전제는 환위되지 않기 때문이다.[5] 또 결론이란 '무언가가 무엇인가에

구'는 하나의 짝으로 늘 함께 따라붙으며 사용된다(『동물의 부분들에 대하여』 제1권 제1장 639a1, 『자연학』 제1권 제1장 184a10-12, 『니코마코스 윤리학』 제1권 제1장 1094a1, 『분석론 후서』 제1권 제1장 71a1-2 참조).

2 Ross는 제2권 도입부를 제1권 전체의 요약으로 간주한다. 그에 따르면, 이 대목은 제1권의 '3부로의 구성'에 대응하고 있으며, 각각은 (1) 제4-26장('추론의 격과 전제의 수'), (2) 제27-31장("논의를 파괴하거나 확립하는 경우에 우리는 어떤 것에 주목해야 하는지, … 어떤 방법에 근거하든, 어떻게 탐구해야만 하는지,"), (3) 제32-46장("어떤 길을 따라 각각의 문제에 관한 여러 원리를 파악하게 될 것인가")에 대응하는 것으로 보인다. 3부의 구성 중 (1)과 (2)에 대해서는 각각 제1권 제26장 끝머리부터 제27장 첫머리(43a16-24) 및 제31장 끝머리부터 제32장 첫머리(46b38-47a1)에서의 논의 참조. 그러나 '거기서'(46b38-47a1) 말해진 계획되었던 세 번째 부분인 '우리는 어떻게 추론을 앞에서 서술한 격으로 환원할 수 있는가'는 실제로 제32-44장의 주제가 되고 있다. Smith가 지적하듯이(p. 183), '문제의 여러 원리를 파악하는 방법'(53a2-3)이 실제로는 제27-28장(43a20-21 참조)에서 언급되고 있는 것으로 미루어 볼 때, 이 첫머리에 정리된 것을 제1권의 '3부로의 구성'에 대응하는 것으로 간주할 이유는 없다.

3 '전칭 추론'이란 두 전제가 전칭이며 결론도 전칭이 되는 추론을 말하며, '특칭 추론'이란 한쪽 전제가 전칭, 다른 쪽이 특칭이며, 그 때문에 결론이 특칭이 되는 추론을 말한다.

4 '긍정 추론'이란 두 가지 전제가 긍정이고 결론도 긍정이 되는 추론을 말하며, '부정 추론'이란 한쪽 전제가 긍정, 다른 쪽이 부정이며, 따라서 결론이 부정이 되는 추론을 말한다.

5 53a3-14에서는 전칭 추론과 특칭 추론에서 결론이 환위되는지 여부에 기초하여 하나의 추론에서 복수의 결론이 귀결될 수 있음(pleiō sullogizetai)을 설명한다. 또,

대해서' 있는 것이므로, 그 결과 특칭 부정 이외의 다른 추론은 복수의 결론을 추론하게 된다. 즉, 만일 A가 모든, 또는 어떤 B에 있다는 것이 이미 증명되었다면, 필연적으로 B도 어떤 A에 있는 것이 되고, 또 만일 필연적으로 A가 어떤 B에도 없다면, B 또한 어떤 A에 없는 것이다.[6] 그리고 이 결론은 앞의 결론과는 다른 것이다.[7] 다른 한편으로, 만일 A가 어떤 B에 없다면, B 또한 어떤 A에 없다는 것은 필연적인 것이 아니다. 그 이유는 B가 모든 A에 있을 수 있기 때문이다.[8] [10]

 이것이 [복수의 결론이 추론되는 것에 관하여] 전칭 추론과 특칭 추론의 모든 추론에 공통되는 이유에 대한 설명이다. 하지만 (1) 전칭 추론에 대해서는 다른 방식으로 설명할 수도 있다.[9] 왜냐하면 중항 아래에 포섭되어 있거나 또는 결론[작은 항] 아래에 [포섭되어] 있는 한, 모든 것에 대하여, 만일 전자가 중항 안에, 후자가 결론 안에 놓인다면, 원래 추론과 동일한 추론이 성립하게 되기 때문이다. 즉, [제1격인 경우] 만일 항 AB가 C를 통해 성립하는 결론이라면, B[작은 항] 또는 C[중항] 아래에 [포섭되어] 있는 모든 것에 대해 필연적으로 A가 말해지게 된다. 왜냐하면 [15] [20]

환위 규칙에 대해서는 제1권 제2장 참조.

6 제1권에서는 추론에 대해 제1-3격까지의 3개의 격만 인정하고 있지만, Ross는 여기서 제4격의 Bramantip, Camenes, Dimaris의 타당성이 환위를 통해 실질적으로는 인정받고 있는 것으로 본다.

7 결론과 그것을 환위함으로써 얻어진 결론이 여기서 구별되고 있다(B to no A≠A to no B).

8 53a3-14에서의 결과는 제1권 제3장의 환위 규칙에 따른 단순한 결론이다. 부가적 결론이 o-결론(특칭 부정)을 가진 것들을 제외한 모든 추론에서 도출할 수 있다. 앞서도 언급했다시피, 주석가들은 이것이 아리스토텔레스가 제1권 제7장 29a19-29에서 포함시키지 않았던 나머지 4격의 추론식과 더불어, 이른바 '특칭 명제' 식(AI, EI)을 모두 알고 있었음을 의미한다고 해석해 왔다.

9 아래에서는 전칭 추론에서 원래 추론의 중항 또는 작은 항에 포섭되는 항이 놓이고 새로운 추론이 만들어질 수 있음을 바탕으로 하나의 추론에서 복수의 결론이 귀결될 수 있음을 설명한다. 이것은 pleiō sullogizetai의 다른 유형의 논의이다.

만일 D가 전체로서의 B 안에 있고, B가 A 안에 있다면, D 또한 A 안에 있게 될 것이기 때문이다.[10] 이번에는 E가 전체로서의 C 안에 있고, C가 A 안에 있다면, E 또한 A 안에 있는 것이 될 것이다.[11] 또, 추론이 부정인 경우에도 사정은 마찬가지다.[12]

[25] 또, 제2격인 경우에는 결론[작은 항] 아래에 [포섭되어] 있는 것만을 추론할 수 있게 될 것이다. 즉, A가 어떤 B에도 없으며 모든 C에 있는 것과 같은 경우이다. 이 경우에는 B가 어떤 C에도 없다는 결론이 성립한다. 여기서 만일 D가 C[작은 항] 아래에 [포섭되어] 있다면, D에 B가 없다는 것은 분명하다.[13] 한편, A[중항] 아래에 [포섭되어] 있는 것[E]에 B가

[30] 없다는 것은 원래 추론을 통해 밝혀지는 것이 아니다. 실제로 만일 E가 A 아래에 [포섭되어] 있다면, B는 E에 없다. 하지만 어떤 C에도 B가 없다는 것이 추론을 통해 이미 증명된 반면, B가 A에게 없다는 것은 논증되지 않고[14] 이미 받아들이고 있었으므로, 그 결과 B가 E에 없다는 것이 귀결

---

10 원래 추론이 AaC, CaB⊢AaB(Barbara)일 때, BaD가 성립된다면, 그것을 소전제로 AaB를 새로운 대전제로 함으로써, Barbara(AaB, BaD⊢AaD)에 의해 AaD가 귀결된다.

11 원래 추론이 AaC, CaB⊢AaB(Barbara)일 때, CaE가 성립된다면, 그것을 소전제, AaC를 다시 대전제로 함으로써 Barbara에 의해 AaE가 귀결된다. 단, 이것은 원래 추론의 대전제 AaC의 C에 E를, 말하자면 대입하는 것으로도 얻을 수 있으므로, 아리스토텔레스 자신이 53b1-3에서 말하는 것처럼 엄밀하게는 원래 추론으로부터 새롭게 따라 나온 것이라고 말할 수 없다.

12 원래 추론이 Celarent일 때에도 원래 추론의 중항 또는 작은 항에 포섭되는 항이 놓인 경우에는 새로운 추론이 마찬가지로 Celarent로서 성립하게 된다.

13 원래 추론이 AeB, AaC⊢BeC(Cesare)일 때, CaD가 성립된다면 그것을 소전제, BeC를 새로운 대전제로 해서 Celarent에 의해 BeD가 따라 나온다. 단, 이것은 원래 추론의 C에 D를, 말하자면 대입함으로써 Cesare에 의해서도 얻을 수 있다.

14 '논증되지 않고'라고 번역한 anapodeikton은 『분석론 후서』에서는 주로 '논증될 수 없다'는 의미로 사용되지만, 『분석론 전서』에서는 대체로 '아직 증명되지 않았다'라는 뜻으로 쓰인다. 또한 제2권에서의 '논증'은 제1권 제1장이나 『분석론 후서』의 그

270

되는 것은 원래 추론에 의한 것이 아니다.[15]

한편, (2) 특칭 추론의 경우에, 결론[작은 항] 아래에 [포섭되어] 있는 [35]
것에 대해서는 추론의 필연성이 성립하지 않는 데 반해(대전제가 특칭으
로서 받아들여진 경우에는 추론이 성립하지 않으니까), 중항 아래에 [포괄
되어] 있는 것들에 대해서는, 모든 경우에 추론의 필연성이 성립하게 되
지만, 단 그것이 원래 추론에 의한 것은 아니다. 즉, [제1격인 경우] A가
모든 B에 있고, B가 어떤 C에 있는 경우가 그렇다. 그것은 C[작은 항] 아
래에 [포섭되어] 어떤 것이 놓였다고 해도 추론은 성립하지 않는 데 대
해,[16] B[중항] 아래에 [포섭되어] 어떤 것이 놓인 경우에는 추론이 성립하
게 되기는 하지만, 앞서 성립하고 있던 원래 추론에 의한 것이 아니기 때 [40]
문이다.[17]

또, 다른 격[제2격과 제3격]의 경우에도 사정은 같다. 왜냐하면 결론 아
래에 [포섭되는] 어떤 것에 대해서, 추론이 성립하지 않는 데 반해,[18] 다
른 항[중항] 아래에 [포섭되는] 어떤 것에 대해서는 추론이 성립할 수 있

것과는 달리 상당히 느슨한 방식으로 사용되고 있다. 즉 '전제로부터 추론되지 않고'
를 의미한다.

15 원래 추론이 AeB, AaC⊢BeC(Cesare)일 때, AaE가 성립된다면 그것을 소전제,
AeB를 환위하여 대전제로 한다. 그래서 Celarent에 의해(환위하지 않을 경우에는
Cesare에 의해) BeE가 귀결되는데, 이것은 원래 추론의 대전제 AeB의 A에 E를, 말
하자면 대입하여 환위하는 것으로도 얻을 수 있으므로, 원래 추론으로부터의 새로운
결론이라고 말할 수 없다.

16 원래 추론이 AaB, BiC⊢AiC(Darii)일 때, CaD가 성립된다고 해도, AiC를 새로
운 대전제로 하는 한 어떠한 추론도 성립하지 않는다. Ferio에 대해서도 마찬가지다.

17 원래 추론이 AaB, BiC⊢AiC(Darii)일 때, BaE가 성립된다면, 그것을 소전제로
AaB를 다시 대전제로 해서 Barbara에 의해 AaE가 귀결되는데, 이것은 원래 추론의
대전제 AaB의 B에 E를, 말하자면 대입하는 것으로도 얻을 수 있으므로, 원래 추론으
로부터의 새로운 결론이라고는 말할 수 없다.

18 이 경우에는 원래 추론의 결론이 새로운 대전제가 되지만, 그것이 특칭이기 때문
에 어떤 추론도 성립할 수 없다.

53b 기는 하지만, 다만 그것은 원래 추론에 의한 것은 아니기 때문이다. 전칭 추론의 경우에 논증되지 않은 대전제로부터 중항 아래에 [포섭되어] 있는 것[항]이 증명되었는데, 여기에서도 그런 한에서 추론이 성립하게 된다.[19] 그 결과, 앞의 전칭 추론의 경우에도 추론이 성립하지 않는다는 것이 되든 가,[20] 혹은 이 경우에도 추론이 성립하게 되든가, 둘 중 하나일 것이다.

제2장

[5] 그런데 추론이 그것들에 의해서 성립하는 두 가지 전제는, 그 양쪽이 참이 되는 경우도 있고, 양쪽이 거짓이 되는 경우도 있고, 한쪽이 참이고 다른 쪽이 거짓이 되는 경우도 있다. 하지만 결론은 필연적으로 참이거나 거짓이어야 한다. 여기서 참인 전제로부터 거짓 결론을 추론할 수는 없지만, 거짓 전제로부터 참인 결론을 추론할 수는 있다.[21] 단, 이 경우에는 '…이기 때문에'(dioti)라는 근거가 제시된 것에서의 결론이 아니라 '…인 것'(hoti)이라는 단순한 사실로서의 결론에 지나지 않는다.[22] 왜냐하

---

19 예를 들어 원래 추론이 AaC, BaC⊢AiB(Darapti)일 때, CaD가 성립된다면 그것을 소전제, AaC를 다시 대전제로 해서 Barbara에 의해 AaD가 귀결된다. 단, 이것은 원래 추론의 대전제 AaC의 C에 D를, 말하자면 대입하는 것으로도 얻을 수 있으므로 엄밀하게는 원래 추론으로부터의 새로운 결론이라고는 말할 수 없다.

20 앞의 각주 11 참조.

21 제2권 제2-4장에서 논하는 요지이다. 즉 참인 전제를 갖는 추론은 거짓 결론을 가질 수 없지만, 하나 혹은 그 이상의 거짓 전제를 갖는 추론은 참인 결론을 갖는 것이 가능하다.

22 '이유, 원인'(dioti)에 대한 추론은 완전한 증명, 즉 논증(apodeixis)이다. '논증'은 전제가 참일 뿐만 아니라 그 결론의 참에 대한 이유와 설명을 주는 것이다(『분석론 후서』 제1권 제13장). 그렇다면 사실(hoti)의 추론은 '논증'의 의미에서 증명에 실패하는 추론일 것이다. '행성은 가까이에 있다. 가까이에 있는 것은 반짝거리지 않는다.

면 '…이기 때문에'라고 하는 근거에 대해서는 거짓 전제로부터 추론이 성립하지 않기 때문이다. 어떠한 이유로 이것이 그런지는 이어지는 것에서 이야기하게 될 것이다.[23] [10]

그래서 첫째, 참인 전제로부터 거짓 결론을 추론할 수 없다는 것은 다음과 같은 점에서 명백하다. 만일 A가 성립될 경우에 필연적으로 B가 성립된다면, B가 성립되지 않을 경우에는 필연적으로 A도 성립되지 않게 될 것이다. 그래서 만일 A가 참이라면 필연적으로 B도 참인 것이다. 그렇지 않으면, 동일한 것[A]이 동시에 성립하고 성립되지 않는다는 것이 귀결될 것이다.[24] 그러나 그것은 불가능하다. [15]

그러나 A가 하나의 항으로 놓였기 때문에, 뭔가 하나의 것이 있으면 필연적으로 무언가가 귀결될 수 있다고 믿어서는 안 된다. 그런 일은 있을 수 없기 때문이다. 필연적으로 귀결되는 것은 결론이며, 그것이 성립하는 것은 적어도 3개의 항, 즉, 2개의 '항 간격', 즉 2개의 전제를 통해서인 것이다. 그래서 만일 B가 거기에 있는 것에 대해서, 그 모든 것에 A가 있고, C가 거기에 있는 것에 B가 있다면. [C가 그것에 있는 것에] 필연적으로 A가 있는 것이고, 그것이 거짓일 수는 없다. 그렇지 않으면 동일한 것이 동시에 있고 또 없는 것이 되어 버리기 때문이다. 그래서 조금 전의 'A'[25]는 마치 하나의 항으로서 놓이고는 있지만, 실제로는 두 가지 전제가 거기 [20]

그러므로 행성은 반짝거리지 않는다.' 이것은 논증이다. '행성은 반짝거리지 않는다. 반짝거리지 않는 것은 가까이에 있다. 그러므로 행성은 가까이에 있다.' 이것은 '사실'의 추론이다. 설령 각각은 참인 전제를 갖고 있다고 하더라도, 후자는 전자와 달리 그 결론의 원인을 주지 못한다.

23 이 이유에 대한 설명은 제2권 제4장 57a40-b17에서 이루어진다.

24 A가 참이고, 'A라면 B'가 성립될 때, 만일 B가 거짓이라면, modus tollens에 의해 A가 참일 수는 없고, 결과적으로 'A이면서 A가 아니다'라는 불가능 사태가 따라나오고 만다. 그러므로 참인 전제로부터 거짓된 결론이 귀결되는 일은 있을 수 없다.

25 이것은 바로 앞(53b21-22)의 'A'가 아니라 53b12-14에서 사용되는 'A'를 가리킨다.

[25] 에서는 받아들여졌던 것이다. 또, 부정 추론의 경우에도 사정은 마찬가지다. 그것은 이 경우에도 참인 것으로부터 거짓된 것을 증명할 수 없기 때문이다.

한편, (1) [제1격의 전칭 추론의 경우에서] 거짓 전제로부터 참인 결론을 추론할 수 있는 것은 두 전제가 거짓인 경우와 한쪽 전제가 거짓인 경우이지만, 한쪽 전제가 거짓인 경우에는, 그 전제가 '전면적인' 거짓[26]으로서 받아들여지고 있는 경우 그것이 어느 쪽의 전제라도 좋다는 것은 아니고, 어디까지나 제2의 전제[소전제]가 거짓인 경우이고, 다른 한편으로 그 전제가 '부분적인' 거짓으로 받아들여지고 있는 경우에는 어떤 전제가 거짓이어도 참인 결론을 추론할 수 있다.

[30] 이제, A가 C 전체에 있고 어떤 B에도 없으며, B가 어떤 C에도 없다고 하자. 이 경우는 있어도 되는 것이며, 예를 들어 동물[A]이 어떤 돌[B]에도 없고, 돌[B]이 어떤 인간[C]에도 없는 그러한 경우이다. 만일 A가 모든 B에, 그리고 B가 모든 C에 있는 것이 받아들여지게 된다면, A가 모든 C에 있는 것이 될 것이다. 그 결과, 거짓 두 전제로부터 참인 결론이 따라 [35] 나온다. 왜냐하면 모든 인간[C]은 동물[A]이기 때문이다.[27]

또, 결론이 부정인 경우에도 사정은 마찬가지다. 그 이유는 A가 어떤 C에도 없고, B도 어떤 C에도 없지만, 그럼에도 A가 모든 B에 있을 수 있기 때문이다. 예를 들어 앞의 예의 경우와 동일한 항들이 받아들여지고 있

---

26 '전면적인 거짓'(holēn psuedē)과 그 부정으로서의 전면적이지 않은 '거짓', 즉 '부분적인 거짓'은 여기서 정의되지 않은 채 도입되고 있다. '전면적인 거짓'이 정의되는 것은 아래의 54a4-6에서이다.

27 **AaB**, **BaC**⊢AaC(**Barba**ra). 이후에 기호화하는 경우에 '전면적인 거짓'인 전제를 굵은 글씨로, 부분적인 거짓인 전제는 이탤릭체로 표기한다. 즉 전면적인 거짓은 'All B is A'(전칭 긍정)일 때, No B is A(전칭 부정)와 같은 것을 말한다. 따라서 '부분적인 거짓'(mē holēs)은 '전칭 긍정'(All B is A)과 '특칭 긍정'(Some B is A), 전칭 부정(No B is A)과 특칭 부정(Some B is not A)의 경우를 말한다.

으며, 이번에는 인간[B]이 중항으로서 놓인 경우이다. 왜냐하면 어떤 돌 C에도 동물[A]이나 인간[B]은 없지만, 모든 인간[B]에게는 동물[A]이 있기 때문이다. 그 결과, 실제로는 그것에 있는 것의 무엇 하나에도 없고, [40] 실제로는 그것에 없는 것의 모든 것에 있는 것을 받아들이는 경우에는, 거 짓인 두 전제로부터 결론이 참인 것으로서 성립하게 될 것이다.[28] 또, 각 54a 각의 전제가 '부분적인' 거짓으로서 받아들여졌을 경우에도 마찬가지로 증명될 것이다.[29]

그러나 한쪽의 전제가 거짓으로서 놓인 경우에는 첫 번째 전제[대전 제], 즉 전제 AB가 '전면적인' 거짓이라면 결론은 참이 되지 않겠지만, 전 제 BC[소전제]가 '전면적인' 거짓이라면 결론은 참이 될 것이다. 여기서 내가 '전면적인 거짓'이라고 말하는 것은, 반대 대립의 전제를 말하는 것 으로, 예를 들어 전칭 부정이 전칭 긍정으로서, 혹은 전칭 긍정이 전칭 부 [5] 정으로서 받아들여지고 있는 경우이다.

이제, A가 어떤 B에도 없고, B가 모든 C에 있다고 하자. 그래서 전제 BC를 참으로, 전제 AB를 전면적인 거짓으로, 즉 A가 모든 B에 있다고 내가 받아들였다면, 결론이 참이 되는 것은 불가능할 것이다. 왜냐하면 만일 B가 그것에 있는 것에 대해 그 어떤 것에도 A가 없고, B가 모든 C에 [10] 있다면, A는 어떤 C에도 없었기 때문이다.[30]

또, A가 모든 B에 있고 B가 모든 C에 있는 경우에, 전제 BC가 참인 전 제로서 전제 AB가 '전면적 거짓'으로 받아들여졌다면, 즉 B가 거기에 있 는 것에 대해 그 어떤 것에도 A가 없다면 이전의 경우와 마찬가지로 결론 은 참이 아닐 것이다. 즉, 이 경우에도 결론은 거짓이 될 것이다. 그 이유

---

28 **AeB**, **BaC**⊢AeC(**Celarent**).

29 *AaB*, *BaC*⊢AaC(*Barbara*). 예를 들어 A=동물, B=흼, C=인간일 경우. *AeB*, *BaC*⊢AeC(*Celarent*, 예를 들어 A=동물, B=흼, C=돌).

30 **AaB**, **BaC**⊢**AaC**(**Barbara**)가 되어 참인 결론은 성립하지 않는다. 이 경우의 실 질 추론은 AeB, BaC⊢AeC(Celarent)가 된다. 제1권 제4장 참조.

[15] 는, 만일 B가 그것에 있는 것에 대해서, 그 모든 것에 A가 있고, B가 모든 C에 있다면, A가 모든 C에 있는 것이 되기 때문이다.[31] 따라서 첫 번째 전제[대전제]가 그것이 긍정이든 부정이든, 전면적인 거짓으로 받아들여지고, 다른 한쪽의 전제가 참으로 받아들여지는 경우에는 분명히 결론이 참일 수 없을 것이다.[32]

[20] 한편, 대전제가 부분적인 거짓으로서 받아들여진다면 결론은 참이 될 것이다. A가 모든 C에, 또 어떤 B에 있고, B가 모든 C에 있는 경우, 예를 들어 동물[A]이 모든 백조[C]에, 또 어떤 흼[B]에 있고, 흼[B]이 모든 백조[C]에 있다면, 만일 A가 모든 B에, 그리고 B가 모든 C에 있는 것이 받아들여진다면, A가 모든 C에 참으로 있는 것이 될 것이다. 왜냐하면 모든 백조는 동물이기 때문이다.[33]

[25] 또, 전제 AB가 부정인 경우도 사정은 마찬가지다. 그것은 A가 어떤 B에 있고, 어떤 C에도 없고, B가 모든 C에 있을 수가 있으며, 예를 들어 동물[A]이 어떤 흰 것[B]에 있지만 어떤 눈[C]에도 없고, 흼[B]이 모든 눈[C]에 있는 경우이다. 그러므로 만일 A가 어떤 B에도 없고, B가 모든 C에 있다면, A는 어떤 C에도 없을 것이다.[34]

그러나 전제 AB가 전면적인 참으로서, 전제 BC가 전면적인 거짓으로 [30] 서 받아들여진다면, 추론은 참이 될 것이다. 그것은 A가 모든 B와 C에 있지만, B가 어떤 C에도 없다는 것을 방해하는 것은 아무것도 없기 때문이

---

31 AeB, BaC⊢**AeC**(**Celarent**)가 되어 참인 결론은 성립하지 않는다. 이 경우의 실질 추론은 AaB, BaC⊢AaC(Barbara)가 된다.

32 한 전제의 참과 한 전제의 거짓을 가진 제1격을 다루고 있다(54a2-b16). '전면적인' 거짓인 대전제와 참인 소전제(54a2-18), 부분적인 거짓인 대전제와 참인 소전제(54a18-28), 참인 대전제와 '전면적인' 거짓인 소전제(54a28-b2), 참인 대전제와 부분적인 거짓인 소전제(54b2-16)를 다룬다.

33 AaB, BaC⊢AaC(Barbara).

34 AeB, BaC⊢AeC(Celarent).

며, 예를 들어 동일한 유에 속하는 종이 서로 포섭 관계에는 없는 경우이
다. 동물[A]은 말[B]과 인간[C]에게 있지만, 말[B]은 어떤 인간[C]에게
도 없기 때문이다. 여기서 만일 A가 모든 B에게, 그리고 B가 모든 C에 있
는 것이 받아들여졌다면, 전제 BC는 전면적인 거짓이 되지만 결론은 참
이 된다.[35]

또, 전제 AB가 부정인 경우에도 사정은 마찬가지다. 그것은 A가 어떤 [35]
B에도 어떤 C에도 없고, B가 어떤 C에도 없는 경우가 있을 수 있기 때문
이며, 예를 들어 유가 그와는 다른 유로부터 얻은 종에 있지 않은 경우이
다. 동물[A]은 음악[B]에도 의술[C]에도 없고, 음악[B]은 의술[C]에도 54b
없기 때문이다. 여기서 A가 어떤 B에도 있지 않고, B가 모든 C에 있는 것
이 받아들여진다면, 결론은 참이 될 것이다.[36]

또, 전제 BC가 전면적인 거짓이 아니라 부분적인 거짓일 경우에도 마
찬가지로 결론이 참이 될 것이다. 왜냐하면 A가 B와 C 각각 전체에 있고,
B가 어떤 C에 있다는 것을 방해하는 것은 아무것도 없기 때문이며, 예를
들어 유가 종과 종차에 있는 경우이다. 동물[A]은 모든 인간[B]에게, 그
리고 모든 발이 있음[C]에 있지만, 인간[B]은 어떤 발이 있음[C]에 있 [5]
고, 그 모든 것에 있는 것은 아니기 때문이다. 여기서 만일 A가 모든 B에
있고, B가 모든 C에 있는 것이 받아들여졌다면, A가 모든 C에 있는 것이
될 것이다.[37] 이것은 참이었다.

또, 전제 AB가 부정인 경우에도 사정은 마찬가지다. 그것은 A가 어떤 [10]
B에도 어떤 C에도 없지만, B가 어떤 C에 있을 수 있기 때문이며, 예를 들
어 유가 그와는 다른 유로부터 얻어진 종과 종차에 없는 경우이다. 왜냐
하면 동물[A]은 어떤 사려[B]에도 이론적인 것[C]에도 없지만,[38] 사려[B]

---

35 AaB, **BaC** ⊢ AaC(Bar**ba**ra).

36 AeB, **BaC** ⊢ AeC(Ce**la**rent).

37 AaB, *BaC* ⊢ AaC(Bar**ba**ra).

38 사려(pronēsis)와 이론적인 것(theōrētikē)은 지적인 활동이다(『니코마코스 윤리

54b

는 어떤 이론적인 것[C]에 있기 때문이다. 여기서 만일 A가 어떤 B에도
[15] 없고 B가 모든 C에 있는 것이 받아들여졌다면, A는 어떤 C에도 없는 것
이 될 것이다.³⁹ 이것은 참이었다.

한편, (2) 특칭 추론에서는 첫 번째 전제[대전제]가 전면적인 거짓이고,
다른 한쪽의 전제[소전제]가 참인 경우에, 결론이 참이 되는 경우가 있을
수 있고, 또 첫 번째 전제[대전제]가 부분적인 거짓이며 다른 전제[소전
[20] 제]가 참인 경우, 한쪽의 전제[대전제]가 참이고 특칭의 전제[소전제]가
거짓인 경우,⁴⁰ 또한 두 전제가 거짓일 경우에, 결론이 참이 될 수도 있다.

그것은 A가 어떤 B에도 없지만, 어떤 C에 있고, 또 B가 어떤 C에 있다
는 것을 방해하는 것은 아무것도 없기 때문이며, 예를 들어 동물[A]이 어
떤 눈[B]에도 없지만, 어떤 흼[C]에는 있고, 눈[B]이 어떤 흰색[C]에 있
[25] 는 경우이다. 여기서 만일 눈[B]이 중항으로서 동물[A]이 첫 번째 항[큰
항]으로서 놓이고, A가 B의 전체에 있고, B가 어떤 C에 있는 것이 받아들
여졌다면, 전제 AB가 전면적인 거짓이 되고, 전제 BC가 참이 되고, 결론
또한 참이 될 것이다.⁴¹

또, 전제 AB가 부정인 경우에도 사정은 마찬가지다. A가 B의 전체에
[30] 있지만, 어떤 C에는 없지만, B가 어떤 C에 있을 수 있기 때문이며, 예
를 들어 동물[A]이 모든 인간[B]에게 있지만, 어떤 흼[C]에는 부수되지
않는 한편, 인간[B]이 어떤 흰색[C]에 있는 경우이다. 그 결과, 만일 인

학』 제6권 참조).
39 AeB, *Ba*C⊢AeC(Celarent).
40 '전면적인 거짓'과 '부분적인 거짓'의 구별은 전칭 전제에 대해서만 이야기되고,
거짓의 특칭 전제는 언제나 단순히 '거짓이다'라고 말해진다. 특칭 전제가 거짓이 되
는 것은 그 모순 대립인 전칭 전제가 참이 되는 경우이므로, 아래에서는 거짓 특칭 전
제를 기호화하는 경우에는 편의상 '부분적인 거짓'인 경우와 마찬가지로 이탤릭체로
표기하기로 한다.
41 **AaB**, BiC⊢AiC(**Darii**).

278

간[B]이 중항으로서 놓이게 되어, A가 어떤 B에도 없고 B가 어떤 C에 있는 것이 받아들여진다면, 전제 AB는 전면적인 거짓이 되지만 결론은 참이 될 것이다.[42]

또, 전제 AB가 부분적인 거짓이라면, 결론은 참이 될 것이다. 그것은 A가 어떤 B와 어떤 C에 각각 있고, B가 어떤 C에 있다는 것을 방해하는 것은 아무것도 없기 때문이며, 예를 들어 동물[A]이 어떤 아름다움[B]과 어떤 큼[C]에 있고, 아름다움[B]이 어떤 큼[C]에 있는 경우이다. 여기서 A가 모든 B에 있고 B가 어떤 C에 있는 것이 받아들여진다면, 전제 AB가 부분적인 거짓이 되고, 전제 BC가 참이 되고, 결론 또한 참이 될 것이다.[43]

또, 전제 AB가 부정인 경우에도 사정은 마찬가지다. 즉, 그 논증을 위해서는 앞의 경우와 같은 여러 항이 동일한 방식으로 놓여 있다면 도움이 될 것이기 때문이다.[44]

또 이번에는, 만일 전제 AB가 참이고 전제 BC가 거짓이라면, 결론은 참이 될 것이다. 그 이유는 A가 B의 전체에, 또 어떤 C에 있는 한편, B가 어떤 C에도 없다는 것을 방해하는 것은 아무것도 없기 때문이며, 예를 들어 동물[A]이 모든 백조[B]에, 그리고 어떤 검정[C]에 있지만, 백조[B]가 어떤 검정[C]에도 없는 그러한 경우이다. 그 결과, 만일 A가 모든 B에, 그리고 B가 어떤 C에 있는 것이 받아들여진다면, 전제 BC가 거짓이 되지만 결론은 참이 될 것이다.[45]

또, 전제 AB가 부정으로서 받아들여지는 경우에도 사정은 마찬가지다. 그것은 A가 어떤 B에도, 어떤 C에도 없지만, B가 어떤 C에도 없을 수 있기 때문이며, 예를 들어 유가 그와는 다른 유로부터 얻은 종에도, 또 그 종

[35]

55a

[5]

[10]

---

42 **AeB**, BiC⊢AoC(*Ferio*).

43 *Aa*B, BiC⊢AiC(*Darii*).

44 *Ae*B, BiC⊢AoC(*Ferio*).

45 AaB, *Bi*C⊢AiC(*Darii*).

자체에 속하는 종의 부대성에도 없는 경우이다. 동물[A]은 어떤 수[B]에
[15] 도 없지만, 어떤 흼[C]에는 있고,[46] 수[B]는 어떤 흼[C]에도 없기 때문이
다. 여기서 만일 수가 중항으로서 수[B]가 놓이게 되어, A가 어떤 B에도
없고 B가 어떤 C에 있는 것이 받아들여지게 되었다면, A가 어떤 C에 있
지는 않을 것이다. 바로 이 사실은 참이었다. 그리고 이 경우 전제 AB는
참이 되고, 전제 BC는 거짓이 된다.[47]

[20]   또, 만일 전제 AB가 부분적인 거짓이고 전제 BC 또한 거짓이라면, 결
론은 참이 될 것이다. 그것은 A가 어떤 B와 어떤 C에 각각 있는 한편,
B가 어떤 C에도 없는 것을 방해하는 것은 아무것도 없기 때문이며, 예를
들어 B가 C와 반대 대립하고 있어 양자가 동일한 유에 부대하는 경우이
다. 동물[A]은 어떤 흼[B]에도, 어떤 검정[C]에도 있는 반면, 흼[B]은 어
[25] 떤 검정[C]에도 없기 때문이다. 그래서 A가 모든 B에 있고 B가 어떤 C에
있는 것이 받아들여진다면, 결론은 참이 될 것이다.[48]

    또, 전제 AB가 부정으로서 받아들여진 경우에도 사정은 마찬가지다.
그 논증을 위해서는 앞의 경우와 같은 여러 항이 동일한 방식으로 놓이게
될 것이기 때문이다.[49]

    또, 두 전제가 거짓인 경우에도[50] 결론은 참이 될 것이다. 그것은 A가
[30] 어떤 B에도 없으며, 어떤 C에 있지만, B가 어떤 C에도 없을 수 있기 때문
이며, 예를 들어 유가 그와는 다른 유에서 얻어진 종에 있지 않고, 그 유
자체에 속하는 종의 부대성에 있는 경우이다. 왜냐하면 동물[A]은 어떤

---

46 내용상 연결고리로 보면 '어떤 흼에는 없다'가 되어야 할 부분이긴 하지만, 사본
상의 지지를 얻을 수 없다. 여기서는 특칭 긍정이 특칭 부정을 함축하는 것으로 이야
기되고 있는 셈이다.

47 AeB, $BiC \vdash AoC$(Ferio).

48 AaB, $BiC \vdash AiC$(Darii).

49 AeB, $BiC \vdash AoC$ (Ferio).

50 '전면적인 거짓 대전제와 거짓인 소전제'인 경우이다.

수[B]에도 없지만, 어떤 흰색[C]에는 있는 반면, 수[B]는 어떤 흰색[C]에도 없기 때문이다. 그래서 A가 모든 B에 있고 B가 어떤 C에 있는 것이 받아들여진다면, 결론은 참이 되겠지만, 두 전제는 거짓이 된다.[51] 또, 전제 AB가 부정인 경우에도 사정은 마찬가지다. 그것도 A가 B의 전체에 있지만, 어떤 C에 없는 반면, B가 어떤 C에도 없는 것을 방해하는 것은 아무것도 없기 때문이며, 예를 들어 동물[A]이 모든 백조[B]에 있지만, 어떤 검정[C]에 없는 반면, 백조[B]가 어떤 검정[C]에도 없는 경우이다. 그 결과, 만일 A가 어떤 B에도 없고 B가 어떤 C에 있는 것이 받아들여진다면, A는 어떤 C에 없는 것이 된다. 그래서 이 경우 결론은 참이 되겠지만 두 전제는 거짓이 된다.[52]

[35]

[40]

55b

제3장

또한 중간격[제2격]에서도 모든 방식으로 거짓된 전제로부터 참인 결론을 추론할 수 있는데, 즉 그것은 (1) 전칭 추론에 있어서든 (2) 특칭 추론에 있어서든, (a) 두 전제가 모두 '전면적인 거짓'으로 받아들여지는 경우, (b) 두 전제가 모두 부분적인 거짓으로 받아들여지고 있는 경우, 그리고 어느 전제가 거짓으로 놓이든, (c) 한쪽 전제가 참이고 다른 쪽이 [전적으로] 거짓인 경우 [[그리고 두 전제가 부분적으로 거짓인 경우, 한쪽의 전제가 단적으로 참이고, 다른 쪽은 부분적으로 거짓일 경우, 그리고 한쪽

[5]

---

51 AaB, *Bi*C⊢A*i*C(**Da*r*ii**).

52 AeB, *Bi*C⊢Ao C(**Ferio**). 전면적인 거짓 대전제와 참인 소전제(54b17-35), 부분적인 거짓인 대전제와 참인 소전제(54b35-55a4), 참인 대전제와 거짓인 소전제(55a4-19), 부분적 거짓인 대전제와 거짓인 소전제(55a19-28), 전면적인 거짓 대전제와 거짓인 소전제(55a28-b2) 순서로 차례로 다루어진다.

은 전면적으로 거짓이고 다른 쪽은 부분적으로 참일 경우]]⁵³이다.

[10] 먼저, [전칭 추론의 경우] 만일 A가 어떠한 B에도 없지만 모든 C에 있다면, 예를 들어 동물[A]이 어떤 돌[B]에도 없지만 모든 말[C]에 있는 경우, 만일 두 전제가 반대 대립적으로 놓여서 A가 모두 B에 있지만 어떤 C에도 없는 것으로 받아들여진다면, 전면적으로 거짓된 두 전제로부터 결론이 참으로 성립하게 될 것이다.⁵⁴

[15] 또한 A가 모든 B에 있고 어떤 C에도 없는 경우에도 사정은 마찬가지다. 왜냐하면 이 경우에도 동일한 추론이 성립하게 될 것이기 때문이다.⁵⁵

또 이번에는, 만일 한쪽의 전제가 전면적인 거짓이고 다른 쪽이 전면적인 참이라면, 참인 결론을 추론할 수 있다. 예를 들어 유가 서로 포섭 관계에 있지 않은 복수의 종에 있듯이, A가 모든 B와 C에 있지만, B가 어떤 C에도 없다는 것을 방해하는 것은 아무것도 없기 때문이다. 즉 동물[A]

[20] 은 모든 말[B]과 모든 인간[C]에게 있지만, 어떤 인간[C]도 말[B]이 아니기 때문이다. 그래서 한쪽 전제가 전칭 긍정으로서, 다른 쪽이 전칭 부정으로서 받아들여졌을 경우에는, 한쪽이 전면적인 거짓이 되고 다른 쪽이 전면적 참이 되며, [B와 C의] 어느 쪽 항에 대해 부정이 놓이든 결론은 참이 될 것이다.⁵⁶

또, 만일 한쪽의 전제가 부분적인 거짓이고 다른 쪽이 전면적인 참이라면, 그 경우에도, 참인 결론을 추론할 수 있다. A가 어떤 B에게, 그리

[25]

---

53 '단적으로 참'(haplōs alēthēs), '부분적으로 참'(epi ti alēthēs)이라는 표현을 제2권 제2-4장에서는 볼 수 없으며, 이어지는 논의에서의 구분에도 대응하지 않는다는 이유로, Waitz에 따라 Ross도 이 부분(55b7-9)을 텍스트에서 삭제해야 한다고 생각한다. 아마도 55b4-7에 대한 행간의 주석이 본문으로 삽입되었을 가능성이 농후하다. 그렇다면 논의의 대상으로, 거짓인 전제가 참인 결론을 만들어 내는 것은 (a), (b), (c) 등 세 경우인 셈이다.

54 AaB, AeC⊢BeC(**Camestres**).

55 AeB, AaC⊢BeC(**Cesare**)(A=동물, B=말, C=돌).

56 AeB, AaC⊢BeC(**Cesare**) 및 AaB, AeC⊢BeC(**Camestres**).

고 모든 C에 있는 한편, B가 어떤 C에도 없을 수 있기 때문이며, 예를 들어 동물[A]이 어떤 흼[B]에, 그리고 모든 까마귀[C]에 있지만, 흰색[B]은 어떤 까마귀[C]에도 없는 경우가 있다. 그래서 만일 A가 어떤 B에도 없지만 C의 전체에 있다는 것을 받아들인다면, 전제 AB가 부분적인 거짓이 되고 전제 AC가 전면적인 참이 되고, 결론은 참이 될 것이다.[57] 또, 부정의 항 연관[58]이 위치를 바꾸어[소전제가 부정으로서] 놓이는 경우에도 사정은 마찬가지다. 그 이유는 동일한 항들을 통하여 그 논증이 성립하기 때문이다.[59]

[30]

또, 만일 긍정의 전제가 부분적인 거짓이고 부정의 전제가 전면적인 참이라면, 그 경우에도 참인 결론을 추론할 수 있다. 그 이유는 A가, 어떤 B에 있지만 C 전체에는 없는 한편, B가 어떤 C에도 없다는 것을 방해하는 것은 아무것도 없기 때문이며, 예를 들어 동물[A]이 어떤 흼[B]에 있지만 어떤 역청[C]에도 없는 한편, 흰색[B]이 어떤 역청[C]에도 없는 경우이다. 따라서 만일 A가 B의 전체에 있다면, 어떤 C에도 없는 것이 받아들여졌다면, 전제 AB는 부분적인 거짓이 되고 전제 AC는 전면적인 참이되며, 결론 또한 참이 될 것이다.[60]

[35]

또 만일 두 전제가 모두 부분적인 거짓이라면, 그 경우에도 결론은 참이 될 것이다. 그것은 A가 어떤 B와 C에 있는 한편, B가 어떤 C에도 없을 수 있기 때문이며, 예를 들어 동물[A]이 어떤 흼[B]과 어떤 검정[C]에 있는 한편, 흼[B]이 어떤 검정[C]에도 없는 경우이다. 그래서 만일 A가 모든 B에 있지만 어떤 C에도 없는 것을 받아들인다면, 이 두 전제는 모두

[40]

56a

---

57 AeB, AaC⊢BeC($Cesare$).

58 여기서 말하는 '항 연관'이란, 예를 들어 AB가 '주어항과 술어항'으로 연결되어 있는 것을 말한다.

59 AaB, AeC⊢BeC($Camestres$)(A=동물, B=까마귀, C=흼).

60 AaB, AeC⊢BeC($Camestres$).

부분적인 거짓이 되지만 결론은 참이 될 것이다.[61] 부정의 항 연관이 위치를 바꾸어[대전제가 부정으로서] 놓인 경우에도 마찬가지로 동일한 항들에 의해서 결론이 참이 될 것이다.[62]

[5] 또, (2) 특칭 추론의 경우에도 사정은 분명하다. 그것은 A가 모든 B에, 그리고 어떤 C에 있는 한편, B가 어떤 C에 없다는 것을 방해하는 것은 아무것도 없기 때문이며, 예를 들어 동물[A]이 모든 인간[B]에게, 그리고 어떤 흼[C]에 있지만, 인간[B]이 있는 어떤 흼[C]에는 없는 경우이다. 그러면 만일 A가 어떤 B에도 없고, 그리고 어떤 C에 있는 것으로 놓였다면, [10] 전칭 전제는 전면적인 거짓이 되고, 특칭 전제는 참이 될 것이며, 결론 또한 참이 될 것이다.[63]

또, 전제 AB가 긍정으로서 받아들여지는 경우에도 사정은 마찬가지다. 그 이유는 A가 어떤 B에도 없고, 그리고 어떤 C에 없는 한편, B가 어떤 C에 없을 수 있기 때문이며, 예를 들어 동물[A]이 어떤 무생물[B]에도 [15] 없고, 어떤 흰색[C]에는 있고, 무생물[B]이 어떤 흰색[C]에 없는 경우이다. 그러면 만일 A가 모든 B에 있고, 그리고 어떤 C에 없는 것으로 놓였다면, 전칭 전제 AB는 전면적인 거짓이 되고, 전제 AC는 참이 되며, 결론 또한 참이 될 것이다.[64]

또, 전칭 전제가 참으로서, 특칭 전제가 거짓으로서 놓인 경우에도 사 [20] 정은 마찬가지다. 그 이유는 A가 어떤 B에도 또 어떤 C에도 부수되지 않지만, B가 어떤 C에 없다는 것을 방해하는 것은 아무것도 없기 때문이며, 예를 들어 동물[A]이 어떤 수(數)[B]에도 또 무생물[C]에도 부수되지 않고, 수[B]가 어떤 무생물[C]에는 부수되지 않는 그런 경우다. 여기서 만일 A가 어떤 B에도 부수되지 않지만 어떤 C에 부수되는 것으로 놓인다

---

61 AaB, $AeC \vdash BeC$(*Camestres*).

62 AeB, $AaC \vdash BeC$(*Cesare*).

63 **AeB**, $AiC \vdash BoC$(**Festino**).

64 **AaB**, $AoC \vdash BoC$(**Baroco**).

면, 결론과 전칭 전제는 참이지만 특칭 전제는 거짓일 것이다.[65]

또, 전칭이 긍정으로서 놓인 경우에도 사정은 마찬가지다. 왜냐하면 A [25]
가 B와 C의 전체에 있는 한편, B가 어떤 C에 부수하지 않을 수 있기 때문
이며, 예를 들어, 유가 그 종과 종차에 대해서 그러한 경우이다. 동물[A]
은 모든 인간[B]과 두 발 있음[C]의 전체에 부수되지만, 인간[B]은 모든
두 발이 있음[C]에 부수되는 것은 아니기 때문이다. 그 결과, 여기서 만
일 A가 B의 전체에 있지만 어떤 C에는 없는 것이 받아들여진다면, 전칭 [30]
전제가 참이 되고 특칭 전제는 거짓이 되지만, 결론은 참이 될 것이다.[66]

한편, 만일 A가 B와 C의 전체에 있는 한편, B가 어떤 C에 부수되지 않
는다고 하는 경우가 있을 수 있다면, 거짓인 두 전제로부터 결론이 참이
되는 것 또한 분명하다. 그 이유는 만일 A가 어떤 B에도 없고, 어떤 C에 [35]
는 있다는 것이 받아들여졌다면, 두 전제가 거짓이 되지만 결론은 참이 될
것이기 때문이다.[67]

또, 전칭 전제가 긍정이고 특칭 전제가 부정인 경우라도 사정은 마찬가
지다. 왜냐하면 A가 어떤 B에도 부수되지 않지만 모든 C에 부수되는 한
편, B가 어떤 C에 없을 수 있기 때문이며, 예를 들어 동물[A]이 어떤 지 [40]
식[B]에도 부수되지 않지만 모든 인간[C]에게는 부수되는 한편, 지식[B]
이 모든 인간[C]에 부수되는 것은 아닌 경우이다. 그러면 만일 A가 B의 56b
전체에 있지만 어떤 C에는 부수되지 않는 것이 받아들여졌다면, 두 전제
는 거짓이 되지만 결론은 참이 될 것이다.[68]

---

65 AeB, *Ai*C⊢BoC(**Fes***ti***no**).

66 **AaB**, *Ao*C-BoC(**Ba***ro***co**).

67 **AeB**, *Ai*C⊢BoC(**Fes***ti***no**). AiC가 거짓이 되는 것은 AeC가 참인 경우인데, 여기
서는 AiC에 의해 함의되는 AoC가 AaC와 모순되기 때문에, AiC가 거짓으로 간주되
는 것이라고 생각된다.

68 **AaB**, *Ao*C⊢BoC(**Ba***ro***co**).

285

제4장

또한 마지막 격[제3격]에서도 거짓 전제로부터 참인 결론을 추론할 수

[5] 있는데, 그것은 (a) 두 전제가 전면적인 거짓일 경우, (b) 두 전제 각각이 부분적인 거짓일 경우, (c) 한쪽 전제가 전면적인 참, 다른 쪽은 [전면적인] 거짓, 또는 (d) 한쪽 전제가 부분적인 거짓, 다른 쪽은 전면적인 참일 경우이며, 또한 [전제의 참, 거짓의] 순서가 반대일 경우에도, 그리고 또 다른 방식으로 전제를 바꿔 받아들일 수 있는 한, 그 방식과 같은 수의 방식으로 거짓 전제로부터 참인 결론을 추론할 수 있다.

[10] (1) [전칭 추론의 경우] A와 B가 각각 어떤 C에도 없는 한편, A가 어떤 B에 있다는 것을 방해하는 것은 아무것도 없으며, 예를 들어 인간[A]과 발이 있음[B]이 각각 무생물[C]에는 부수되지 않지만, 인간[A]이 어떤 발이 있음[B]에 있는 경우이다. 여기서 만일 A와 B가 각각 모든 C에 있는 것이 받아들여졌다면, 두 전제는 전면적인 거짓이 되지만 결론은 참이 될 것이다.[69]

또, 한쪽의 전제가 부정이고 다른 쪽이 긍정인 경우에도 사정은 마찬가

[15] 지다. 그 이유는 B가 어떤 C에도 없지만 A가 모든 C에 있는 한편, A가 어떤 B에 없을 수 있기 때문이며, 예를 들어 검정[B]은 어떤 백조[C]에도 없지만, 동물[A]은 모든 백조[C]에 있는 한편, 동물[A]이 모든 검정[B]에 있는 것은 아닌 경우이다. 그 결과, 만일 B가 모든 C에 있지만 A가 어떤 C에도 없다는 것이 받아들여졌다면, A가 어떤 B에 없는 것이 될 것이

[20] 다. 그리고 결론은 참이겠지만 두 전제는 거짓이다.[70]

또한 각각의 전제가 부분적인 거짓일 경우에도, 결론은 참이 될 것이다. 왜냐하면 A와 B가 각각 어떤 C에 있는 한편, A가 어떤 B에 있다는

---

69 **AaC**, **BaC** ⊢ AiB(**Darap**ti).

70 **AeC**, **BaC** ⊢ AoB(**Felap**ton).

것을 방해하는 것은 아무것도 없기 때문이며, 예를 들어 흼[A]과 아름다움[B]은 각각 어떤 동물[C]에 있으며, 흼[A]은 어떤 아름다움[B]에 있다. 그러면 A와 B가 각각 모든 C에 있는 것으로 놓인다면, 두 전제는 부분적인 거짓이 될 것이고, 결론은 참이 될 것이다.[71] [25]

또, 전제 AC가 부정으로서 놓인 경우에도 사정은 마찬가지다. A가 어떤 C에 있지 않고, B가 어떤 C에 있는 한편, A가 모든 B에 있는 것은 아니라는 것을 방해하는 것은 아무것도 없기 때문이며, 예를 들어 흼[A]은 어떤 동물[C]에는 없으며, 아름다움[B]이 어떤 동물 [C]에 있는 한편, 흼[A]은 모든 아름다움[B]에 있는 것은 아니다. 그 결과, 여기서 만일 A가 어떤 C에도 없지만 B가 모든 C에 있는 것이 받아들여졌다면, 두 전제가 부분적인 거짓이 되고, 결론은 참이 될 것이다.[72] [30]

한편, 한쪽의 전제가 전면적인 거짓이고, 다른 쪽이 전면적인 참으로서 받아들여진 경우에도 사정은 마찬가지다. (i) A와 B가 모든 C에 부수되는 한편, A가 어떤 B에 없을 수 있기 때문이며, 예를 들어 동물[A]과 흼[B]은 모든 백조[C]에 부수되지만, 동물[A]은 모든 흼[B]에 부수되는 것은 아니다. 그러면 이러한 여러 항이 놓인 경우에, 만일 B가 C의 전체에 있지만 A가 C의 전체에 없는 것으로 받아들인다면, 전제 BC가 전면적인 참이 되고 전제 AC가 전면적인 거짓이 되지만, 결론은 참이 될 것이다.[73] [40]

또, 전제 BC가 거짓이고 전제 AC가 참인 경우에도 사정은 마찬가지다.[74] 왜냐하면 [['검정-백조-무생물'이라고 하는]][75] 앞과 동일한 여러 항 57a

---

71 $AaC, BaC \vdash AiB$(*Darapti*).

72 $AeC, BaC \vdash AoB$(*Felapton*).

73 **AeC**, $BaC \vdash AoB$(**Fela**p**ton**).

74 $AeC, \mathbf{BaC} \vdash AoB$(**Fela**p**ton**).

75 이것은 **Felapton**의 예('No C is A, **All C is B** $\vdash$ Some B is not A')로는 부적절하므로, Waitz는 이 부분을 삭제한다. 적절한 항으로는, 예를 들어 Ross가 해석하

287

57a

이 그 논증을 위해 도움이 될 것이기 때문이다.

또, 두 전제가 긍정으로서 받아들여지는 경우에도 사정은 마찬가지다. B가 모든 C에 부수되고 A가 C의 전체에 없는 한편, A가 어떤 B에 있다는 것을 방해하는 것은 아무것도 없기 때문이며, 예를 들어 모든 백조[C]에 동물[B]이 부수되고, 검정[A]이 어떤 백조[C]에도 없는 한편, 검정[A]은 어떤 동물[B]에 있다. 그 결과, 여기서 만일 A와 B가 각각 모든 C에 있는 것이 받아들여진다면, 전제 BC가 전면적인 참이 되고 전제 AC는 전면적인 거짓이 되지만, 결론은 참이 될 것이다.[76]

또, 전제 AC가 참으로 받아들여지는 경우에도 사정은 마찬가지다. 왜냐하면 동일한 여러 항을 통해 그 논증이 성립하기 때문이다.[77]

또 이번에는 한쪽의 전제가 전면적인 참이고 다른 쪽의 전제가 부분적인 거짓인 경우에도 사정은 마찬가지다. 왜냐하면 B가 모든 C에 있고 A가 어떤 C에 있는 한편, A가 어떤 B에 있을 수 있기 때문이며, 예를 들어 두 발[B]은 모든 인간[C]에게 있지만, 아름다움[A]은 모든 인간[C]에게 있는 것은 아니다. 한편, 아름다움[A]은 어떤 두 발[B]에 있다. 그러면 A와 B가 각각 C의 전체에 있는 것이 받아들여졌다면, 전제 BC가 전면적인 참이 되고 전제 AC가 부분적인 거짓이 되고, 결론은 참이 될 것이다.[78]

또, 전제 AC가 참으로서, 전제 BC가 부분적인 거짓으로서 받아들여지는 경우에도 사정은 마찬가지다. 왜냐하면 조금 전과 동일한 여러 항이 위치를 바꾸어 놓인다면 논증이 성립될 것이기 때문이다.[79]

는 바와 같이 'A=무생물, B=검정, C=백조'와 같은 선택을 생각해 볼 수 있다(p. 435).

76 **AaC**, BaC⊢AiB(**Darapti**).

77 *AaC*, **BaC**⊢AiB(*Darapti*)(A=동물, B=검정, C=백조).

78 *AaC*, BaC⊢AiB(*Darapti*).

79 AaC, *BaC*⊢AiB(*Darapti*)(A=두 발, B=아름다움, C=사람). 동일한 예를 사용

또, 한쪽의 전제가 부정이고 다른 쪽이 긍정인 경우에도 사정은 마찬가지다. 왜냐하면 B가 C의 전체에 있고, A가 어떤 C에 있는 한편, 이러한 항 연관이 성립하고 있는 경우, A가 모든 B에게 있을 수 없으므로, 여기서 만일 B가 C의 전체에 있고, A가 어떤 C에도 없는 것이 받아들여졌다면, 부정 전제[대전제 AC]가 부분적인 거짓이 되고, 다른 쪽이 전면적인 참이 되고, 결론 또한 참이 될 것이다.[80] [20]

또, 이번에는 A가 어떤 C에도 없지만, B가 어떤 C에 있는 경우에, A가 어떤 B에 없을 수 있음은 이미 증명되었으므로,[81] 전제 AC가 전면적인 참이고, 전제 BC가 부분적인 거짓이라면, 결론이 참이 될 수 있다는 것은 분명하다. 왜냐하면 만일 A가 어떤 C에도 없지만, B가 모든 C에 있는 것이 받아들여진다면, 전제 AC가 전면적인 참이 되고 전제 BC는 부분적인 거짓이 되기 때문이다.[82] [25]

또, (2) 특칭 추론의 경우에도 모든 방식으로 거짓 전제를 통해 참[인 결론을 추론하는 것]이 가능할 것임은 분명하다. 왜냐하면 두 전제가 전칭인 경우와 동일한 여러 항이, 긍정 추론에서는 긍정의 여러 항이, 부정 추론에서는 부정의 여러 항이라는 식으로 받아들이면 되기 때문이다. 왜냐하면 전칭 부정의 경우에 전칭 긍정으로서 받아들이는 것과 특칭 긍정의 경우에 전칭 긍정으로서 받아들이는 것은 여러 항의 추출(ekthesis)에 관련해서 아무런 차이가 없기 때문이다. 또, 부정 추론의 경우에 대해서도 사정은 마찬가지다. [30] [35]

그런데 이상에서 명백한 것처럼, 결론이 거짓인 경우에는 그 논의를 구성하고 있는 것[전제]의 모든 것이, 혹은 몇 가지가 필연적으로 거짓이어

해서 큰 항과 작은 항의 '위치를 바꾸어 놓다'(metatethentōn). 이 말의 용법에 대해서는 제2권 제3장 55b30 참조.

80 *AeC*, BaC⊢AoB(*Felapton*)(A=아름다움, B=두 발, C=인간).

81 AeC, BiC⊢AoB(*Ferison*)(증명은 제1권 제6장 28b26~30 참조).

82 AeC, *BaC*⊢AoB(*Felapton*)(A=무생물, B=아름다움, C=인간).

야 하지만, 결론이 참인 경우에는 그 무언가가, 혹은 모든 것이 필연적으로 참이어야 한다는 것은 아니며, 추론에서의 전제 중에서 무엇 하나라도 참이지 않더라도 결론은 [모든 전제가 참인 경우와] 마찬가지로 참일 수 있다. 다만 필연적인 것은 아니다.

[40]

[57b]
그 이유는 다음과 같다. 즉, 두 가지 것이, 그 한쪽[P]이 성립된다면 필연적으로 다른 쪽[Q]도 성립하는 방식으로 상호 연관되어 있는 경우에는, 후자[Q]가 성립되지 않는 경우 전자[P]도 성립되지 않을 것이다. 하지만 후자[Q]가 성립한다고 해서 전자[P]가 필연적으로 성립해야 한다는 것은 아니다.[83] 또, 동일한 것[P]이 성립되어 있든 없든, 그것에 의해서 동일한 것[Q]이 필연적으로 성립된다고 하는 것은 불가능하다. 내가
[5] 여기서 불가능하다고 말하는 것은, 예를 들어 만일 A가 희다면 필연적으로 B는 크며, A가 희지 않더라도 필연적으로 B는 크다고 하는 경우이다. 왜냐하면 만일 A가 희다면 B는 반드시 크고, 만일 B가 크면 C가 희지 않을 경우에는, 만일 A가 희다면 필연적으로 C는 희지 않은 것이 되기 때문이다. 여기서 두 가지 중 어느 한쪽[P]이 성립되어 있다면 필연적으로 다
[10] 른 쪽[Q]이 성립하는 경우에는, 후자[Q]가 성립하지 않았다면 첫 번째 것[P][84]도 성립하지 않는 것이 필연이다. 즉, B가 크지 않다면 A가 흼일 수 없다. 그래서 A가 희지 않더라도, B가 필연적으로 크면, B가 크지 않을 경우에는 B 그 자체가 필연적으로 큰 것이 되는데, 이는 불가능하다.
[15] B가 크지 않으면, A가 희지 않은 것은 필연일 것이기 때문이다. 그러면 A가 희지 않더라도 B가 크다면, 조금 전 세 항[ABC]을 통한 경우에 그랬듯이, B가 크지 않으면 그 자체가 또 크다는 것이 귀결되고 말 것이다.[85]

---

83 'P라면 Q'가 성립하는 경우에, Q가 거짓이면 P가 참일 수는 없지만, Q가 참이라고 해서 P가 참이라고는 반드시 말할 수 없다.

84 prōton(b9의 thaterou에서 말해진 사태) 대신에 사본에 있는 a(문자)로 읽으면 (『형이상학』1047b22 참조), 수적인 '하나'로 해석될 수 있다(Ross).

85 'B가 크지 않으면 A는 희지 않고, A가 희지 않고 B는 크다'라는 것을 받아들이

제5장

그런데 '순환적인', 즉 '서로로부터의' 증명이란, [원래 추론의] 결론과 한쪽의 전제를 받아들인 다음에 그것을 술어 연관이란 점에서 역방향으로 [단순하게 환위]한 것을 통해서, 다른 추론[원래 추론]에서는 받아들이고 [20] 있던 나머지 다른 한쪽의 전제를 결론 맺는 것이다.[86] 예를 들어 (1) [전

면, 'B가 크지 않으면 B가 크다'라는 것이 귀결되고 만다. 논증은 이렇게 이루어진다. 먼저 환원적 가정을 제시하는 것으로부터 시작한다.

(1) 만일 A가 희다면 필연적으로 B는 크다.

(2) 만일 A가 희지 않다면 필연적으로 B는 크다.

이것으로부터,

(3) 만일 A가 희다면 B는 반드시 크다.

(4) 만일 B가 크면 C가 희지 않다.

다음이 추론된다.

(5) 만일 A가 희다면 필연적으로 C는 희지 않다.

그런 다음 일반적인 원리를 말한다.

(6) 어느 한쪽[P]이 성립되어 있다면 필연적으로 다른 쪽[Q]이 성립한다면, Q가 성립하지 않는다면 P도 성립하지 않는 것이 필연이다.

(6)을 (1)에 적용하면,

(7) 만일 B가 크지 않다면 A가 흼일 수 없다.

이것은 (2)와 (3)-(5) 추론 형식(if p is q and q is r, then p is r)과 더불어 다음을 이끈다.

그래서 'A가 희지 않더라도, B가 필연적으로 크면',

(8) '만일 B가 크지 않다면 B는 필연적으로 큰 것이 된다.'

이는 불가능하다(모순율의 위반). 아리스토텔레스는 (8)을 거부한다. 그렇기에 그는 (1)과 (2) 쌍으로부터 불가능을 추론했다고 믿는다.

86 '순환적인', 즉 '서로로부터의' 증명(to kuklō[i] kai ex allēlōn deiknusthai, 『분석론 후서』 제1권 제3장 72b17-18 참조). 여기서 kai('즉')는 설명적 효력을 가진다. Ross는 'reciprocal proof'로 옮긴다. 순환 증명(q⊃p, r⊃q, ∴p⊃r)은 '그 결론과 다른 전제의 환위로부터 원래 추론의 한 전제를 증명하는 것'이다. 그 논리적 구조는 다음과 같다. '환위(p)'는 'p의 환위'를 나타낸다. (1) p, q⊢r (2) r, 환위(q)⊢p (3)

칭 추론의 경우에 긍정 추론의 경우] A가 모든 C에 있다는 것을 증명해야 하고, B를 통해 그것을 증명한 경우에, 이번에는 A가 B에 있다는 것을 증명하려고 하고, A가 C에, C가 B에 있다는 것 [[그리고 A가 B에 있다는 것]][87]을 받아들이는 경우이다. 앞의 경우[원래 추론]에는 이와는 반대

[25] 로 B가 C에 있는 것을 받아들인 것이었다.[88] 또는,[89] B가 C에 있다는 것을 증명해야 하는 경우에, 원래는 결론이었던 A가 C에 대해 있다는 것, 그리고 B가 A에 대해 있다는 것을 받아들이는 경우도 그렇다.[90] 앞의 경우[원래 추론]에는 이와는 반대로 A가 B에 대해 있는 것이 받아들여졌다. 하지만 이러한 방식과는 다른 방식으로 서로로부터 증명할 수는 없다. 왜냐하면 원래 추론과 다른 항이 중항으로서 받아들인 것이라면, 원래 순환은 되

[30] 지 않을 것이기 때문이다. 그 경우에는 원래 추론과 동일한 항 연관 중 어느 하나로서 받아들여지지 않기 때문이다. 또한 그것들 중 어떤 것이 받아들여진다고 하더라도, 한쪽의 항 연관만을 받아들여야 한다. 왜냐하면 만일 양쪽이 받아들여진다면, 결론이 [원래 추론과] 동일한 것이 되어 버리지만, 원래 순환 추론에서는 다른 결론을 증명해야만 하는 것이기 때문이다.

그런데 거기서 서로 환위되지 않는 항들의 경우에는 논증되지 않는[91] 한쪽의 전제로부터 추론이 성립하게 된다. 그 항들을 통해서는 중항에 제

[35] 3항[작은 항]이, 또는 첫 번째[큰 항]에 중항이 있음을 논증할 수 없기 때

---

q, 환위(r)⊢환위(p) (4) 환위(p), 환위(q)⊢환위(r) (5) 환위(r), p⊢환위(q) (6) 환위(q), r⊢p ∴(6)에 변형을 적용하면 다시 (1)을 얻는다.

87 Ross는 이 대목을 삭제한다.

88 원래 추론(original syllogism) AaB, BaC⊢AaC(Barbara) // 순환 추론 AaC, CaB⊢AaB(Barbara).

89 hoti(that)를 삭제한다(Ross).

90 원래 추론 AaB, BaC⊢AaC(Barbara) // 순환 추론 BaA, AaC⊢BaC(Barbara).

91 anapodeiktos의 의미에 대해서는 52a32-33 참조.

문이다.

한편, 서로 환위되는 항들의 경우에는 서로를 통하여 모든 것을 증명할 수 있다. 예를 들어 A, B와 C가 각각 서로 환위되는 경우이다. 왜냐하면 항 연관 AC가 중항 B를 통해서, 그리고 이번에는 항 연관 AB가 원래 결론[AC]과 전제 BC가 환위된 전제[CB]를 통해서, 또 마찬가지로 항 연관 [40] BC가 원래 결론[AC]과 전제 AB가 환위된 전제[BA]를 통해서 증명되었 다고 하면 되기 때문이다. 하지만 여기서 전제 CB와 전제 BA를 논증해야 58a 만 한다. 왜냐하면 이러한 전제에 한해서는 논증되지 않고 우리는 사용하고 있었기 때문이다. 그래서 만일 B가 모든 C에, 그리고 C가 모든 A에 있는 것이 받아들여졌다면, B가 A에 대해 있다는 추론이 성립될 것이다. 또한 이번에는 만일 C가 모든 A에게, A가 모든 B에게 있는 것이 받아들여 [5] 졌다면, C가 모든 B에 있다는 것은 필연적일 것이다.

그런데 이 양쪽 추론에서는 전제 CA는 논증되지 않고 이미 받아들여지고 있었다. 다른 한쪽의 전제는 이미 증명되고 있었으니까. 그 결과, 이 전제[CA]를 우리가 증명한다면, 모든 전제가 서로를 통해 증명된 것이다. 여기서 만일 C가 모든 B에게, 그리고 B가 모든 A에게 있는 것이 받아 [10] 들여졌다면, 두 전제가 이미 논증된 것으로서 받아들여지고, 그리고 C가 A에 있는 것이 필연이 될 것이다.[92]

그래서 서로 환위되는 항들의 경우에만, 순환하여 서로를 통하여 논증이 성립하는 경우가 있을 수 있으며, 그 외의 경우에는 우리가 앞서 말

---

92 57b35-58a12까지의 추론을 정리하면 이렇게 된다. (1) AaB, BaC⊢AaC(원래 추론) (1)의 각각의 전제에 순환 추론이 가능하다. (2) AaC, CaB⊢AaB (3) BaC, AaC⊢BaC (2), (3)에서 결론으로서 원래 추론이 나타난다. (2)에 CaB, (3)에 BaA 라는 2개의 새로운 전제가 도입된다. (3)과 (2)에 순환 증명 변형을 적용하면, (4) BaC, CaA⊢BaA (5) CaA, AaB⊢CaB 이 지점에서 이들 추론에서 나타나는 모든 전제가 또한 결론으로서 나타나고 있다. 단 (4)과 (5)에서 CaA를 제외하고, (4) 혹은 (5)의 순환적 변형은 필요한 결론을 만들어 낸다. 그 결과로, (6) CaB, BaA⊢CaA.

[15]

한 바와 같다.[93] 게다가 이상의 것들로 보아 이러한 경우[항들이 환위되는 경우]라도, 결과적으로는 그 논증을 위해 [논증해야 할 바로 그 결론에서] 증명되는 것 그 자체를 사용하게 되는 것이다. 즉, C가 B에 대해, 그리고 B가 A에 대해 있다는 것이 증명되는 것은, C가 A에 대해 말하는 것이 받아들여진 경우이고, 또 C가 A에 대해 있다는 것은 이러한 전제[CB와 BA]들을 통해 증명되는 것이며, 그 결과, 그 논증을 위해서 [논증해야

[20]

할 바로 그 결론으로부터의] 결론을 우리는 사용하게 되는 것이다.[94]

또, 부정 추론의 경우에는 다음과 같이 서로로부터 증명된다. B가 모든 C에 있고, A가 어떤 B에도 없다고 하자. 그러면 결론은 A가 어떤 C에도 없다는 것이 된다. 여기서 이번에는 앞에서 받아들인 바와 같이, A가 어

[25]

떤 B에게도 없음을 결론지어야 한다면, A가 어떤 C에도 없고, C가 모든 B에 있다고 하면 되는 것이다. 왜냐하면 이렇게 해서 그 전제[BC]는 단순히 환위되기 때문이다.[95]

한편, 만일 B가 C에 있다는 것을 결론지어야 한다면, AB는 앞에서 본 것과 같은 방법으로 환위되어서는 안 되며(B가 어떤 A에도 없는 것과 A가 어떤 B에도 없는 것은 동일한 전제이니까), 그 대신에 A가 그 어떤 것에도

[30]

없는 것에 대해, 그 모든 것에 B가 있다는 사실을 받아들여야 한다. 앞의 경우에는 결론이었던 것처럼, A가 어떤 C에도 없다고 하자. 더욱이 A가 그 어떤 것에도 없는 것에 대해, 그 모든 것에 B가 있다는 것이 받아들여졌다고 하자. 그러면 B가 모든 C에 있다는 것은 필연이다.[96]

---

93 이 경우 한쪽의 전제는 증명되지 않고 받아들이게 된다(57b32-35 참조).

94 결론이 각각의 그 전제들을 증명하는 데 사용된다는 순환 증명의 정의를 지적하고 있다.

95 원래 추론 AeB, BaC⊢AeC(Celarent) // 순환 추론 AeC, CaB⊢AeB(Celarent)

96 AeB, BaC⊢AeC(Celarent)에서의 BaC를 증명하는 경우에는 AeB를 ʻA가 그 어떤 것에도 없는(AeX) 것(X)에 대해, 그 모든 것에 B가 있다(BaX)ʼ라는 형태로 받아들인 후, 그것과 원래 결론 AeC에서(X에 C를, 말하자면 대입함으로써) 도출된다.

　결과적으로, 3개의 항 연관 중에서 그 각각이 결론이 된 것이며, 순환적으로 논증한다는 것은 이것, 즉 [원래 추론의] 결론과 한쪽 전제를 단순하게 환위한 것을 받아들인 후, 나머지 다른 한쪽의 전제를 추론하는 것이다. [35]

　한편, (2) 특칭 추론의 경우에는 전칭 전제를 다른 전제를 통해서 논증할 수는 없지만, 특칭 전제를 논증할 수는 있다. 먼저 (a) [긍정 추론의 경우] 전칭 전제를 [다른 전제를 통해] 논증할 수 없음은 분명하다. 왜냐하면 전칭은 전칭을 통해 증명되지만, [원래 추론의] 결론은 전칭이 아님에도 불구하고, 그 결론과 다른 한쪽의 전제로부터 증명해야 하기 때문이다. 나아가 [원래 추론의] 전제가 환위되었다고 하더라도, 전적으로 추론은 성립하지 않는다. [환위의 결과] 두 전제가 특칭이 되기 때문이다.[97] [40] 58b

　그렇지만 특칭 전제를 [다른 전제를 통해] 증명할 수는 있다. 이제 A가 어떤 C에 대해 있다는 것이 B를 통해 이미 증명되었다고 하자. 그렇다면 만일 B가 모든 A에 있다는 것이 받아들여지고, 그리고 [원래 추론의] 결론이 그대로 전제로서 머물러 있다면, B가 어떤 C에 있는 것이 될 것이다. 이 경우에는 제1격이 성립하고, A가 중항이 될 테니까 말이다.[98] [5]

　하지만, (b) 만일 추론이 부정이라면,[99] 앞에서 말해진 이유에 의해,[100] 전칭 전제를 증명할 수 없다. 한편, 특칭 전제는 증명할 수는 있지만, 그것은, 만일 항 연관 AB가 전칭 추론의 경우와 동일한 방식[101]으로 환위되었다면 [[단적으로는 할 수 없지만 부가적 받아들임에 의해서 증명할 수 있

---

97 추론이 성립하기 위해서는 적어도 한쪽의 전제가 전칭이 될 필요가 있으므로, Darii의 경우 그 소전제와 결론으로부터 대전제를 이끌 수 없다. 소전제를 환위하여 받아들인다고 하더라도 사정은 다르지 않다.

98 원래 추론 AaB, BiC⊢AiC(Darii) // 순환 추론 BaA, AiC⊢BiC(Darii).

99 원래 추론이 Ferio인 경우.

100 58a38-b2 참조.

101 58a26-32 참조.

58b

는]],[102] 즉, A가 그 어떤 것에 없는 것에 대해서, B가 그 어떤 것에 있다는

[10] 식으로 받아들였을 경우이다.[103] 왜냐하면 특칭 전제가 부정이기 때문에,
이것 이외의 방식으로는 추론이 성립하지 않기 때문이다.

제6장

또, 제2격에서 긍정적인 항 연관은 이러한 방법[순환 추론]을 통해 증

[15] 명될 수 없지만 부정적인 항 연관을 증명할 수 있다. 일단, [(1) 전칭 추론
의 경우] 긍정적인 항 연관은 [제2격의] 두 전제가 모두 긍정적이지 않기
때문에 증명되지는 않는다.[104] 왜냐하면 [원래 추론의] 결론은 부정이지
만, 긍정의 항 연관은 긍정의 두 전제로부터 증명되었기 때문이다.

한편, 부정적인 항 연관은 다음과 같이 증명된다. A가 모든 B에 있고
어떤 C에도 없다고 하자. 그러면 B가 어떤 C에도 없는 것으로 결론이 난

[20] 다. 여기서 B가 모든 A에 있음이 [[그리고 어떤 C에도 없음이]][105] 받아들
여졌다면, A가 어떤 C에도 없음은 필연일 것이다. 이 경우 제2격이 성립
하기 때문이다. 이 경우에는 B가 중항이 된다.[106]

---

102 '부가적 받아들임'(proslēpseōs)이라는 용어가 아리스토텔레스에게 익숙하지 않
고, 테오프라스토스에게 속한다는 이유로 Ross는 이 대목을 누군가의 가필로 간주한
다(p. 441).
103 AeB, BiC⊢AoC(Ferio)에서의 BiC를 증명하는 경우, AeB를 'A가 그 있는 것에
없는(AoX) 것(X)에 대해서 그 어떤 것에 B가 있다(BiX)'라는 형태로 받아들인 후,
그것과 원래의 결론 AoC로부터 X에 C를, 말하자면 대입함으로써 도출되는 것이다.
104 예를 들어, Camestres에서 그 소전제와 결론으로부터 대전제를 증명할 수는
없다.
105 내용적으로는 맞지만 여러 사본에서 생략되어 있다. 그래서 Ross는 이 부분을
나중에 삽입된 설명으로 간주한다.
106 원래 추론 AaB, AeC⊢BeC(Camestres) // 순환 추론 BaA, BeC⊢AeC(Cames-

296

또, 만일 항 연관 AB가 부정으로서, 다른 한쪽의 전제가 긍정으로서 받아들여졌다면, 제1격이 성립하게 될 것이다. 왜냐하면 C가 모든 A에 있고, B가 어떤 C에도 없으며, 그 결과, 어떤 A에도 B가 없는 것이 되기 때문이다. 그러므로 또한 A는 B에 없는 것이 될 것이다. 그러면 결론과 하나의 전제를 통해서만 추론은 성립하지 않지만, 다른 전제가 덧붙여 받아들여졌을 경우에는 추론이 성립하게 될 것이다.[107] [25]

한편, (2) 만일 추론이 전칭이 아니라면, 앞에서도 말한 것과 동일한 이유[108]에 의해 [원래 추론의] 전칭의 전제는 증명되지 않지만, 특칭의 전제는 (a) 전칭의 항 연관성이 긍정인 경우에는 증명이 된다. 즉, A가 모든 B에 있지만, 모든 C에 있는 것은 아니라고 하자. 그러면 항 연관 BC가 결론이 된다. 여기서 만일 B가 모든 A에 있고, 모든 C에 있는 것은 아니라는 것이 받아들여졌다면, A가 어떤 C에는 없는 것이 될 것이다. 이 경우에는 B가 중항이 된다.[109] [30]

또, (b) 만일 전칭 전제가 부정이라면, 항 연관 AB가 환위되었다고 해도 [원래 추론의] 전제 AC는 증명되지 않을 것이다. 그 경우에는 두 전제가 혹은 한쪽 전제가 부정이 되고, 그 결과 추론이 성립하지 않을 것이기 때문이다.[110] 하지만 만일 B가 그 어떤 것에 없는 것에 대해서, 그 어떤 것에 A가 있다고 받아들여졌다면, 전칭 추론의 경우와 마찬가지로 증명될 [35]

---

tres).

107 원래 추론 AeB, AaC⊢BeC(Cesare) // 순환 추론 BeC, CaA⊢BeA(Celarent) ⊢AeB. 이 경우에는 Celarent에 의한 결론 BeA가 환위됨으로써 원래 추론의 대전제가 증명되게 된다.

108 제2권 제5장 58a38-b2 참조.

109 원래 추론 AaB, AoC⊢BoC(Baroco) // 순환 추론 BaA, BoC⊢AoC(Baroco).

110 원래 추론이 Festino(AeB, AiC⊢BoC)인 경우, 대전제를 환위한 것(BeA)과 BoC를 전제로 하는 경우에는 두 전제가 부정이 되어 추론은 성립하지 않으며, 또한 BoC가 BiC를 함의할 수 있으므로 BiC를 소전제로 하는 경우에도 추론은 성립하지 않는다.

것이다.[111]

제7장

[40]　　또, 제3격에 관해서는 (1) 두 전제가 전칭으로서 받아들여졌을 경우에는, 서로를 통해서 증명될 수 없다.[112] 그 이유는 전칭은 전칭을 통해 증명

[59a] 됨에도 불구하고, 이 격[제3격]에서의 결론은 언제나 특칭이며, 그 결과 어떤 방식으로도 이 격을 통해 전칭 전제를 증명할 수 없음이 분명하기 때문이다. 하지만 (2) 한쪽의 전제가 전칭이고 다른 쪽이 특칭이라면, 어떤 경우에는 [특칭 전제를 순환적으로] 증명할 수 있지만, 어떤 경우에는 할 수 없게 될 것이다.

[5]　　그런데 두 전제가 긍정으로서 받아들여지고, 전칭이 작은 끝항에 대해서 성립하고 있는 경우에는, [특칭 전제를 순환적으로] 증명할 수 있겠지만, 다른 한쪽 항[큰 항]에 대해서 전칭이 성립하고 있는 경우에는 증명할 수 없을 것이다.

　　이제 A가 모든 C에, 그리고 B가 [C의] 어떤 것에 있다고 하자. 그러면 항 연관 AB가 결론이 된다. 여기서 C가 모든 A에 있는 것이 받아들여졌다면, C가 어떤 B에 있는 것은 이미 증명됐지만, B가 어떤 C에 있다는 것

[10] 은 아직 증명되지 않은 셈이다. 그럼에도 만일 C가 어떤 B에 있다면, 필

---

111 AeB, AiC⊢BoC(Festino)에서의 AiC를 증명하는 경우에는 'B가 그 있는 것에 없는(BoX) 것(X)에 대해서, 그 어떤 것에 A가 있다(AiX)'를 받아들인 후에, 그것과 원래의 결론 BoC로부터(X에 C를, 말하자면 대입함으로써) 도출된다. 또, '전칭 추론의 경우'(제1격에서 Celarent의 소전제 증명)에 대해서는 제2권 제5장 58a26-32 참조.

112 원래 추론이 Darapti 또는 Felapton인 경우에는 결론이 특칭이기 때문에, 그것을 새로운 전제로서 받아들인다고 해도 원래 추론의 전제를 증명할 수 없다.

연적으로 B는 어떤 C에 있다.[113] 하지만 전자가 후자에 있는 것과 후자가 전자에 있는 것은 같지 않다. 그래서 만일 전자가 어떤 후자에 있다면, 후자가 어떤 전자에 있다는 것을 덧붙여 받아들여야 한다. 하지만 이 일이 받아들여진 이상, 더 이상 [원래 추론의] 결론과 다른 한쪽의 전제로부터 추론이 성립되지 않을 것이다.

한편, 만일 B가 모든 C에, 그리고 A가 어떤 C에 있다면, C가 모든 B에 있고 A가 어떤 B에 있는 것이 받아들여지는 경우에는, 항 연관 AC를 증명할 수 있을 것이다. 왜냐하면 만일 C가 모든 B에 있고 A가 어떤 B에 있다면, A가 어떤 C에 있다는 것은 필연이기 때문이다. 이 경우에는 B가 중항이 된다.[114] [15]

그리고 또, 한쪽의 전제가 긍정, 다른 쪽이 부정인 경우이고, 긍정 전제가 전칭인 경우에는, 다른 쪽의 전제[특칭 부정]가 증명되게 될 것이다. 즉, B가 모든 C에 있고, A가 [C의] 어떤 것에 없다고 하자. 그러면 A가 어떤 B에 없다는 것이 결론이 된다. 여기서 만일 C가 모든 B에 있는 것이 덧붙여 받아들여졌다고 하면, A가 어떤 C에 없는 것이 필연이 된다. 이 경우에는 B가 중항이 된다.[115] [20]

한편, 부정 전제가 전칭이 되는 경우에는, 앞서 이야기한 경우와 같은 방식[116] 이외에는 다른 한쪽의 전제가 증명되지 않는다. 앞서 이야기한 경우와 같은 방식이란, 이것이 그 어떤 것에는 없는 것에 대해, 다른 한쪽이 그 어떤 것에 있다는 것을 받아들인 경우이며, 예를 들어 A가 어떤 C에도 [25]

---

113 원래 추론 AaC, BiC⊢AiB(Datisi) // 순환 추론 CaA, AiB⊢CiB(Darii)⊢BiC. 단, 순환 추론의 결론 BiC는 Darii의 결론을 환위하여 얻어진 것이므로, 엄밀하게는 원래 추론의 결론과 전제에서만 도출되었다고는 할 수 없다.

114 원래 추론 AiC, BaC⊢AiB(Disamis) // 순환 추론 AiB, CaB⊢AiC(Disamis).

115 원래 추론 AoC, BaC⊢AoB(Bocardo) // 순환 추론 AoB, CaB⊢AoC(Bocardo).

116 제1권 제5장 58a26-32, 58b8-10, 제6장 58b36-38 참조.

없고 B가 어떤 C에 있는 경우이다. 이 경우에는 A가 어떤 B에 없다는 것이 결론이 된다. 그래서 만일 A가 그 어떤 것에 없는 것에 대하여, 그 어떤 것에 C가 있는 것이 받아들여졌다면, C가 어떤 B에 있다는 것은 필연이다.[117]

[30] 하지만 이것 이외의 방식으로는, 전칭 전제를 환위했다고 해도, 다른 쪽의 전제를 증명할 수 없다. 왜냐하면 그 경우에는 어떠한 방식으로도 추론이 성립하지 않을 것이기 때문이다.

[[이상의 것으로 보아 다음과 같은 것이 분명하다. 제1격에서 서로를 통한 증명은 제3격과 제1격을 통해 성립한다는 것은, [원래 추론의] 결

[35] 론이 긍정인 경우에는 제1격을 통해, 부정인 경우에는 마지막 격[제3격]을 통해 성립하기[118] 때문이다. 그것은 그 어떤 것에도 이것이 없는 것에 대해, 그 모든 것에 다른 한쪽이 있다는 것이 받아들여지고 있기 때문이다. 또 중간격[제2격]에서는 추론이 전칭인 경우에는, 바로 그 격[제2격]과 제1격을 통해, 특칭인 경우에는 바로 그 격[제2격]과 마지막 격[제3격]을 통해[119] 순환 추론이 성립한다. 또한 제3격에서는 모두 바로 그 격

[40] [제3격]을 통해 순환 추론이 성립한다.[120] 게다가 제3격과 중간격[제2격]

---

117 AeC, BiC⊢AoB(Ferison)에서의 BiC를 증명하는 경우에는 AeC를 'A가 그 있는 것에 없는(AoX) 것(X)에 대해서, 그 어떤 것에 C가 있다(CiX)'라는 형태로 받아들인 후, 그것과 원래 결론 AoB로부터(X에 B를, 말하자면 대입함으로써) 우선 CiB를 도출하고, 그것을 환위함으로써 BiC를 얻을 수 있다.

118 Celarent의 대전제를 증명하는 순환 추론이 제1격임(제2권 제5장 58a22-26)을 간과하고 있는 점 및 Celarent와 Ferio의 소전제를 증명하는 순환 추론(58a26-32, b7-12)을 제3격으로 간주하고 있다는 점에서도 이 정리는 틀렸다.

119 Festino의 소전제를 증명하는 순환 추론(제2권 제6장 58b33-38)을 제3격으로 간주하고 있다는 점에서 이 정리도 잘못되어 있다.

120 Datisi의 소전제를 증명하는 순환 추론이 제1격인 것(59a6-14)을 간과하고 있는 점 및 Ferison의 소전제를 증명하는 순환 추론(59a24-29)을 제3격으로 간주하고 있는 점에서 이 정리는 잘못된 것이다.

에서는 바로 그 격[제3격 또는 제2격]들을 통해 성립하지 않는 추론은 순환 증명에 의하지 않거나[121] 불완전[122]하거나, 둘 중 하나라는 것 또한 분명하다.]][123]

제8장

그런데 '전환하다'[124]란 결론을 옮겨서 [그 모순 또는 반대를 전제로 받아들이고], 끝항[큰 항]이 중항에 없거나 중항이 마지막 항[작은 항]에 없는 추론을 만들어 내는 것이다. 왜냐하면 [원래 추론의] 결론이 전환되어 한쪽 전제가 그대로 전제로서 머무른다면, 필연적으로 나머지 전제가 파기되기 때문이다. 즉, 만일 그 나머지 전제가 여전히 성립한다면, [원래 추론의] 결론 또한 성립하게 되어 버리기 때문이다.[125]

59b

---

121 이 정리에 따르면 Festino의 소전제를 증명하는 순환 추론(제2권 제6장 58b33-38)은 진정한 순환 추론이 아니었다.

122 Cesare의 대전제를 증명하는 순환 추론(제2권 제6장 58b22-27)과 Datisi의 소전제를 증명하는 순환 추론(59a6-14)이 그 증명에서 환위 규칙을 필요로 한다. 그렇기 때문에 불완전하다고 말한다.

123 이 단락(59a32-41)에서는 제2권 제5-7장의 순환 추론에 대한 논의가 요약되고 있는데, 앞서 여러 각주에서 지적했듯이, 몇 가지 오류가 포함되어 있다. Ross는 특히 Celarent, Ferio, Festino, Ferison의 소전제를 이끄는 순환 추론을 제3격으로 간주하는 심각한 오류가 포함되어 있다는 이유로, 이 부분을 나중에 삽입된 '여백의 주'로 간주해서 삭제한다.

124 '전환하다'라고 옮긴 antistrephein은 『분석론 전서』에서 대개 주어항과 술어항이 '환위된다'는 의미로 사용되는데, 여기에서는 '원래 추론 결론'의 모순 대립, 반대 대립을 새로운 전제로 하고, 그것과 원래 추론의 한쪽 전제로부터 원래 추론의 다른 한쪽 전제를 파기(破棄)하는 것을 의미한다.

125 원래 추론의 결론이 전환되었음에도 불구하고, 원래 추론의 두 전제가 성립하는 것이라면 원래 결론과 전환된 결론의 양쪽이 동시에 성립하게 되는데, 그런 일은 있

　여기서 결론이 모순 대립적으로 전환되는지 반대 대립적으로 전환되는지는 차이가 있다. 각각의 방법으로 전환되는 경우에 동일한 추론이 성립하는 것은 아니기 때문이다. 이는 다음과 같은 논의를 통해 밝혀질 것이다. 여기서 내가 '모순 대립한다'고 말하는 것은, '모든 것에 있다'[전칭 긍정]가 '모든 것에 있는 것은 아니다'[특칭 부정]에 대해, '어떤 것에 있다'[특칭 긍정]가 '어떤 것에도 없다'[전칭 부정]에 대해 갖는 관계이며, 또 '반대 대립한다'고 하는 것은 '모든 것에 있다'[전칭 긍정]가 '아무것에도 없다'[전칭 부정]에 대해, '어떤 것에 있다'[특칭 긍정]가 '어떤 것에 없다'[특칭 부정]에 대해 갖는 관계를 말한다.

[10]

　이제 (1) [전칭 추론의 경우] [결론이 반대 대립적으로 전환되는 경우] A가 C에 대하여 있음이 중항 B를 통해 이미 증명되었다고 하자. 여기서 만일 A가 어떤 C에도 없지만 모든 B에게 있다는 것이 받아들여진다면, B는 어떤 C에도 없는 것이 될 것이다.[126] 또 만일 A가 어떤 C에도 없고 B가 모든 C에 있다면, A는 모든 B에 있는 것은 아닌 것이 되지만, 단적으로 어떤 B에도 없는 것은 아니다.[127] 왜냐하면 전칭은 마지막 격[제3격]을 통해서 증명되지 않았기 때문이다.[128] 일반적으로 말해서, 큰 끝항과 관련된 전제는 전환을 통해 전칭으로 파괴할 수는 없다. 그 경우에는 항상 제3격을 통해 파기되기 때문이다. 왜냐하면 거기서는 필연적으로 끝항[작은 항]과 관련되도록 두 전제를 받아들여야 하기 때문이다.

[15]

[20]　또, 추론이 부정인 경우에도 사정은 마찬가지다. 즉, A가 어떤 C에도

을 수 없다. 그러므로 원래 추론의 결론이 전환된 경우에는 원래 추론의 한쪽 전제가 파기되어야 한다.

126 원래 추론 AaB, BaC⊢AaC(Barbara) // 전환 추론 AaB, AeC⊢BeC(Camestres).

127 원래 추론 AaB, BaC⊢AaC(Barbara) // 전환 추론 AeC, BaC⊢AoB(Felapton).

128 제1권 제6장 29a16-18 참조.

없는 것이 B를 통해 증명되었다고 하자. 그러면 만일 A가 모든 C에 있고, 어떤 B에게도 없다는 것이 받아들여진다면, 어떤 C에도 B가 없는 것이 될 것이다.[129] 또 만일 A와 B가 모든 C에 있다면, A는 어떤 B에 있게 될 것이다.[130] 하지만 [원래 추론에서는 A는 B의] 어떤 것에도 없었다.

한편, 만일 [원래 추론의] 결론이 모순 대립적으로 전환되었다면, [전환] 추론 또한 모순 대립이 되어 전칭이 되지 않을 것이다. 왜냐하면 한 쪽 전제가 특칭이 되고, 그 결과 결론 또한 특칭이 되기 때문이다. 이제 (i) 추론이 긍정이며, 그런 식으로 [모순 대립적으로] 전환되었다고 하자. 그러면 만일 A가 모든 C에 있는 것은 아니고, 모든 B에 있다면, B는 모든 C에 있는 것은 아니다.[131] 그리고 또, 만일 A가 모든 C에 있는 것은 아니며, B가 모든 C에 있다면, A는 모든 B에 있는 것은 아니다.[132] [25] [30]

또, (ii) 추론이 부정인 경우에도 사정은 마찬가지다. 만일 A가 어떤 C에 있고 어떤 B에도 없다면, B는 어떤 C에 없고, 단적으로 어떤 C에도 없는 것은 아닐 것이다.[133] 그리고 또 만일 A가 어떤 C에 있고, 애초에 받아들인 것처럼 B가 모든 C에 있다면, A가 어떤 B에 있는 것이 될 것이다.[134] [35]

한편, (2) 특칭 추론의 경우에는 [원래 추론의] 결론이 모순 대립적으로 전환되는 경우에는 두 전제는 모두 파기되지만, 반대 대립적으로 전환되는 경우에는 어느 전제도 파기되지 않는다. 왜냐하면 이 경우에는 전칭 추론의 경우와 같이, 전환에 따른 결론이 [전칭에는] 결여되어 있으면서 [원래 추론의 전제를] 더 이상 파기하는 것이 되지 못하고, 파기하는 일이 [40]

---

129 원래 추론 AeB, BaC⊢AeC(Celarent) // 전환 추론 AeB, AaC⊢BeC(Cesare).

130 원래 추론 AeB, BaC⊢AeC(Celarent) // 전환 추론 AaC, BaC⊢AiB(Darapti).

131 원래 추론 AaB, BaC⊢AaC(Barbara) // 전환 추론 AaB, AoC⊢BoC(Baroco).

132 원래 추론 AaB, BaC⊢AaC(Barbara) // 전환 추론 AoC, BaC⊢AoB(Bocardo).

133 원래 추론 AeB, BaC⊢AeC(Celarent) // 전환 추론 AeB, AiC⊢BoC(Festino).

134 원래 추론 AeB, BaC⊢AeC(Celarent) // 전환 추론 AiC, BaC⊢AiB(Disamis).

전혀 없기 때문이다.

이제 A가 어떤 C에 대해 있다는 것이 이미 증명되었다고 하자. 그렇다면 만일 A가 어떤 C에도 없고, B가 어떤 C에 있는 것이 받아들여졌다면, A는 어떤 B에 없는 것이 될 것이다.[135] 그리고 또 만일 A가 어떤 C에도 없고 모든 B에게 있다면, B는 어떤 C에도 없는 것이 될 것이다.[136] 그 결과 두 전제는 모두 파기된다.

[5]   한편, 반대 대립적으로 전환된 경우에는 어느 전제도 파기되지 않는다. 왜냐하면 만일 A가 어떤 C에 있지 않고 모든 B에 있다면, B는 어떤 C에 없는 것이 되겠지만, 이 경우 문제가 되는 최초의 논점[원래 추론의 소전제]은 결코 파기되지 않기 때문이다. 왜냐하면 어떤 것에 있고 어떤 것에는 없다는 것이 있을 수 있기 때문이다.[137] 또, 전칭 전제 AB에는 어떤 경우에도 [이것을 파기하는 전환] 추론은 성립하지 않는다. 왜냐하면 만일

[10] A가 어떤 C에 없고, B가 어떤 C에 있다면, 두 전제는 모두 전칭이 되지 않기 때문이다.[138]

      또, 추론이 부정인 경우에도 사정은 마찬가지다. 그것은 만일 A가 모든 C에 있는 것이 받아들여졌다면, 두 전제는 모두 파기되지만,[139] 만일 A가 어떤 C에 있는 것이 받아들여진 경우에는, 어떤 전제도 파기되지 않기 때문이다. 이에 대한 논증은 앞에서 [긍정 추론의 경우]와 같다.[140]

---

135 원래 추론 AaB, BiC⊢AiC(Darii) // 전환 추론 AeC, BiC⊢AoB(Ferison).

136 원래 추론 AaB, BiC⊢AiC(Darii) // 전환 추론 AaB, AeC⊢BeC(Camestres).

137 원래 추론이 AaB, BiC⊢AiC(Darii)일 때, 전환 추론으로서 AaB, AoC⊢BoC(Baroco)를 만들어도, 그 결론 BoC와 원래 추론의 소전제 BiC는 '양립 가능'하므로 원래 추론의 소전제는 파기되지 않는다.

138 원래 추론이 AaB, BiC⊢AiC(Darii)일 때, 대전제 AaB의 파기를 목표로 AoC와 BiC를 전제로 해도, 두 전제가 특칭이기 때문에 어떠한 추론도 성립하지 않는다.

139 원래 추론이 AeB, BiC⊢AoC(Ferio)일 때, AaC(결론의 모순 대립)를 한쪽 전제로서 받아들이면, AeB, AaC⊢BeC(Cesare), AaC, BiC⊢AiB(Datisi)라는 전환 추론이 성립하게 되며, 원래 추론의 두 전제는 모두 파기되고 만다.

제9장

또, 제2격에서 [(1) 전칭 추론의 경우] 전환이 어느 방식으로 성립하는 [15]
지에 관계없이,[141] 큰 끝항과 관계된 전제[대전제]를 반대 대립적으로 파
기할 수 없다. 왜냐하면 [전환 추론의] 결론은 언제나 제3격에서 성립하게
되지만, 그 격에서의 추론은 전칭으로서는 성립하지 않았기 때문이다.[142]
다른 한편으로, 다른 한쪽의 전제[소전제]라면, 우리는 그것을 전환과 유
사한 방식으로 파기하게 될 것이다. 여기서 내가 '유사한 방식으로'라고
말하는 것은, 만일 [원래 추론의 결론이] 반대 대립적으로 전환된다면 반 [20]
대 대립적으로, 다른 한편으로 모순 대립적으로 전환된다면 모순 대립적
으로 [원래 추론의 소전제가] 파기된다는 의미이다.

이제 [반대 대립적으로 전환되는 경우] A가 모든 B에 있고 어떤 C에도
없다고 하자. 그러면 결론은 BC가 된다. 여기서 만일 B가 모든 C에 있는
것이 받아들여지고, 항 연관 AB가 그대로 전제로서 머무른다면, A가 모
든 C에 있는 것이 될 것이다. 제1격이 성립하기 때문이다.[143] 하지만 만일
B가 모든 C에 있고 A가 어떤 C에도 없다면, A는 모든 B에게 있는 것은 [25]
아닌 것이 될 것이다. 이것은 마지막 격[제3격]이다.[144]

---

140 원래 추론이 AeB, BiC⊢AoC(Ferio)일 때, AiC(결론의 반대 대립)를 전제하더
라도 새로운 두 전제(AiC와 BiC)가 특칭이 되어 어떠한 추론도 성립하지 않기 때문
에, 혹은 Festino(AeB, AiC⊢BoC)에 의한 새로운 결론 BoC가 원래 추론의 소전제
BiC와 '양립 가능하기' 때문에 원래 추론의 두 전제는 모두 파기되지 않는다.
141 원래 추론의 결론이 '반대 대립적으로 전환되든, 모순 대립적으로 전환되든'이라
는 의미.
142 제2격의 대전제는 언제나 전칭이므로 전환 추론 제3격에서 전칭의 결론이 도출
되지 않는 한, 원래 추론의 대전제를 반대 대립적으로 파기할 수는 없다. 제3격에서
결론이 전칭이 되지 않는 점에 대해서는 제1권 제6장 **29a16-18** 참조.
143 원래 추론 AaB, AeC⊢BeC(Camestres) // 전환 추론 AaB, BaC⊢AaC(Barba-
ra).

한편, 만일 결론 BC가 모순 대립적으로 전환되었다면, 전제 AB는 그와 같은 방식으로 증명될 수 있으며, 전제 AC는 [앞의 경우와는 달리] 모순 대립적으로 증명될 것이다. 왜냐하면 만일 B가 어떤 C에 있고, A가 어떤 C에도 없다면, A는 어떤 B에 없는 것이 되기 때문이다.[145] 또 이번에는 만일 B가 어떤 C에 있고 A가 모든 B에 있다면, A가 어떤 C에 있게 되고, 그 결과 추론이 모순 대립적으로 성립하게 될 것이다.[146]

[30]

또, 만일 두 전제가 반대로 되어 있는 것 같은 경우에도, 마찬가지로 증명될 것이다.[147]

또, (2) 만일 추론이 특칭이라면, 결론이 반대 대립적으로 전환되는 경우에는, 제1격인 경우와 같이[148] 어떤 전제도 파기되지 않지만, 모순 대립적으로 전환되는 경우에는 두 전제 모두 파기된다.

[35]

이제 [반대 대립적으로 전환되는 경우] A가 어떤 B에도 없고 어떤 C에 있는 것으로 놓여 있는 것으로 하자. 그러면 결론은 BC가 된다. 여기서 만일 B가 어떤 C에 있고 항 연관 AB가 전제로서 머무른다면, 결론은 A가 어떤 C에 없다는 것이 되겠지만, 이것으로는 문제가 되고 있는 최초의 논점[원래 추론의 소전제]이 파기되지는 않는다. 그것은 어떤 것에 있고, 또 어떤 것에 없는 것이 있을 수 있기 때문이다.[149] 또 이번에는 만

[40]

---

144 원래 추론 AaB, AeC⊢BeC(Camestres) // 전환 추론 AeC, BaC⊢AoB(Felapton).

145 원래 추론 AaB, AeC⊢BeC(Camestres) // 전환 추론 AeC, BiC⊢AoB(Ferison).

146 원래 추론 AaB, AeC⊢BeC(Camestres) // 전환 추론 AaB, BiC⊢AiC(Darii).

147 원래 추론이 Cesare일 때, 그 결론이 (a) 반대 대립적으로 전환되는 경우에는 Darapti에 의해 대전제가, Celarent에 의해 소전제가 파기되고, (b) 모순 대립적으로 전환되는 경우에는 Datisi에 의해 대전제가, Ferio에 의해 소전제가 파기된다.

148 제2권 제8장 59b39-60a1, 5-14 참조.

149 원래 추론이 AeB, AiC⊢BoC(Festino)일 때 전환 추론으로 AeB, BiC⊢AoC(Ferio)를 만들어도, 그 결론 AoC와 원래 추론의 소전제 AiC는 '양립 가능'하기 때문

일 B가 어떤 C에 있고 A가 어떤 C에 있다면, 추론은 성립되지 않을 것이다. 왜냐하면 받아들여지고 있는 것들 중 어느 항 연관도 전칭은 아니기 때문이다. 그 결과 항 연관 AB[원래 추론의 대전제]는 파기되지 않게 된다.[150]

60b

한편, 모순 대립적으로 전환되는 경우에는 두 전제는 모두 파기된다. 왜냐하면 만일 B가 모든 C에 있고 A가 어떤 B에도 없다면, A는 어떤 C에도 없을 것이기 때문이다. 하지만 어떤 C에 A는 있었다.[151] 또 이번에는 만일 B가 모든 C에 있고 A가 어떤 C에 있다면, A가 어떤 B에 있는 셈이다.[152] 또한 전칭이 긍정인 경우에도 동일한 논증이 성립된다.[153]

[5]

제10장

또, 제3격에 관해서 (a) 결론이 반대 대립적으로 전환되는 경우에는, 두 전제 모두 어떠한 추론에 의해서도 파기되지 않지만, (b) 모순 대립적으로 전환되는 경우에는, 두 전제는 모두 모든 추론에서 파기된다.

이제 (1) A가 어떤 B에 있다는 것이 이미 증명되었고, C가 중항으로서 받아들여졌다고 하고, 두 전제가 모두 전칭이라고 하자. 그러면 만일 A가

[10]

에 원래 추론의 소전제는 파기되지 않는다.

150 원래 추론이 AeB, AiC⊢BoC(Festino)일 때, 대전제 AeB의 파기를 목표로 AiC와 BiC를 전제로 해도, 두 전제가 특칭이기 때문에 어떤 추론도 성립하지 않는다.

151 원래 추론 AeB, AiC⊢BoC(Festino) // 전환 추론 AeB, BaC⊢AeC(Celarent).

152 원래 추론 AeB, AiC⊢BoC(Festino) // 전환 추론 AiC, BaC⊢AiB(Disamis).

153 원래 추론이 Baroco일 때, 그 결론이 (a) 반대 대립적으로 전환되는 경우에는 새로운 결론이 원래 추론의 소전제와 양립 가능해지기 위해 혹은 새로운 두 전제가 특칭이 되는 어떤 추론도 성립하지 않기 때문에, 원래 추론의 두 전제는 모두 파기되지 않으나 (b) 모순 대립적으로 전환되는 경우에는 Barbara에 의해 소전제가, Bocardo에 의해 대전제가 파기된다.

어떤 B에 있지 않고 B가 모든 C에 있는 것이 받아들여졌다면, A와 C에 대해 추론은 성립하지 않는다.[154] 또한 만일 A가 어떤 B에 없고 모든 C에 있다면, B와 C에 대한 추론은 성립하지 않을 것이다.[155]

[15] 또, 두 전제가 모두 전칭인 것이 아닌 경우[한쪽이 특칭인 경우]에도 [전환 추론이 성립하지 않음은] 마찬가지로 증명될 것이다. 그 경우에는 필연적으로 두 전제가 전환을 통해서 함께 특칭이 되거나, 혹은 전칭이 작은 끝항에 대해 성립하거나, 둘 중 하나이기 때문이다. 그리고 이러한 경우에 추론은 제1격에서도 또 중간격[제2격]에서도 성립하지 않는 것이었다.[156]

[20] 한편, 만일 모순 대립적으로 전환된다면, 두 전제는 모두 파기된다. 왜냐하면 [원래 추론이 전칭 추론인 경우] 만일 A가 어떤 B에도 없고 B가 모든 C에 있다면, A는 어떤 C에도 없는 것이 되기 때문이다.[157] 또 이번에는 만일 A가 어떤 B에도 없고 모든 C에 있다면, B는 어떤 C에도 없는 것이 될 것이다.[158]

그리고 또, 한쪽의 전제가 전칭이 아닌 경우에도 사정은 마찬가지다. 왜냐하면 만일 A가 어떤 B에도 없고 B가 어떤 C에 있다면, A가 어떤 C에 없는 것이 될 것이기 때문이다.[159] 또한 만일 A가 어떤 B에도 없고

---

154 원래 추론이 AaC, BaC⊢AiB(Darapti)일 때, 그 결론의 반대 대립(AoB)과 BaC를 전제로 해도 항 연관 AC를 결론으로 하는 추론은 성립하지 않는다.

155 원래 추론이 AaC, BaC⊢AiB(Darapti)일 때, 그 결론의 반대 대립(AoB)과 AaC를 전제로 해도 항 연관 BC를 결론으로 하는 추론은 성립하지 않는다.

156 원래 추론이 Datisi 또는 Disamis일 때, 결론이 반대 대립적으로 전환되어 특칭 부정을 한쪽의 전제로 하는 새로운 추론이 만들어진다면, 그것은 제1격 또는 제2격이 될 것이지만, 그 경우에는 새로운 두 전제, 혹은 새로운 대전제가 특칭이 되기 때문에 어떤 추론도 성립하지 않는다.

157 원래 추론 AaC, BaC⊢AiB(Darapti) // 전환 추론 AeB, BaC⊢AeC(Celarent).

158 원래 추론 AaC, BaC⊢AiB(Darapti) // 전환 추론 AeB, AaC⊢BeC(Cesare).

159 원래 추론 AaC, BiC⊢AiB(Datisi) // 전환 추론 AeB, BiC⊢AoC(Ferio).

모든 C에 있다면, B가 어떤 C에도 없는 것이 될 것이다.¹⁶⁰ ··· 생략

모든 C에 있다면, B가 어떤 C에도 없는 것이 될 것이다.[160]   [25]

또, (2) 추론이 부정인 경우에도 사정은 마찬가지다. 즉, A가 어떤 B에 없다는 것이 이미 증명되었고, 항 연관 BC가 긍정이고 항 연관 AC가 부정이라고 하자. 왜냐하면 이 경우에는 추론이 성립되어 있었기 때문이다. 그러면 결론의 반대 대립이 받아들여졌을 경우에는, 추론은 성립하지 않을 것이다. 왜냐하면 [원래 추론이 전칭 추론인 경우] 만일 A가 어떤 B에   [30] 있고 B가 모든 C에 있다면, A와 C에 대한 추론은 성립하지 않았기 때문이다.[161] 또한 만일 A가 어떤 B에 있고 어떤 C에도 없다면, B와 C에 대한 추론은 성립되지 않았다.[162] 그 결과 [원래 추론의] 두 전제는 모두 파기되지 않는다.

한편, 결론의 모순 대립이 받아들여졌을 경우에는 [두 전제는 모두] 파기된다. 왜냐하면 만일 A는 모든 B에 있고 B가 [모든] C에 있다면, A가 모든 C에 있기 때문이다. 하지만 [원래 추론에서는 A는 C의] 어떤 것에   [35] 도 없었다.[163] 또 이번에는, 만일 A가 모든 B에 있고 어떤 C에도 없다면, B는 어떤 C에도 없는 것이 된다. 하지만 [원래 추론에서는 B는 C의] 모든 것에 있었다.[164]

또, 두 전제가 모두 전칭인 것은 아닌 경우[한쪽이 특칭인 경우]에도 마찬가지로 증명된다. 왜냐하면 항 연관 AC가 전칭 부정이 되고, 다른 한 항 연관이 특칭 긍정이 되기 때문이다. 그러면 만일 A가 모든 B에 있고

---

160 원래 추론 AaC, BiC⊢AiB(Datisi) // 전환 추론 AeB, AaC⊢BeC(Cesare).
161 원래 추론이 AeC, BaC⊢AoB(Felapton)일 때, 대전제 AeB의 파기를 목표로 그 결론의 반대 대립(AiB)을 전제로 해도 어떤 추론도 성립하지 않는다.
162 원래 추론이 AeC, BaC⊢AoB(Felapton)일 때, 소전제 BaC의 파기를 목표로 그 결론의 반대 대립(AiB)과 AeC를 전제로 해도 어떤 추론도 성립하지 않는다.
163 원래 추론 AeC, BaC⊢AoB(Felapton) // 전환 추론 AaB, BaC⊢AaC(Barbara).
164 원래 추론 AeC, BaC⊢AoB(Felapton) // 전환 추론 AaB, AeC⊢BeC(Camestres).

B가 어떤 C에 있다면, A가 어떤 C에 있음이 귀결된다. 하지만 [원래 추론에서는 A는 C의] 어떤 것에도 없었다.[165] 또한 이번에는 만일 A가 모든 B에 있고 어떤 C에도 없다면, B는 어떤 C에도 없다. 하지만 [원래 추론에서는 B는 C의] 어떤 것에 있었다.[166]

한편, [결론의 반대 대립이 받아들여진 경우] 만일 A가 어떤 B에 있고 B가 어떤 C에 있다면, 추론은 성립하지 않는다.[167] 또한 만일 A가 어떤 B에 있고 어떤 C에도 없다면, 그 경우에도 추론은 성립하지 않는다.[168] 그 결과 전자와 같이 원래 추론의 결론이 모순 대립적으로 전환되는 경우에는 전제가 파기되지만, 후자와 같이 원래 추론의 결론이 반대 대립적으로 전환되는 경우에는 전제가 파기되지 않는다.

이렇게 해서 지금까지 이야기된 것을 통해 분명한 것은, (1) [원래 추론의] 결론이 어떻게 전환되고, 각각의 격에서 [새로운] 추론이 성립하는지, (2) 어떤 경우에 전제와 반대 대립하는 것이, 어떤 경우에 모순 대립하는 것이 성립하는지, 그리고 (3) (a) 제1격에서는 중간격[제2격] 또는 마지막 격[제3격]을 통해 추론이 성립하는 것, 즉 작은 끝항과 관련되는 전제

는 항상 중간격[제2격]을 통해 파기되고, 큰 끝항과 관련되는 전제는 마지막 격[제3격]을 통해 파기되는 것, 또 (b) 제2격에서는 제1격과 마지막 격[제3격]을 통해 추론이 성립하는 것, 즉, 작은 끝항과 관련을 맺는 전제는 언제나 제1격을 통해, 큰 항과 관련을 맺는 전제는 마지막 격[제3격]을 통해 파기된다는 것, 그리고 (c) 제3격에서는 제1격과 중간격[제2격]

---

165 원래 추론 AeC, BiC⊢AoB(Ferison) // 전환 추론 AaB, BiC⊢ AiC(Darii).

166 원래 추론 AeC, BiC⊢AoB(Ferison) // 전환 추론 AaB, AeC⊢BeC(Camestres).

167 원래 추론이 AeC, BiC⊢AoB(Ferison)일 때, 대전제 AeC의 파기를 목표로 그 결론의 반대 대립(AiB)과 BiC를 전제로 해도 어떤 추론도 성립하지 않는다.

168 원래 추론이 AeC, BiC⊢AoB(Ferison)일 때, 소전제 BiC의 파기를 목표로 그 결론의 반대 대립(AiB)을 전제로 해도 어떤 추론도 성립하지 않는다.

을 통해 추론이 성립하는 것, 즉, 큰 항과 관련을 맺는 전제는 항상 제1격 [15]
을 통해, 작은 항과 관련을 맺는 전제는 중간격[제2격]을 통해 파기된다
는 것이다.

제11장

이렇게 해서, '전환한다'란 무엇이며, 그것이 각각의 격에서 어떻게 이
루어지고, 거기서 어떠한 추론이 성립하는지는 분명하다.

그런데 불가능을 통한 [귀류법에 의한] 추론이[169] 증명되는 것은 증명해
야 할 결론의 모순 대립이 놓인 후, 그와는 별도로 또 하나의 전제가 함께 [20]
받아들여지게 되는 경우이며, 이는 모든 격에서 성립한다. 왜냐하면 귀류
법은 다음과 같은 점을 제외하고, 전환 추론과 유사하기 때문이다. 즉 전
환되는 것은 추론이 이미 성립되어 있고 두 전제가 받아들여진 경우인 데
반해, 불가능으로 귀착(歸着)되는 것은 증명해야 할 그 모순 대립이 미리
동의된 경우가 아니라 그것이 참이라는 것이 분명한 경우라는 점에서 양 [25]
자는 다른 것이다.

하지만 양자에서 항들은 유사하게 항 연관을 이루며, 양자의 [전제를]
받아들이는 방식은 같다. 예를 들어 [제1격인 경우] A가 모든 B에 있고
C가 중항인 경우에, 만일 A가 모든 B에 있지 않거나 혹은 어떤 B에도 없
거나, 둘 중 하나가 가정되고, 더욱이 처음부터 참이었던 대로 A가 모든
C에 있다면, 필연적으로 C는 어떤 B에도 없거나 모든 B에 있는 것은 아 [30]
니든가, 둘 중 하나가 된다. 하지만 이는 불가능하며, 그 결과 가정된 항
연관성은 거짓이 된다. 그러므로 각각 그 모순 대립은 참이다.[170] 또 다른

---

169 제11-13장에서 탐구되고 있다.

170 AaC, CaB⊢AaB(Barbara)가 성립될 때, AoB 또는 AeB를 가정하고, 원래 추론

격의 경우에도 사정은 마찬가지다. 그 이유는 전환 추론을 받아들이는 한
에서의 격은 불가능을 통한 [귀류법에 의한] 추론도 받아들이기 때문이다.

그런데 그 밖의 여러 문제[전칭 부정, 특칭 긍정, 특칭 부정]가 모두 불

[35] 가능을 통해 모든 격[의 귀류법]에서 증명되는 반면, (1) 전칭 긍정의 문
제는 중간격[제2격]과 제3격에서 증명되지만, 제1격에서는 증명되지 않
는다. 즉, A가 모든 B에 있는 것은 아닌지, 혹은 어떤 B에도 없다고 가정
되고 있고, 그리고 어느 쪽에 있든, 즉 C가 모든 A에 있든(CaD), B가 모

[40] 든 D에 있든(BaD), 또 하나의 전제가 더해져 받아들여졌다고 하자. 왜냐
하면 이와 같은 식으로 제1격이 성립될 수 있기 때문이다.

61b   그런데 만일 A가 모든 B에 있는 것은 아니라고 가정되고 있다면, 어느
쪽에 또 하나의 전제가 더해져 받아들여지든 추론은 성립하지 않는다.¹⁷¹

또한 만일 A가 어떤 B에도 없다고 가정된다면, 전제 BD가 더해져 받아
들여진 경우에는 거짓 결론을 이끄는 추론이 성립되기는 하지만 제시된
문제는 증명되지 않는다. 왜냐하면 만일 A가 어떤 B에도 없고 B가 모든

[5] D에 있다면, A는 어떤 D에도 없는 것이기 때문이다. 여기서 이것은 불가
능하다고 하자. 그러므로 A가 어떤 B에게도 없다는 것이 거짓이 된다. 하
지만 어떤 B에게도 A가 없다는 것이 거짓이라고 해서, 모든 B에 있는 것
이 참이 되는 것은 아니기 때문이다.¹⁷²

또, 전제 CA가 덧붙여 받아들여졌을 경우에는 추론은 성립하지 않으

의 대전제 AaC를 다른 한쪽의 전제로서 받아들였을 경우에는 Baroco에 의해(AaC,
AoB⊢CoB) CoB가, Camestres에 의해(AaC, AeB⊢CeB) CeB가 성립한다. 하지만
이 결론은 거짓이므로 가정의 모순 대립인 AaB 또는 AiB가 증명된다.

171 AB가 가정된 경우, 또 하나의 전제로서 받아들여지는 것이 CaA든 BaD든 어
떤 결론도 귀결되지 않는다.

172 AeB가 가정되고 BaD가 받아들여진다면 Celarent에 의해 추론이 성립하고, 결
론은 AeD가 되지만, 이것이 거짓이라고 해도 말할 수 있는 것은 가정의 모순 대립
AiB이며, 문제가 되고 있는 AaB는 증명되지 않는다.

며,[173] 모든 B에 A가 있는 것은 아니라고 가정된 경우에도 성립하지 않는다.[174] 이렇게 해서 결과적으로, '모든 것에 있는 것'[전칭 긍정]이 제1격에서 불가능을 통해 증명되지 않는다는 것은 분명하다.

(2) 한편, '어떤 것에 있는 것'[특칭 긍정], '어떤 것에도 없는 것'[전칭 부정], 그리고 '모든 것에 있는 것은 아닌 것'[특칭 부정]은 증명된다. [10]

이제 (2) [특칭 긍정을 증명하는 경우] A가 어떤 B에도 없는 것으로 가정되며, B가 모든, 혹은 어떤 C에 있다는 것이 받아들여졌다고 하자. 그러면 필연적으로 A가 어떤 C에도 혹은 모든 C에 있는 것은 아니라는 것이 된다. 이것은 불가능하다.―즉 여기서는 A가 모든 C에 있다는 것이 참이고 명백하다고 하자―그 결과, 만일 이것이 거짓이라면 필연적으로 A가 어떤 B에게 있는 것이 된다.[175] [15]

그러나 만일 다른 전제가 A에 대해 항 연관을 이루는 것으로 받아들여진다면, 추론은 성립하지 않을 것이다.[176] 또한, '어떤 것에는 없다'[특칭 부정]라고 하는 것처럼, 증명해야 할 결론에 대한 반대 대립이 가정되었을 경우에도 추론은 성립하지 않을 것이다.[177] 거기서 [증명해야 할 결론의] 모순 대립이 가정되어야 함은 분명하다.

또, 이번에는 (3) [전칭 부정을 증명하는 경우] A가 어떤 B에 있는 것으로 가정되고, C가 모든 A에 있는 것이 받아들여졌다고 하자. 그러면 필연적으로 C가 어떤 B에 있게 된다. 여기서 이것은 불가능하다고 하자. 그 [20]

---

173 AeB가 가정되고 CaA가 받아들여지더라도 어떠한 결론도 귀결되지 않는다.

174 61a40-b1 참조.

175 AeB가 가정되고 BaC 또는 BiC가 받아들여진다면, Celarent에 의해 AeC가, Ferio에 의해 AoC가 성립하는데, 이것이 거짓이라면 가정의 모순 대립 AiB가 증명된다.

176 AeB가 가정되고 CaA 또는 CiA가 받아들여지더라도 어떤 결론도 귀결되지 않는다.

177 AoB가 가정되어 BaD 또는 BiD가 받아들여졌다고 하더라도, 혹은 CaA 또는 CiA가 받아들여진다고 하더라도 어떤 결론도 귀결되지 않는다.

결과 가정된 것은 거짓이 된다. 그렇다면 어떤 것에도 없다는 것은 참이다.[178]

또, CA가 부정으로서 받아들여진 경우에도 사정은 마찬가지다.[179]

하지만 만일 B와 항 연관을 이루는 전제가 받아들여진다면, 추론은 성립하지 않을 것이다.[180]

[25] 한편, 만일 [증명해야 할 결론의] 반대 대립이 가정되었다면, 추론이 성립되어 불가능한 것이 귀결되게 되겠지만, 제시된 문제[전칭 부정]는 증명되지 않는다. 즉, 모든 B에 A가 있는 것으로 가정되고, C가 모든 A에 있다는 것이 받아들여졌다고 하자. 그러면 필연적으로 C가 모든 B에 있게 된다. 여기서 이것은 불가능하며, 그 결과 모든 B에 A가 있다는 것이 거짓이 된다. 하지만 '모든 것에 있는 것이 아니'라면, '어떤 것에도 없는 것'[전칭 부정]은 아직 필연적인 것은 아니다.[181]

[30] 또, 다른 한쪽의 전제가 B와 연관을 이루는 것으로서 받아들여진 경우에도 사정은 마찬가지다. 왜냐하면 추론이 성립하고, 불가능한 것이 귀결하게 되겠지만, 가정은 파기되지 않기 때문이다.[182] 이렇게 된 결과로서 [증명해야 할 결론의] 모순 대립을 가정해야만 한다.

---

178 AiB가 가정되고 CaA가 받아들여진다면, Darii에 의해 CiB가 귀결되는데, 이것이 거짓이라면 AeB가 증명된다.

179 AiB가 가정되고 CeA가 받아들여진다면, Ferio에 의해 CoB가 귀결되는데, 이것이 거짓이라면 AeB가 증명된다.

180 AiB가 가정되어 BD가 어떤 형태로 받아들여졌다고 하더라도 어떤 결론도 귀결되지 않는다.

181 AaB가 가정되고 CaA가 받아들여진다면, Barbara에 의해 CaB가 귀결되지만, 이것이 거짓이라고 해도 말할 수 있는 것은 가정의 모순 대립 AoB이지, AeB는 증명되지 않는다.

182 AaB가 가정되고 BaD가 받아들여진다면, Barbara에 의해 AaD가 귀결되는데, 이것이 거짓이라고 해도 말할 수 있는 것은 가정의 모순 대립 AoB이지, AeB는 증명되지 않는다.

또한 (4) A가 모든 B에 있는 것이 아님을 증명하기 위해서는 A가 B의 모든 것에 있음을 가정해야 한다. 왜냐하면 만일 A가 모든 B에 있고, 그리고 C가 모든 A에 있다면, C가 모든 B에 있는 것이고, 그 결과 만일 이 것이 불가능하다면, 가정된 것은 거짓이 되기 때문이다.[183] [35]

또, B와 항 연관을 이루는 것으로서 다른 한쪽의 전제가 받아들여졌을 경우에도 사정은 마찬가지다.[184]

또, 전제 CA가 부정인 경우에도 사정은 마찬가지다. 이 경우에도 추론이 성립하기 때문이다.[185]

하지만 만일 B에 대해 부정의 항 연관이 성립되어 있다면, 아무것도 증명되지 않는다.[186]

한편, 만일 [A가 B의] 모든 것에 있는 것이 아니라, 어떤 것에 있는 것이 가정되었다면, 모든 것에 있는 것은 아니라는 것이 증명되는 것이 아니라, 그 어떤 것에도 없음이 증명되게 된다. 즉, 만일 A가 어떤 B에 있고, C가 모든 A에 있다면, C가 어떤 B에 있는 것이 될 것이다. 여기서 만일 이것이 불가능하다면, A가 어떤 B에 있다는 것은 거짓이 되고, 그 결과 A가 B의 어떤 것에도 없다는 것이 참이 된다. 하지만 이것이 일단 증명되었을 경우에는, 참인 것까지도 함께 파기되게 된다. 왜냐하면 원래 A는 어떤 B에 있었던 한편, 어떤 것에는 없었던 것이기 때문이다.[187] [40]

62a

---

183 AaB가 가정되고 CaA가 받아들여진다면, Barbara에 의해 CaB가 귀결되는데, 이것이 거짓이라면 AoB가 증명된다.

184 AaB가 가정되고 BaD가 받아들여진다면, Barbara에 의해 AaD가 귀결되는데, 이것이 거짓이라면 AoB가 증명된다.

185 AaB가 가정되고 CeA가 받아들여진다면, Celarent에 의해 CeB가 귀결되는데, 이것이 거짓이라면 AoB가 증명된다.

186 AaB가 가정되고 BeD가 받아들여진다면, 어떤 결론도 귀결되지 않는다.

187 AiB가 가정되고 CaA가 받아들여진다면, Darii에 의해 CiB가 귀결되는데, 이것이 거짓이라면 AeB가 증명된다. 하지만 그 경우에는, 증명해야 할 특칭 부정 AoB에 의해서 포함되어 있던 특칭 긍정 AiB까지도 파기되어 버리고 만다.

[5]   게다가 이 가정에서는 아무것도 불가능한 것은 귀결되지 않는다. 그것은 참된 것으로부터 거짓된 것을 추론할 수 없으므로, [가정은] 거짓이 될 수 있지만, 지금 [이 가정은] 실제로는 참이기 때문이다. 왜냐하면 실제로 A는 어느 B에 있기 때문이다.[188] 그 결과 어떤 것에 있는 것이 아니라 모든 것에 있음을 가정해야 한다.

또, A가 어떤 B에 없음을 증명하는 경우에도 사정은 마찬가지다. 그것은, 만일 어떤 것에 없는 것과 모든 것에 있는 것은 아니라는 것과 같은
[10] 것이라면, 양자에 대한 논증도 같은 것이 되기 때문이다.[189]

그런데 이러한 것을 보아, 모든 추론에서 반대 대립이 아닌 모순 대립이 가정되어야 함은 분명하다. 왜냐하면 그러한 경우에 증명의 필연성이 성립하고 거기에서의 주장이 일반적으로 인정되기 때문이다. 모든 것에 대해 긍정이나 부정이 성립한다면, 부정이 성립하지 않음이 증명된 경우
[15] 에는, 필연적으로 그 긍정을 참으로 말해야 하기 때문이다. 또 이번에는 반대로 만일 상대방이 긍정을 참으로 놓지 않는다면, 그 부정을 주장하는 것이 일반적으로 인정되기 때문이다.

한편, 반대 대립을 주장하는 것은 어느 경우에도 적절하지 않다. 왜냐하면 어떤 것에도 없는 것이 거짓이라고 해도 필연적으로 모든 것에 있는 것이 참은 아니며, 또한 후자[전칭 긍정]가 거짓이라면 전자[전칭 부정]가 참이라는 것도 일반적으로 인정되는 것은 아니기 때문이다.

---

188 앞의 각주에서도 말했듯이, 여기서 증명해야 할 특칭 부정 AoB는 특칭 긍정 AiB를 포함하고 있으므로, 참인 AiB를 가정해도 귀류법은 성립하지 않는다.
189 여기서 아리스토텔레스는 AoB의 두 가지 말하는 방식을 구별한 다음, 그 의미 내용의 동일성을 인정하고 있다. 이 장 61b33-62a8의 논의가 부분 부정의 증명 형태로 진행되어 온 것은, 귀류법에서는 AoB의 증명이 가정된 전칭 긍정을 부정함으로써 이루어지는 것에 의한다.

제12장

그런데 분명한 것은, 제1격에서 모든 다른 여러 문제가 모두 불가능을 [20]
통해 [귀류법에 의해] 증명되는 데 반해, 전칭 긍정의 문제는 증명되지는
않는다는 점이다. 그러나 중간격[제2격]과 마지막 격[제3격]에서는 이 문
제 또한 증명된다.

이제 A가 모든 B에 있는 것은 아니라는 것이 놓였고, 그리고 A가 모
든 C에 있다는 것이 받아들여졌다고 하자. 그러면 만일 A가 모든 B에게 [25]
는 있는 것은 아니지만, 모든 C에 있다고 한다면, C가 모든 B에 있는 것
은 아닌 셈이다. 하지만 이것은 불가능하다. 왜냐하면 지금 C가 모든 B에
있음이 분명하다면, 그 결과 가정된 것이 거짓이 되기 때문이다. 그러므로
A가 모든 B에 있는 것은 참인 것이 된다.[190]

한편, [증명해야 할 전칭 긍정의] 반대 대립이 가정된 경우에는, 추론이
성립하여 불가능한 것이 귀결되겠지만, 제시된 문제는 증명되지 않는다.
즉, 만일 A가 어떤 B에도 없지만 모든 C에 있다면, C는 어떤 B에게도 없 [30]
는 것이 될 것이다. 하지만 이는 불가능하며, 그 결과 어떤 것에도 없다는
것이 거짓이 될 것이다. 하지만 이것이 거짓이라 하더라도, 모든 것에 있
는 것이 참이 되는 것은 아니다.[191]

또한, A가 어떤 B에 있음을 증명하는 경우에, A가 어떤 B에도 없는 것
으로 가정하고, 그리고 모든 C에 A가 있다고 하자. 그러면 필연적으로
C가 어떤 B에도 없는 것이 된다. 그 결과, 만일 이것이 불가능하다면, 필 [35]
연적으로 A가 어떤 B에 있게 된다.[192] 한편, [A가 B의] 어떤 것에 없는 것

---

190 AoB가 가정되고 AaC가 받아들여진다면, Baroco에 의해 CoB가 귀결되는데,
이것이 거짓이라면 AaB가 증명된다.
191 AeB가 가정되고 AaC가 받아들여진다면, Camestres에 의해 추론이 성립하고,
그 결론은 CeB가 되지만, 이것이 거짓이라고 해도 말할 수 있는 것은 가정의 모순 대
립 AiB이지, AaB는 증명되지 않는다.

으로 가정되었을 경우에는, 그 결과는 제1격의 경우에 그랬던 것과 동일한 것이 될 것이다.[193]

또 이번에는 [전칭 부정을 증명하는 경우에] A가 어떤 B에 있는 것으로 가정되고, 그리고 A가 어떤 C에도 없다고 하자. 그러면 필연적으로 C가 어떤 B에 없는 것이 될 것이다. 하지만 실제로는 [C는 B의] 모든 것에 있었으므로, 그 결과 가정된 것은 거짓인 것이 된다. 그러므로 A가 어떤 B에도 없는 것이 될 것이다.[194]

[40]

또한 A가 모든 B에 있는 것이 아님을 증명하는 경우에, A가 모든 B에 있는 것으로 가정되며, 그리고 A가 어떤 C에도 없다고 하자. 그러면 필연적으로 C가 어떤 B에도 없는 것이 된다. 하지만 이것은 불가능하며, 그결과 [A가 B의] 모두에 있는 것은 아니라는 것은 참이 된다.[195]

62b

이렇게 해서 모든 추론이 중간격[제2격]을 통해 [귀류법에 의해] 성립함은 분명하다.

제13장

[5]   또 마지막 격[제3격]을 통하는 경우에도 사정은 마찬가지다. 즉, (1) [전칭 긍정을 증명하는 경우] (a) A가 어떤 B에 없는 것으로 놓여 있고,

---

192 AeB가 가정되고 AaC가 받아들여진다면, Camestres에 의해 CeB가 귀결되는데, 이것이 거짓이라면 AiB가 증명된다.

193 여기서 증명해야 할 특칭 긍정 AiB는 특칭 부정 AoB를 포함하고 있으므로, 참인 AoB를 가정해도 귀류법은 성립하지 않는다. 제2권 제11장 61b17-18 참조.

194 AiB가 가정되고 AeC가 받아들여진다면, Festino에 의해 CoB가 귀결되는데, 이것이 거짓이라면 AeB가 증명된다.

195 즉 어떤 결론도 성립할 수 없다. AaB가 가정되고 AeC가 받아들여진다면, Cesare에 의해 CeB가 귀결되는데, 이것이 거짓이라면 AoB가 증명된다.

그리고 C가 모든 [B에] 있다고 하자. 그러면 A가 어떤 C에 없는 것이 된다. 그러면 만일 이것이 불가능하다면, A가 어떤 B에게 없는 것이 거짓이 되고, 그 결과 A가 B의 모든 것에 있다는 것이 참이 된다.[196]

다른 한편으로, (b) 만일 A가 B의 어떤 것에도 없는 것으로 가정된다면, 추론이 성립하고 불가능이 귀결되겠지만, 제시된 문제는 증명되지 않는다. 반대 대립이 가정된 경우에는, 앞의 경우에 그랬던 것처럼 동일한 것이 될 것이기 때문이다.[197] [10]

하지만 (2) A가 B의 어떤 것에 있음을 증명하기 위해서는, 이 [전칭 부정의] 가정이 받아들여져야 한다. 즉, 만일 A가 어떤 B에도 없고, 그리고 C가 어떤 B에 있다면, A가 모든 C에 있는 것은 아니다. 여기서 이것이 거짓이라면, A가 어떤 B에 있는 것이 참이 된다.[198]

또한, (3) 어떤 B에도 A가 없음을 증명하는 경우에, (a) 어떤 B에 A가 [15] 있음이 가정되고, 그리고 C가 모든 B에 있는 것이 받아들여졌다고 하자. 그러면 필연적으로 어떤 C에 A가 있게 된다. 하지만 실제로 A는 C의 어떤 것에도 없었으므로, 그 결과 A가 어떤 B에게 있다는 것은 거짓이다.[199] 하지만 (b) 모든 B에 A가 있다고 가정된 경우에는, 제시된 문제는 증명되지 않는다.[200]

---

196 AoB가 가정되고 CaB가 받아들여진다면, Bocardo에 의해 AoC가 귀결되는데, 이것이 거짓이라면 AaB가 증명된다.

197 AeB가 가정되고 CaB가 받아들여진다면, Felapton에 의해 AoC가 귀결되는데, 이것이 거짓이라고 해도 말할 수 있는 것은 가정의 모순 대립 AiB이지 AaB는 증명되지 않는다. 제2권 제11장 61b1-8, 제12장 62a28-32 참조.

198 AeB가 가정되고 CiB가 받아들여진다면, Ferison에 의해 AoC가 귀결되는데, 이것이 거짓이라면 AiB가 증명된다.

199 AiB가 가정되고 CaB가 받아들여진다면, Disamis에 의해 AiC가 귀결되는데, 이것이 거짓이라면 AeB가 증명된다.

200 AaB가 가정되고 CaB가 받아들여진다면, Darapti에 의해 AiC가 귀결되는데, 이것이 거짓이라고 해도 말할 수 있는 것은 가정의 모순 대립 AoB이지 AeB는 증명되지

그러나 (4) A가 B의 모든 것에 있는 것은 아니라는 것을 증명하기 위해

[20] 서는, 이 [전칭 긍정의] 가정이 받아들여져야 한다. 즉, (a) A가 모든 B에 있고, 그리고 C가 모든 B에 있다면, A가 어떤 C에 있는 것이다. 그러나 실제로는 그렇지 않았기에, 그 결과 A가 B의 모든 것에 있음이 거짓인 것이 된다. 만일 그렇다면, A가 B의 모든 것에 있는 것은 아니라는 것이 참이다.[201] 또, (b) A가 어떤 B에 있다고 가정된 것 같은 경우에는, 앞서 이야기된 경우와 동일한 것이 될 것이다.[202]

[25] 그렇기에 불가능을 통한 [귀류법에 의한] 추론에서 [증명해야 할 문제의] 모순 대립을 가정해야 한다는 것은 분명하다. 또 중간격[제2격]에서 긍정의 문제가, 또 마지막 격[제3격]에서 전칭의 문제가 어떤 방식으로[203] [귀류법에 따라] 증명될 것임은 분명하다.

제14장

그런데 불가능으로 이끄는 논증[귀류법]이 직접적인 논증과 다른 것은,
[30] 전자의 경우에는 사람이 파기하고자 하는 항 연관을 [전제로서] 놓고, 그 것을 거짓이라고 상대방이 동의하는 것으로 귀착시킨다는 점이다. 다른 한편으로 직접적인 논증은 상대방이 동의하는 '내세운 것'[입론, 주장][204]

않는다.

201 AaB가 가정되고 CaB가 받아들여진다면, Darapti에 의해 AiC가 귀결되는데, 이 것이 거짓이라면 AoB가 증명된다.

202 제2권 제11장 61b39-62a8 참조.

203 직접 증명의 경우에는 제2격에서 긍정이 증명되지 않으며, 제3격에서 전칭이 증명되지도 않지만, 제2권 제12장(62a20-28, 32-36)과 이 장(62b5-8, 14-18)에서 언급된 바와 같이 각각의 격에 따른 귀류법에서는 그렇게 했을 수도 있다.

204 원어는 theseōn(단수는 thesis). 즉 어떤 명제[주장]를 추리에 의하지 않고 직접적으로 긍정하여 주장한 것.

에서 출발한다. 보다 정확하게는, 상대방에게 동의된 두 가지 전제를 받아들이지만, 직접적인 논증이 추론이 거기에서 출발하는 것을 두 전제로 받아들이는 데 반해, 귀류법은 추론이 출발하는 전제 중에서 한쪽의 전제를, 그리고 다른 쪽의 전제로서 원래 결론의 모순 대립을 받아들인다. 그리고 [35] 직접적인 논증의 경우에는 결론이 인식되어[친숙한 것][205] 있을 필요가 없으며, 그것이 실제로 성립되어 있는지 미리 상정하고[206] 있을 필요도 없다. 한편, 귀류법의 경우에는 결론이 실제로 성립되고 있지 않음을 필연적으로 미리 상정하고 있어야 한다. 이는 결론이 긍정이든 부정이든 아무런 차이가 없으며, 어느 경우이든 사정은 마찬가지다.[207]

어쨌든 직접 증명에 의해 결론지어지는 것은 모두 불가능을 통해서도 증명될 것이고, 그리고 불가능을 통한 추론도 직접 증명에 의해 동일한 [40] 항들을 통해 증명될 것이다. 왜냐하면 (1) [귀류법에 의한] 추론이 제1격 63a 에서 성립하는 경우에는 [직접 증명에 의해] 참인 결론이 중간의 격[제2격]이나 마지막 격[제3격]에서, 즉 (a) 부정의 결론은 중간의 격[제2격]에서, (b) 긍정의 결론은 마지막 격[제3격]에서 성립할 것이기 때문이다. 또 (2) 중간의 격[제2격]에서 [귀류법에 의한] 추론이 성립하는 경우에는, [직접 증명에 의해] 참인 결론이 모든 문제에 대해 제1격에서 성립될 것이다. 또한 (3) 마지막 격[제3격]에서 [귀류법에 의한] 추론이 성립하는 경 [5] 우에는, [직접 증명에 의해] 참된 결론이 제1격이나 중간의 격[제2격]에서, 즉 긍정의 결론은 제1격에서, 부정의 결론은 중간의 격[제2격]에서 성립할 것이다.

이제 (1) [귀류법이 제1격인 경우] (a) (i) A가 어떤 B에도 없거나 (ii) A가 모든 B에 있는 것이 아님이 [귀류법의] 제1격을 통해 이미 증명되었

---

205 원어 gnōrimos에 대해서는 『분석론 후서』 제1권 제1-2장 참조.

206 원어로는 prohupolambanein(믿다, 미리 생각하다).

207 이 대목(62b29-38)을 제1권 제23장 41a21-b1, 제44장 50a29-38과 비교하라.

63a

[10] 다고 하자. 그렇다면 (i) A가 어떤 B에 있다는 것이 가정이었으며, C가 모든 A에 있고 어떤 B에도 없다는 것은 이미 받아들여지고 있었던 것이 된다. 그것은 이러한 경우에 추론과 불가능이 성립하고 있었기 때문이다. 여기서 만일 C가 모든 A에 있으며 어떤 B에도 없다면, 이것은 중간의 격 [제2격]이다. 그리고 이것[전제]들로부터 A가 어떤 B에도 없다는 것은 분명하다.[208]

[15] 또, (ii) 만일 A가 B의 모든 것에 있다는 것은 아니라는 것이 이미 증명된 경우에도 사정은 마찬가지다. 가정은 A가 B의 모든 것에 있는 것이며, C가 모든 A에 있고, 또한 모든 B에 있는 것은 아니라는 것은 이미 받아들여졌기 때문이다.[209]

그리고 또 항 연관 CA가 부정으로서 받아들여진 경우에도 사정은 마찬가지다. 이 경우에 중간의 격[제2격]이 성립하기 때문이다.[210]

또, 이번에는 (b) 어떤 B에 A가 있다는 것이 이미 증명되었다고 하자.
[20] 그렇다면 여기서의 가정은 A가 B의 어떤 것에도 없는 것이며, B가 모든 C에 있고, 또 A가 (i) 모든이거나 혹은 (ii) 어떤 C에 있는 것은 이미 받아들여지고 있었다. 그것은 이러한 경우에 불가능이 성립할 것이기 때문이다. (i) 만일 A와 B가 모든 C에 있다면, 이것은 마지막 격[제3격]이다. 이러한 점에서 반드시 A가 어떤 B에 있게 될 것은 분명하다.[211]

---

208 귀류법 CaA, AiB⊢CiB(Darii)일 때, CeB가 참이면 AeB // 직접 증명 CaA, CeB⊢AeB(Camestres).

209 귀류법 CaA, AaB⊢CaB(Barbara)일 때, CoB가 참이면 AoB // 직접 증명 CaA, CoB⊢AoB(Baroco).

210 ㉠ 전칭 부정의 증명. 귀류법 CeA, AiB⊢CoB(Ferio)일 때, CaB가 참이라면 AeB // 직접 증명 CeA, CaB⊢AeB(Cesare) // ㉡ 특칭 부정의 증명. 귀류법 CeA, AaB⊢CeB(Celarent)일 때, CiB가 참이면 AoB // 직접 증명 CeA, CiB⊢AoB (Festino).

211 귀류법 AeB, BaC⊢AeC(Celarent)일 때, AaC가 참이면 AiB // 직접 증명 AaC, BaC⊢AiB(Darapti).

322

또, 어떤 C에 (iii) B이거나 혹은 (i) A가 있는 것이 받아들여진 경우에도 사정은 마찬가지다.[212]

또, 이번에는 (2) [귀류법의] 중간의 격[제2격]에서, (a) A가 모든 B에 있다는 것이 이미 증명되었다고 하자. 그렇다면 이 경우의 가정은 A가 모든 B에 있는 것은 아니라는 것이었으며, A가 모든 C에 있고 C가 모든 B에 있는 것은 이미 받아들여지고 있었던 것이다. 이 경우에 불가능이 성립할 것이기 때문이다. 여기서 A가 모든 C에 있고, 그리고 C가 모든 B에 있다면, 이는 첫 번째 격이다.[213] [25]

또, (b) 특칭 긍정이 이미 증명된 경우에도 사정은 마찬가지다. 왜냐하면 그 경우의 가정은 A가 어떤 B에도 없는 것이고, A가 모든 C에 있고, C가 어떤 B에 있는 것은 이미 받아들여지고 있었기 때문이다.[214] [30]

또한 (c) 추론이 [전칭] 부정이라면, 이 경우의 가정은 A가 어떤 B에 있는 것이고, A가 어떤 C에도 없고 C가 모든 B에 있는 것은 이미 받아들여지고 있으며, 그 결과 제1격이 성립하게 된다.[215]

또, (d) 추론이 전칭[부정]이 아니라, A가 어떤 B에 없다는 것이 이미 증명된 경우에도 사정은 마찬가지다. 그 경우의 가정은 A가 모든 B에 있는 것이며, A가 어떤 C에도 없고 C가 어떤 B에 있다는 것이 이미 받아들여졌기 때문이다. 왜냐하면 이 경우에는 제1격이 성립하게 되기 때문이다.[216] [35]

---

212 (ii)의 경우 귀류법 AeB, BaC⊢AeC(Celarent)일 때, AiC가 참이면 AiB // 직접 증명 AiC, BaC⊢AiB(Disamis) // (iii)인 경우 귀류법 AeB, BiC⊢AoC(Ferio)일 때, AaC가 참이라면 AiB // 직접 증명 AaC, BiC⊢AiB(Datisi).

213 귀류법 AaC, AoB⊢CoB(Baroco)일 때, CaB가 참이면 AaB // 직접 증명 AaC, CaB⊢AaB(Barbara).

214 귀류법 AaC, AeB⊢CeB(Camestres)일 때, CiB가 참이면 AiB // 직접 증명 AaC, CiB⊢AiB(Darii).

215 귀류법 AeC, AiB⊢CoB(Festino)일 때, CaB가 참이면 AeB // 직접 증명 AeC, CaB⊢AeB(Celarent).

216 귀류법 AeC, AaB⊢CeB(Cesare)일 때, CiB가 참이면 AoB // 직접 증명 AeC,

또, 이번에는 (3) [귀류법의] 제3격에서 (a) A가 모든 B에 있음이 이미 증명되었다고 하자. 이 경우의 가정은 A가 모든 B에 있는 것은 아니라 는 것이고, C가 모든 B에 또 A가 모든 C에 있는 것이 이미 받아들여지고 있었다. 그 경우에는 불가능이 성립할 것이기 때문이다. 이것은 제1격이다.[217]

또, (b) 논증이 특칭 긍정에 대한 경우에도 사정은 마찬가지다. 왜냐하면 그 경우의 가정은 A가 어떤 B에도 없는 것이고, C가 어떤 B에 또 A가 모든 C에 있는 것이 이미 받아들여지고 있었던 것이기 때문이다.[218]

[5] 또한 (c) 만일 추론이 [전칭] 부정이라면, 이 경우의 가정은 A가 어떤 B에 있는 것이고, C가 어떤 A에도 없고 또 모든 B에 있는 것이 이미 받아들여지고 있었다. 그리고 이것은 중간의 격[제2격]이다.[219]

또, (d) 논증이 전칭이 아닌 경우[특칭 부정의 경우]에도 사정은 마찬가지다. 그 경우의 가정은 A가 모든 B에 있는 것이 될 것이고, C가 어떤 A에도 없고 또 어떤 B에 있다는 것이 이미 받아들여지고 있었기 때문이다. 이는 중간의 격[제2격]이다.[220]

이렇게 해서, 동일한 항들을 통해 [불가능을 통해 증명되는] 문제의 각각을 직접적으로도 증명할 수 있음은 분명하다. 또한 마찬가지로 추론이 [15] 직접적으로 성립되어 있는 경우에도, 거기서 받아들였던 것과 같은 항들에서 결론과 모순 대립하는 전제가 받아들여진 경우에는 불가능으로 귀

CiB⊢AoB(Ferio).

217 귀류법 AoB, CaB⊢AoC(Bocardo)일 때, AC가 참이면 AaB // 직접 증명 AaC, CaB⊢AaB(Barbara).

218 귀류법 AeB, CiB⊢AoC(Ferison)일 때, AaC가 참이면 AiB // 직접 증명 AaC, CiB⊢AiB(Darii).

219 귀류법 CaB, AiB⊢CiA(Datisi)일 때, CeA가 참이면 AeB // 직접 증명 CeA, CaB⊢AeB(Cesare).

220 귀류법 CiB, AaB⊢CiA(Disamis)일 때, CeA가 참이면 AoB // 직접 증명 CeA, CiB⊢AoB(Festino).

착(歸着)시킬 수 있을 것이다. 왜냐하면 여기에서는 전환 추론에 의한 것과 같은 동일한 추론이 성립하기 때문이며,[221] 그 결과, 우리는 각각이 성립하게 될 격도 즉시 얻게 되기 때문이다. 그렇기 때문에, 모든 문제가 이들 양쪽 방식으로, 즉 불가능을 통해서, 그리고 직접적으로 증명되는 것은 분명하며, 한쪽이 다른 쪽으로부터 분리되는 것은 있을 수 없다. [20]

제15장

어떤 격에서 서로 대립하는[222] 전제로부터 추론할 수 있고, 어떤 격에서 할 수 없는지는 다음의 논의에서 밝혀질 것이다.

여기서 내가 '대립하는 전제'라고 말하는 것은, 그 어법에 근거한다면 4쌍의 전제이다. 즉, (1) 전칭 긍정과 전칭 부정, (2) 전칭 긍정과 특칭 부정, (3) 특칭 긍정과 전칭 부정, (4) 특칭 긍정과 특칭 부정을 말하는데,[223] 실제로는 이것들 중 3쌍이 서로 대립하고 있다. 왜냐하면 (4) 특칭 긍정은 특칭 부정에 대해서 단지 어법에서만 대립하고 있는 것에 지나지 않기 때문이다.[224] 또, 이것들 중에서 전칭끼리, 즉 (1) 전칭 긍정과 전칭 부정, 예를 들어 '모든 지식은 훌륭하다'와 '어떤 지식도 훌륭하지 않다'가 서로에 대해 반대 대립이며, 그 이외의 경우[(2)와 (3)]는 서로에 대해 모순 대립 [25] [30]

---

221 전환 추론에 대해서는 제2권 제8-10장 참조.

222 여기서 '대립'이라고 번역한 antikeimenon은 좁은 의미에서는 '모순 대립'을 의미하지만, 아리스토텔레스는 이 말을 '모순 대립'과 '반대 대립' 양쪽을 포함하는 넓은 의미로 사용하는 경우가 있어, 그 경우에는 단순히 '대립'으로 옮길 수 있다.

223 경제적으로 옮기기 위해 이렇게 표현했는데, 원어로는 '모든 것에'와 '어떤 것에도 없고', '모든 것에'와 '모든 것에 없고', '어떤 것에'와 '어떤 것에도 없고', '어떤 것에'와 '어떤 것에 없고'이다.

224 특칭 긍정과 특칭 부정은 양립할 수 있으므로, 엄밀한 의미에서는 반대 관계가 될 수 없다.

의 관계에 있다.

그런데 (1) 제1격에서 대립하는 전제로부터의 추론은 (a) 긍정 추론이든 (b) 부정 추론이든 성립하지 않는다. 왜냐하면 (a) 긍정 추론이 성립하지 않는 것은 그 경우에는 두 전제가 긍정이어야 함에도 불구하고, 서로

[35]   대립하는 전제는 긍정과 부정이기 때문이며, 또 (b) 부정 추론이 성립하지 않는 것은 대립하는 전제가 같은 것을 같은 것에 대해 긍정으로 술어하거나 부정하는 데 반해, 제1격에서의 중항은 두 항[큰 항과 작은 항]에 대해 말해지는 것이 아니라, 그 중항에 대해 다른 항[큰 항]이 부정되는 한편, 그 중항 자신이 다른 항[작은 항]에 술어 되는 것이지, 그러한 두 전제는 서로 대립하고 있는 것은 아니기 때문이다.

[40]   하지만 (2) 중간격[제2격]에서는 (a) 서로 모순 대립하는 전제로부터도 또 (b) 반대 대립하는 전제에서도 추론이 성립하는 경우가 있을 수 있다.

64a   예를 들어 (i) A에 해당하는 것이 '좋음', B와 C에 해당하는 것이 '지식'이라고 하자. 그래서 만일 모든 지식이 훌륭한 것이고 또 어떤 지식도 그렇지 않다는 것을 사람이 받아들인다면, A가 모든 B에 있고 어떤 C에도 없다는 것이 되며, 그 결과 B가 어떤 C에도 없는 것이 된다. 그러므로 어떤 지식도 지식이 아니다.[225]

[5]   또한 (ii) 모든 지식이 훌륭한 것임을 받아들이면서, 의술이 훌륭한 것이 아님을 받아들인 경우도 사정은 마찬가지다. 왜냐하면 이 경우에는 A가 모든 B에 있지만 어떤 C에도 없으며, 그 결과 어떤 [특정한] 지식[의술]은 지식이 아닐 것이다.[226]

그리고 또한 (iii) A가 모든 C에 있고 어떤 B에도 없으며, 여기서 B가 '지식', C가 '의술', A가 '판단'인 경우에도 마찬가지이다. 왜냐하면 어떤

[10]   지식도 판단이 아님을 받아들이면서 어떤 지식[의술]이 판단임을 받아들

---

225 AaB, AeC⊢BeC(Camestres).

226 AaB, AeC⊢BeC(Camestres), 또는 AaB, AoB⊢BoB(Baroco).

이고 있기 때문이다.[227] 이것이 이전의 경우[(ii)]와 다른 것은 항에 대해 [긍정과 부정이] 전환되고 있는 점에 있어서이다. 왜냐하면 이전의 경우에는 B에 대해, 지금의 경우에는 C에 대해 긍정이 이루어지고 있기 때문이다.

그리고 또, 한쪽의 전제[소전제]가 전칭이 아닌 경우에도 사정은 마찬가지다. 왜냐하면 언제든지 중항은 한쪽 항에 대해서는 부정적으로 말하고 다른 쪽 항에 대해서는 긍정적으로 말할 수 있기 때문이다.

따라서 [제2격에서] 서로 대립하는 항 연관으로부터 결론이 도출되는 [15] 경우가 있을 수 있지만, 다만 그것은 항상이라고 하는 것이든 어떤 방식이어도 된다고 하는 것은 아니고, 중항 아래에 포섭되는 항[큰 항과 작은 항]이 동일하거나 전체와 부분의 관계에 있는 그런 경우이다. 하지만 그 외의 경우에는 불가능하다. 왜냐하면 그 경우에는 두 전제가 서로 반대 대립이 되는 것도 모순 대립이 되는 것도 결코 없기 때문이다.

또, (3) 제3격에서는, (a) 긍정 추론은 제1격의 경우에도 이미 말해진 [20] 이유에 의해서[228] 서로 대립하는 전제에서는 결코 성립하지 않지만, (b) 부정 추론은 항들의 연관성이 전칭이든 전칭이 아니든 성립하게 될 것이다. 예를 들어 B와 C에 해당하는 것이 '지식', A에 해당하는 것이 '의술'이라고 하자. 그래서 만일 모든 의술이 지식이며, 또한 어떤 의술도 지식이 아니라 [25] 는 것을 받아들였다면, 즉 B가 모든 A에 있고, C가 어떤 A에도 없음을 이미 받아들이고 있다면, 그 결과 어떤 지식은 지식이 아닐 것이다.[229]

또, 전제 BA가 전칭이 아닌 것으로 받아들인 경우에도 사정은 마찬가지다. 그 이유는, 만일 어떤 의술이 지식이고, 또 이번에는 어떤 의술도 지식이 아니라면, 어떤 지식이 지식이 아닌 것으로 귀결되기 때문이다.[230]

---

227 AeB, AaC⊢BeC(Cesare), 또는 AeB, AiB⊢BoB(Festino).
228 63b33-35 참조.
229 CeA, BaA⊢CoB(Felapton).
230 CeA, BiA⊢CoB(Ferison).

[30] 또한 항들의 연관이 전칭으로서 받아들여진 경우에는 두 전제는 서로 반대 대립이 되지만, 한쪽이 특칭인 경우에는 두 전제는 서로 모순 대립이 된다.

이미 우리가 말했듯이, '모든 지식이 훌륭한 것이고, 또 다시, 어떤 지식도 그렇지 않다'라거나 '[모든 지식은 훌륭한 것이며,] 또 어떤 지식

[35] 은 훌륭하지 않다'처럼 서로 대립하는 것을 받아들일 수 있음을 주의해야 한다.

이것이 늘 간과되고 있는 것은 아니지만, 상대방으로부터의 다른 여러 물음을 통해 [대립하는 것과 같은] 다른 한쪽의 항 연관을 추론하거나, 『토피카』에서 말해진 것과 같은 방식으로[231] 그것을 받아들여 버리는 것은 있을 수 있다.

그런데 긍정과 대립하는 주장(antithesis)은 세 가지가 있으므로, 결국 대립하는 항 연관을 받아들이는 방식은 여섯 가지이다. 즉, 전칭 긍정

[40] 과 전칭 부정, 전칭 긍정과 특칭 부정, 특칭 긍정과 전칭 부정이며, 그리

64b 고 나아가 이것이 항에 관련해서 전환되게 된다.[232] 예를 들어 [제2격의 경우] A가 모든 B에 있고 어떤 C에도 없다거나, [항을 전환해서] A가 모든 C에 있고 어떤 B에도 없다거나, A가 B의 모든 것에 있고, C의 모든 것에 있는 것은 아니다[라는 세 가지]가 있고, 그리고 또 이번에는 이것이 항에 관련해 전환되게 된다.[233] 또, 제3격의 경우에도 사정은 마찬가지

[5] 다.[234] 그 결과, 어떤 종류의 방식으로, 그리고 어떤 격으로 대립하는 전제를 통해 추론이 성립하는 경우가 있을 수 있는지도 분명하다.

---

231 『토피카』제8권 제1장 참조.

232 세 가지는 AE, AO, IE의 조합을 말하며, 또한 이 긍정과 부정이 치환됨으로써 AE, AO, IE, EA, OA, EI의 여섯 가지 조합이 있다.

233 AE, EA, AO 세 가지와 EI, 총 네 가지.

234 EA, OA, EI 세 가지. 따라서 앞서 언급된 6가지 조합 중 IE의 조합은 제2격에서도, 제3격에서도 볼 수 없게 된다.

또한 이전에도 이미 언급했듯이,[235] 거짓 전제로부터 참인 결론을 추론할 수는 있지만, 대립하는 전제로부터 그렇게 하는 것이 있을 수 없다는 것 또한 분명하다. 왜냐하면 그러한 추론은 언제나 사안(事案)과 반대의 것이 되기 때문이다.[236] 예를 들어 좋다면 좋지 않을 것이고, 동물이라면 [10] 동물이 아닐 것이다. 그렇게 되는 이유는, 서로 대립하는 전제로부터 추론이 성립하고 있는 것, 즉 '원래 밑에 놓여 있는' 여러 항이 동일한 것인지, 혹은 한쪽이 전체이고 다른 쪽이 그 부분이라는 데 있다.[237]

또 오류 추론[238]에서는, 만일 홀수라면 홀수가 아니라는 것처럼,[239] 가정과 모순 대립하는 진술이 결론적으로 성립하는 것을 방해하는 것은 아무 것도 없음이 분명하다. 왜냐하면 [지금 바로 본 것처럼] 서로 대립하는 전 [15] 제로부터 추론이 전혀 반대의 것으로 성립하고 있었기 때문이다. 그래서 이런 두 전제를 받아들이는 경우에는, 가정과 모순 대립하는 진술이 결론으로서 성립하게 되지만, 여기서 반드시 조심해 두어야 하는 것은 하나의 추론으로부터 서로 반대 대립하는 것으로 결론지어지고, 그 결과 '좋지 않은 것이 좋다'거나, 다른 무언가 그러한 귀결이 성립하는 것은 있을 수 없다는 것이다. 단, (예를 들어 '모든 동물은 희고 희지 않다', '인간은 동물이 [20] 다'와 같이[240]) 처음부터 전제가 그러한 대립을 포함하는 것으로서 받아들여진 경우는 별도이다.

---

235 제2권 제2-4장.

236 그런 추론은 언제나 자기 모순적인 결론을 가져오게 된다.

237 이것에 대해서는 63b40-64a31에서 논의되었다.

238 오류 추론(paralogismos)은 『토피카』 제1권 제1장 101a13-15에서 '해당하는 학문에 고유한 가정에서, 그러나 참이지 않은 전제들로부터의 추론'이라고 규정하고 있다.

239 정사각형에서의 대각선과 변의 통약 불가능성의 증명을 염두에 두고 있다(제1권 제23장 41a23-27 참조).

240 이 경우에는 '인간은 희고, 또 희지 않다'가 따라 나오고, 결과적으로 '어떤 희지 않은 것은 희다'가 귀결되게 된다.

[25] 하지만 그렇지 않다면, 대립하는 진술을 더하여 받아들여야 하는지(예를 들어 논박이 성립하는 경우와 같이,[241] '모든 지식은 판단이다'를 받아들인 후에, 그다음에 '의술은 지식이지만, 어떤 의술도 판단이 아니다'[전제]를 받아들여야 한다[242]), 혹은 두 가지 추론에서 [모순을] 이끌어 내야 한다. 따라서 전제로서 받아들인 것이 참된 의미에서 서로 대립하게 되는 것은, 앞서 이야기한 바와 같이[243] 이것 이외의 받아들이는 다른 방식으로는 있을 수 없다.

제16장

[30] '최초의 논점을 요청해 받아들임'[244][논점 선취]이란, 유적으로 파악한다면 '제시되는 문제를 논증하고 있지 않다'라고 하는 것 중에 분류되는데, 그것은 여러 가지 방식으로 일어난다. 즉, (1) 애초에 전혀 추론하고 있지 않은 경우, (2) [결론과 비교하여] 잘 알려져 있지 않거나, 또는 같은 정도로 알려져 있지 않은 전제를 통해 추론하는 경우, 그리고 (3) 뒤선 것을 통해 앞선 것을 추론하는 경우가 있다. 왜냐하면 본래 논증은 [결론과 비교하여] 더 믿을 수 있고, 더 앞선 것부터 성립하기 때문이다. 그런데 '최초의 논점을 요청한다'라는 것은 이것들 중 어느 것도 아니다.

---

241 62a40-b2 참조.

242 이 경우에는 '어떤 지식은 판단이 아니다'가 따라 나오고, 이것과 '모든 지식은 판단이다'에서 '판단이 아닌 어떤 것이 판단이다'가 귀결된다.

243 63b40-64b6 참조.

244 '최초의 논점'이란 본래 증명해야 할 주장을 말하며, 따라서 이 장의 주제인 '최초의 논점을 요청함'(to en archē aiteisthai)은 라틴어 전통에서 이른바 '논점 선취'(petitio principii)라고 부르는 것을 가리킨다. 나는 『토피카』에서 to an archē aiteisthai를 '질문자가 최초에 제시한 것에 대해 동의를 요구하는 것'으로 옮긴 바 있다. 『토피카』 제8권 제13장 162b31-163a28, '선결문제의 오류와 반대인 것들의 요구' 참조.

오히려 어떤 것은 그 자체를 통해 알려지게 되는 것이 그 자연적 본성에 해당하고, 다른 어떤 것은 다른 것을 통해 알려지는 것이 자연적 본성에 해당하기 때문에(원리는 그 자체를 통해서, 원리 아래에 있는 것은 다른 것을 통해서 알려지는 것이니까), 그 자체를 통해서 알려지지 않는 것을 그 자체를 통해서 누군가가 증명하려고 시도하는 경우에, 첫 번째 논점을 요청하고 있는 것이다. 이것은 한편으로는 제시되고 있는 문제를 즉시 주장하는 방식으로 이루어질 수 있고, 또한 자연적으로는 최초의 논점을 통해 증명되는 것과 다른 어떤 전제들로 이행한 후, 그것들을 통해 최초의 논점을 논증하는 경우도 있을 수 있다. 예를 들어 A가 B를 통해, B가 C를 통해 증명되고 있지만, 자연적으로는 C가 A를 통해 증명되는 것과 같은 경우이다. 왜냐하면 결국 이렇게 추론하는 사람은 A를 그 자체를 통해 증명하고 있는 것이 되기 때문이다. 이것은 정확히 스스로 평행선을 그리고 있다고 생각하는 사람들이 하고 있는 것과 같다. 왜냐하면 그들은 평행선이 아니라고 하면 논증할 수 없는 것들을 스스로 받아들이고 있다는 것을 깨닫지 못하기 때문이다.[245] 그 결과, 이와 같이 추론하는 사람은, 각각이 그렇다면 각각은 그렇다고 말하고 있는 것이 된다. 그러나 그렇다면, 모든 것이 그 자체를 통해 알려지게 될 것이다. 그러나 그것은 불가능하다.

그래서, [제1격에서] 만일 A가 C에 있는 것이 불명확하고, 그와 같은 정도로, A가 B에 있는 것이 불명확한 경우에, A가 B에 있다는 것을 누군가가 요청한다면, 그 경우에는 아직 최초의 논점을 요청하고 있는지는 분명하지 않지만, 그 사람이 논증하고 있는 것이 아님은 분명하다. 왜냐하면 [결론 AC와 비교해서] 같은 정도로 불명확한 것은 논증의 원리가 될 수 없기 때문이다. 그렇지만 B가 C와 동일한 것이 되거나, 그것들이 서

[35]

[40]

65a

[5]

[10]

---

245 삼각형의 내각의 합이 2직각인 것은 평행선에 관한 정리를 사용함으로써 증명되지만(에우클레이데스, 『원론』 제1권 '명제' 32 참조), 그와는 반대로 두 직선이 평행함을 삼각형 내각의 합이 직각임을 증명하는 경우가 여기에서 염두에 두고 있는 것으로 보인다. Heath, pp. 27-30 참조.

[15] 로 단순하게 환위되는 것이 분명하거나, 한쪽이 다른 쪽에 내속(內屬)하는[246] 관계에 있는 경우에는, 그 사람은 첫 번째 논점을 요청하고 있는 것이 된다. 그 이유는, 만일 단순하게 환위된다면, A가 B에 있다는 것을, 그 것들을 통해 증명할 수도 있기 때문이다.[247] (지금의 경우는 이것[단순 환위를 할 수 없는 것]이 [결과적으로 논점 선취가 되는 B에 A가 있다는 것의 증명을] 방해하고 있는 것이며, 이 격식이 방해하고 있는 것은 아니다.) 하지만 만일 환위를 한다면, 그 사람은 앞서 말한 것[248]과 같은 것을 하게 되어 세 항을 통해 환위[전환]하고 있는 것이 될 것이다. 또, B가 C에 있는 것을

[20] 받아들이는 경우로, 그것과 A가 C에 있는지 어떤지가 같은 정도로 불명확한 경우에도 사정은 마찬가지이며, 이것으로는 아직 최초의 논점을 요청하고 있는 것은 아니지만 논증하고 있는 것도 아니다. 그러나 만일 A와 B가 서로 단순히 환위되거나, A가 B에 부수되기 때문에 동일하다고 하면, 앞에서 말한 것과 동일한 이유로 최초의 논점을 요청하고 있는 셈이다.[249] 왜냐하면 '최초의 논점을 요청한다'라는 것이 의미하는 바는, 이미

[25] 우리가 말한 것처럼,[250] 그 자체를 통해서는 분명하지 않은 것을 그 자체를 통해서 증명하는 것이기 때문이다.

그래서 만일 최초의 논점을 요청한다는 것이 원래 그 자신을 통해서는 분명하지 않은 것을 그 자체를 통해서 증명하는 것이라면, 즉 그럼 이것이

---

246 원어로는 enuparchein. 즉 '본질적으로 …에 대해 술어가 된다'.

247 AaB, BaC⊢AaC(Barbara)에서 B와 C가 단순하게 환위된다면, AaC, CaB⊢AaB(Barbara)가 성립하고, 후자 추론의 결론 AaB가 전자에서는 전제로서 받아들여지고 있었던 것이 된다. 덧붙여 이러한 순환 추론에 대해서는 제2권 제5-7장에서 설명되고 있다.

248 순환 추론에 의한 논점 선취를 말한다.

249 AaB, BaC⊢AaC(Barbara)에서 A와 B가 단순히 환위된다면 BaA, AaC⊢BaC(Barbara)가 성립하고, 후자 추론의 결론 BaC는 전자에서는 전제로서 받아들여졌던 것이 된다(순환 추론 증명).

250 64b34-38 참조.

증명하고 있는 것이 되지 않는다고 한다면, 그리고 [제1격의 경우] 그러한 일이 일어나는 것은 (1) 복수의 동일한 것[A와 B]이 동일한 하나의 것[C]에, 혹은 (2) 동일한 하나의 것[A]이 복수의 동일한 것[B와 C]에 있음으로써[251] 증명되는 것[결론]과 그것을 통해 증명하는 것[전제]이 같은 정도로 불명확한 경우라면, 중간격[제2격]과 제3격에서도 그 양쪽 방식으로 최초의 논점을 요청하는 경우가 있을 수 있겠지만,[252] 다만 긍정 추론의 경우에 그러한 일이 있을 수 있는 것은 제3격과 제1격에 있어서이다.[253] [30]

하지만 추론이 부정인 경우에는, 복수의 동일한 것이 동일한 하나의 것에 대해 부정적으로 연관되어 있는 경우에[254] 최초의 논점을 요청하는 일이 일어날 수 있다. 그리고 부정 추론에 관해서는 [부정적인 연관을 이루는] 항들이 환위되지 않기 때문에, 두 전제가 마찬가지로 최초의 논점을 요청하는 사태를 초래하는 것은 아니다(중간격[제2격]에서도 또 다른 격의 경우와 사정은 마찬가지다). [35]

또한 최초의 논점을 요청할 수 있는 것은, 논증에서는 참에 입각하여

---

251 (1)은 65a19-25에, (2)는 65a10-19에 대응하며, 실제 논의 순서와 여기서 정리한 순서는 반대로 되어 있다.

252 항의 배치로 보면 제2격에서는 (2)의 방식이 제3격에서는 (1)의 방식이 성립하지 않는 것으로 보인다. 하지만 제2격에서 BeA, BaC⊢AeC(Cesare)가 성립하고 있는 경우, BeA와 AeB는 등가이므로, B와 C가 단순하게 환위된다면 (2)의 방식이 성립하게 된다. 또, 제3격에서 AaB, CiB⊢AiC(Datisi)가 성립하여 있을 경우, CiB와 BiC는 등가이므로, A와 B가 단순하게 환위된다면, (1)의 방식이 성립하게 된다.

253 Barbara, Darii, Disamis, Datisi의 경우. 한편, 제2격인 경우에는 긍정 추론이 성립하지 않는다.

254 동일한 것을 복수의 동일한 것에 대해 부정하는 것은 실질적으로 복수의 동일한 것을 동일한 하나의 것에 대해 부정하는 것이 되므로, 여기에서는 앞에서 서술한 (1)과 (2)의 경우(65a29)가 특별히 구별되지 않고 포괄적으로 언급되고 있는 것이 된다. 부정 추론 중에서 이에 해당하는 것은 한쪽 전제가 전칭 긍정이 되는 Celarent, Cesare, Camestres, Baroco, Bocardo의 다섯 가지이다. 단, Felapton은 논점 선취가 되는 새로운 추론을 구성하지 않으므로 제외된다.

그와 같이 있는 항 연관[전제]의 경우이며, 변증술적 추론에서는 일반 통념에 따른 항 연관의 경우이다.

제17장

[40] 그런데 우리는 종종 논의에서 '이것으로부터 거짓 결론이 귀결되는 것은 아니다'라고 말하곤 하는 경우가 있는데, 그런 말을 하는 것은 첫째, 불가능으로 귀착(歸着)시키는 추론[귀류법]에서, 불가능으로 귀착시킴으로써 증명된 결론을 반론하기 위해 그렇게 말하는 경우이다.[255] 왜냐하면 그러한 추론에 반론하는 것이 아니라면, '이것으로부터 [거짓 결론이 귀결되는 것]이 아니다'라고 말하지 말고, 오히려 [결론보다] 앞선 항 연관 중에서 뭔가 거짓된 것이 놓였다고 그 사람은 말하게 될 것이고, 또 직접 논증에서는 ['이것으로부터가 아니다'라고는] 말하지 않을 것이기 때문이다. 직접 논증의 경우에는 원래 증명해야 할 결론과 모순 대립하는 것을 전제로서 놓지 않기 때문이다.

[5] 게다가 무엇인가가 직접적으로 ABC를 통해서 파기된 것 같은 경우에는, 세워진 것(keimenon)으로부터 추론이 성립한 것은 아니라고 말할 수 없다. 왜냐하면 '이것으로부터 결론이 성립하는 것은 아니다'라고 우리가 말하는 것은, 그것이 파기되었다고 해도 여전히 그 추론이 결론지어지는 경우이지만, 그러한 일은 직접적인 추론에서는 있을 수 없기 때문이다. 왜냐하면 직접적인 추론의 경우에는 놓인 것[thesis, 가정, 입론]이 일단 파기되었다면, 그것에 근거한 추론 또한 성립하지 않게 되기 때문이다.

[10] 그렇다고 하면 명백한 것은, 불가능으로 귀착시키는 추론[귀류법]에서

---

255 이 장에서는 귀류법에 의해 가정의 모순 대립을 증명하려는 상대방에 대해, 그 가정으로부터 거짓 결론이 귀결되는 것은 아니라고 반론하는 방법이 논의되고 있다.

'이것으로부터 [거짓 결론이 귀결되는 것]은 아니다'라는 것이 말해지고, 그렇게 말해지는 것은 최초의 가정이 그 불가능에 대해 그 가정이 있든 없든 여전히 불가능한 결론이 귀결되는 관계에 있는 경우이다.

그래서 (1) '그 놓음[가정]에서 거짓 결론이 귀결되는 것은 아니다'라는 반론의 가장 분명한 방법은 복수의 중간항을 경유하여 불가능한 결론으로 향하는 추론이 가정과 연결되지 않고 성립되어 있는 경우이며, 이것은 『토피카』에서도 이미 말해졌다.[256] 왜냐하면 바로 이것이 '원인이 아닌 것을 원인이라고 놓는다'라는 것이기 때문이며, 예를 들어 정사각형 대각선이 그 변과 통약 불가능하다는 것을 증명하고자 하는 사람이 '운동한다는 것은 있을 수 없다'는 귀결을 가져오는 제논의 논의[257]를 이용하여 논함으로써 불가능으로 귀착시키는 경우이다. 그 이유는 어떤 방법으로든, 어떤 점에서도 이 거짓은 최초의 진술과 연속되지 않기 때문이다.[258] [15] [20]

또, (2) 다른 방법으로는, 불가능한 결론이 가정과 연속되고는 있지만, 그 가정에 의해서 귀결되고 있는 것은 아닌 경우가 있다. 사실 이것은 연속하는 항 연관을 (a) 위쪽과 (b) 아래쪽 중 어느 방향으로 받아들이는 경우에도 성립할 수 있을 것이다. 즉, (b) A가 B에, B가 C에, C가 D에 있다는 것이 놓이고, B가 D에 있는 것이 거짓이 되는 경우이다. 만일 A가 제거되었다고 하더라도 여전히 B가 C에, 그리고 C가 D에 있다면, 거짓은 그 최초의 가정[AB]에 의한 것은 아닐 것이다. [25]

---

256 여기서 『토피카』는 『소피스트적 논박에 대하여』를 가리키는 것으로 보인다. '원인 아닌 것을 원인으로 내세우는 것과 관련된 논박'을 다루는 『소피스트적 논박에 대하여』 제5장 167b21-36 참조.

257 '운동의 부정'을 이끄는 '제논의 논의', 즉 '제논의 역설'에 대해서는 『자연학』 제6권 제2장 233a21-23, 제9장 239b5-240a18 및 제8권 제8장 263a4-11 참조.

258 이러한 논의가 실제로 이루어졌는지는 몰라도 여기서 상정되고 있는 것은, '정사각형의 대각선은 그 변과 통약 가능하다'라고 가정한 후, 운동을 부정하는 제논의 논의를 이용해 불가능한 귀결을 이끌어 냄으로써 가정의 부정, 즉 '통약 불가능성'을 결론짓는 논의이다.

　혹은, 이번에는 반대로 (a) 위쪽으로 연속하는 항 연관을 누군가가 받
아들이는 경우, 즉 A가 B에, E가 A에, F가 E에 있지만, F가 A에 있는 것
이 거짓이 되는 경우이다. 왜냐하면 이러한 경우에도 최초의 가정[AB]이
제거된다고 하더라도, 여전히 불가능한 결론이 성립될 수 있기 때문이다.

　그렇지 않고, 귀류법의 성립을 위해서는 불가능한 결론이 최초의 항[가
정]들에 연결되어 있어야 한다. 왜냐하면 그렇게 해야 그 가정 때문에 불
가능한 결론이 성립하게 되기 때문이다. 예를 들어 (b) 아래쪽에 연속성
을 받아들여 나가는 경우에는, [가정을 구성하는] 항들 중에서 술어항에
대해 연속성이 성립되어 있어야 한다(만일 A가 D에 있는 것이 불가능하다
면, A가 제거된 경우에는, 거짓은 더 이상 성립하지 않을 것이기 때문이다).
또한 (a) 위쪽으로의 경우에는 [가정을 구성하는 항들 중] 주어항에 대해
연속성이 성립되어 있어야 한다(만일 B에 F가 있을 수 없다면, B가 제거된
경우에는 불가능은 더 이상 성립하지 않을 것이기 때문이다). 또, 이러한 추
론이 부정인 경우에도 사정은 마찬가지다.

[35]

[40]

[66a]

　그렇게 해서 명백한 것은, 불가능한 결론이 최초의 항들에 연관되어 있
지 않은 경우에는, 그 놓음[가정]으로부터 거짓이 귀결되지 않는다는 것
이다. 혹은 연관되어 있는 경우라도 언제든지 그 가정 때문에 거짓이 성
립한다고 할 수 없는 것이 아닐까? 비록 A가 B가 아니라 K에 있고, K가
C에, C가 D에 있는 것으로 놓았다고 해도, [A가 D에 있다는] 불가능한
결론이 변함없이 귀결되어(위쪽으로 항들을 받아들이는 경우에도 사정은
마찬가지이다), 그 결과 그것[A가 B에 있다는 최초의 놓음]이 있든 없든
불가능이 귀결하기 때문에, 그 불가능한 귀결은 그 놓음[가정]으로부터
귀결하고 있는 것이 아닐 것이기 때문이다.

[5]

　혹은, 그게 아니라 '그것이 없어도 여전히 거짓이 성립한다'는 것을 '다
른 것이 놓이더라도 불가능이 귀결된다'라는 의미로 이해해야 할 것이 아
니라, 오히려 '그것이 제거된 경우에도 나머지 전제를 통해 동일한 불가
능이 결론지어지는 경우'라는 의미로 이해해야 할 것인가? 왜냐하면 예

[10]

를 들어 안쪽 각이 바깥쪽 각보다 크다고 하더라도,²⁵⁹ 또 삼각형이 2직각
보다 큰 각을 갖는다 하더라도, 평행선이 교차하는 것이 귀결되는 것처럼,
동일한 하나의 거짓 결론이 여러 가정을 통해 각각에게 귀결된다는 것은
아마도 조금도 이상한 일이 아니기 때문이다.

제18장

또 거짓 논의는 첫 번째 거짓으로부터 성립한다.²⁶⁰ 모든 추론은 두 가 [15]
지, 혹은 그보다 많은 전제로부터 성립하기 때문이다. 그래서 (1) 만일 그
두 가지 전제로부터²⁶¹ 성립한다면, 필연적으로 그것들 중 한쪽 혹은 양
쪽이 거짓이어야 한다. 참인 전제로부터 거짓 추론은 성립하지 않았으니
까.²⁶² 또, (2) 만일 두 가지보다 많은 전제로부터 성립한다면, 예를 들어 [20]
C가 AB를 통해서, 그리고 또 그것들[A와 B]이 DEFG를 통해서 있는 경
우에는,²⁶³ 이것들 위쪽의 항 연관들 중 무언가가 거짓이 되고, 그것으로
부터 이 논의가 성립하고 있는 것이 될 것이다. 왜냐하면 A와 B는 그것
들[위쪽의 항 연관]을 통해서 결론지어지고 있기 때문이다. 그 결과 결론,
즉 거짓은 그들 항 연관 중 무엇인가 하나에서 귀결된다.

---

259 한 직선이 두 직선과 교차하여 만드는 외각이 같은 쪽에 있는 내대각(內對角)과
같은 경우에, 즉 동위각이 같은 경우에 그 두 직선은 평행이 된다. 에우클레이데스
『원론』 제1권 '명제' 27 참조.
260 '거짓 논의'(pseudēs logos)가 거짓 결론의 원인을 특정하는 것과 관련된 점에
서, 이 장은 앞 장과 같은 주제를 계속 다루고 있는 셈이다.
261 격의 설명에서 설명된 것으로서 두 전제.
262 제2권 제2장 53b11-25 참조.
263 이 부분에서 알파벳으로 표시되어 있는 것은 항이 아니라 전제이다. 이로 미루
어 Smith는 이 장이 앞 장보다 더 오래된 시기의 논고가 아닐까 추정한다.

제19장

[25]   그런데 (1) 자신의 주장에 반대하는 추론을 상대방이 못 하게 하기 위해서는, 상대방이 결론을 명시하지 않고 논의를 추궁해 오는 경우, 여러 전제에서 동일한 항이 두 번 주어지지 않도록 우리는 주의해야 한다. 왜냐하면 중항 없이는 추론이 성립되지 않는다는 것을 우리는 알고 있는데, 두 번 이상 이야기되는 것은 중항이기 때문이다. 또, 각각의 결론에 대해 어떻게 중[30]항을 경계해야 하는지는, 각각의 격에서 어떤 결론이 증명되고 있는지를 우리가 알고 있는 것으로 보면 분명하다. 논의를 방어하는 방법을[264] 우리가 알고 있기 때문에 우리는 이 점을 간과하지 않을 것이다.[265]

다른 한편으로, (2) 자신이 대답하는 쪽에 있는 경우에 주의하도록 우리가 권장하고 있는 바로 그것을, 자신들이 공격하는 쪽에 있는 경우에는 상대가 눈치채지 않도록 유의해야 한다. 이러한 일이 가능해지는 것은, [35]첫째로 다음과 같은 경우이다. 즉, 복수의 결론이 선행하는 추론으로부터 바로 따라 나오지 않고, 복수의 필연적인 항 연관이 이미 상대에게 받아들여지고 있으면서도 그러한 결론이 불명확한 채로 남아 있는 경우이며, 게다가 가까운 항 연관을 상대에게 묻는 것이 아니라, 가능한 한 공통의 중항을 갖지 않는 항 연관을 상대에게 묻는 경우이다. 예를 들어 A가 F에 대해 있다고 결론지어져야 하며, BCDE가 그 중항이라고 하자. 여기서 A가 B에 있는지를 상대방에게 묻고, 그리고 이번에는 B가 C에가 아니라

---

264 변증술에서 사용되는 기술적 용어가 사용되고 있다. '공격하는 것'(epicheirein)은 질문하는 것(erōtan)을, '방어하는 것'(hupechein)은 답변하는 것(apokrinesthai)을 의미한다(『토피카』 제8권 제3장 158a31 참조).

265 66a25-32에서 다루고 있는 '논의에서 답변자(방어하는 쪽)가 주의해야 할 규칙'이라는 주제는 『토피카』 제8권 제4-9장에서 다루어지고 있다. 어쩔 수 없이 제19장은 우리에게 『토피카』를 떠올리게 한다. 증명보다 논쟁의 기술에 관련된다는 점에서 이 장은 좀 특이하다.

D가 E에 있는지 묻고, 그 후에 B가 C에 있는지 묻고, 그리고 이렇게 [40]
나머지 항 연관성에 대해서도 물어봐야 한다. 또 하나의 중항으로부터 66b
추론이 성립하는 경우에는 그 중항으로부터 시작해야 한다.²⁶⁶ 왜냐하면
이렇게 하면 대답하는 쪽에서 가장 눈치채지 못하게 논의를 진행시킬 수
있기 때문이다.²⁶⁷

제20장

또한 어떤 경우에, 즉, 항들이 어떤 방식으로 관련되어 있다면 추론이
성립하는지를 우리는 파악하고 있으므로, 논박(ele[n]gchos)이 어떤 경우 [5]
에 성립하고 어떤 경우에 성립하지 않는 것인지 또한 분명하다.²⁶⁸ 왜냐하
면 (1) 모든 전제에 긍정으로 동의를 얻는 경우, 혹은 (2) 한쪽의 전제가
부정이고 다른 쪽이 긍정이라고 하는 것처럼, 대답이 교대로 주어졌을 경
우에는 논박이 성립할 수 있기 때문이다. 그 이유는 항들이 (2) 후자와 같
이 또는 (1) 전자와 같이 관련되어 있는 경우에, 추론이 성립되어 있었던
것이며,²⁶⁹ 그 결과 만일 내세워진 것이²⁷⁰ 결론과 대립한다면, 필연적으로 [10]
논박이 성립하게 되기 때문이다. 논박은 모순적인 진술을 이끌어 내는 추

---

266 아리스토텔레스의 염두에 있는 것은, 예를 들어 제1격인 경우인데, 그 경우에는
'A가 B에 있다'(대전제)가 아니라 'B가 C에 있다'(소전제)에서 논의를 시작해야
한다.
267 66a33-b3에서 다루고 있는 '논의에서 묻는 쪽(공격하는 쪽)이 주의해야 할 규
칙'이란 주제는 『토피카』 제8권 제1-3장에서 논의된다.
268 논의에서 방어 쪽과 공격 쪽의 주의점에 대해 논하고 있다는 점에서, 이 장도 앞
장과 동일한 주제를 계속해서 다루고 있다.
269 추론이 성립하기 위해서는 그 전제 중 적어도 하나는 긍정이어야 하므로(제1권
제24장 41b6-7 참조), 두 전제가 부정인 경우에는 추론은 성립하지 않는다.
270 즉 논박을 위해 내세워진 것(to keimenon).

론이니까.

그러나 만일 무엇 하나 상대방으로부터 동의를 얻어 내지 못한다면, 필연적으로 논박이 성립될 수 없다. 왜냐하면 모든 항이 부정으로 관련되어 있는 경우에는, 추론은 성립하지 않았고, 그 결과 논박도 성립하지 않기 때문이다.[271] 그것도 논박이 성립한다면, 필연적으로 추론이 성립하게 되기 때문이며, 단 추론이 성립한다고 해서 필연적으로 논박이 성립하는 것은 아니다. 또 무엇 하나 전칭의 답에 의해 세워지지 않는 경우에도 사정은 마찬가지다.[272] 논박과 추론에는 동일한 성립 규정이 적용될 테니까.

[15]

제21장

[20]

그런데 항들의 배치에서 우리가 기만에 빠지는 일이 있는 것처럼,[273] 판단에 관해서도 기만이 생기게 되는 경우가 있다. 예를 들어 (1) 만일 동일한 하나의 항이 복수의 항에 그것들을 제1항으로 하고 있는데, 누군가가 한쪽의 항 연관을 간과하고, 그 어떤 것에도 없다고 생각하고, 다른 쪽의 항 연관만을 알고 있는 경우가 있을 수 있다면, 그러한 경우이다. 이제 A가 B와 C에 그 자체에 따라서 있으며, 그리고 B와 C가 모든 D에 비슷한 방식이라고 하자. 그러면 만일 A가 모든 B에 있고, 또한 B가 D에 있다

---

271 추론의 두 전제가 부정인 경우에는 추론이 성립되지 않는다. 그 경우에는 '모순 대립하는 진술을 이끄는 추론'으로서의 논박 또한 성립하지 않는다.

272 추론의 전제 중 적어도 하나는 전칭이어야 하므로(제1권 제24장 41b6-27 참조), 두 전제가 특칭인 경우에는 추론은 성립하지 않으며, 따라서 논박도 성립하지 않는다.

273 '항들의 배치에서의 기만'이란 제1권 제32-44장에서 논하고 있는 바와 같은 항들을 타당한 형식으로 배치하지 않음에 따른 기만(혹은 착오)에 대응하며, 제1권 제33장 47b15-17에는 이와 비슷한 표현이 보인다.

고 생각하는 한편, A가 어떤 C에도 없으며, C가 모든 D에 있다고 생각한 [25]
다면, 그 사람은 동일한 항[A]의 동일한 항[D]에 대한 관계에 대해 지식
과 무지를 갖게 될 것이다.[274]

또 이번에는, 동일한 하나의 항 계열로 이루어진 것에 관해 누군가가
기만에 빠지는 경우가 있다. 예를 들어 A가 B에, B가 C에, 그리고 C가
D에 있는 경우에, A는 모든 B에 있지만 어떤 C에도 없다고 판단하는 경
우이다. 왜냐하면 이 경우에 그 사람은 [A가 D에] 있다는 것을 알고, 동
시에 그렇게 판단하지 않는다는 것이 되기 때문이다.[275]

그렇다고 하면, 그런 사람들은 자기가 알고 있는 바로 그 일을 그렇게 [30]
판단하지 않는다고 주장하고 있는 것이나 다름없는 것일까? 왜냐하면 그
사람은 A가 C에게 B를 통해 있다는 것을 어떤 식으로든, 즉 보편적인 지
식에 의해 부분적인 것을 아는 방식으로는 알고 있는 것인데, 그 결과 어
떤 방식으로든 알고 있는 것을, 그는 그렇다고는 전혀 판단하지 않았다고
주장하는 셈이 되기 때문이다.[276] 그러나 이것은 불가능하다.

하지만 앞서 언급한 경우, 즉 중항이 동일한 항 계열로부터 선택된 것 [35]

---

274 서로 다른 두 계열을 형성하는 항 연관(AaB, BaD와 AaC, CaD)에 대해 어떤
사람이 AaC 이외에는 그대로 판단하고 있지만, AaC를 실수로 AeC라고 판단하고 있
는 경우에는, 결과적으로 항 연관 AD를, AaB, BaD에서는 전칭 긍정으로, AeC,
CaD에서는 전칭 부정으로 판단하고 있는 것이 되고, 그 사람에게는 항 연관 AD에
관한 지식과 무지가 공존하고 있는 셈이다.
275 동일한 하나의 계열을 형성하는 항 연관(AaB, BaC, CaD)에 대해 어떤 사람이
각각을 그대로 판단하고 있지만, 항 연관 AC를 실수로 AeC라고 판단하고 있는 경우
에는, 결과적으로 항 연관 AD를, AaB, BaC, CaD에서는 전칭 긍정으로서, AeC,
CaD에서는 전칭 부정으로서 판단하고 있는 것이 된다. 그 사람에게는 항 연관 AD에
관한 지식과 무지가 공존하고 있다.
276 AaB를 알고 있다면 B 부분의 C에 대해 AaC가 성립한다는 것을, 어떤 의미에서
알고 있는 것이지만, 한편으로 AeC를 주장한다면 그 사람은 자신이 알고 있는 것과
반대되는 것을 주장하고 있는 것이다.

은 아닌 경우에는, 두 개의 중항[B와 C] 각각에 따라서 두 전제를, 예를 들어 A가 모든 B에 있지만 어떤 C에도 없고, 그리고 이들 양쪽[B와 C]이 모든 D에 있다고 하는 것처럼, 사람이 판단할 수 없는 것이다. 왜냐하면 이 경우에는 첫 번째 전제가 [다른 계열의 첫 번째 전제와] 단적으로 혹은 부분적으로 서로 대립하는 것으로서[277] 받아들여지게 되기 때문이다.

[40]

67a

만일 누군가가 B가 거기에 있는 것의 모든 것에 A가 있다고 판단하는 한편, B가 D에 있는 것을 알고 있다면, D에 A가 있는 것도 알고 있는 것이다. 따라서 이번에는, C가 그것에 있는 것에 대해 그 어떤 것에도 A가 없다고 생각한다면, B가 그것에 있는 것에 대해 그 어떤 것에 A가 없다고 생각하는 것이다. 하지만 B가 그것에 있는 모든 것에 [A가] 있다고 생각하면서, 이번에는 B가 거기에 있는 것에 대해 그 어떤 것에 [A가] 없다고 생각하는 것은 단적으로 혹은 부분적으로 대립하고 있기 때문이다.[278]

[5]

그래서 복수의 항 연관성을 [앞서 언급한] 이러한 방식으로 판단하는 것은 있을 수 없지만, [2가지 중항의] 각각에 따라서 단 하나의 전제를, 혹은 [중항의] 한쪽의 것에 관하여 두 전제를 그와 같이 판단하는 것을 방해하는 것은 아무것도 없다. 예를 들어 A가 모든 B에 있고, B가 D에 있으며, 그리고 이번에는 A가 어떤 C에도 없다고 하는 경우이다.[279]

이러한 기만은 (2) 부분적인 것에 관해 우리가 기만에 빠지는 경우와

[10]

비슷하다. 예를 들어 B가 그것에 있는 모든 것에 A가 있고, B가 모든 C에

---

277 '단적인/부분적 대립'은 각각 반대 대립과 모순 대립에 대응하고 있으며, 이 구별은 제2권 제2장에서의 '전면적인/부분적인 거짓'(54a1-4)의 구별과도 대응한다.

278 서로 다른 두 계열을 형성하는 항 연관(AaB, BaD와 AaC, CaD)에 대해서 AaC를 실수로 AeC라고 판단하고 있는 경우에는, 우선 BaD와 CaD로부터 Darapti에 의해서 BiC가 이끌리고, 다음에 그 BiC와 AeC로부터 Ferison에 의해서 AoB가 이끌리게 되며, 결과적으로 AeC는 다른 계열의 대전제 AaB와 대립하게 된다.

279 AaB, BaD, AeC, CaD의 네 가지 전제를 동시에 그렇게 판단하는 것은 있을 수 없지만, CaD가 성립하고 있는 것은 알지 못하고, AaB와 AeC 또는 AaB, BaD, AeC 라는 판단을 각각 동시에 할 수는 있다.

있다면, A는 모든 C에 있는 것이 될 것이다. 그래서 만일 A가, B가 그것에 있는 모든 것에 있다는 것을 사람들이 알고 있다면, A가 또한 C에 있다는 것도 그 사람이 알게 될 것이다. 하지만 C가 있다는 것을, 그 사람이 모르고 있다는 것을 방해하는 것은 아무것도 없다. 예를 들어 A가 '2직각'이고, B에 해당하는 것이 '삼각형', C에 해당하는 것이 '감각 대상으로서의 삼각형'인 경우이다. 왜냐하면 모든 삼각형이 2직각을 가진다는 것을 알면서도, C가 없다고 그 사람이 판단할 수 있기 때문이다. 그 결과, 그 사람은 동일한 것을 동시에 알고 있으면서도 모르는 것이 될 것이다. 왜냐하면 모든 삼각형이 2직각을 갖는 것을 '알고 있다'는 것은 일의적(一義的)이지 않으며, 그것은 어떤 경우에는 '보편적인 지식을 가지고 있다'는 뜻이고, 어떤 경우에는 '개별적인 지식을 가지고 있다'는 뜻이기 때문이다. 그래서 이러한 경우에는 '보편적인 지식에 의해서'라는 의미에서는 C[감각 대상으로서의 삼각형]가 2직각임을 알고는 있지만, '개별적인 지식에 의해서'라는 의미로는 알고 있는 것은 아니다.[280] 그 결과, 이 경우에는 반대 대립할 만한 지식의 상태[지식과 무지]를 그 사람이 가지고 있는 것은 아닐 것이다.

[15]

[20]

또, '배움이란 상기(anamnēsis)이다'라고 하는 『메논』에서의 논의[281]의 경우도 사정은 마찬가지다. 왜냐하면 개별적인 것을 사전에 알고 있다는 것이 그것으로부터 귀결되는 일은 결코 없으며, 부분을 전체에 관련짓는 것(epagōgē)[282]과 동시에 부분과 관련된 지식을 마치 재인식하는 것처럼

---

280 『분석론 후서』 제1권 제1장 71a17-29 참조.

281 플라톤, 『메논』 80d 아래 참조. '탐구의 역설'에 대한 응답으로서의 '상기설', 즉 '탐구, 배움은 상기이다'를 여기에서 염두에 두고 있다. 또한 『분석론 후서』 제1권 제1장 71a29에도 『메논』에서의 어려운 문제가 언급되었고, 어떤 의미에서의 '지식과 무지의 공존 가능성'이 이야기된다. 단, 『분석론 전서』, 『분석론 후서』 해당 장소 어디에서도 '학습'에 대한 언급은 있지만 탐구에 대한 직접적인 언급은 없다.

282 에파고게(epagōgē)는 종종 개별에서 보편으로 향하는 '귀납'으로 이해되는데(제

343

67a

[25] 파악한다는[283] 것이 귀결되기 때문이다. 즉, 예를 들어 그것이 삼각형이라는 것을 알게 된[284] 경우에 [그 내각의 합이] 2직각을 가진다는 것을 즉시 알게 되듯이, 우리가 어떤 것을 즉시 알게 되는 경우가 있기 때문이다. 또 다른 경우에서도 사정은 마찬가지다.

그래서 보편적인 지식에 의해 부분적인 것들을 우리가 보고 있지만, 고유한 지식에 의해서 아는 것은 아니고, 그 결과 그것들에 관해서 기만에 빠지는 것 또한 있을 수 있다. 다만, 서로 반대 대립하는 방식으로 그런 것이 아니라 보편적인 지식을 가지고 있으면서도 부분에 관해 기만에 빠지는 경우가 있을 수 있다는 것이다.

[30] 그래서 앞서 언급되었던 경우에 대해서도 사정은 마찬가지다.[285] 왜냐하면 중항에 따른 기만은 추론에 입각한 지식과 반대 대립하는 것이 아니며, 또한 두 중항 각각에 따른 판단도 서로 반대 대립하는 것은 아니기 때문이다.

또, (3) A가 B의 전체에 있고, 그리고 이번에는 그것[B]이 C에 있다는 것을 알면서도, A가 C에 없다고 생각하는 것을 방해하는 것은 아무것도

2권 제23장 참조), 여기서는 오히려 '역방향 추론'이 이루어지고 있는 것처럼 보이는 것부터, 『분석론 후서』 제1권 제1장에서의 epagomenos(71a21), epachthēnai(71a 24)의 용법과 더불어, 어떻게 이해해야 하는지 해석상의 문제가 있어 왔다. Ross와 같이, '결론으로 이끈다'라고 이해하는 것만으로는 이 문맥의 의미를 파악할 수 없을 것 같다. 여기서의 논점이 '부분의 전체에 대한 연관성'이라는 점에서 이와 같이 옮긴다. 또한 아리스토텔레스의 다양한 '에파고게'의 용법에 대해서는 Ross, pp. 481-483 참조.

283 필로포노스(464.25-465.2)와 Ross는 이 부분의 논의를 플라톤의 '상기설'에 대한 비판으로 간주한다. 하지만 '마치 재인식하듯'(hōsper anagnōrizontas)이라는 표현에 비춰 보면 '상기'(anamnēsis)라는 플라톤의 모티브가 어느 정도 호의적으로 받아들여지고 있다는 해석도 성립할 수 있다.

284 여기서는 Ross의 교정인 idōmen 대신 eidōmen으로 읽는다.

285 66b20-30 참조.

344

없다.[286] 예를 들어 모든 노새가 새끼를 낳지 않는 것과 이것이 노새임을 [35]
알면서도 이 노새가 임신했다고 생각하는 경우가 그렇다. 그 이유는 각각
의 항 연관을 연결해서 동시에 파악하지 못하므로, A가 C에 있다는 것을
알지 못하기 때문이다.

그 결과, 한쪽 항 연관[대전제]을 알고는 있지만 다른 쪽 항 연관[소전
제]을 모른다면, 그 경우에도 또한 기만에 빠지게 될 것이 분명하다. 보편
적 지식이 부분적 지식에 대한 관계란 바로 그런 것이다. 왜냐하면 감각
대상의 중 하나로서, 그것이 감각 밖으로 떠난 경우에는, 가령 그것을 우 67b
연히 지각했다고 해도, 그것을 지금 우리가 알고 있는 것은 아니기 때문이
다. 다만, '보편적으로 알고 있는 것에 의해서' 혹은 '고유의 지식을 가지
고 있는 것에 의해서'라는 의미에서라면 이야기는 별개이지만, 어쨌든 '현
실 활동하고 있는 것에 의해서'라는 의미에서이다. 그 결과 '기만에 빠져 [5]
있다'는 것도 그만큼의 방식으로 말할 수 있게 된다.[287]

그런데 동일한 것에 대해 알고 있으면서 기만에 빠져 있다는 것을 방해
하는 것은 아무것도 없다. 단, 어디까지나 그것은 [앎과 무지가] 서로 반
대 대립하는 것이 아니라는 한에서 그렇다. 또한 두 가지 전제를 각각 개
별적으로는 알고 있지만, 미리 그것들을 검토하고 있었던 것은 아닌 사람
에게도 바로 그와 같은 일이 일어난다. 왜냐하면 '이 노새가 임신했다'라
고 판단하고 있는 사람은 현실 활동에 따른 지식을 가지고 있지 않지만,
그렇다고 이번에는, 그러한 판단에 의해서 지식과 반대 대립하는 기만에 [10]

---

286 여기에서는 대전제, 소전제의 두 가지 전제를 알고는 있지만, 각각을 독립적으
로 파악하고 있기 때문에 두 전제로부터의 결론을 알아채지 못하는 경우를 들 수
있다.

287 (1) 보편적 지식에 관한 기만(66b18-67a9), (2) 고유의 지식에 관한 기만(67a
9-33), (3) 현실 활동하고 있는 지식에 관한 기만(67a33-b5) 등 세 가지 '기만'이 있
게 된다. Smith는 이러한 '지식과 무지와의 공존 가능성'과, 『니코마코스 윤리학』제
7권 제3장에서 논의되고 있는 아크라시아(자제력 없음)와의 관련성을 지적하고 있다.

빠져 있는 것도 아니다. 왜냐하면 보편적 지식과 반대 대립하는 기만이라는 것은 어디까지나 추론[에 기반한 기만]이기 때문이다.

또한 (4) 좋음의 본질은 악의 본질이라고 판단하고 있는 사람은, 동일한 것이 좋음의 본질이며 악의 본질이라고 판단하고 있을 것이다. 이제 A에 해당하는 것을 '좋음의 본질', B에 해당하는 것을 '악의 본질', 그리고 다시 [C에 해당하는 것을 '좋음의 본질'이라고 하자. 그러면 그 사람은 B와 C를 동일한 것으로 판단하고 있기 때문에, C가 B이고, 그리고 이번에는 B가 A라고 판단하게 되고, 그 결과 C가 A라고 판단하고 있을 것이다.[288] 왜냐하면 C가 그것에 [참으로] 있는 것에 대해 B가, B가 그것에 [참으로] 있는 것에 대해 A가 참이라면, C에 대해 A가 참이었던 것처럼, '판단한다'에 대해서도 그러한 사정에 있기 때문이다. 그리고 또 '이다'에 대해서도 사정은 마찬가지다. 왜냐하면 C와 B가 같고, 그리고 이번에는 B와 A가 같다면, C 또한 A와 같게 되었을 것이기 때문이다. 그 결과, '생각한다'(doxazein)라고 하는 것에 대해서도 사정은 마찬가지이며, 그렇다면 사람이 최초의 것[좋음의 본질은 악의 본질이다]을 인정하게 된다면, 이것[동일한 것이 좋음의 본질이며 악의 본질이라고 판단하는 것]은 필연이 되는 것일까? 그러나 아마도 이것, 즉 좋음의 본질이 악의 본질이라고 사람이 판단하는 것은 거짓일 것이다. 단, 부대적인 방식이라면 이야기는 다르다. 그것도 여러 가지 방식으로 그렇게 판단할 수 있기 때문이다. 하지만 이 점은 더 잘 검토되어야 한다.

---

288 이 장의 지금까지의 논의(66b18-67b11)의 주제가 '지식과 무지의 공존 가능성'이었던 데 반해, 여기서의 논의는 그 주제가 '상반된 판단의 성립 가능성'이라는 점에서 지금까지의 논의와는 다르다고 할 수 있다.

제22장

그런데 (1) [긍정 추론의 경우] 두 끝항이 단순히 환위되는 경우에는, 필연적으로 중항 또한 두 끝항에 대해서 환위된다. 왜냐하면 만일 A가 C에 대해 B를 통해서 있는 경우에, 만일 [A와 C가] 환위되고, A가 거기에 있는 것의 모든 것에 C가 있다면, C를 중항으로 해서, B 또한 A와 환위되고, A에 있는 것의 모든 것에 B가 있게 되기 때문이다.[289] 그리고 또 A를 중항으로 해서 C는 B와 환위될 것이다.[290]

[30]

그리고 또, 부정 추론의 경우에도 사정은 마찬가지다. 예를 들어 만일 B가 C에 있고, A가 B에 없다면, A가 C에 없는 것이 될 것이다. 그래서 (i) 만일 B가 A와 환위된다면, 또 C도 A와 환위될 것이다. 즉, B가 A에게 없다고 하자. 그러면 C 또한 [A에] 없을 것이기 때문이다. 왜냐하면 모든 C에 B가 있었기 때문이다.[291] 또, (ii) 만일 C가 B와 환위된다면, A 또한 [B와] 환위될 것이다. 왜냐하면 B가 그것에 대해 있는 모든 것에 C 또한 있기 때문이다.[292] 또, (iii) 만일 [B에 대해서뿐만 아니라] A에 대해서도 환위된다면, B 또한 [A와] 환위될 것이다. 왜냐하면 B가 거기에 있는 것에 C가 있지만, A가 거기에 있는 것에 C가 없기 때문이다. 이 추론만이 결론으로부터 시작되는 것이며, 다른 경우들은 긍정 추론의 경우와 마찬

[35]

68a

---

289 AaB, BaC⊢AaC(Barbara)로부터 결론에서의 A와 C가 환위되어 BaC, CaA⊢BaA(Barbara)라는 추론이 성립한다.

290 AaB, BaC⊢AaC(Barbara)로부터 결론에서의 A와 C가 환위되어 CaA, AaB⊢CaB(Barbara)라는 추론이 성립한다.

291 AeB, BaC⊢AeC(Celarent)로부터 대전제에서의 A와 B가 환위되어 BaC, BeA⊢CeA(Camestres) 라는 추론이 성립한다.

292 AeB, BaC⊢AeC(Celarent)로부터 소전제에서의 B와 C가 환위되어 CaB, AeC⊢BeA(Camenes)라는 추론이 성립하게 된다. 이것에 대해 Smith는 아리스토텔레스가 여기서 명시적으로 제4격을 인정하고 있다는 것이 이상하다는 이유에서, 굳이 이 추론을 본래 타당하지 않은 CaB, AeB⊢CeA라고 읽는다.

347

가지가 아니다.[293]

또, 이번에는 (2) 만일 A와 B가 환위되고, 또한 C와 D가 마찬가지로 환위되며, 그리고 모든 것에 필연적으로 A 혹은 C가 있다면, B와 D도 모든 것에 그 어느 한쪽이 있다는 관계에 있게 될 것이다. 왜냐하면 A가 거기에 있는 것에 B가 있고, 그리고 C가 거기에 있는 것에 D가 있고, 모든 것에 A 혹은 C가, 단 동시에 있는 것이 아니라 있는 것이기 때문에, B 혹은 D 또한 모든 것에, 단 동시에가 아니라 있는 것이 분명하기 때문이다. 그것은 여기에서는 두 가지 추론이 복합되어 있기 때문이다.

또 이번에는, 모든 것에 A 또는 B가, 그리고 C 또는 D가 있지만, 단 동시에 있는 것이 아닌 경우에, 만일 A와 C가 환위된다면, B와 D도 환위될 것이다. 왜냐하면 만일 D가 그것에 있는 것에 대해서, 그 어떤 것에 B가 없다면, 그것[D인 것 중의 무언가]에 A가 있다는 것은 분명하기 때문이다. 그리고 만일 A가 거기에 있다면, 또 C도 거기에 있게 될 것이다. 왜냐하면 그것들은 환위되기 때문이다. 그 결과 C와 D는 동시에 있게 될 것이다. 하지만 이것은 불가능하다. 〈예를 들어 만일 생겨나지 않은 것[A]이 불멸[C]이며, 불멸의 것[C]이 생겨나지 않는 것[A]이라면, 필연적으로 생성한 것[B]은 소멸적인 것[D]이고, 소멸적인 것[D]은 생성한 것[B]이 된다.〉[294]

또한, (3) A가 B와 C의 각각 전체에 있고, 또 다른 어떤 것에도 술어 되지 않으며, 그리고 B 또한 모든 C에 있는 경우에는, 필연적으로 A와 B가

---

293 67b28-32에서 이야기한 바와 같이, 긍정 추론의 경우에는 원래 추론의 결론 (AaC)이 환위된 전제(CaA)로부터 새로운 추론이 성립하는 반면, 부정 추론의 경우에는 (iii)의 추론만이 원래 추론의 결론 AeC가 환위되어 만들어지지만, 그 이외의 (i)와 (ii) 두 경우에는 그렇지 않다.

294 이 한 문장이 사본에서는 추론 규칙 68a3-8 다음에 놓여 있는데, Ross는 거기에서의 사례가 오히려 추론 규칙 68a11-16의 사례로서 적합하다는 이유로 Pacius에 따라 추론 규칙 다음인 이곳으로 옮긴다.

환위된다. 왜냐하면 A가 B와 C에 대해서만 이야기되고, B가 그 자신과 [20]
C에 대해 이야기되므로, A가 거기에 있는 것들 중에서 A 자신 이외의 모
든 것에 대해 B가 이야기될 것임은 분명하기 때문이다.[295]

또 이번에는 A와 B가 각각 C의 전체에 있고, C가 B와 환위되는 경우
에는, 필연적으로 A가 모든 B에 있게 된다. 왜냐하면 A가 모든 C에 있
고, C가 [B와] 환위됨으로써 B에 있는 한, A는 또한 모든 B에 있기 때문
이다.[296]

또, (4) 두 항이 있어서, 각각이 서로 대립하고 있는 경우에서, A가 B보 [25]
다 바람직하고, 그리고 마찬가지로 D가 C보다 바람직한 경우에, 만일
A+C가 B+D보다 바람직하다면, A가 D보다 바람직할 것이다.[297] 왜냐
하면 A가 추구되는 것과 B가 회피되는 것이 같은 정도이며(이것들은 서
로 대립하고 있으니까), 또 C와 D도 그와 같은 관계에 있다(이것들도 서
로 대립하고 있으니까). 그러면 만일 A가 D와 같은 정도로 바람직하다면, [30]
B가 C와 같은 정도로 회피해야 하는 것일 수도 있다. 왜냐하면 회피해야
할 것[B와 C]은 추구해야 할 것[A와 D]에 대해 양자의 각각이 각각과 같
은 관계에 있기 때문이다. 그 결과 A+C가 B+D와 같은 정도로 바람직
할 것이다. 그러나 실제로는 A+C가 더 바람직하므로, 같은 정도로 바람
직하다는 것은 있을 수 없다. 그렇다면 B+D도 마찬가지로 바람직해졌을
것이기 때문이다.

---

295 예를 들어 Ross가 제안하는 것처럼, A가 유이고, 그 종(B)이 하나뿐이며, 나아
가 그 종의 하위 구분(C)도 하나뿐인 경우를 상정할 수 있다. 그렇다면 각각이 서로
공외연적이 되기 때문에 서로 환위될 수 있다고 하더라도, 유·종의 계층구조로 볼 때
종(B)이 유(A)에 술어 되지 않는 것이 된다(『범주론』 제5장 2b21 참조).
296 이러한 추론은 제2권 제23장 68b15-24에서 분석되는 '귀납'의 추론 구조에 대응
하고 있다. 즉, 모든 C가 A이고, 모든 C가 B이고, 그리고 C가 B와 환위될 수 있다면,
모든 B는 A이다.
297 두 가지 중 어느 것이 바람직한가를 특정하기 위한 토포스는 『토피카』 제3권 제
1-4장에서 논의되고 있다.

[35]   한편, 만일 D가 A보다 바람직하다면, B는 C보다 회피되어야 할 정도가 작을 것이다. 왜냐하면 정도가 작은 것은 정도가 작은 것과 서로 대립하기 때문이다. 또한 더 큰 좋음과 더 작은 나쁨의 총합은 더 작은 좋음과 더 큰 나쁨의 총합보다 바람직하다. 그러므로 B+D가 전체적으로 A+C보다 바람직할 것이다. 하지만 지금 실제로는 그렇지 않다. 그러므로 A가 D보다 바람직한 것이 되고, 또 그러므로, C가 B보다 회피되어야 할 정도가 작을 것이다.

[40]   그래서 만일 사랑하는 자 모두가 그 사랑 때문에, 사랑하는 상대가 몸을 허락하는 마음에 있는 것[A]과 실제로는 몸을 허락하지 않는 것(이것을 C로 한다)의 조합[A+C]이, 실제로 몸을 허락하는 것(이것을

68b   D로 한다)과 실상은 몸을 허락하려는 마음이 없는 것(이것을 B로 한다)의 조합[B+D]보다 바람직한 것으로 선택한다면, 단순히 몸을 허락하는 것[D]보다 그러한 마음가짐에 있는 것[A] 쪽이 더 바람직하다는 것은 분명하다. 그러므로 사랑에서는 상대방에게 애정을 갖게 하는 것[A]이 성교(性交)를 하는 것[D]보다 바람직하다. 그러므로 사랑이 성교를 갖는 것보다 훨씬 더 애정에 관련되어 있다. 또, 사랑이라는 것이 특히 이 일[애

[5]   정]에 관계된다면, 그것이 사랑의 목적일 수도 있다. 따라서 성교는 사랑의 목적 그 자체가 전혀 아니거나, 어디까지나 상대방이 애정을 갖도록 하려는 목적을 위해서이다. 또 사실 그 밖의 여러 욕망과 기술도 이런 식이다.[298]

---

298 『니코마코스 윤리학』 제1권 제1장. 욕망과 기술에서도, 최고 욕망의 대상과 다른 것들과의 관계는 목적과 수단의 관계를 가진다.

제23장

이렇게 볼 때, 환위에 관하여, 그리고 '더 바람직하다' 혹은 '회피해야 한다'는 것에 관하여, 여러 항들이 어떻게 관련되어 있는지는 분명하다. 따라서 변증술의 추론과 논증 추론[299]만이 앞서 언급한 격들을 통해 성립 [10] 하는 것이 아니라, 수사술의 추론과 일반적으로 어떤 형태의 설득도 그것이 어떤 방법에 근거하는지에 관계없이 마찬가지라는 점을 이제 말해야 할 것이다.[300] 왜냐하면 우리는 모든 것을 추론을 통해서나 혹은 귀납을 통해서 납득하기 때문이다.

그런데 에파고게,[301] 즉 '귀납을 통한 추론'이란 한쪽 끝항[작은 항] [15] 을 통해 다른 쪽 끝항[큰 항]이 중항에 있음을 추론하는 것이다. 즉, 만일 항 연관 AC의 중항이 B라면, C를 통해 A가 B에 있음을 증명하는 것이다. 우리는 이렇게 귀납을 하고 있으니까. 예를 들어 A가 '오래 산다', B에 해당하는 것이 '담즙이 없다', C에 해당하는 것이 '개별적으로 오래 [20] 사는 것', 예를 들어 인간이나 말이나 노새라고 하자.[302] 이 경우에는 A가 C의 전체에 있다(모든 C는 오래 사는 것이기 때문이다). 그리고 B, 즉 '담

---

299 양자의 구별에 대해서는 제1권 제1장 참조.

300 이것이 제2권 나머지 장(제23-27장)에서 다루어지는 내용이다.

301 이 장에서 볼 수 있듯이 '에파고게'는 대개의 경우 연역 추론과 대비되는 '귀납' 추론으로 이해될 수 있으나, 이와는 다소 다른 의미에 대해서는 제2권 제21장 67a23 및 해당 각주 참조. 에파고게의 용법을 상세하게 밝히는 Ross, pp. 481-485 참조.

302 장수(長壽)의 원인에 대해서, '담낭(담즙)이 없는 것'이라고 주장하는 『동물의 부분들에 대하여』 제4권 제2장 677a30 참조("옛날 사람들에게는 굽이 하나인 동물과 사슴에 주목하여 장수의 원인을 담낭[담즙]이 없는 것이라고 주장하는 사람들이 있는데, 그들은 매우 현명한 말을 하고 있다."). 또한 『분석론 후서』 제2권 제17장 99b5-6 에서도 장수의 원인으로 네발 동물에 대해서는 이 부분과 마찬가지로 '담낭(담즙)이 없는 것'을 들고 있으며, 조류에 대해서는 '사지의 건조함'을 꼽고 있다. '담낭(담즙) 이 없는 것'을 장수의 원인으로 생각한 철학자는 아낙사고라스로 알려져 있다.

낭(담즙)을 갖지 않음' 또한 모든 C에 있다.[303] 그러면 만일 C가 B와 환

위되고 중항[B]이 C를 넘어 나가는 일이 없다면, 필연적으로 A가 B에게

[25] 있게 된다.[304] 앞서 이미 증명된 바와 같이,[305] 어떤 2항[A와 B]이 동일한

항[C]에 있고, 그것들 중 한쪽 항[B]과 끝항[C]이 환위된 경우에는, 술어

된 것들[A와 B] 중 환위된 것[B]에, 다른 한쪽[A]도 또 있게 되기 때문이

다. 이 경우에는 C를 개별적인 것 모두로부터 복합된 것으로 이해해야 한

다. 귀납은 모든 것을 통해 성립되기 때문이다.[306]

[30]   그런데 이러한 추론은 첫 번째 중항이 없는 전제에 대하여 성립한다.

왜냐하면 중항이 있는 것에 대해서는, 중항을 통하여 추론이 성립하는 한

편, 중항이 없는 것에 대해서는 귀납을 통하여 추론이 성립하기 때문이다.

그리고 어떤 방식으로는 귀납은 추론과 대립하고 있다. 왜냐하면 추론이

중항을 통하여 끝항[큰 항]이 제3항[작은 항]에 있음을 증명하는 반면,

[35] 귀납은 제3항[작은 항]을 통하여 끝항[큰 항]이 중항에 있음을 증명하기

때문이다. 그래서 사물의 본성에서는 중항을 통한 추론이 더 앞선 것이며,

한층 더 잘 알려진 것이지만, 우리에게는 귀납을 통한 추론이 더 명확하

다.[307]

---

303 아리스토텔레스는 어류, 조류와 대부분의 태생 동물에게는 담낭(담즙)이 있는
데, 여기서 언급하는 바와 같은 어떤 종류의 태생 동물에게는 담낭(담즙)이 없다고 생
각한다(『동물 탐구』 제2권 제15장 506a20 아래 및 『동물의 부분들에 대하여』 제4권
제2장 참조).

304 AaB와 BaC에서 Barbara에 의해 AaC가 귀결된다 해도, AaC와 BaC로부터
AaB를 이끌어 낼 수는 없다. 하지만 만일 BaC가 단순 환위되어 CaB를 얻을 수 있다
면, AaC와 CaB로부터 Barbara에 의해 AaB를 이끌어 낼 수 있다.

305 제2권 제22장 68a21-25 참조.

306 여기서 아리스토텔레스가 염두에 두고 있는 것은 개체를 대상으로 하는 불완전
매거(枚擧)로서의 귀납이 아니라 인간, 말, 노새 등의 종을 대상으로 하는 완전 매거
로서의 귀납이다.

307 사물의 본성에서는 원리적인 항 연관이 우선이지만, 우리에게는 개별 대상이 감

제24장

예증(파라디그마)[308]은 중항에 끝항[큰 항]이 있음이 제3항[작은 항]과 유사한 항을 통해 증명되는 경우에 성립하는 것이다. 이 경우에는 중항이 제3항[작은 항]에, 그리고 첫 번째 항[큰 항]이 [제3항의] 유사항에 있는 것으로 알려져 있어야 한다. 예를 들어 A가 '나쁨', B가 '이웃 나라 사람들과 전쟁을 하는 것', C에 해당하는 것이 '아테나이 사람들이 테바이 사람들을 향해 전쟁을 일으키는 것', 그리고 D에 해당하는 것이 '테바이 사람들이 포키스 사람들에게 전쟁을 일으키는 것'[309]이라고 하자. 그렇다면 만일 [아테나이 사람들이] 테바이 사람들에게 전쟁을 일으키는 것[C]이 나쁨[A]임을 우리가 증명하고 싶다면,[310] 이웃 나라 사람들에게 전쟁을 일으키는 것[B]이 나쁨[A]임을 받아들여야 한다. 그리고 이것에 대한 확신

[40]

69a

각을 통해 인식하기 쉽기 때문에 귀납 쪽이 추론보다 인식하기 쉽다. '사물의 본성에 있어서'와 '우리에게 있어서'의 구별에 대해서는 『분석론 후서』 제1권 제2장 71b33-72a5 참조.

308 『수사학』 제1권 제2장에서 '설득 추론'(enthumēma, 아래의 제2권 제27장 참조)과 '예증'(paradeigma)은 수사술에서 두 가지 주요 설득 방법으로 제시되고 있으며, 전자는 일종의 추론으로, 후자는 일종의 귀납으로 성격지어졌다. '예증'에는 어떤 종류가 있는지에 대해서는 『수사학』 제2권 제20장 참조.

309 델포이의 아폴론 신전의 통제를 둘러싸고 발발한 기원전 356-346년까지의 '제3차 신성전쟁'을 가리키는 것으로 여겨진다. 이 전쟁은 마케도니아의 필립포스 왕의 개입에 의해 종결되었다. 전쟁이 벌어진 지역이 신전이 있는 곳이어서 신성 모독으로 여겨졌다(『정치학』 제5권 제4장 1304a12 참조). 포케이스(Phōkeis) 혹은 포키스는 헬라스 중앙을 차지하는 보이오티아 지방의 북서쪽에 위치하는 델포이 지역을 포함한다.

310 Ross의 추정에 의하면, 여기서 언급된 '예증'의 사례는 아테나이가 테바이를 공격하도록 스파르타가 유도했을 때(기원전 353년), 그 계획에 반대하기 위해 데모스테네스가 사용했음 직한 논변으로 생각된다. 그렇다면 이 부분은 『분석론 전서』의 저작 집필 연대를 특정할 때 하나의 지표가 될 수 있다.

[5] 은 C와 유사하기 때문에, 예를 들어 포키스 사람들과 전쟁하는 것[D]이 테바이 사람들에게 나쁨[A]인 데서 비롯된다. 그러니까 이웃 나라 사람들과 전쟁하는 것은 나쁨[A]이고, 그리고 테바이 사람들과 전쟁하는 것[C]이 이웃 나라 사람들과 전쟁하는 것[B]이므로, 테바이 사람들과 전쟁하는 것[C]이 나쁨[A]인 것은 분명하다.[311]

이 경우에는 B가 C와 D에 있는 것은 분명하고(양쪽 모두 이웃 나라 사람들에게 전쟁을 일으키는 것이니까), 그리고 A가 D에 있는 것 또한 명백

[10] 하다(포키스 사람들과의 전쟁은 테바이 사람들에게 이익을 가져다주지 않기 때문이다). 또 A가 B에 있다는 것은 D를 통해 증명될 것이다. 또한 설령 복수의 유사항을 통해 중항의 끝항[큰 항]과 관련해서 확신이 생기게 된다고 하더라도 이와 동일한 방식에 따른 것이다.

그래서 분명한 것은, 예증이란 부분에서 전체로도 아니고, 또 전체에서

[15] 부분으로 하는 방식도 아니고, 부분에서 부분으로 하는 방식으로, 그것이 성립하는 것은 양자[작은 항과 그 유사항]가 모두 동일한 것 아래에 포섭되어 그중 하나가 비교적 잘 알려져 있는[312] 경우이다. 그리고 그것은 다음과 같은 점에서 귀납과는 다르다. 즉, 귀납이 모든 개개의 나눌 수 없는 사례[313]로부터 끝항[큰 항]이 중항에 있음을 증명하고는 있지만 끝항[작은 항]에 그 추론을 연결하고 있지 않았던 데 반해, 예증은 끝항[작은 항]에 추론을 연결하고는 있지만 모든 사례에서 증명하는 것은 아니다.

---

311 이 장의 첫머리 규정에서는 명시되어 있지 않지만, 지금까지의 논의를 고려하면, 예증은 'D는 A이고, D는 B다. 그러므로 B는 A이다'라는 귀납적인 절차와 'B는 A이고, C는 B이다. 그러므로 C는 A이다'라는 연역적 절차에 의해 구성된다.
312 이러한 것으로서 『수사학』 제2권 제20장에서는 역사적 사실, 비유, 우화가 열거되고 있다.
313 여기서 '귀납'이 제2권 제23장에서 규정한 의미에서의 '귀납'이라면, '개개의 나눌 수 없는 사례'를 바탕으로 개체(個體), 개물(個物)로 이해할 필요는 없다. 그것은 예증의 경우에는 '하나하나의 사례'를 의미하지만 귀납의 경우에는 '최하종'으로 이해된다.

제25장

가설설정법[314]이란 (1) 중항에 첫 번째 항[큰 항]이 있는 것이 분명한 [20] 한편, 마지막 항[작은 항]에 중항이 있는 것은 불명확하지만, 그것에 결론과 같은 정도 혹은 그 이상으로 확신을 둘 수 있는 경우에 성립하는 것이다. 게다가 (2) 마지막 항과 중항의 중간 항이 증명에 필요한 수보다 적은 경우에도 가설설정법이 성립한다. 왜냐하면 어느 경우라도 결과적으로 지식[학적 이해]에 한층 가까워지게 되기 때문이다.

예를 들어 (1) A[큰 항]이 '교수 가능', B[중항]에 해당하는 것이 '지 [25] 식', C[작은 항]이 '정의'(正義)라고 하자.[315] 그러면 지식[B]이 '교수 가능[A]임은 분명하다. 하지만 덕[C]이 지식[B]인지 아닌지는 분명하지 않다. 그래서 만일 항 연관 BC가 결론 AC와 같은 정도 혹은 그 이상으로 확신을 둘 수 있는 것이라면, 가설설정법이 성립한다. 왜냐하면 그 이전에는 결론 AC[316]에 대한 지식을 가지고 있지 않았지만, [항 연관 BC를] 더하여

---

314 epagōgē만큼 번역하기 어려운 말인 apagōgē는 흔히 reduction(환원)으로 번역되기도 한다(Jenkinson, Ross). 다른 격의 여러 추론을 제1격으로의 '환원'(anagōgē)과 구별하기 위해 여기에서는 '가설설정법'으로 옮겼다. 또 이 부분을 현대 퍼스의 이른바 abduction(귀추법)의 기원으로 볼 수 있는지에 대해서는 논란이 있다. 아리스토텔레스가 정의하는 과정은, 논의를 하나의 질문이나 문제에서 더 쉽게 해결되는 다른 질문이나 문제로 '이끄는 것'을 포함한다. 여기서 아파고게는 어떤 것을 증명할 수 있는 전제를 찾는 것이다. 아리스토텔레스는 이것이 두 가지 상황에서 아파고게를 구성한다고 말한다. (1) 대전제는 '명확'하고 소전제는 적어도 결론만큼 설득력을 가진다. (2) 결론보다 소전제의 '중항'이 더 적은 수이다. 기준 (1)은 인식론적이며, (2)는 증명 이론적이다. 이 둘 다가 논증의 전제가 요구해야 하는 요구 사항에 포함된다(『분석론 후서』제1권 제2장).
315 선택된 항의 사례로 보아 여기서는 '덕'(탁월함)의 교수 가능성을 둘러싼 플라톤의 『메논』86e-87c에서의 '가설의 방법'을 염두에 두고 있다.
316 주요 사본에서는 'AΓ'로 되어 있는 것을 Ross는 'AB'로 바꾸어 읽지만, 여기에서는 AΓ로 읽는다. 또 콤마의 위치에 대해서는 Smith의 제안에 따른다.

받아들임으로써 결론 AC에 대한 지식을 갖는 것에 한층 가까워지기 때문이다.

혹은 이번에는, (2) 항 연관 BC의 중간항이 필요한 수보다 적은 경우에도 가설설정법이 성립한다. 왜냐하면 이 경우에도 또한 결과적으로 아는 것에 한층 가까워지게 되기 때문이다. 예를 들어 D[큰 항]가 '정사각형화 된다', E[중항]에 해당하는 것이 '직선도형', F[작은 항]에 해당하는 것이 '원'인 경우에, 만일 항 연관 EF['원이 그 면적에 관하여 직선도형과 같아 짐']에 대한 중항이 '초승달 모양의 도형을 동반하면 원이 직선도형과 같 아짐'의 하나뿐이라면[317] 가설설정법에 의해 결론을 아는 것에 한층 가까

---

317 여기에서는 키오스의 히포크라테스에 의한 증명이 깔려 있다고 생각되지만, 이 증명에 아리스토텔레스 자신이 어느 정도 개입하고 있는지는 분명하지 않다(Ross, p. 490-491 참조). '원이 초승달 모양의 원들(mēniskoi; lunulai)에 의해서 직선으로 된 도형과 같아지는' 이른바 '히포크라테스의 도형'에 관한 문제는 『소피스트적 논박에 대하여』 제1장 171b15 및 『자연학』 제1권 제2장 185a16-17에서도 언급된다. 히포크 라테스(Hippokratēs)는 퓌타고라스주의에 경도된 수학자, 기하학자 및 천문학자로 퓌타고라스가 태어난 사모스섬에서 가까운 키오스섬 출신으로 기원전 450-430경에 활동했다. 아리스토텔레스는 『에우데모스 윤리학』에서 "히포크라테스는 기하학자였 지만, 다른 일들에 대해서는 멍청하고 어리석다고 여겨졌으며 어리숙함 때문에 항해 중에 비잔티온의 세관들에게 속아서 많은 돈을 잃었다"고 짧게 언급하고 있다 (1247a17). 필로포노스는 그가 상인이었고, 해적에게 배를 약탈당한 후에 아테나이 에서 긴 송사에 매달리다가 수학에 관심을 갖게 되었다고 전하고 있다(『아리스토텔레 스 자연학(A2) 주석』 185a16). 이와 유사한 기하학적 증명 방법에 대한 논의는 안티 폰(Antiphon), 브뤼송(Bruson) 및 에우클레이데스에 의해서 이루어졌고, 이것은 원 의 면적 값을 구할 때 필요한 π 값을 구하는 문제와 관련 맺는다. 이들에 대한 보고는 주로 신플라톤주의자인 심플리키오스(Simplikios)의 『아리스토텔레스의 「자연학」에 대한 주석』에서 인용되고 있다. 물론 심플리키오스는 이 모든 기하학적 설명이 에우 데모스의 『기하학의 역사』(Geōmetrikē hisotoria)에서 언급되고 있다고 보고하고 있 다. 히스(T. Heath)는 아리스토텔레스가 이해하고 있는 '히포크라테스의 도형' 문제 는 아리스토텔레스 자신의 오해이거나, 아니면 그 문제를 정확히 알지 못했던 것으로 이해한다. 이 기하학적 문제의 출전에 관련해 원전이 문제가 되는 사항에 대해서는

워질 수 있게 될 것이다.

하지만 항 연관 BC가 결론 AC 이상으로 확신을 둘 수 있는 것도 아니고, [마지막 항과 중항과의] 중간항이 필요한 수보다 적은 것도 아닌 경우에는, 나는 그것을 가설설정법이라고 말하지 않는다. 또한, 항 연관 BC에 추가적인 중항이 없는 그런 경우에도 그렇게 말하지 않는다. 그런 것은 이미 지식이기 때문이다.[318]

[35]

제26장

이의(엔스타시스)란 상대방이 제출한 전제와 대립하는[319] 전제를 말한다.[320] 하지만 이의가 전제와 다른 것은, 이의가 특칭[부분에 관한 것]일

Ivor Thomas, *Greek Mathematical Works*(Loeb Classical Library, 1939), Vol. I, pp. 234-253(히포크라테스), pp. 310-312(안티폰), pp. 314-317(브뤼송) 참조. 이 문제에 관한 보다 자세한 설명에 대해서는 W. D. Ross, *Aristotle's Physics*(Oxford, 1936), pp. 463-466; T. Heath, *Mathematics in Aristotle*(Oxford, 1949), pp. 33-36; *A History of Greek Mathematics*(Oxford, 1921), Vol. I, pp. 183-200; W. Charlton, *Aristotle Physics*, Bk. I, II(Oxford, 1969), p. 54; Eudemus of Rhodes, 'Hippocrates of Chios and the Earliest form of a Greek Mathematical Text', *Centaurus* 46(4)(2004), pp. 243-286 참조.

318 이 경우『분석론 후서』제1권 제2장에서 규정된 바와 같이 엄밀한 의미에서의 논증이 성립하게 된다. 이 점에서 '가설설정법'은 그 자체로는 논증이라고 할 수 없지만, 어떤 문제에 대해 논증을 확립할 때의 임시방편적 방법적 증명이라고 할 수 있다.

319 enantia(enantios)는 좁은 의미에서는 '반대 대립'이지만, 여기에서는 '모순 대립'과 '반대 대립'을 모두 포함하는 의미로 사용되고 있으므로 넓은 의미의 '대립'으로 옮길 수 있다. '대립'에 대하여 제2권 제15장 참조.

320 이의(異議, 반대, enstasis)는 상대방의 전제에 '대립하는 전제'를 제시하는 점에서 상대방의 추론을 반박하는 '논박'(제2권 제20장 참조)과는 구별된다. 넓은 의미에서 '반대', '반론'이라고도 할 수 있다. 여기서는 '이의' 또한 추론 구조를 갖춘 것으로

수도 있는 데 반해, 전제는 어떤 경우에도 특칭일 수 없거나, 혹은 전칭 추론에서는 특칭일 수 없거나, 그 둘 중 어느 쪽이라는 점이다.[321] 또 이의는 두 가지 방식으로, 그리고 두 가지 격을 통해 제기된다. 여기서 '두 가지 방식으로'라고 말하는 것은 모든 이의가 전칭이나 특칭 중 하나이기 때문이고, 다른 한편으로 '두 가지 격을 통해서'라고 말하는 것은 이의는 어떤 전제와 대립하는 전제로서 야기되지만, 그러한 대립하는 것들은 제1격과 제3격에서만 결론지어지기 때문이다.

그것도 (1) 모든 것에 있다고 상대방이 주장한 경우에는 '어떤 것에도 그렇지 않다'[전칭 부정] 혹은 '어떤 것에는 그렇지 않다'[특칭 부정]라고 우리는 이의를 제기하게 되지만, 이러한 이의들 중에서 전칭 부정은 제1격에서 비롯되고, 특칭 부정은 마지막 격[제3격]에서 비롯되기 때문이다.

예를 들어 A가 '하나의 지식이 있다', B에 해당하는 것이 '반대 대립하는 것'이라고 하자. 거기서 '반대 대립하는 것들에는 하나의 지식이 있다'를 상대방이 전제로 제시한 경우에는, 그에 대해 '어떤 경우에도 동일한 지식이 대립하는 것에 대해 있는 것은 아니며, 반대 대립하는 것은 대립하는 것이다'라는 이의가 내세워지고, 그 결과 제1격이 성립하게 되거나,[322] '알려질 수 있는 것과 알려질 수 없는 것에 대해 하나의 지식이 있는 것은 아니다'라는 이의가 내세워지거나, 둘 중 하나이다. 이것은 제3격이다. 왜

이해된다. '이의'에 대해서는 『토피카』 제2권 제2장 110a11 등 여러 곳. 변증술의 경우에, 반론(이의)을 제기하는 것은 어떤 한 주장을 변증술적으로 검토하는 토대를 마련해 준다. 예를 들어 '모든 쾌락은 좋은 것이다'라고 상대방이 주장하는 경우, '모든 쾌락이 과연 좋은 것인가?'라고 자신에게 물음을 던져 쾌락을 구별한 다음, '방탕한 자의 쾌락은 좋은 쾌락이 아니다'라는 반론(이의)을 제기함으로서 상대방의 주장에 대해 반론을 행한다(알렉산드로스, 146.1-5 참조). 『수사학』 제2권 제25장 참조.

321 '전제'에는 일반적으로 전칭과 특칭이 있지만, 여기에서는 '이의'의 대상이 상대방의 전칭 전제로 한정되어 있다.

322 동일한 지식이 대립하는 것에 있지 않고(AeB), 반대 대립하는 것은 대립하는 것이다(BaC). 그러므로 동일한 지식은 반대 대립하는 것에 있지 않다(AeC)(Celarent).

냐하면 C, 즉, '알려질 수 있는 것과 알려질 수 없는 것'에 대해, 그것들이 반대 대립하는 것은 참이지만, 그것들에 대해 하나의 지식이 있다는 것은 거짓이기 때문이다.[323]

또 이번에는, [상대방의 주장이] 부정 전제인 경우에도 사정은 마찬가지다. 왜냐하면 만일 상대방이 '반대 대립하는 것에는 하나의 지식이 없다'라고 주장한다면, 우리 쪽은 모든 대립하는 것에는, 혹은 예를 들어 건강한 것과 병든 것에 대해서와 같이, 반대 대립하는 것 중 일부에는 동일한 지식이 있다고 말하게 될지도 모르는 것이기 때문이다. 그래서 모두에 대해서라면 제1격으로부터,[324] 몇몇에 대해서라면 제3격으로부터[325] 성립하게 된다. [15]

무조건적으로 모든 경우에 전칭으로 이의를 제기하는 경우에는 필연적으로 사람은 상대방에 의해 제시되고 있는 것들을 포섭하는 전체에 관련시켜 반론을 진술해야 한다. 예를 들어 동일한 지식은 반대 대립하는 것들에는 있지 않다고 상대방이 주장했다면 모든 대립하는 것들에는, 하나의 지식이 있다고 반박해야 한다. 이런 경우에는 필연적으로 제1격이 성립한다. 이 경우 최초의 논점과 관련된 전체적인 것이 중항이 되기 때문이다.[326] [20]

---

323 '알려진 것과 알려지지 않은 것'에 대해 하나의 지식은 없으며(AeB), 알려진 것과 알려지지 않은 것은 반대 대립하는 것이기 때문에(CaB), 어떤 반대 대립하는 것에는 하나의 지식이 없다(AoC)(Felapton).

324 동일한 지식이 모든 대립하는 것에 있고(AaB), 반대 대립하는 것은 대립하는 것이기 때문에(BaC), 동일한 지식이 반대 대립하는 것에 있다(AaC)(Barbara).

325 동일한 지식이 건강한 것과 질병인 것에 대해 있고(AaB), 또 건강한 것과 질병인 것은 반대 대립하는 것이기 때문에(CaB), 동일한 지식이 반대 대립하는 것 중 일부에는 있다(AiC)(Darapti).

326 '동일한 지식은 반대 대립하는 것이 아니다'라고 상대방이 주장한 것에 대해, '반대 대립하는 것'을 포섭하는 '대립하는 것'을 중항으로 추론(Barbara)을 만듦으로써, '동일한 지식이 반대 대립하는 것에 있다'는 이의를 제기한다.

　　한편, 특칭으로 이의를 제기하는 경우에는, 상대방의 전제가 그것에 대해 말하고 있는 것[주어항]을 전체로 하는 그 부분에 관련시키면서 반론해야 한다. 예를 들어 '알려질 수 있는 것과 알려질 수 없는 것에 대하여 동일한 지식이 있는 것은 아니다'라고 하여 이의를 제기하는 경우이다. 왜냐하면 이것들[알려질 수 있는 것과 알려질 수 없는 것]에 대해 '반대 대립하는 것'은 전체적인 것이 되기 때문이다. 이 경우에는 제3격이 성립한다. 왜냐하면 여기에서는, 예를 들어 '알려질 수 있는 것과 알려질 수 없는 것'과 같이 [반대 대립하는 것의] 부분으로 받아들이고 있는 것이 중항이 되기 때문이다.[327]

[25]

　　이런 식으로 하면, 우리가 상대방의 주장과 대립하는 결론을 거기로부터 추론할 수 있는 것들[전제]로부터 이의를 제기하려고 시도하기 때문이다. 그러므로 우리는 또한 그러한 격들로부터만 이의를 제기한다. 왜냐하면 이러한 격에 의해서만 대립하는 추론이 성립되기 때문이다. 그 이유는 중간격[제2격]을 통해 긍정의 결론이 성립하지 않았기 때문이다.[328]

[30]

　　게다가 중간격[제2격]을 통한 이의는 더 많은 논의를 필요로 하게 될 것이다. 예를 들어 C가 A에 부수되지 않기 때문에, A가 B에 있음을 받아들이지 않는 경우이다. 이것은[329] 다른 전제들을 통해 분명한 것이 되기

---

327 '동일한 지식이 반대 대립하는 것에 있다'라고 상대방이 주장한 것에 대해 '반대 대립하는 것'에 포섭되는 '알려질 수 있는 것과 알려질 수 없는 것'을 중항으로 하는 추론(Felapton)을 만듦으로써 '어떤 반대 대립하는 것에는 하나의 지식이 없다'라는 이의를 제기한다.

328 여기에서는 상대방의 주장과 그에 대한 이의가 동일한 격으로 이루어질 것을 요청하고 있으며, 이의를 확립하는 격에서 제2격이 배제되어 있는 것도 제2격에 따라서는 서로 대립하는 결론을 도출할 수 없다는 이유에 따른 것으로 생각된다(제2격이 부정의 결론밖에 도출하지 않음에 대해서는 제1권 제5장 28a7-9 참조). 하지만 제3격의 경우에도 마찬가지의 사태가 나타나는데도 불구하고, 그것이 배제되어 있지 않다는 해석상의 문제는 남는다. 다른 해석의 가능성에 대해서는 Smith, pp. 224-225 참조.

329 A가 C가 아니기 때문에 B가 A가 아니라는 것이 귀결되는 것.

때문이다. 하지만 이의는 다른 것[문제]으로 빗나가서는 안 되며, 오히려 [35]
다른 한쪽의 전제가 즉각 명백한 것으로 갖추고 있어야 한다. [그러므로
징표 또한 이 격에서만 성립할 수 없다.]³³⁰

　또한 다른 종류의 이의, 예를 들어 반대 대립하는 것으로부터, 유사한 것
으로부터, 그리고 일반 통념에 근거한 것으로부터의 이의에 대해서도,³³¹
그리고 특칭의 이의를 제1격에서 혹은 부정적인 이의를 중간격[제2격]에 70a
서 받아들이는 것이 가능한지에 대해서도 추가로 검토해야 한다.³³²

제27장

　설득 추론³³³이란 '있을 법한 일' 혹은 '징표'로부터의 추론을 말하는 [10]

---

330 다음 장에서의 '징표'에 대한 설명에 적합하지 않다는 이유로 Ross는 이 부분을
다른 사람에 의한 오해에 근거한 삽입으로 본다(p. 496).

331 『수사학』 제2권 제25장 참조.

332 실제로는 특칭의 이의를 제1격에서, 부정적인 이의를 제2격에서 받아들일 가능
성이 『분석론 전서』에서 재검토되지 않는다.

333 아리스토텔레스는 엔튀메마(enthumēma)를 네 가지 다른 것들, 즉 eikos, para-
deigma(예증, 예시), tekmērion(증거), sēmeion(징표)에 기반한 추론으로 설명한다
(제2권 제25장 『수사학』 1402b13). '입증의 본체'(sōma tēs pisteōs, 『수사학』 제1권
제1장 1354a15)를 형성하는 엔튀메마는 '있을 법한 것들'('그럼직한 것들', eikotōn)
과 징표들(sēmeiōn)로부터 나오는 추론'(제1권 제2장 1357a31-32)으로 정의된다.
즉 eikos 추론이라고 부를 수 있다. 1393a24에 가서 이것을 두 개의 공통의 '연설적
논증'(입증, pistis) 중의 하나라고도 언급한다. 다른 하나는 예증(예시)이다. 요컨대
수사술에서 엔튀메마는 변증술에서는 쉴로기스모스에 대응하고, 예증은 귀납(epa-
gōgē)에 대응한다(1356a35-b5). 엔튀메마는 쉴로기스모스와, 예증은 귀납과 '동일하
다'는 것은 '정의상 동일하다'는 것을 의미한다. 예증과 귀납의 차이에 대해서는 이 책
의 제2권 제14장 69a16-19 참조. 귀납은 개별적인 것으로부터의 일반화이지만("귀납
은 개별자들로부터 보편자로의 통로이다": 『분석론 후서』 제1권 제1장 71a8-9), 예

[3] 데,[334] '있을 법한 일'과 '징표'는 같은 것이 아니라 '있을 법한 일'[335]이란 '일반적으로 인정되고 있는 전제'[336]를 말한다. 왜냐하면 대부분의 경우에[337] 그렇게 일어나거나 일어나지 않거나, 있거나 있지 않거나 하는 것을

[5] 사람들이 알고 있는 것, 그것은 '있을 법한 일'이기 때문이다. 예를 들어 '시기하는 자들은 미움을 품는다'거나 '사랑하는 자들은 애정을 품는다'라는 것이 그것이다.

이에 대해 '징표'[338]란 필연적이거나, 혹은 일반적으로 그렇다고 받아들이는 것과 같은 논증[339]의 전제를 의미한다. 왜냐하면 그것이 있다면 다른 사태가 성립되어 있거나, 그것이 생겼다면 그 전후에 다른 사태가 생기거나 하는 경우에, 그것은 다른 사태가 생긴 것의 혹은 그러한 것의 징표이

증은 하나, 두 개의 개별적인 것에서 새로운 개별적인 것에 대한 결론으로 추론해 가는 것을 말한다.

334 본래 이 문장, "설득 추론이란 …에서의 추론을 말한다"는 사본에서는 70a10-11에 놓여 있었는데, Ross는 이 장의 주제가 '설득 추론'이라는 이해를 바탕으로 처음으로 옮긴다.

335 '있을 법한 일'에 대해서는 『수사학』 제1권 제2장 1357a34-b1 참조.

336 원어로는 protasis endoxa. 엔독사("일반적으로 그렇다고 생각되는 것")는 "(a) 모든 사람에게 혹은 (b) 대다수의 사람에게 그렇다고 생각되는 것, 혹은 (c) 지혜로운 사람들에게 그렇다고 생각되는 것이지만 — 요컨대 (c1) 그들 모두에게 혹은 (c2) 그 대다수에게 혹은 (c3) 가장 유명하고 평판이 높은 지혜로운 사람들에게 그렇다고 생각되는 것"으로 정의된다(『토피카』 제1권 제1장 100b21-23).

337 '대부분의 경우'를 양상의 관점에서 어떻게 다루어야 하는지에 대해서는 제1권 제13장 32b4-10 참조.

338 '징표'에 대해서는 『수사학』 제1권 제2장 1357b1-21 참조. '있을 법한 일[그럴 직한 일]과 징표로 구성된 추론'이라는 언급에 대해서는 『수사학』 1357a32-33, 1359a7-10, 1402b13-20 참조. 가령 '여성의 가슴에서 젖이 나온다'는 것은 '임신했다는 것'의 징표(기호)가 된다.

339 여기서의 '논증'은 『분석론 후서』 제1권 제2장에서 규정하는 것과 같은 '학적 논증'으로서의 엄밀한 의미가 아니라, 상당히 느슨한 의미로 사용되고 있다. 아마도 '수사술적 추론'인 엔튀메마와 같은 논증일 것이다.

기 때문이다.

또한 징표는 그 중항이 여러 격으로 배치되는 방식에 따라 세 가지 방 [11]
식으로 받아들여진다. 왜냐하면 그 중항이 제1격, 중간격[제2격], 제3격
중 어느 하나에 배치되는 것에 따라 받아들여지기 때문이다. 예를 들어
[여자가] 임신했다는 것을 모유가 갖춰짐으로써 제1격부터 증명하는 경우
이다.[340] 여기에서는 '모유가 갖추어지다'가 중항이 되기 때문이다. 이 경 [15]
우, A에 해당하는 것이 '임신했다', B가 '모유가 갖추어지다', C에 해당하
는 것이 '여자'이다.[341] 또한 현자들이 훌륭한 사람들임을 피타코스[342]가 훌
륭한 사람임을 근거로 마지막 격[제3격]을 통해 증명하는 경우가 있다.
이 경우, A에 해당하는 것은 '좋다', B에 해당하는 것은 '현자', C에 해당
하는 것이 '피타코스'이다.[343] 여기서 A와 B가 모두 C에 술어하는 것은 참
이다. 단, 이 경우에 그 한쪽의 항 연관['피타코스는 현자이다']을 뻔히 알
고 있기 때문에 그걸 내세워 말하지 않고,[344] 다른 쪽 항 연관['피타코스는
훌륭한 사람이다']만을 받아들이게 된다. 또한 임신한 것이 얼굴이 창백 [20]
하다는 것을 근거로 해서 중간격[제2격]을 통해 추론으로 성립되도록 의
도하는 경우가 있다. 그것은 임신한 자들에게는 창백한 것이 부수되고, 또
그것이 이 여성에게도 부수되기 때문에, 임신했다는 것이 그것으로 증명
되었다고 사람들은 생각하기 때문이다. 이 경우 A에 해당하는 것이 '창백
하다', B에 해당하는 것이 '임신했다', C에 해당하는 것이 '여성'이다.[345]

---

340 임신의 징표를 기술하고 있는 『동물 탐구』 제9권(7권) 제3-4장 참조.

341 A가 B에 있고, B가 C에 있다. 그러므로 A가 C에 있다(제1격).

342 '7현인'의 한 사람으로 알려진, 뮈틸레네의 지배자였던 피타코스(기원전 650-
570년경)를 말하는 것으로 보인다.

343 A가 C에 있고, B가 C에 있다. 그러므로 A가 B에 있다(제3격).

344 '설득 추론'이 '생략 3단 논법'으로 해석되는 경우가 있는 것도 이 추론이 가지는
이러한 성격에 의한다.

345 A가 B에 있고, A가 C에 있다. 그러므로 B가 C에 있다(제2격).

[25]   그런데 하나의 전제가 언급된 경우에는 징표만이 성립하지만, 다른 한 편으로는 다른 하나의 전제가 거기에 더해 받아들여진 경우에는 추론이 성립하게 된다. 예를 들어 피타코스는 후덕(厚德)하다. 왜냐하면 명예를 사랑하는 사람은 후덕하고, 피타코스는 명예를 사랑하기 때문이다. 혹은 이번에는, 현자들은 훌륭한 사람들이다. 왜냐하면 피타코스는 훌륭한 사람이고, 또 현자이기도 하기 때문이다. 그래서 이런 식으로 추론이 성립하는 것이지만, 다만, 제1격을 통해 성립하는 추론은 그것이 참인 경우에는

[30] (전칭이기 때문에) 파기되지는 않지만, 다른 한편으로는 마지막 격[제3격]을 통해 성립하는 것은 비록 결론이 참인 경우라도 그 추론이 전칭이 아니며,[346] 또 증명해야 하는 것과 관련되어 있는 것도 아니기 때문에 파기될 수 있다. 그것은 피타코스가 훌륭한 사람이라고 해도, 그 때문에 필연적으로 다른 현자들도 그렇다고는 할 수 없기 때문이다. 또한 중간격

[35] [제2격]을 통한 추론은 언제든지 모든 방식으로 파기될 수 있다. 왜냐하면 항들이 이러한 방식으로 관련되어 있는 경우에는 추론이 결코 성립하지 않기 때문이다.[347] 즉, 임신한 여자가 창백하고, 이 여자가 창백하다고 해서, 필연적으로 그 여자가 임신했다고는 할 수 없다. 그렇기에 모든 징표에 참이 깃들어 있긴 하겠지만, 그것들은 지금까지 언급된 것과 같은 차이를 가진다.

70b   그래서 이와 같은 방식으로 징표는 구별되어야 하며, 그것들 중에서 [제1격의 문자 그대로의] 중항을 '증거'로서 받아들여야 하는가(왜냐하면 사람들이 주장하는 바로는 '증거'란 그것에 의해서 무엇인가를 '아는' 것과 같은 것인데, 중항이야말로 바로 그러한 것이기 때문이다), 아니면 끝항 [제2격, 제3격의 '중항']으로부터의 경우들만을 '징표', [제1격의 문자 그

---

346 제3격의 결론은 특칭에 한정되며, 전칭의 결론은 타당한 방법으로는 귀결되지 않는다.

347 제2격에서 두 전제가 긍정인 경우에는 어떠한 결론도 타당한 방법으로는 귀결되지 않는다.

대로의] 또 중항으로부터의 경우들을 '증거'라고 말해야 하는가, 그 둘 중 하나이다. 왜냐하면 첫째 격을 통한 경우가 가장 사람들에게 인정받는 것 이고 특히 참이기 때문이다.

또한 관상[348]이 가능해지는 것은, (1) 자연 본성적인 한 '겪음'[349]이 신체 와 영혼을 동시에 변화시키는 것을 사람이 인정하는 경우이다. 왜냐하면 음악을 배운 사람은 아마 영혼을 뭔가 이미 변화시켰을 것이지만, 그러한 [10] 겪음은 우리의 자연 본성에 있는 것이 아니라, 오히려 예를 들어 분노나 욕망과 같은 것이 자연 본성에 의한 움직임[정동]에 속하기 때문이다. 그 래서 이것[350]과 더불어 (2) 하나의 징표가 하나의 겪음에 대응하고 있다는 것이 승인되고(전제 2), 그리고 (3) 각각의 종류에 고유한 겪음과 징표를 우리가 파악할 수 있다면(전제 3) 우리는 관상할 수 있게 될 것이다.

예를 들어 사자의 용맹함처럼, 어떤 겪음이 어떤 나눌 수 없는 개별적 [15] 종류에 고유한 방식으로 존립하고 있다면, 그것에는 필연적으로 또 다른 징표가 있을 것이다. 왜냐하면 [신체와 영혼이] 서로 함께 변화를 겪는다 고 가정되기 때문이다. 그리고 지금의 경우 징표를 '사지(四肢)의 맨 끝부 분이 크다는 것'이라고 하자. 이것은 그 전체에는 아니지만 그 밖의 동물 의 종류에도 존립할 수도 있다. 왜냐하면 징표는 이렇게 해서, 즉 한 종류 전체에 고유하다는 의미에서 고유한 것이지, 우리가 그렇게 말하곤 하는

---

348 관상이란 외모로 그 사람의 성격 특성을 추정하는 것이다. '짝퉁' 아리스토텔레 스의 작품으로 알려져 있지만, 전통적으로『아리스토텔레스 전집』속에는『관상학』 (Phusiognōmonika, 805a1-814b10)이라는 제목의 저작이 포함되어 있다. 아리스토 텔레스의 관상학에 대해서는『관상학』(김재홍 옮김, 그린비, 2024) '해제' 참조.『분 석론 전서』제2권 제27장에서의 아리스토텔레스의 관상학에 대한 입장과 논리적 분 석에 대해서도 김재홍의 해당 글을 참조.
349 원어로는 pathemata(단수 pathos), 상태.
350 '신체와 영혼이 동시적으로 변화한다는 것'(전제 1). 전제 1은 아래에 나오는 전 제 2, 전제 3과 더불어 '관상학적 연구'가 성립할 수 있는 전제를 구성한다.

[20] 것처럼 한 종류에만 고유한 것은[351] 아니기 때문이다. 그래서 이것[352]은 그 밖의 동물의 종류에도 존립하고 있는 것이 되고, 즉 인간이나 뭔가 다른 동물도 용맹할 것이다. 그러므로 그것들도 징표를 갖게 될 것이다. 왜냐하면 하나의 겪음에 하나의 징표가 대응한다고 가정했기 때문이다.

그래서 만일 사정이 이와 같다면, 또 뭔가 고유한 겪음을 하나만 가진

[25] 그런 동물에 관해서 그러한 징표들을 한데 모을 수 있게 되고, 또 어떤 겪음이 필연적으로 하나의 징표를 갖기 때문에, 각각이 하나의 징표를 가지고 있다면, 우리는 관상할 수 있게 될 것이다.[353]

그러나 예를 들어 사자가 용맹하고 관대한 것[354]처럼, 만일 그 종류 전체가 두 가지 고유한 겪음을 갖는다면, 그것에 고유한 방식으로 부수되는 징표들 중 어느 쪽이 어느 쪽의 겪음인가를 우리는 어떻게 알게 되는 것인가? 아마도 그것들 양쪽이 무엇인가 다른 것에, 그 전체에 의해서가 아니라 존립하고, 각각이 그 전체에 의해서가 아니라 존립하는 것들 중에서 한쪽의 징표는 가지고 있지만 다른 쪽은 가지고 있지 않은 것과 같은 것이 있는 경우에는 [어느 쪽이 어느 쪽의 겪음의 징표인가를 우리는 알게 될

[30] 것이다.] 왜냐하면 만일 어떤 사람이 용감하긴 하지만 후덕한 것은 아니고, 그 두 개의 징표 중에서 이쪽[사지의 끝 부분이 큰 것]을 가지고 있다면, 사자에 대해서도 그것이 용맹함의 징표임은 분명하기 때문이다.

---

351 이러한 공외연적인 '고유속성' 규정에 대해서는『토피카』제1권 제5장 102a18-30 참조.

352 즉 '그 종 전체에 대한 고유한 겪음'. 성격의 특징이기보다는 신체적인 특징 (Ross).

353 원어로는 dunēsometha phusiognōmonein. 문법적으로는 희구법을 사용하고 있다.

354 원어 metadotikos는 '뭐든지 아낌없이 주는 것'을 말한다. 사자의 성격에 대해서는『동물 탐구』제1권 제1장 488b16-17 및『관상학』에서의 '남성적 원형으로서의 사자' 809b14-b36 참조.

따라서 '관상이 가능해지는 것'[355]은 제1격에서 중항[B]이 첫 번째 끝항 [A]으로 환위되기는 하지만, 중항[B]이 제3항[C]을 넘어서고 있으며[356] 그것과는 환위되지 않는 것에 따른다. 예를 들어 A가 '용기', B에 해당하는 것이 '사지(四肢)의 맨 끝부분이 크다는 것', C가 '사자'인 경우이다.

[35]

여기서 C가 거기에 있는 것의 모든 것에 B는 있으며, 그뿐만 아니라 또 그 밖의 것들에도 [B는] 있다.[357] 하지만 B가 거기에 있는 것의 모든 것에 A가 있고, 그 이상의 것에는 없으며, [A는 B와] 환위된다. 만일 그렇지 않다면 하나의 겪음에 하나의 징표가 대응하지는 않을 것이다.

---

355 원어로는 phusiognōmonein.

356 즉 외연이 넓다.

357 70b14-21 참조.

367

참고 문헌

I. 편집본, 번역, 주석

Alexander of Aphrodisias (1883), *Alexandri Aphrodisiensis in Aristotelis Analyticorum Priorum librum I commentarius, Commentaria in Aristotelem Graeca* II. 1, ed. M. Wallies (Georg Reimer, Berlin).

Ammonius (1890), *Ammonii in Aristotelis Analyticorum Priorum Librum I Commentarius, Commentaria in Aristotelem Graeca* IV. 6, ed. M. Wallies (Georg Reimer, Berlin).

Barnes, J., et al. (eds.), *Alexander of Aphrodisias: On Aristotle's Prior Analytics I.1–7* (1991).

Bekker, I. (1831), *Aristotelis Opera* (Reimer, Berlin)

Colli, G. (1955), *Organon. Introduzione, traduzione, e note di G. Colli* (G. Einaudi, Turin).

Ebert, T, and Nortmann, U. (2007), *Aristoteles: Analytica Priora Buch I* (Akademie Verlag, Berlin).

Jenkinson, A. J. (1928), trans. of *Prior Analytics in The Works of Aristotle Translated into English* (Clarendon Press, Oxford).

Mignucci, M. (1969), *Gli analitici primi: Traduzione, introduzione e commento di Mario Mignucci* (Luigi Loffredo, Naples).

Mueller, I. & Gould, J. (eds.), *Alexander of Aphrodisias: On Aristotle's Prior Analytics I.14–22* (1999).

Mueller, I. (ed.), *Alexander of Aphrodisias: On Aristotle's Prior Analytics 1.23–*

369

31 (2005).

Mueller, I. (ed.), *Alexander of Aphrodisias: On Aristotle's Prior Analytics 1.32–46* (2005).

Mueller, I. & Gould, J. (eds.), *Alexander of Aphrodisias: On Aristotle's Prior Analytics 1.8–13* (1999).

Pacius, I. (1597a), *In Porphyrii Isagogen et Aristotelis Organum Commentarius Analyticus* (repr. Hildesheim, Frankfurt, 1966).

Pacius, I. (1597b), *Aristotelis Stagiritae Principis Peripateticorum Organum*, 2nd edn. (Frankfurt, 1957).

Philoponus, John (1905), *Ioannis Philoponi In Aristotelis Analytica priora commentaria, Commentaria in Aristotelem Graeca* II. 1, ed. M. Wallies (Georg Reimer, Berlin).

Ross, W. D., ed. (1949), *Aristotle's Prior and Posterior Analytics* (Clarendon Press, Oxford).

Smith, R. (1989), *Aristotle's Prior Analytics* (Hackett, Indianapolis).

Striker, G. (2009), *Aristotle, Prior Analytics* (Oxford).

Strobach, N. & Malink, M. (2015), *Aristoteles: Analytica Priora Buch II* (De Gruyter, Berlin).

Trednnick, H. (1938), *Aristotle. Prior Analytics* (the Loeb Classical Library), (Cambridge, Mss.).

Tricot, J. (1966), *Aristote, Organon III, Lespremiers analytiques*, (Paris).

Waitz, T. (1844), *Aristotelis Organon graece ed. Theodorus Waitz* (Hahn, Leipzig).

II. 연구서와 논문

Becker, A. (1933), *Die Aristotelische Theorie der Möglichkeitsschlüsse* (Junker, Berlin).

Bäck, A. (1988), *On Reduplication. Logical Theories of Qualification* (Brill, Leiden).

Barnes, J. (1970), 'Property in Aristotle's Topics', *Archiv für Geschichte der Philosophie*, 52: 136-55.

_____ (1996), *Aristotle, Posterior Analytics*, 2nd edn. (Clarendon Press, Oxford).

_____ (1997), 'Proofs and the Syllogistic Figures', in H. C. Günther and A. Rengatos (eds.), *Beiträge zur antiken Philosophie* (Franz Steiner, Stuttgart), 153-66.

Bobzien, S. (2000), 'Wholly Hypothetical Syllogisms', *Phronesis*, 45: 87-137.

_____ (2002), 'The Development of Modus Ponens in Antiquity: From Aristotle to the 2nd Century AD', *Phronesis*, 47: 359-94.

Bocheński, J. M. (1947), *La Logique de Théophraste* (Librairie de l'Université, Fribourg en Suisse).

_____ (1970), *A History of Formal Logic* (Amsterdam).

Bonitz, H. (1870), *Index Aristotelicus* (Berlin; repr. Akademische Drucku. Verlangsanstalt, Graz, 1955).

Brunschwig, J., ed. and trans. (1967), *Topiques Tome I Livres I-IV* (Les Belles Lettres, Paris).

_____ (2007), *Aristote, Topiques II Livres V-VIII* (Les Belles Letters, Paris).

_____ (1981), 'L'Objet et la structure des Seconds Analytiques d'après Aristote', in E. Berti (ed), *Aristotle on Science: The 'Posterior Analytics'* (Antenore, Padua).

Corcoran, J. (1973), 'A Mathematical Model of Aristotle's Syllogistic', *Archiv für Geschichte der Philosophie*, 55: 191-219.

_____ (1974a), 'Aristotelian Syllogisms: Valid Arguments or True Generalized Conditionals?' *Mind*, 83: 278-81.

371

_____ (1974b), 'Aristotle's Natural Deduction System', in Corcoran (ed), *Ancient Logic and its Modern Interpretations* (Dordrecht, D. Riedel), 85-131.

Ebert, T. (1980), 'Warum fehlt bei Aristoteles die vierte Figur?' *Archiv für Geschichte der Philosophie*, 62: 13-31.

Ebbinghaus, K. (1964), 'Ein formales Modell der Syllogistik des Aristoteles', *Hypomnemata*, 9 (Göttingen).

Einarson, B. (1936), 'On Certain Mathematical Terms in Aristotle's Logic', *American Journal of Philology*, 57, 151-72.

Euclid (1883-8), *Euclidis Elementa*, ed. J. L. Heiberg (Teubner, Leipzig).

Frede, M. (1974), 'Stoic vs. Aristotelian Syllogistic', *Archiv für Geschichte der Philosophie*, 56: 1-32.

Geach, P. T. (1972a), 'History of the Corruptions of Logic', repr. in *Logic Matters* (University of California Press, Berkeley and Los Angeles).

_____ (1972b), 'Nominalism', repr. in *Logic Matters* (University of California Press, Berkeley and Los Angeles).

Heath, T. (1949), *Mathematics in Aristotle* (Oxford).

Hintikka, J. (1973), *Time and Necessity: Studies in Aristotle's Theory of Modality* (Clarendon Press, Oxford).

Huby, P. M. (2002), 'Did Aristotle reply to Eudemus and Theophrastus on some Logical Issues?', in I. Bodnar and W. W. Fortenbaugh (eds.), *Eudemus of Rhodes* (Rutgers University Studies in Classical Humanities, Vol. II; Transaction Publishers, New Brunswick and London), 85-106.

Hughes, G. E. & M. J. Cresswell (1968), *An Introduction to Modal Logic* (London).

_____ (1996), *Introduction to Modal Logic* (London/New York).

Irwin, T. (1987), 'Ways to First Principles: Aristotle's Methods of Discovery',

Philosophical Topics, 15: 109–134.

Kneale, W., and Kneale, M. (1962), *The Development of Logic* (Clarendon Press, Oxford). (박우석 외 옮김, 『논리학의 역사』 1·2, 한길사, 2015).

Lear, J. (1980), *Aristotle and Logical Theory* (Cambridge University Press, Cambridge).

Lee, T. S. (1984), 'Die griechische Tradition der aristotelischen Syllogistik in der Spätantike', *Hypomnemata*, 79 (Göttingen).

Łukasiewicz, J. (1957), *Aristotle's Syllogistic from the Standpoint of Modern Formal Logic*, 2nd edn. (Clarendon Press, Oxford).

Malink, M. (2006), 'A Reconstruction of Aristotle's Modal Syllogistic', *History and Philosophy of Logic* 27, pp. 95–141.

McCall, S. (1963), *Aristotle's Modal Syllogistic* (North-Holland, Amsterdam).

Maier, H. (1896–1900), *Die Syllogistik des Aristoteles*, 3 vols. (H. Laupp, Tübingen).

McKirahan, R. (1992), *Principles and Proofs* (Princeton University Press, Princeton).

Mendell, H. (1998), 'Making Sense of Aristotelian Demonstration', *Oxford Studies in Ancient Philosophy*, 16: pp. 160–225.

Mignucci, M. (1965), *La teoria aristotelica della scienza* (Sansoni, Florence).

―――― (1991), Expository Proofs in Aristotle's Syllogistic, in *OSAP*, supp. vol., 1991 (Oxford), pp. 9–28.

Müller, Ian (1974), 'Greek Mathematics and Greek Logic', in Corcoran (ed), *Ancient Logic and its Modern Interpretations* (D. Riedel, Dordrecht), pp. 35–70.

Nortmann, U. (1990), 'Über die Stärke der aristotelischen Modallogik', *Erkenntnis*, 32: 61–82.

―――― (1996), *Modale Syllogismen, mögliche Welten, Essentialismus: Eine Analyse der aristotelischen Modallogik* (De Gruyter, Berlin).

Owen, G. E. L. (1961), 'Tithenai ta phainomena', in S. Mansion (ed.), *Aristote et les problèmes de méthode* (Presses Universitaires de Louvain, Louvain).

Patterson, R. (1995), *Aristotle's Modal Logic: Essence and Entailment in the Organon* (Cambridge University Press, Cambridge).

Patzig, G. (1968), *Aristotle's Theory of the Syllogism*, trans. J. Barnes (D. Riedel, Dordrecht).

Rijen, J. van. (1989), *Aspect of Aristotle's Logic of Modalities* (Springer, Dordrecht).

Rose, L. E. (1968), *Aristotle's Syllogistic* (Charles C. Thomas, Springfield).

Scheibe, E. (1967), review of G. Patzig: 'Die aristotelische Syllogistik', *Gnomon*, 38: 454–464.

Schmidt, K. J. (2000), *Die modale Syllogistik des Aristoteles: Ene modal-pädikatenlogische Interpretation*, Paderborn.

Smiley, T. (1973), 'What is a Syllogism?' *Journal of Philosophical Logic*, 2: pp. 136–54.

———— (1982/3), 'The Schematic Fallacy', *Proceedings of the Aristotelian Society*, 83: pp. 1–18.

———— (1994), 'Aristotle's Completeness Proof', *Ancient Philosophy*, 14, special issue: pp. 25–38.

Smith, R. (1978), 'The Mathematical Origins of Aristotle's Syllogistic', *Archive for History of Exact Sciences*, 19: pp. 201–210.

———— (1982a), 'The Syllogism in *Posterior Analytics I*', *Archiv für Geschichte der Philosophie*, 64: pp. 113–135.

———— (1982b), 'What is Aristotelian Ecthesis?', *History and Philosophy of Logic*, 3: pp. 113–127.

———— (1983), 'Completeness of an Ecthetic Syllogistic', *Notre Dame Journal of Formal Logic*, 24: pp. 224–232.

_____ (1997), *Aristotle, Topics I, VIII, and Selections* (Clarendon Press, Oxford).

Sorabji, R. (1980), *Necessity, Cause and Blame* (Duckworth, London).

Striker, G. (1979), 'Aristoteles über Syllogismen "aufgrund einer Hypothese"', *Hermes*, 107: pp. 33-50.

_____ (1985), 'Notwendigkeit mit Lücken', *neue hefte für philosophie*, 24/25: pp. 146-164.

_____ (1994), 'Assertoric vs. Modal Syllogistic', *Ancient Philosophy*, 14: 39-51.

_____ (1996), 'Perfection and Reduction in Aristotle's *Prior Analytics*', in M. Frede and G. Striker (eds.), *Rationality in Greek Thought* (Clarendon Press, Oxford), 203-20.

_____ (1998), 'Aristotle and the Uses of Logic', in J. Gentzler (ed), *Method in Ancient Philosophy* (Clarendon Press, Oxford), 209-226.

_____ (2022), *From Aristotle to Cicero* (Oxford).

Thom, P. (1977), 'Termini Obliqui and the Logic of Relations', *Archiv für Geschichte der Philosophie*, 59: 143-155.

_____ (1981), *The Syllogism* (Philosophia, Munich).

_____ (1993), 'Apodeictic Ecthesis', *Notre Dame Journal of Formal Logic*, 34 (2): 193-208.

_____ (1996), *The Logic of Essentialism: an Interpretation of Aristotle's Modal Syllogistic* (Kluwer, Boston).

Watterlow, S. (1982), *Passage and Possibility: A Study of Aristotle's Modal Concepts* (Clarendon Press, Oxford).

Wedin, M. (1990), 'Negation and Quantification in Aristotle', *History and Philosophy of Logic*, 11: 131-150.

Weidemann, H. (2004), 'Aristotle on the Reducibility of all Valid Syllogistic Moods to the Two Universal Moods of the First Figure (*Apr* A7, 29b1-25)', *History and Philosophy of Logic*, 25: 73-78.

Wieland, W. (1966), 'Die aristotelische Theorie der Notwendigkeitsschlüsse', *Phronesis*, 11: 35-60.

Williams, M. F. (1984), *Studies in the Manuscript Tradition of Aristotle's Analytica* (Verlag Anton Hain, Königstein).

김재홍, 「아리스토텔레스 양상 개념에 관한 연구」(숭실대학교 대학원 석사학위논문), 1987.

김재홍, 「아리스토텔레스의 쉴로기스모스란 무엇인가」, 『사색』, Vol. 10, 숭실대학교 철학과, 1993.

김재홍, 「아리스토텔레스의 술어 이론과 쉴로기스모스의 연관성 ─ 쉴로기스모스의 학문적 해명」, 『철학논집』 제24집, 2011.

김재홍, 「학문 방법론으로서의 '논증' 이론의 역할과 기능─〈아르카이〉에 대한 학적 분석」, 『대동철학』 제61집, 2012.

김재홍, 「토포스와 엔튀메마」, 정암학당 발표록(미간행 논문), 2020.

아리스토텔레스, 『토피카─토포스에 관한 논구』, 김재홍 옮김/해설, 서광사, 2021.

아리스토텔레스, 『소피스트적 논박에 대하여』, 김재홍 옮김/해설, 아카넷, 2020.

존 우즈, 『아리스토텔레스의 초기 논리학』, 박우석 옮김, 경문사, 2023.

제1권 제4장-제22장의 추론 형식의 목록

* [ ]는 원문에 기록되지 않은 것을 표시한다.

I. 무양상(정언적) 추론

제1격(제1권 제4장)

AaB, BaC⊢AaC	Barbara	완전(25b37-40)
AcB, BaC+AcC	Celarent	완전(25b40-26a2)
AaB, BiC⊢AiC	Darii	완전(26a23-25)
AeB, BiC⊢AoC	Ferio	완전(26a25-28)

제2격(제1권 제5장)

MeN, MaX⊢NeX	Cesare	환위(27a5-9), 귀류법(27a14-15)
MaN, MeX⊢NeX	Camestres	환위(27a9-14), 귀류법(27a14-15)
MeN, MiX⊢NoX	Festino	환위(27a32-36)
MaN, MoX⊢NoX	Baroco	귀류법(27a36-b3)

제3격(제1권 제6장)

PaS, RaS⊢PiR	Darapti	환위(28a17-22), 귀류법(28a22-33), 추출법(28a22-26)
PeS, RaS⊢PoR	Felapton	환위(28a26-29), 귀류법(28a29-30)

PaS, RiS⊢PiR	Datisi	환위(28b11-14), 귀류법·추출법(28b 14-15)
PiS, RaS⊢PiR	Disamis	환위(28b7-11), 귀류법·추출법(28b 14-15)
PoS, RaS⊢PoR	Bocardo	귀류법(28b17-20), 추출법(28b20-21)
PeS, RiS⊢PoR	Ferison	환위(28b33-35)

II. 두 전제가 필연 양상인 추론(제1권 제8장 Baroco와 Bocardo 제외 29b36-30a5)

제1격

LAaB, LBaC⊢LAaC	BarbaraLLL	완전(29b36-30a3)
LACB, LBaC⊢LAC	CelarentLLL	완전(29b36-30a3)
LAaB, LBiC⊢LAiC	DariiLLL	완전(29b36-30a3)
LAeB, LBiC⊢LAoC	FerioLLL	완전(29b36-30a3)

제2격

LAeB, LAaC⊢LBeC	CesareLLL	환위(29b36-30a5)
LAaB, LAeC⊢LBeC	CamestresLLL	환위(29b36-30a5)
LAeB, LAiC⊢LBoC	FestinoLLL	환위(29b36-30a5)
LAaB, LAoC⊢LBOC	BarocoLLL	추출법(30a6-14)

제3격

LAaC, LBaC⊢LAiB	DaraptiLLL	환위(29b36-30a5)
LAeC, LBaC⊢LAoB	FelaptonLLL	환위(29b36-30a5)
LAiC, LBaC⊢LAiB	DisamisLLL	환위(29b6-30a5)

LAaC, LBiC⊢LAiB	DatisiLLL	환위(29b6-30a5)
LAoC, LBaC⊢LAoB	BocardoLLL	추출법(30a6-14)
LAeC, LBiC⊢LAoB	FerisonLLL	환위(29b36-30a5)

III. 두 전제 중 한쪽은 필연 양상, 다른 쪽은 무양상인 추론

제1격(제1권 제9장)

LAaB, BaC⊢LAaC	BarbaraLXL	완전(30a17-23)
LAeB, BaC⊢LAeC	CelarentLXL	완전(30a17-23)
AaB, LBaC⊢AaC	BarbaraXLX	귀류법을 통한 notL(거짓)의 증명(30a 23-28)과 대조예시법(30a28-32)에 의한 BarbaraXLL의 불성립
AeB, LBaC⊢AeC	CelarentXLX	귀류법을 통한 notL(거짓)의 증명(30a 23-28)과 예시법에 의한 CelarentXLL 의 불성립(30a32-33)
LAaB, BiC⊢LAiC	DariiLXL	완전(30a37-b1)
LAeB, BiC⊢LAoC	FerioLXL	완전(30b1-2)
AaB, LBiC⊢AiC	DariiXLX	귀류법의 불성립에 의한 Darii의 불성립(30b2-5)
AeB, LBiC⊢AoC	FerioXLX	예시법에 의한 FerioXLL의 불성립(30b 5-6)

제2격(제1권 제10장)

LAeB, AaC⊢LBeC	CesareLXL	환위(30b9-13)
AaB, LAeC⊢LBeC	CamestresXLL	환위(30b14-18)
AeB, LAaC⊢BeC	CesareXLX	환위(30b18-19)
LAaB, AeC⊢BeC	CamestresLXX	환위(30b20-22), CelarentXLL의 불

성립(30b22-24) 및 귀류법을 통한 notL의 증명(30b24-31), 예시법(30b 31-40)에 의한 CamestresLXL의 불성립

LAeB, AiC⊢LBoC	FestinoLXL	환위(31a5-10)
LAaB, AoC⊢BoC	BarocoLXX	예시법에 의한 BarocoLXL의 불성립 (31a10-15)
AeB, LAiC⊢BoC	FestinoXLX	항을 통한 notL의 증명(31a15-17)
AaB, LAoC⊢BoC	BarocoXLX	예시법에 의한 BarocoXLL의 불성립 (31a15-17)

제3격(제1권 제11장)

LAaC, BaC⊢LAiB	DaraptiLXL	환위(31a24-30)
AaC, LBaC⊢LAiB	DaraptiXLL	환위(31a31-33)
LAeC, BaC⊢LAoB	FelaptonLXL	환위(30a33-37)
AeC, LBaC⊢AoB	FelaptonXLX	환위(31a37-b1), FerioXLL의 불성립 (31b1-4) 및 예시법(31a37-b10)에 의한 FelaptonXLL의 불성립
AiC, LBaC⊢LAiB	DisamisXLL	환위(31b16-19)
LAaC, BiC⊢LAIB	DatisiLXL	환위(31b19-20)
AaC, LBiC⊢AiB	DatisiXLX	환위(31b20-25), DariiXLL의 불성립 (31b25-27) 및 예시법(31b27-31)에 의한 DatisiXLL의 불성립
LAiC, BaC⊢AIB	DisamisLXX	예시법에 의한 DisamisLXL의 불성립 (31b31-33)
LAeC, BiC⊢LAoB	FerisonLXL	환위(31b35-37)
AoC, LBaC⊢AoB	BocardoXLX	귀류법(31b39-40), 예시법에 의한

		BocardoXLL의 불성립(31b40-32a1)
AeC, LBiC⊢AoB	FerisonXLX	환위(31b39-40), 예시법에 의한 Feri-son의 불성립(32a1-4)
LAoC, BaC⊢AoB	BocardoLXX	귀류법(31b39-40), 예시법에 의한 Bo-cardoLXL의 불성립(32a4-5)

IV. 두 전제가 가능 양상인 추론

제1격(제1권 제14장)

QAaB, QBaC⊢QAaC	BarbaraQQQ	완전(32b38-33a1)
QAeB, QBaC⊢QAeC	CelarentQQQ	완전(33a1-5)
QAaB, QBeC⊢QAaC	AEAQQQ	상보 환위(양상 환위)(33a5-12)
QAeB, QBeC⊢QAaC	EEAQQQ	상보 환위(33a12-17)
QAaB, QBiC⊢QAiC	DariiQQQ	완전(33a23-25)
QAeB, QBiC⊢QAoC	FerioQQQ	완전(33a25-27)
QAaB, QBoC⊢QAiC	AOIQQQ	상보 환위(33a27-34)
	EOIQQQ	[상보 환위]

제2격(제1권 제17장)

QAeB, QAaC	CesareQQU	환위 불성립(37a32-35), 귀류법 불성립(37a35-37), 예시법(37a38-b10)
	CamestresQQU	예시법(37b10-13)
	FestinoQQU	예시법(37b13-16)
	BarocoQQU	예시법(37b13-16)

제3격(제1권 제20장)

| QAaC, QBaC⊢QAiB | DaraptiQQQ | 환위(39a14-19) |

QAeC, QBaC⊢QAoB	FelaptonQQQ	환위(39a19-23)
QAeC, QBeC⊢QAiB	EEIQQQ	환위·상보 환위(39a23-28)
	AEIQQQ	[환위·상보 환위]
	AOIQQQ	[환위·상보 환위]
	IEIQQQ	[환위·상보 환위]
QAaC, QBiC⊢QAiB	DatisiQQQ	환위(39a31-35)
QAiC, QBaC⊢QAiB	DisamisQQQ	환위(39a35-36)
QAeC, QBiC⊢QAoB	FerisonQQQ	환위(39a36-38)
QAoC, QBaC⊢QAoB	BocardoQQQ	환위·상보 환위(39a36-38)
QAeC, QBoC⊢QAiB	EOIQQQ	환위·상보 환위(39a38-b2)
QAoC, QBeC⊢QAiB	OEIQQQ	환위·상보 환위(39a38-b2)

V. 두 전제의 한쪽은 무양상, 다른 쪽은 가능 양상인 추론

제1격(제1권 제15장)

QAaB, BaC⊢QAaC	BarbaraQXQ	완전(33b33-36)
QAeB, BaC⊢QAeC	CelarentQXQ	완전(33b36-40)
AaB, QBaC⊢Q(AaC)	BarbaraXQM	귀류법(34a34-b2)
AeB, QBaC⊢Q(AeC)	CelarentXQM	귀류법(34b19-31), 예시법에 의한 CelarentXQQ의 불성립(34b31-37), 예시법에 의한 CelarentXQL의 불성립(34b37-35a2)
AaB, QBeC⊢Q(AaC)	AEAXQM	상보 환위(35a3-11)
AeB, QBeC⊢Q(AeC)	EEEXQM	상보 환위(35a11-20)
QAaB, BiC⊢QAIC	DariiQXQ	완전(35a30-35)
QAeB, BiC⊢QAoC	FerioQXQ	완전(35a30-35)
AaB, QBiC⊢Q(AiC)	DariiXQM	귀류법(35a35-40)

AeB, QBiC⊢Q(AoC)	FerioXQM	귀류법(35a35-40)
AaB, QBoC⊢Q(AiC)	AOIXQM	상보 환위(35b1-8)
AeB, QBoC⊢Q(AoC)	EOOXQM	상보 환위(35b1-8)

제2격(제1권 제18장)

QAeC, AaC	(Cesare)QXU	예시법(37b19-23)
AaB, QAeC	(CamestresXQU)	예시법(37b19-23)
AeB, QAaC⊢Q(BeC)	CesareXQM	환위(37b23-28)
QAaB, AeC⊢Q(BeC)	CamestresQXM	환위(37b29)
QAeB, AeC⊢Q(BeC)	EEEXQM	환위·상보 환위(37b29-35)
QAeB, AeC⊢QBeC	EEEQXM	환위·상보 환위(37b29-35)
QAeB, AiC	(FestinoQXU)	환위·상보 환위(37b29-35)
AaB, QAoC	(BarocoXQU)	환위·상보 환위(37b29-35)
AeB, QAiC⊢Q(BoC)	FestinoXQM	환위(38a3-4)
AeB, QAoC⊢Q(BoC)	EOOXQM	환위·상보 환위(38a4-7)

제3격(제1권 제21장)

AaC, QBaC⊢Q(AiB)	DaraptiXQM	환위(39b10-16)
QAaC, BaC⊢QAiB	DaraptiQXQ	환위(39b16-17)
QAeC, BaC⊢QAoB	FelaptonQXQ	환위(39b17-22)
AeC, QBaC⊢Q(AoB)	FelaptonXQM	환위(39b17-22)
AaC, QBeC⊢Q(AiB)	AEIXQM	환위·상보 환위(39b22-25)
AeC, QBeC⊢Q(AoB)	EEOXQM	환위·상보 환위(39b22-25)
AiC, QBaC⊢QAiB	DisamisXQQ	환위(39b26-31)
QAaC, BiC⊢QAiB	DatisiQXM	환위(39b26-31)
QAiC, BaC⊢Q(AiB)	DisamisQXM	환위(39b26-31)
AaC, QBiC⊢Q(AiB)	DatisiXQX	환위(39b26-31)

QAeC, BiC⊢QAoB	FerisonQXQ	환위(39b26-31)
AeC, QBiC⊢Q(AoB)	FerisonXQM	환위(39b26-31)
QAoC, BaC⊢Q(AoB)	BocardoQXM	귀류법(39b31-39)
	IEIXQQ	환위·상보 환위(39b27-31)
	AOIXQM	[환위·상보 환위]
	EOOXQM	[환위·상보 환위]

VI. 두 전제의 한쪽은 필연 양상, 다른 쪽은 가능 양상인 추론

제1격(제1권 제16장)

LAaB, QBaC⊢Q(AaC)	BarbaraLQM	귀류법(35b38-36a2)
QAaB, LBaC⊢QAaC	BarbaraQLQ	완전(36a2-7)
LAeB, QBaC⊢AeC	CelarentLQX	귀류법(36a7-15)
QAeB, LBaC⊢QAeC	CelarentQLM	양상법칙(36a15-17)
QAeB, LBeC⊢QAeC	CelarentQLQ	완전(36a17-22), 귀류법의 불성립에 의한 CelarentQLX의 불성립(36a22-25)
LAaB, QBeC⊢Q(AaC)	AEALQM	상보 환위(36a25-27)
LAeB, QBeC⊢QAeC	EEELQQ	상보 환위(36a25-27)
QAaB, LBeC		예시법에 의한 불성립(36a27-31)
QAeB, LBeC		예시법에 의한 불성립(36a27-31)
LAeB, QBiC⊢AoC	FerioLQX	귀류법(36a34-39)
QAeB, LBiC⊢QAoC	FerioQLQ	완전(36a39-b2)
LAaB, QBiC⊢Q(AiC)	DariiLQM	귀류법(36a40-b2)
QAaB, LBiC⊢QAiC	DariiQLQ	완전(35b23-28)
LAaB, QBoC⊢Q(AiC)	AOILQM	[상보 환위]
LAeB, QBoC⊢AoC	EOOLQX	[상보 환위]

제2격(제1권 제19장)

LAeB, QAaC⊢Q(BeC)	CesareLQM	환위(38a16-21)
LAeB, QAaC⊢(BeC)	CesareLQX	귀류법(38a21-25)
QAaB, LAeC⊢Q(BeC)	CamestresQLM	환위(38a25-26)
QAeB, LAaC⊢BeC	CesareQLU	예시법에 의해 CesareQLQ의 불성립(38a26-36), CesareQLL의 불성립(38a36-38), 예시법에 의해 Cesare QLX의 불성립(38a38-b3), 예시법에 의한 양상 긍정 결론들의 불성립(38b 3-4)
QAaB, LAeC	CamestresQL	양상 긍정·부정 결론 불성립(38b4-5)
LAeB, QAeC⊢BeC	EEELQX	환위·상보 환위(38b8-12)
QAeB, LAeC⊢BeC	EEEQLX	환위·상보 환위(38b12-13)
LAeB, QAiC⊢BoC	FetinoLQX	환위(38b25-27)
	FestinoLQM	환위(38b25-27)
	EEELQM	환위·상보 환위(38b8-12)
	EEEQLM	환위·상보 환위(38b12-13)
	BarocoLQU	양상 긍정·부정 결론 불성립(38b27-29)
	EOOLQM	환위·상보 환위(38b31-35)
	EOOLQX	환위·상보 환위(38b131-35)
	FestinoQLU	[양상 긍정·부정 결론 불성립](38b41-39a1)
	BarocoQLU	[양상 긍정·부정 결론 불성립](38b41-39a1)

제3격(제1권 제22장)

LAaC, QBaC⊢Q(AiB)	DaraptiLQM	환위(40a12-16)

385

QAaC, LBaC ⊢ QAiB	DaraptiQLQ	환위(40a16-18)
QAeC, LBaC ⊢ QAiB	FelaptonQLQ	환위(40a18-25)
LAeC, Q(BaC) ⊢ AoB	FelaptonLQX	환위(40a25-32)
LAeC, QBoC ⊢ AoB	FelaptonLQX	환위(40a25-32)
LAaC, QBeC ⊢ Q(AiB)	AEILQM	환위·상보 환위(40a33-35)
	EEOLQM	[환위·상보 환위]
	EEOLQX	[환위·상보 환위]
QAaC, LBeC		예시법에 의해 불성립(40a35-38)
LAiC, QBaC ⊢ QAiB	DisamisLQQ	환위(40a39-b2)
QAaC, LBiC ⊢ QAiB	DatisiQLQ	환위(40a39-b2)
QAiC, LBaC ⊢ Q(AiB)	DisamisQLM	환위(40a39-b2)
LAaC, QBiC ⊢ Q(AiB)	DatisiLQM	환위(40a39-b2)
QAeC, LBiC ⊢ QAoB	FerisonQLQ	환위(40b2-3)
QAoC, LBaC ⊢ Q(AoB)	BocardoQLM	귀류법(40b2-3)
LAoC, QBaC ⊢ AoB	BocardoLQU	[가능 양상 추론의 원칙에 의해 Bocar-doLQX의 불성립]
LAeC, QBiC ⊢ AoB	FerisonLQX	환위(40b3-8)
LAiC, QBeC ⊢ QAiB	IEILQQ	환위·상보 환위(40b8-10)
QAiC, LBeC		불성립(40b10-12)
LAaC, QBoC ⊢ Q(AiB)	AOILQM	[환위·상보 환위]

공격하다(epicheirein) 66a34

관상하다(phusiognōmonein) 70b7-38

귀납(epagōgē) 42a3, 23, 68b13-37, 69a16, [부분을 전체에 연관짓는 것] 67a23

귀류법 → 불가능

그리다(graphein) ['증명하다'라는 의미로] 65a5

긍정(phasis, kataphasis) 24a29, 25b22, 32a28 → 부정, 긍정의(kataphatikos, katēgorikos) 24a16, 25a3 아래, 7

기만(착오, apatē) 47b38, 48a24, 66b18-67b26, 기만에 빠지다(apatasthai) 47a31, b15, 48a31, 52b15, 66b19, 67a9, 28 아래, 38, b5 아래

기술(technē) 46a4, 22, 68b7

기하학의 증명(diagrammata) 41b14, 46a8

기하학자(geōmetrēs) 49b35

끝항(akron) 25b36 아래(제1격), 26b36 아래, 39(제2격), 28a13 아래(제3격) → 항, 작은 항(elatton horos) 26a22, b38, 28a14, 큰 항(meizon horos) 26a21, b37, 28a13

[ㄴ]

나눌 수 없는 것(atomon) 69a17

넘어서다, (…보다) 외연이 크다(huperteinein) 33a39, 68b24, 70b34

논박(ele[n]gchos) 66b4-17

논증(하다)(apodeixis, apodeiknunai) 24a11, 24, 26, 25b28-31, 40b23, 41b1-3, 46a21-27, 36, b38, 64b32, 65a36, 직접적으로 증명하다(deiktikē ~) → 직접적인 추론, 증명되고 있지 않다(anapodeiktos) 53a32, b2, 57b32, 58a2, 7

놓음(thesis) 42a40, 49a27, 62b31, 65b8, 14, 66a2, 8 → 배치, 놓이게 되다(keisthai, tithethai) 24b19

[ㄷ]

대각선(diametros) 41a26, 29, 46b29-31, 35, 50a37, 65b18

대립 → 반대 대립, 모순 명제

대부분의 경우(hōs epi to polu) 25b14, 32b5-10, 43b33-35, 70a4

동등한(ison) 41a27, 50a38, 51b27, 동등한 외연 33a39

동의(하다), 일치하다(homologia, homologein) 41a40, 47a8, 50a18, 25, 62b30 아래, 33, 미리 동의하다(prodiomologeisthai, proomologeisthai) 50a33, 61a24

[ㅁ]

『메논』(Menōn) 67a21

388

모든(pas, pan) → 전칭, 모두에 대하여 24a14, b27-30, 25b37-26a1, 30a3, 모두에 있다(전칭 긍정) 24a18, 26a8, b32, 27b16, 27

모순 명제, 모순 대립, 대립(antiphasis, antikeimenos) 24a22-25, b11, 27a 29-31, 32a22, 34b29, 41a25, 30, 51b15, 61a19, 62b25, 63b22-64b27, 66b11, 68a26, 69b4, 모순되다(anti-phanai) 65b1-2 → 반대 대립

'무엇인가'(ti esti) 43b7, 46a37

무지(agnoia) 66b26 → 지식

문제(problēma) 26b31, 42b29, 43a18, b34, 44a37, 45a34, 36, b21, 50a8, b5, 61a34, 63a5, b13, 19

물음을 묻다, 묻다(erōtēsis, erōtan) 24a 24 아래, 27, b10, 42a39, 47a16, 18, 21, 66a26, 37, 39, 묻다(erōtēma) 64a36

미칼로스(Mikkalos) 47b30-35

밑에 놓음(hupothesis) 24b10 → 가정

[ㅂ]

바람직하다(hairetos) 68a25-b9 (술어로서) 말해지다(legesthai) 26b37, 28a33, 32b28 아래, 43a32, b41, 48b3, 10, 20-22, 35 → 술어 되다

반대 대립, 대립, 반대되게(enantios, en-antiōs) 36b39, 44b39, 45a2, 19, 54a5,

59b6, 60b29, 61a7, b17, 24, 62a11, 17, 28, b10, 63b28, 41, 64a18, 31, 69a37 → 모순 명제

방어하다(hupechein) 66a32

배움(학습, mathēsis) 67a21

배중률 52b22-24, 62a13-15

배치, 배열, 위치(thesis) 25b36, 26b39, 28a15, 33a29, 35a11, 47b14, 17, 52a16, 66b18 → 놓음

보다(theōrein) 67a27

보편적인 지식 → 지식

본질적으로(en tō[i] ti esti) 43b7

본질 존재, 본질(ousia) 27a19 아래, b5, 7, 46a36, 47a24 아래, 27, 29 아래, 49a36

부가되다(proskeisthai) 30a1

부가 표현(prosrēsis) 25a3

부대하다, 부대성, 부대적(sumbebēkos) 43a34, b8, 46b27, 55a14, 23, 67b25

부분(meros) 42a10, 16, 49b38, 64a17, b13, 69a14 → 특칭, 전체

부수하다(akolouthein, hepesthai) 26a2, 43b3

부정(apophasis) 24a29, 32a22 → 긍정, 부정의(apophatikos, sterētikos) 24a 16, 25a3 아래, 6

부정의 결론으로서 (증명되다)(anaskeu-astikōs) 52a37 → 파괴하다

부정칭(不定稱), 부정성(不定性)(adiori-stos) 24a17, 19, 25a5, 26a28-30, 32,

39, b14, 23 아래, 27b20, 28, 28b28, 29a6, 33a37, 35b11, 15, 36b12, 38a10, 43b14

부정(不定)한 것(규정하지 않은 것, aoristos) 32b10, 19

분명한 추론 → 추론

분석(하다)(analusis, analuein) 47a4, 49a19, 50a8, 30, b3, 30-51b4

분할법(diairesis) 46a31-b37

분할하다, 분류하다, 구별하다(diairein) 43b6, 45b20, 46a38, b7, 20, 47a11, 37, 49a8, 70b1

불가능(adunaton) → 가능: 불가능에 귀착시키다(불가능을 통한, 불가능에 의한 증명[dia(ek) tou adunaton deiknunai], 귀류법) 27a15, 28a7, 23, 29, b14, 29a31, 35, b5, 34a3, 35a40, 36a22, 37a9, 35, 39b32, 41a22, 45a23-b20, 50a29-38, 61a18-63b21

불완전한 추론 → 추론

[ㅅ]

사랑(erōs) 68a40

사물의 본성에서(phusei) 68b35

삼각형(trigōnon) 48a34, 36, 66a14, 67a 14-25 → 이등변 삼각형

상기(anamnēsis) 67a22

상보 환위 → 환위

생각한다(doxazein) 67b22, 생각되는 것 (doxaston) 49b7-9 → 판단될 것

선행 추론(prosullogismos) 42b5, 44a 22, 선행하는 추론에 의해 결론을 이 끌어 내다(prosullogizesthai) 66a35

설득(추론)(rhētorikos) 68b11

설득 추론(enthumēma) 70a10

순환적 증명, 추론(kuklō[i] kai ex allēlōn deiknusthai) 57b18-59a41

술어(연관)(katēgoria) 41a4, 12, b31, 44a34, 45b34, 49a7, 52a15, 57b19, 술어 되다(katēgoreisthai) 24a15, b16 아래, 27-30 → 술어할 수 있다

식, 굴절(ptōsis) 42b30, 49a2

[ㅇ]

아리스토메네스(Aristomenēs) 47b22-29

아테나이인들(Athēnaioi) 69a1

알다, 지식을 갖다(epistasthai) 66b31, 33, 67b3, 69a28 → 지식, 미리 알고 있다(proepistasthai) 67a22, 알고 있 다(eidenai) 67a1, 11 아래, 15 아래, 19아래, 25

연결(sunaptein) 41a1, 12, 19

연결되지 않은(asunaptos) 42a21, 65b14

연결된(sunechēs) 위로/아래로 65b20, 21, 23-24, 29, 34

염소사슴[산양](tragelaphos) 49a24

예증(paradeigma) 68b38-69a19

390

오류 추론(paralogismos) 64b13

완전한 추론 → 추론

요청하다(aiteisthai) 46a33, b11, 최초의
논점을 요청하다(논점 선취) 41b8 아
래, 20 아래, 64b28-65a37

용인(하다), 파악(하다)(lēpsis, lamba-
nein) 24a23 아래, 덧붙여 파악하다
(proslambanein) 42a34, 58b27, 59a
12, 22, 대체하다(대신에 …을 받아들
이다)(metalambanein) 39a27, 41a
39, 45b18

우리에게 있어서(hēmin) 68b36

우연(tuchē) 32b12

원리(archē) 43a21, b36, 46a10, 18,
53a3, 64b35 아래, 65a13

'원이 초승달 모양의 원들(도형)'(mē-
niskon) 69a33

원인이 아닌 것(anaition)을 원인(aiti-
on)으로 삼다 65b16 → 이유

유비의 관계(analogon) 51b24

은폐(krupsis) 42a23-24

이등변 삼각형(isoskeles) 41b14, 48a34
→ 삼각형

이유(dioti) 53b9

이의(반론, enstasis) 69a37-70a2

인식하다, 알다(gnōrizein) 47b14, 64b
35, 70b27, 인식되다, 알려지다(gnōri-
mos, gnōston) 62b35, 64b37, 65a9,
68b35, 40, 69a16, b12 아래, 25, 27

일반적으로 인정되고 있는 것(통념, en-

doxa) 24b12, 62a13, 16, 18 아래,
70a3 아래, 7, b4

일반 통념에 따라서, 일반 통념에 기초하
여(kata doxan, doxastikōs) 43a39,
b8, 46a9, 65a37, 69b39 → 참에 따
라서

있다(huparchein) 24a18-20, '있다'의
다의성 48a40-49a5, 6-10, '이다, 있
다'(einai)가 주어항과 술어항에 부가
된다 24b18, '이다'가 가능 양상과 같
은 자리를 차지한다 25b21 아래, 32b2,
'이다'는 '있다'(huparchein)와 동일
하게 말해진다 48b2-4, '있다'는 '생각
하다'와 '판단하다'와 동일하게 취급
된다 67b15-22

있을 법한 일(eikos) 70a3, 5

있을 수 있다 → 가능 양상

[ㅈ]

자연 본성적(phusikos) 70b8, 자연 본성
적이다(pephukenai) 25b14, 32b7,
13, 16, 20, 43a32, 46a27, 64b34, 40,
자연 본성에서(phusei) 70b10 아래 →
사물의 본성에서

재인식하다(anagnōrizein) 67a24

전제[명제](protasis) 24a12, 18-b15,
25a1-5, [정의] 24a16 아래, 변증술의
전제(dialektikē ~) 24a22, 25, 논증
의 전제(apodeiktikē ~) 24a22, 논증

을 선택, 선출하다(eklambanein) 43b
1, 6, 47a10

전체(holon) 42a10, 16, 49b37, 64a17,
b12, 69a14, → 전칭, 부분

전체로서 안에 있다(to en holō[i] einai)
24a13, b26, 25b33, 53a21

전칭(긍정), 모든 것에 대해서, 모든 것에,
전체에(kathlon, kata pantos, panti,
holō[i]) [정의] 24a18, → 모든, 특칭

전환 → 환위

정사각형화하다(tetragōnnizein) 69a31

정의(horismos) 32b40, 33a25, 43b2,
50a11

제논(Zenōn) 65b18

종차(diaphora) 46b22, 54b6, 12, 56a28

좋음(to agathon) 49b10

주어(hupokeimenon) 24b29, 43b23,
40, 64b12

주장(하다)(axiōma, axioun) 37a10, 20,
41b10, 17, 47b28, 62a13, 16 아래,
64b38, 66b30, 33, 69b5, 15, 21

중항(meson) 25b35 아래(제1격), 26b
36 아래(제2격), 28a12 아래(제3격)
44b40, 47a38-b14, [중항이 없으면 추
론은 성립되지 않는다] 66a28, 중항이
없다(무중항)(amesos) 48a33, 66a37,
68b30, 69a35, 중항의 불확정(ata-
kton) 32b19

중항이 없는(amesos) 69a35-36, 66a37

증거(tekmērion) 70b2, 4

지식(epistēmē) 66b25 아래, 67a18-b11
→ 알다, 알지 못함, [지식은 부정(不
定)한 것에 대해서는 성립하지 않는다]
32b18, [보편적 지식] 66b32, 67a18
아래, 38, b2, 4, 11, [개별적인 지식]
67a18, 20

직접적인 추론, 논증, 직접 증명에 의해,
직접적으로 (증명하다)(deiktikos sul-
logismos, deiktikos) 40b25, 41a21,
33, 45a24, 26, 28, 36, b1, 7 아래, 9,
14, 62b29-63b21 → 가정으로부터의
추론

질(poiotēs) 45b17

징표(sēmeion) 70a3-b38

짝수(artios) 41a27 아래, 50a38

[ㅊ]

참(alēthēs) → 거짓, [참과 '있다'의 유
사성] 48b3, 8, 52a32, 67b18-22, [참
인 것은 그 자신과 일치한다] 47a8,
[대립하는 전제로부터 참인 결론을 추
론할 수 없다] 64b8, 참에 따라서, 참
에 근거해서(kat' alētheian) 43b9, 46a
8, 65a36 → 일반 통념에 따라서

천문학(상)의(astrologikē) 46a19, 21

최초의 논점을 요청하다 → 요청하다

추론(sullogismos) [정의] 24b18-22, 추
론하다(sullogizesthai) 24a27, b11,
29a16, 40b30, 46a34, 63b23, 추론의,

추론적(sullogistikos) 24a28, 42a36
완전한 추론(teleios ~) 24a13, b22-
24, 25b34 아래, 26a20, 28, b29,
27a1, 28a15 아래, 32b39, 33a20,
b21, 27, 39, 34a2, 36a5, 19 아래, 불
완전한 추론(atelēs ~) 24a13, 28a4,
29a15, 30, 33b21, 29, 34a4, 35b40,
36a1, 6, 39a2, 40b15, 59a41, 명백한
추론(phaneros ~) 33a31, 가능한 추
론(dunatos ~) 27a2, 28a16, 41b33,
변증술적 추론(dialektikos ~) 46a9,
65a37, 68b10, 추론이 완전한 것으로
되다(teleisthai, epiteleisthai) 26b30,
27a17, 28a5, 29a16, 30, b3, 6, 20,
36a6, 39a2, 40b6, 15, 18, 41b4
추출하다(치환하다, ekthesis, ektithes-
thai) 28a23, b14, 30a9, 11 아래,
b31, 48a1, 25, 29, 49b6, 33, 57a35

[ㅋ]

칼리아스(Kallias) 43a27, 31, 36
클레온(Kleōn) 43a26

[ㅌ]

탐구(관찰의 수집)(historia) 46a24
『토피카』(Topika) 24b12, 64a37, 65b16
특칭(en merei, kata meros) [정의] 24a
18 아래 → 전칭

[ㅍ]

파괴하다(anaskeuazein) 42b40-43a15,
→ 구축하다, 파괴되다(lusimos) 70a
31, 34, 파괴되지 않다(alutos) 70a29
파기하다(anaireon, prosanairein) 33b
12, 62a3
판단(하다), 믿다(hupolēpsis, hupolam-
bainein) 64a9 아래, b22-24, 67b12-
26, 판단에 관한 잘못 66b18-67b20,
판단될 것(hupolēpton) 49b6 아래, 9
→ 생각되는 것
피타코스(Pittakos) 70a16, 18, 26 아래,
33
필연, 필연적으로(ana[n]gkaios, ana[n]g-
kē, ex ana[n]gkēs) [필연 양상] 25a1
아래, 27-36, b7-9, 29b29-32, 34,
30a5, b32, 39, [추론의 필연] 24b19
아래, 22, 25a6, 8, 21, 23, b34, 26a4,
7, 29a21, 30b33, 38, [필연적인 것]
47a33

[ㅎ]

학문(mathēma) 46a4
항(horos) [정의] 24b16, 처음 항(첫 번
째 항 prōtos horos), 26b33, 큰 항
(meizōn) 27a27, 끝항(마지막 항,
eschatos horos) 25b33, 작은 항(elat-
tōn) 27a28, → 끝항, 중항

393